beck'sche reihe

bsr

Schillers Wallenstein mußte sich von Graf Illo, dem kaiserlichen Feldmarschall, vorwerfen lassen, die «Sternenstunde» zum Handeln zu versäumen. Gemeint war damit die günstige Konstellation von Umständen, die nur eines kühnen Entschlusses bedarf, um Großes zu bewirken. In diesem Sinne hat Stefan Zweig seine «Sternstunden der Menschheit» gestaltet. Während er sich aber in seinen Erzählungen auf die Dramatik im Geschehen beschränkte, ist bei der Auswahl und Darstellung der von Alexander Demandt vorgestellten Ereignisse ein geschichtsphilosophisches Konzept unterlegt. Es geht um Vorgänge, die für das Zusammenleben der Menschen bedeutsam geworden sind, um Schritte auf dem Weg zu einer humaneren Gesellschaftsordnung oder um Ausblicke auf eine solche – Taten, die Entwicklungen zum Abschluß gebracht oder in Gang gesetzt, die Tore geöffnet haben.

*Alexander Demandt* lehrt als Professor für Alte Geschichte an der Freien Universität Berlin. Im Verlag C.H. Beck sind folgende Werke des Autors lieferbar: Der Fall Roms (1984); Mommsen. Römische Kaisergeschichte (1992); Deutschlands Grenzen in der Geschichte (³1993); Mit Fremden leben (1995); Macht und Recht (1996); Das Privatleben der römischen Kaiser (²1997); Das Ende der Weltreiche (1997); Geschichte der Spätantike (Beck's Historische Bibliothek 1998); Die Kelten (⁴2002).

Alexander Demandt

# Sternstunden der Geschichte

## Von Babylon bis Berlin

Verlag C.H. Beck

Mit 11 Karten im Text

Die ersten drei Auflagen dieses Buches erschienen 2000 und 2001
in gebundener Form im Verlag C. H. Beck.

Die erste Auflage der Paperbackausgabe erschien im Jahr 2003
im Verlag C. H. Beck.

2. Auflage. 2004

Limitierte Sonderausgabe. 2008

Satz: Kösel, Kempten
Druck und Bindung: Druckerei C.H. Beck, Nördlingen
Umschlagentwurf: malsyteufel, willich
Umschlagmotiv: Einzug Alexander d. Gr. in Babylon, Gemälde von
Charles Le Bruyn, Paris, Louvre. Photo: akg-images/Erich Lessing
Printed in Germany
ISBN 978 3 406 57732 1

*www.beck.de*

# Inhalt

# Vorwort

«Wenn du das Angesicht dicht an dem Bilde hältst, an diesem Spane schnitzelst, an jenem Farbenklümpchen klaubest, nie siehest du das ganze Bild.» Herders Aufforderung von 1774 zum Blick aus der Ferne galt unserem Gegenstand: der Geschichte. Läßt sie sich noch als Ganze erkennen?

Über vierzig Jahre ist es her, da träumte ein Student davon, die Welt als Geschichte zu begreifen. Aber schon das Examen forderte die Hinwendung zum Einzelnen, den Abschied vom Ganzen. Das Schicksal der Wissenschaft ist die Spezialisierung. Biegt ein Gelehrtenleben dann mit fortgeschrittenen Jahren in die Zielgerade ein, so kommt wohl der Wunsch auf, doch einmal eine Synopse zu riskieren. Das hat seinen Reiz, aber auch seine Tücken. In jungen Jahren wäre der Mut gegeben, doch fehlt es an Wissen. In höherem Alter ist es umgekehrt. Kenntnisse haben sich angesammelt, aber mit ihnen zugleich reift die Einsicht, wie wenig das vom Ganzen ausmacht. Mit dem Wissen wächst die Ahnung vom Ungewußten. Die Unmenge des Wißbaren und die Unerschöpflichkeit des Wissenswerten endet in der Einsicht, wie gering das Erkannte im Vergleich mit dem Unerkannten ist. Von Sokrates bis zu Faust steht am Ende unseres kritischen Bestrebens doch immer wieder jenes *oida ouk eidōs*, oder *scio me nescire*; ich weiß, daß ich nichts weiß.

Herders Rat, das Ganze nicht zu vergessen, ist schwer zu befolgen. Vielleicht läßt er sich mit dem Gebot der Genauigkeit verbinden durch einen Blickwechsel: aus großem Abstand die Punkte wählen und diese dann aus kurzer Entfernung betrachten. Anders ist der Himmel der Geschichte kaum zu erfassen: Man sieht die Sterne nur aus der Ferne.

Der Vorschlag, einen Essay-Band unter dem Titel «Sternstunden der Geschichte» zu schreiben, kam aus dem Hause Beck. Meinem Gegenvorschlag, eine Ringvorlesung zu organisieren und als Sammelband vorzulegen*, widersprach Stefan von der Lahr. Alles solle aus einer einzigen Feder kommen und Geschichte als Erzählung

* Ähnlich wie bei den Sammelwerken «Deutschlands Grenzen in der Geschichte» und «Macht und Recht» 1990, «Der Fall Spengler» 1994, «Mit Fremden leben» 1995, «Das Attentat in der Geschichte» 1996, «Das Ende der Weltreiche» 1997 und «Stätten des Geistes» 1999.

wieder lebendig machen. Die Aufgabe, Ereignisse aus allen Epochen und mehreren Weltteilen zu bearbeiten und nach Möglichkeit thematisch zu verknüpfen, würde mich, das wußte ich, an den Rand meiner Fähigkeiten führen. Aber gerade das reizte mich: Hier gab es was zu lernen. Wer an seine Grenzen geht, erweitert seinen Spielraum.

Um mich zu einem solchen Durchgang zu zwingen, habe ich das Thema als Vorlesung für Studierende aller Fächer zum Wintersemester 1999/2000 an der Freien Universität Berlin angekündigt. Aus der verfügbaren Zahl der Semesterwochen – eine entfiel durch einen Kongreß – ergab sich die der Kapitel. Lange Beratungen mit Kollegen, Freunden und Schülern waren erforderlich, bis die Auswahl feststand. Ein Vielfaches des Möglichen wurde geprüft auf Quellenlage, Dramatik und Würdigkeit. Die Historie ist wie die Bildhauerei eine Kunst des Weglassens. Über das Entbehrliche Einverständnis herzustellen, ist so gut wie unmöglich. Am Ende läßt sich nur der «Cherubinische Wandersmann» anführen: «Freund, es ist auch genug. Im Fall du mehr willst lesen, / So geh und werde selbst die Schrift und selbst das Wesen.»

Die Vorlesung fand statt donnerstags um 18 Uhr in der «Rostlaube», sie begann am «Geburtstag» Berlins, am 28. Oktober 1999 – eine Sternstunde meiner akademischen Tätigkeit. Der Besuch war erstaunlich gut, über zweihundert Hörer. Sie saßen da: bei Nacht und Nebel, Schnee und Eis. Die Mehrzahl kam aus der Stadt – werden doch die allgemeinbildenden Fächer zunehmend von Senioren oder noch berufstätigen Bürgern besucht, die auch in den Diskussionen oft wertvolle Beiträge liefern. Zu den regelmäßigen Besuchern zählte auch meine Frau, der ich viele kritische Hinweise und jeweils eine anschließende Einladung zum Abendessen in ihren Turm verdanke. Die Wissenschaft verbindet. Mein Sohn Acis legte mir die Einbeziehung Japans nahe und richtete meinen Blick nach Osten. Ihm sei dies Buch gewidmet.

Außer mit diesem Thema hatte ich mich mit allen anderen früher schon einmal beschäftigt. Im Alter lebt man von seinen Vorräten. Für die Abfassung stand mir ein halbes Jahr – leider kein Freisemester – zur Verfügung, der Umfang war vom Verlag vorgegeben. Kritiker mögen vermerken, was ich besser hätte machen sollen, nicht was zusätzlich erwünscht gewesen wäre. Dies ist mir selber hinreichend klar. Bei der Arbeit am Text bin ich von den Standardwerken ausgegangen, habe sodann die Quellen herangezogen, die Spezialliteratur aber nur ausnahmsweise befragt. Daher kommen Forschungskontroversen nur selten zur Sprache. Daß es zu vielen Punkten andere Meinungen gibt, sollte mich nicht hindern, meine eigene zu äußern. In der Schreibweise der orientalischen Namen habe ich bewußt auf die Verwendung der wissenschaftlichen Transskription verzichtet, weil diese ohne Vorkenntnisse Unsicherheit bei der Aussprache erzeugt.

Stärker als früher habe ich Rat und Hilfe erbeten und erhalten. Ich danke ihnen allen: Willi Paul Adams, Ernst Baltrusch, Hans-Jürgen Bienefeld, Sebastian Brunkow, Joachim Ehlers, Kaspar Elm, Iradj El-Qalqili, Andreas Goltz, Marie-Luise Heckmann, Hans Hertle, Dietrich Kurze, Andreas Luther, Jürgen Lütt, Susanne Roßbach, Martin Sabrow, Walter Schmithals, Werner Schochow, Bernd Sösemann, Adriana Stimma, Gotthard Strohmaier, Matthias Thumser, Harald Völker, Sascha Weigel und Wilhelm Ernst Winterhager. Meine Sekretärin Renate Meincke hat sich wieder einmal selbst übertroffen.

Über die verbliebenen Unrichtigkeiten tröstet mich ein Wort aus der «Theodizee» von Gottfried Wilhelm Leibniz, *qu'une imperfection dans la partie peut être requise à une plus grande perfection dans le tout.* Perfektionismus verhindert die Vollendung.

Lindheim, Ostern 2000 — Alexander Demandt

## Vorwort zur Ausgabe in der Beck'schen Reihe

Die freundliche Aufnahme meiner «Sternstunden» hat diese preiswerte Ausgabe ermöglicht. Sie ist im Text unverändert. Kritische Stimmen meinten indes, ich sollte nun an die Unstern-Stunden erinnern. Neben, ja vor jenen, die ich 1997 in meinem Buch «Vandalismus. Gewalt gegen Kultur» behandelt habe, wäre Gewalt gegen Menschen zu beklagen: die Hinrichtung des Sokrates 399 v. Chr., die Zerstörung von Karthago und Korinth 146 v. Chr., die Einnahme Jerusalems 1099 durch die Kreuzfahrer und die Ausmordung Chorasans 1219 durch Dschingis Chan, der «Hexenhammer» 1489, die Judenvertreibung aus Spanien 1492, Cortez in Mexiko 1519, die Bartholomäusnacht 1572, Tilly in Magdeburg 1631, die Septembermorde 1792 in Paris, die Karlsbader Beschlüsse 1819, der Rote Terror in Rußland 1917/18, die Wannseekonferenz 1942, Hiroshima 6. VIII. 1945 und Manhattan 11. IX. 2001. Lehren die Nachtseiten der Geschichte, was zu befürchten ist, so zeigen die Sternstunden, wie Menschen das Zusammenleben verbessern können. Dies zu bedenken und zu betreiben scheint mir sinnvoll.

Lindheim, Himmelfahrt 2002 — A. D.

*Ich gehe mit meiner Laterne,*
*und meine Laterne mit mir,*
*Und oben da leuchten die Sterne,*
*und unten, da leuchten wir.*

## I. Was ist eine Sternstunde?

### *Geburtstag Berlins 28. Oktober 1999*

Das Mädchen Momo erhält Besuch von Magister Secundus Minutius Hora. Er zeigt ihr, wie Michael Ende in seinem tiefsinnigen Kinderbuch 1973 schrieb, seine Sternstunden-Uhr. «Was ist denn eine Sternstunde?» fragt Momo. «Nun, es gibt manchmal im Lauf der Welt besondere Augenblicke», erklärt Meister Hora, «wo es sich ergibt, daß alle Dinge und Wesen, bis zu den fernsten Sternen hinauf, in ganz einmaliger Weise zusammenwirken, so daß etwas geschehen kann, was weder vorher noch nachher je möglich wäre. Leider verstehen die Menschen sich im allgemeinen nicht darauf, sie zu nützen, und so gehen die Sternstunden oft unbemerkt vorüber. Aber wenn es jemand gibt, der sie erkennt, dann geschehen große Dinge auf der Welt.» «Vielleicht», meint Momo, «braucht man dazu eben so eine Uhr». Meister Hora schüttelt lächelnd den Kopf. «Die Uhr allein würde niemand nützen. Man muß sie auch lesen können.»

### *Zweig – Goethe – Schiller*

Und Sternstunden muß man erzählen können. Das konnte Stefan Zweig. Er veröffentlichte 1927 fünf «historische Miniaturen» unter dem Titel «Sternstunden der Menschheit». Den Begriff erläuterte Zweig durch eine Deutung der Geschichte als «geistigem Spiegel der Natur». Historische Vorgänge setzt er in Parallele zu Wasser-, Wolken- und Windbewegungen, zur Kristallbildung und endlich: zum «explosiven Augenblick» des Blitzes, der dem Geschehen seine dramatische Form gibt. Das nennt er die «Sternstunden». Wie scherzhaft bei Michael Ende, handelt es sich ernsthaft bei Zweig um seltene Gelegenheiten, in denen unvorhergesehen weitreichende Entscheidungen fielen.

Zweigs fünf ursprüngliche, aus dem «Raum eines Jahrhunderts» ausgewählte Szenen sind: 1. «Die Weltminute von Waterloo» am 18. Juni 1815, als Napoleon durch die Abwesenheit seines Generals Grouchy so geschwächt ward, daß er die Bataille verlor; 2. Goethes Rückfahrt nach Weimar am 5. September 1823, auf der er die Marienbader Elegie dichtete, 3. die Entdeckung des Goldvorkommens in Kalifornien im Januar 1848, die den Besitzer des Landes und seine Familie ruinierte, 4. Dostojewski auf dem Wege zur Hinrichtung am 22. Dezember 1849 mit der unverhofften Begnadigung, 5. Kapitän Scott am 16. Januar 1912 kurz vor dem Südpol bei der Entdekkung, daß Amundsen ihm zuvorgekommen war und er den Wettlauf, den er dann mit dem Leben bezahlen mußte, verloren hatte.

1945, drei Jahre nach dem Selbstmord des Dichters in Florianopolis/Brasilien, erschien in Stockholm eine auf zwölf Geschichten erweiterte Ausgabe der «Sternstunden». Neu waren darin: die Eroberung von Konstantinopel 1453, die Entdeckung des Pazifik 1513, die Entstehung von Händels Oratorium «Der Messias» 1741, die Komposition der Marseillaise 1792, das erste Telefonkabel über den Atlantik 1858, Tolstois «Flucht zu Gott» 1910 und Lenins Rückkehr nach Rußland 1917. Frage: Waren das alles wirklich Sternstunden?

Über den Ursprung des Begriffs «Sternstunde» hat sich Stefan Zweig nicht geäußert. Er hat ihn nicht erfunden, wie ein Blick in Grimms Wörterbuch lehrt. Der einschlägige 18. Band erschien 1940; ein Verweis auf Stefan Zweig fehlt, vermutlich weil er jüdischer Abstammung war. Aber die älteren, für uns bedeutsameren Belege seit Goethe und Schiller werden angeführt. Inhaltlich bestimmt als «Schicksalsstunde, die über Glück und Unglück entscheidet», folgt bei Grimm der Verweis auf die Begegnung des Famulus mit Mephistopheles im «hochgewölbten gotischen Zimmer» im zweiten Teil des «Faust» (6666f). Wagner sucht den verschwundenen Meister: «Kaum wag' ich's, mich herein zu wagen. Was muß die Sternenstunde sein?» Gemeint ist die in den Sternen geschriebene Stunde der erhofften Wiederkehr Faustens.

Vermutlich greift hier Goethe auf Schillers «Wallenstein» zurück. In den «Piccolomini» treibt Illo den Fürsten zum Handeln: «O! du wirst auf die Sternenstunde warten, bis dir die irdische entflieht! Glaub' mir, in deiner Brust sind deines Schicksals Sterne.» Hier wird auf Wallensteins astrologischen Aberglauben angespielt, der ihn zaudern läßt. Nur die Kenntnis des Himmels, so antwortet dieser, erlaube es, «die rechte Sternenstunde auszulesen». Illo aber hält die Hoffnung auf die Sternenstunde für einen verderblichen Selbstbetrug.

## *Stern und Unstern*

Sehen wir ab davon, daß der Begriff Sternstunde auch einen astronomischen Sinn hat, nämlich ein Vierundzwanzigstel des Sternentags, der die Umdrehung der Erde nicht an der Stellung zur Sonne, sondern an der zum Fixsternhimmel mißt, verweist der Begriff Sternstunde in unserem Zusammenhang auf eine astrologische Vorstellung. Sie kommt zum Ausdruck in Redewendungen von der Art, daß eine Sache unter einem guten oder einem bösen Stern stehe. Die astrologische Grundannahme einer kosmischen Sympathie, eines geheimnisvollen Zusammenhangs zwischen den Dingen am Himmel und auf Erden, besagt ursprünglich, daß alles, was geschehen wird, in den Sternen geschrieben steht, demjenigen lesbar, der diese nächtliche Himmelsschrift mit ihren Konstellationen – darin steckt das Wort *stella* (Stern) – entziffern kann. Und dies will ja die Astrologie.

Nach einer späteren, populären Auffassung zeigen die Sterne nicht nur an, sondern bewirken auch, was geschieht. Begabt mit positiven oder negativen Energien beeinflussen sie das unter ihrer Ägide stattfindende Geschehen, entscheiden damit über Erfolg und Mißerfolg, über Glück und Unglück. Daß man bei dem Wort «Sternstunde» vorab an das Glück denkt, spricht aus der Beliebtheit des Sterns in der staatlich-militärischen Heraldik. Wir kennen den Roten Stern der Sowjets, das Sternenbanner der Vereinigten Staaten, den aus zwei übereinander gelegten gleichseitigen Dreiecken gebildeten Davidstern der Israelis. Das Wappen Goethes zeigt den ebenfalls sechszackigen Morgenstern, die Venus – seine Devise lautete: «Alles um Liebe».

Die Definition des Grimmschen Wörterbuchs: «Schicksalsstunde, die über Glück und Unglück entscheidet», stimmt zwar für den Sprachgebrauch von Stefan Zweig, entspricht aber der Umgangssprache nicht. Denn es gibt schließlich neben dem Stern auch den Unstern. Dieses seit dem 17. Jahrhundert mehrfach belegte Wort ist dem französischen *désastre* nachgebildet, in dem lateinisch *astrum* – Stern enthalten ist. Gemeint ist ein Stern, der Unglück bedeutet, oder einfach Unglück. «Stern und Unstern» hieß eine in den zwanziger Jahren bei C. H. Beck erschienene, von Tim Klein herausgegebene Reihe tragischer Biographien. Behandelt wurden unter anderem Rasputin, Struensee, Andrea Doria, Emin Pascha, Johann Georg Forster, Thomas Münzer und Karl Ludwig Sand. Es gibt auch «irrende» Sterne. Jupiter und Venus haben eine Schattenseite.

Der Begriff Sternstunde bleibt im Umgangsdeutsch auf die positive Verwendung beschränkt. Denken wir an die Sternstunden unseres eigenen Lebens zurück, so fällt uns eine glückhafte Begegnung, ein beruflicher Erfolg, ein unverhoffter Gewinn ein – jedenfalls etwas Erfreuliches, und Entsprechendes gilt für die Geschichte. Jene Stunde, in der die Titanic am 15. April 1912 mit dem Eisberg zusammenstieß, entschied gewiß über Glück und Unglück von Hunderten, war aber schwerlich eine Sternstunde. Der Untergang von Pompeji am 26. August 79 n. Chr., das Erdbeben von Lissabon am 1. November 1755 und der Ausbruch des Krakatao, seltsamerweise wiederum an einem 26. August, im Jahre 1883, waren Katastrophen und fallen nicht unter den Begriff Sternstunde. Ebensowenig war es eine Sternstunde, als 399 v. Chr. Sokrates den Schierlingsbecher trank, als am 15. März 44 v. Chr. Caesar der Dolch der Verschwörer traf oder als am 6. Juli 1415 Jan Hus in Konstanz den Feuertod erlitt. Der Begriff Sternstunde wird üblicherweise mit einem unerahnten und ungetrübten Glücksfall assoziiert.

An dieser Stelle erhebt sich indessen die heikle Frage, was denn «Glück» in der Geschichte heißen kann. Jacob Burckhardt hat 1868 seinen «Weltgeschichtlichen Betrachtungen» ein höchst lesenswertes Kapitel über «Glück und Unglück in der Geschichte» eingefügt. Darin führt er eine Reihe von Ereignissen auf, die man in seiner Zeit gemeinhin als glücklich beziehungsweise unglücklich empfand. Ich zitiere:

> Es war ein Glück, daß die Griechen über die Perser, Rom über Karthago siegte. –
> Ein Unglück, daß Athen im Peloponnesischen Kriege den Spartanern unterlag. –
> Ein Unglück, daß Cäsar ermordet wurde, bevor er dem römischen Weltreich eine angemessene Form sichern konnte. –
> Ein Unglück, daß in der Völkerwanderung so unendlich vieles von den höchsten Errungenschaften des menschlichen Geistes unterging. –
> Ein Glück aber, daß die Welt dabei erfrischt wurde durch neuen gesunden Völkerstoff. –
> Ein Glück, daß Europa im 8. Jahrhundert sich im ganzen des Islams erwehrte. –
> Ein Unglück, daß die deutschen Kaiser im Kampf mit den Päpsten unterlagen, und daß die Kirche eine so furchtbare Gewaltherrschaft entwickeln konnte. –
> Ein Unglück, daß die Reformation sich nur in halb Europa vollzog und daß der Protestantismus sich in zwei Konfessionen teilte. –

> Ein Glück, daß Spanien und dann Ludwig XIV mit ihren Weltherrschaftsplänen am Ende unterlagen usw.

Die bloße Zusammenstellung der Vorgänge bei Burckhardt zeigt, daß sie fast alle eine Licht- und eine Schattenseite besitzen. Er sagt es selber. Das Glück der einen war oft genug das Unglück der anderen. Wo es Gewinner gibt, da gibt es Verlierer; kein Sieg ohne Besiegte. *Bona nemini hora, ut non alicui sit mala,* heißt es bei Publilius Syrus, «Niemand hat eine gute Stunde, die nicht für irgendeinen anderen eine schlechte ist». In einem subjektspezifischen Sinne des Glücksbegriffs verengt sich die Verwendbarkeit des Ausdrucks «Sternstunde» auf ein Individuum, auf eine Gruppe, auf eine Nation.

Dasselbe gilt innerhalb inzwischen obsoleter Traditionen. Das Wormser Konkordat vom 23. September 1122 beendete den Streit zwischen Kaiser und Papst über die Investitur der Bischöfe, ein damals gravierendes, seit der Entstehung der Landeshoheit aber erledigtes Problem. Ein ebensolches löste die Goldene Bulle, die unter Karl IV am 25. Dezember 1356 vom Reichstag zu Metz angenommen wurde. Sie regelte die deutsche Königswahl durch die Kurfürsten, den Landfrieden und den politischen Spielraum der Städte. Bis 1806 war sie gewissermaßen die Verfassung des Heiligen Römischen Reichs Deutscher Nation, verschwand aber mit diesem, als Franz II nach der Gründung des Rheinbundes durch Napoleon am 6. August 1806 die römisch-deutsche Kaiserwürde niederlegte. Die Gründung des Deutschen Reiches im Spiegelsaal zu Versailles am 18. Januar 1871 ist außerhalb Deutschlands kaum als Sternstunde empfunden worden. Die Ankunft Lenins am 16. April 1917 auf dem Finnischen Bahnhof in dem damals so genannten Petrograd war eine Sternstunde für die Sowjetmacht; Mussolinis Marsch auf Rom am 28. Oktober 1922 war eine Sternstunde für den Faschismus; die Ernennung Hitlers zum Reichskanzler durch Hindenburg am 30. Januar 1933 war eine Sternstunde für den Nationalsozialismus. Die jeweils unmittelbare Bindung an eine Bezugsgruppe, die ihrerseits mehr zum Unglück als zum Glück der Menschheit beigetragen hat, verbietet uns, hier von Sternstunden schlechthin zu reden.

Während bei den genannten Beispielen der Charakter der Bezugsgruppe den Begriff Sternstunde ausschließt, scheint er statthaft, wo die vom Stern der Stunde begünstigte Gruppe sich in einem gerechten Krieg verteidigt oder befreit, und damit einem Prinzip zum Erfolg verhilft, das Erfolg verdient: Denken wir an die Schlachten bei Marathon 490, in den Thermopylen und vor Salamis 480, an den Sieg der Makkabäer und die Erneuerung des Tempeldienstes in

Jerusalem 164 v. Chr., an den Sieg des Arminius im Teutoburger Wald 9 n. Chr. über die Römer, an den des Aëtius 451 auf den Katalaunischen Feldern über die Hunnen und den Ottos des Großen 955 auf dem Lechfeld über die Ungarn. Hierher zählt ebenso der Sieg der Eidgenossen über das Haus Österreich bei Sempach am 9. Juli 1386, die Abwehr der Türken vor Wien 1529 und 1683, die Völkerschlacht bei Leipzig vom 16. bis 19. Oktober 1813 sowie der Sieg von Simón Bolivar am 7. August 1819 über die Spanier bei Boyacá.

Grundsätzlich können militärische Erfolge nicht darüber hinwegtrösten, daß es zu gewaltsamen Machtproben überhaupt gekommen ist. Eroberungen wie die von Jerusalem durch die Kreuzfahrer am 15. Juli 1099 oder die von Konstantinopel durch die Türken am 29. Mai 1453 verbieten allein schon durch den Jammer und die Not der Unterlegenen ihre Einordnung in unsere Kategorie. Ähnliches gilt für den Westfälischen Frieden vom 24. Oktober 1648. Seine ordnungsstiftende Bedeutung für die europäische Staatenwelt ist zwar in den Publikationen zum 350. Jubiläum mit Recht hervorgehoben worden, doch kann das nicht darüber hinwegtäuschen, daß man mit dem Krieg aufhörte, als man die Heere einfach nicht mehr ernähren konnte, da Deutschlands Dörfer brannten, die Ställe leer, die Felder wüst waren. Die Siege und Niederlagen Friedrichs des Großen und Napoleons verschoben bloß das Machtgefüge in Mitteleuropa. Die beiden Schicksalstage von Versailles, 18. Januar 1871 und 28. Juni 1919, wird man im Hinblick auf die Fernwirkung nicht unter die Sternstunden rechnen. Allzu eng sind sie mit dem Fluch des europäischen Nationalismus beladen.

Schließlich fällt es auch schwer, Ereignisse des letzten Weltkriegs und die Kapitulation Deutschlands – genauer: der Wehrmacht – am 8. Mai und die Japans am 2. September jenes blutigen Schicksalsjahres 1945 als Sternstunden zu bezeichnen. Friedrich Meinecke sprach 1946 treffend von der «deutschen Katastrophe». Gewiß war das Ergebnis eine Erlösung, aber unter welchen Bedingungen! Millionen von Toten, von Krüppeln, von Flüchtlingen, die Städte Mitteleuropas und Japans in Schutt und Asche, Stalin zementiert sein Imperium, die Rote Fahne auf dem Brandenburger Tor … All dies bietet eher Anlaß zur Beschämung als zum Stolz auf einen Stern, der in die Zukunft weist. Kriegerische Triumphe sind keine Sternstunden der Geschichte.

Eher als Siege hätten überfällige Reformen, die langlebige Mißstände beseitigt haben, das Recht, unter die Sternstunden aufgenommen zu werden: so die Abschaffung der Folter in Preußen durch Kabinettsorder Friedrichs des Großen drei Tage nach seinem Regierungsantritt am 31. Mai 1740, die Bauernbefreiung durch den

Freiherrn vom Stein am 9. Oktober 1807, die Aufhebung der Sklaverei der Schwarzen in den Vereinigten Staaten durch Abraham Lincoln zum 1. Januar 1863, Bismarcks Sozialgesetzgebung, beginnend mit dem Krankenversicherungsgesetz vom 15. Juni 1883, und die Gleichberechtigung der Frauen in Deutschland am 11. August 1919. Zwar handelt es sich um Vorgänge von zunächst nur regionaler Bedeutung, doch weisen sie alle in eine Richtung, die auch anderen Ortes die Entwicklung genommen hat.

## *Kultur – Technik – Wissenschaft*

Eine Vielzahl von Sternstunden finden wir in den Bereichen der Kultur, der Technik und der Wissenschaft. Hier liegt das Problem weniger im Gruppenbezug als in den Folgewirkungen. Unbedingt erfreulich sind sie auf den Gebieten der Kultur im engeren Sinne: in der Kunst, der Literatur und der Musik. Als Perikles 447 v. Chr. die Aufsicht über die Neugestaltung der Akropolis dem Bildhauer Phidias übertrug, stand die griechische Klassik vor ihrem Höhepunkt. Als Goethe am 7. November 1775 auf Einladung Karl Augusts in Weimar eintraf, trat die deutsche Literatur in ihre Blütezeit. Als Mendelssohn am 11. März 1829 gegen den Rat seines Lehrers Zelter Bachs Matthäus-Passion wiederaufführte, war die damals seit zwei Generationen vergessene Barockmusik wiederentdeckt. All das waren fraglos Sternstunden in jeglichem Betracht.

Beschränken wir uns auf den Himmel über Deutschland und akzeptieren wir auch die Sterne geringerer Größe, so verstehen wir die 1998 in der Staatsgalerie Stuttgart unter dem Titel «Sternstunden» gezeigte Jubiläums-Ausstellung der Kulturstiftung der Länder: Präsentiert wurden in glücklichen Momenten erworbene Kunstwerke «nationalen Ranges» aus zwei Jahrtausenden.

Weniger eindeutig ist es mit den Sternstunden der Zivilisationsgeschichte. Jede Erfindung ist eine kleinere oder größere Sternstunde, denken wir an den neuartigen Druck mit beweglichen Lettern durch Gutenberg 1440, an den ersten Blitzableiter bei Benjamin Franklin 1752 oder die von James Watt 1764 konstruierte Dampfmaschine. Kaum jemand wird bestreiten, daß die Fortschritte der Technik aufs Ganze gesehen einen Segen für die Menschheit darstellen. Die Problematik erwächst aus der Zweckvielfalt der Technik. Maschinen sind charakterlos, sie dienen jedem, der sie bedient, im guten wie im bösen Sinne. Die legendäre Erfindung des Schießpulvers im Jahre 1259 durch den Franziskaner-Mönch Berthold Schwarz, dem 1853 in Freiburg ein Denkmal errichtet wurde, war das – Geschichtlichkeit vorausgesetzt – eine Sternstunde? Oder die Entdeckung von Emanuel Nobel aus dem Jahre 1862, daß man Nitroglycerin als Sprengstoff verwenden kann? Oder die erste Kernspaltung durch Otto Hahn und Fritz Strassmann im Dezember 1938, wenige Schritte von hier im damaligen Kaiser Wilhelm-Institut für Chemie in der Thielallee Dahlem. Schrieb Einstein seinen Brief an Roosevelt vom 2. August 1939, in dem er anregte, im Hinblick auf den erwarteten nächsten Weltkrieg eine Atombombe zu bauen, in einer Sternstunde?

Sternstunden der Technik leiden unter den zweifelhaften Folgen, die unerwünscht oder unerheblich sein können. Dies zeigt sich mitunter erst aus größerer zeitlicher Distanz. Als am 20. Juli 1969 die beiden ersten Menschen, die Amerikaner Neil Armstrong und Edwin Aldrin auf dem Mond landeten, wurde das im doppelten Sinne als Sternstunde gefeiert, doch ist es bisher nicht zu einem Zeitalter der Weltraumfahrt gekommen, noch viel weniger zu einer Besiedlung des Mondes oder anderer Nachbargestirne. Nach drei Jahren wurden die Mondflüge eingestellt. Die Landung im Mare Tranquillitatis, im «Trockenmeer der Stille», war gewiß ein «großer Sprung für die Menschheit», aber vielleicht in die falsche Richtung.

Technische Vorgänge vollziehen sich zudem gewöhnlich in kleinen Schritten und nicht in kurzen Momenten, wie es der Begriff Sternstunde voraussetzt. Man feiert dann durch einen Festakt symbolisch den ganzen Vorgang, denken wir beispielsweise an die Grundsteinlegung des Kölner Doms am 15. August 1248 und seine Vollendung am 15. Oktober 1880, an die Eröffnung der Eisenbahnlinie zwischen Nürnberg und Fürth am 7. Dezember 1835, an das erste Telephonkabel durch den Atlantik am 31. August 1858 in New York oder die Einweihung des Suez-Kanals am 16. November 1869 – ein bombastisches Spektakel der westeuropäischen High Society, das den Khediven 20 Millionen Goldfranken gekostet haben soll.

Zu den fraglos erfreulichen Ereignissen gehören die Entdeckungen und Pioniertaten der Wissenschaft. Dies gilt in erster Linie für die Medizin. Die ersten gelungenen Operationen: Blinddarm, Kaiserschnitt, Herztransplantation, waren Sternstunden der Heilkunde, ebenso die Einführung der Äther-Narkose durch den Zahnarzt William Thomas Green Morton am 30. September 1846, die Entdeckung der X-Strahlen durch Wilhelm Conrad Röntgen am 8. November 1895 und die Erkenntnis der Heilkraft des Penicillin durch Alexander Fleming 1928. Eine Sternstunde ersten Ranges ist der Abschluß der Genfer Konvention am 22. August 1864: die Gründung des Roten Kreuzes auf Anregung des Schweizer Schriftstellers Henri Dunant. Er hatte ein Buch geschrieben über die Schlacht bei Solferino, wo Napoleon III am 24. Juni 1859 in unerhört blutigem Kampf die Österreicher besiegt hatte. Fast 40000 Tote und eine entsprechende Zahl von Verwundeten waren zu beklagen; die europäischen Staaten gaben damals vielleicht dreißigmal mehr Geld für das Militär aus als für das Gesundheitswesen.

Wie die Medizin, so hatten auch andere Disziplinen ihre Sternstunden. Solche waren das *Heureka* des Archimedes im Bade zu Syrakus um 220 v. Chr., das *tolle-lege*-Erlebnis Augustins in Mailand im Jahre 386, und die drei Träume des Cartesius in Neuburg an der Donau am 10./11. November 1619. In der Regel sind diese Lichtblitze mit großen Namen verbunden, mit Justinian in der Jurisprudenz, Kopernikus in der Astronomie, Darwin in der Biologie, Robert Koch in der Bakteriologie, Newton in der Physik, Schliemann in der Archäologie, Freud in der Psychologie usw. Auch die Geschichtswissenschaft hat ihre Meteore am Gelehrtenhimmel – doch deren Leistungen traten kaum in Sternstunden an den Tag, sondern erblickten das Licht der Welt eher in mühsamen Geburtsvorgängen. Und entdecken wir nach langem Suchen einmal eine Sternstunde der Historie – etwa die Vision Gibbons auf dem römischen Kapitol am 15. Oktober 1764, die akademische Antrittsrede Schillers als Geschichtsprofessor in Jena am 26. Mai 1789 oder die Aufnahme Mommsens in die preußische Akademie am 8. Juli 1835 – so gehört sie gewiß nicht zu den Sternstunden «der Geschichte». Nur um solche handelt es sich im folgenden. Die Beschränkung auf den geläufigen, im weitesten Sinne politischen Geschichtsbegriff der Historie erlaubt es, die Sternstunden der Künste und Wissenschaften hier auszuschließen und einer gesonderten Betrachtung durch die Kunst- und Wissenschaftshistoriker zuzuweisen.

## *Geschichte in weltbürgerlicher Absicht*

«Geschichte» nennen wir das Handeln, Denken und Leiden der Menschen in der Vergangenheit, soweit es untereinander in Zusammenhängen steht. Es geht mithin um folgenreiche Taten, die für die Ausbildung von Traditionen und Institutionen und damit für das Zusammenleben der Menschen bedeutsam sind. Der Historiker hat es vornehmlich mit politischen Ereignissen zu tun, mit den Bereichen Staat, Gesellschaft und Wirtschaft, zu denen dann noch die Religion tritt, die über Jahrtausende das Verhalten bestimmt hat. Aus diesem Komplex ist die Auswahl der hier behandelten Sternstunden getroffen worden, und zwar an einem roten Faden, den man geschichtsphilosophisch nennen könnte.

Immanuel Kant hat 1784 in der Berlinischen Monatsschrift seine «Idee zu einer allgemeinen Geschichte in weltbürgerlicher Absicht» vorgelegt. Im neunten Satz dieser Schrift sucht er einen «philosophischen Kopf, der übrigens sehr geschichtskundig sein müßte», der die Geschichte unter dem Gesichtspunkt darstellt, «was Völker und Regierungen in weltbürgerlicher Absicht geleistet oder geschadet haben». So lasse sich in dem «planlosen Aggregat menschlicher Handlungen» ein «Leitfaden» finden, der seinerseits dem Ziele dient, die «vollkommene bürgerliche Vereinigung in der Menschengattung» zu befördern. Selbst wenn man Kants Glauben an den «regelmäßigen Gang der Verbesserung der Staatsverfassung» und die naturnotwendige Vollendung der Weltgesellschaft nicht teilt, ist es doch wohl eines Versuches wert, Schritte auf dem Weg in diese Richtung nachzuzeichnen, Sternstunden in weltbürgerlicher Absicht zu beschreiben.

Es handelt sich um Ereignisse, die faktisch oder symbolisch als Meilensteine am Weg zur Weltgesellschaft gesehen werden dürfen, als Schlüsselszenen für eine menschenwürdige Zukunft, die das kommende Jahrtausend bringen sollte, einen Zustand, den wir wünschen müssen, auch wenn wir ihn nicht erwarten dürfen, weil die Geschichte nun einmal nicht im Himmel spielt. Wir erkennen die Sterne nur, wenn und weil es um sie herum dunkel ist. Und doch: Um sich auf Erden zu orientieren, muß man den Stand der Sterne studieren.

*

Betrachten wir nun nach diesen allgemeinen Erwägungen (1) die dreizehn ausgewählten Ereignisse unter der Vorgabe einer zusammenwachsenden friedebedürftigen und friedensfähigen Menschheit, so lassen sie sich sehr wohl als Sternstunden bezeichnen:

(2) Der Einzug Alexanders in Babylon nach seiner Rückkehr aus Indien Anfang 323 v. Chr. war mehr als ein bloßer Triumph. Er beendete den Jahrhunderte währenden Kampf zwischen Persern und Griechen, zwischen Ost und West. Die Siege bei Marathon 490 und Salamis 480 v. Chr. hatten die Freiheit Athens und eine ungestörte Entwicklung der Demokratie gesichert, die Drohung aus dem Osten aber nicht dauerhaft abgewendet. Erst Alexander gelang dies. Zugleich aber hat er den großangelegten und zukunftweisenden Versuch unternommen, den Gegensatz von Griechen und Barbaren zu überwinden, ein Reich der Eintracht und der Gleichberechtigung

zu errichten und den Kriegsgott Polemos selbst zu bezwingen. Die demokratische Selbstbestimmung der Poleis blieb im Prinzip unangetastet, doch wurde der latente Kriegszustand zwischen ihnen beendet.

(3) Alexanders Nachfolger haben diese Ideen nicht aufgegriffen. Erst die Römer übernahmen mit ihrem Vielvölkerstaat das Vermächtnis des Makedonen. Als die Vollendung des Weltreichs in einen dauernden Bürgerkrieg unter den Prokonsuln umzuschlagen drohte, hat Augustus mit dem Prinzipat und der Pax Romana am 16. Januar 27 v. Chr. dem Reich jene Verfassung gegeben, die Jahrhunderte gehalten, ja über den Bestand des Imperium Romanum hinaus gewirkt hat und für die politische Ordnung Europas in den folgenden Jahrhunderten vorbildlich wurde.

(4) In die Zeit des Augustus fällt dann die Sternstunde der Sternstunden, die Geburt Jesu unter dem Stern von Bethlehem. Sie markiert den Beginn unserer Zeitrechnung. Wenn auch die Kindheitslegenden keinen Anspruch auf Geschichtlichkeit erheben können, fassen wir hier doch die Entstehung jenes aus jüdischen und griechischen Quellen gespeisten Ideals einer allgemein-menschlichen Gotteskindschaft, einer bedingungslosen Nächstenliebe, das zwar tausendmal verraten worden ist, und dennoch oder gerade deshalb um so strahlender leuchtet. Sternstunden gibt es dann auch noch aus der späteren Geschichte des Christentums: die Bekehrung des Paulus vor Damaskus um 37 n. Chr., Constantins Sieg an der Milvischen Brücke am 28. Oktober 312, der Abschluß des ersten «Weltkongresses», des Konzils von Nicäa am 19. Juni 325 und die Taufe des Frankenkönigs Chlodwig vermutlich 498.

(5) Auf jüdische Anregung geht dann ebenso die Stiftung des Islam durch Mohammed zurück. Seine Flucht von Mekka nach Medina im Jahre 622 eröffnet die islamische Ära. In einem unerhörten Siegeszug verbreitete sich seine Lehre im Westen bis an den Atlantik, im Osten bis in den Stillen Ozean und tief nach Afrika hinein und schuf als die zweite monotheistische Weltreligion eine Verständigungsbasis zerstrittener Stämme und die gemeinsame Grundlage für die Kultur zahlreicher Völker. Zwar lagen Araber und Türken oft im Kampf mit den europäischen Christen, doch hat sich dieser Wettbewerb kulturhistorisch positiv ausgewirkt: Europa war jahrhundertelang der nehmende Teil. Die Toleranz der Sultane gegenüber den «schriftbesitzenden» Religionen hätte christliche Könige beschämen sollen. Die Geschichte des Islam lehrt, daß die Menschheitsidee kein europäisches Vorurteil ist.

(6) Mit der Kaiserkrönung Karls des Großen zu Weihnachten 800 in Rom übernahmen die Franken die römische Reichsidee. Dieses

Ereignis eröffnet die Folge von Renaissancen, ohne welche die Geistesgeschichte Europas kaum vorstellbar wäre. Die Turbulenzen der Völkerwanderungszeit waren überwunden, und es wurde möglich, auf allen Lebensgebieten an die römischen Traditionen anzuknüpfen: in Staatsleben und Rechtswesen, in Literatur und Kunst, in Wissenschaft und Technik. Praktisch das gesamte universitäre Vokabular entstammt dem römischen Bildungswesen.

(7) Die römische Staatsidee wird mitunter, und nicht ganz zu Unrecht, im anklagenden Sinne als absolutistisch bezeichnet. Der Begriff «Absolutismus» geht zurück auf ein Digesten-Zitat (I 3, 31) des römischen Rechtsgelehrten Ulpian aus der Zeit um 200 n. Chr.: *princeps legibus solutus* «der Kaiser ist nicht an die Gesetze gebunden». Gemeint ist, daß er keinem Richter untersteht, weil er selbst die Rechtsordnung garantiert. Die Digesten sind ein Teil des «Corpus Iuris Civilis», deren Publikation durch Kaiser Justinian am 16. Dezember 533 gewiß auch eine Sternstunde war, denn auf diesem Werk beruht die europäische Rechtskultur. Zu deren weiterer Entwicklung gehören dann die mittelalterlichen Versuche, die Gewalt der sich auf Rom berufenden Monarchen zu begrenzen. Denn das germanische Gefolgschaftswesen kennt auch Rechte des Mannes gegenüber dem Herren und Pflichten des Herren gegenüber dem Manne. Sie wurden wiederholt eingefordert. Das berühmteste Beispiel ist die Magna Charta Libertatum von 1215, in der die englischen Stände ihre Freiheit gegenüber der Krone behaupteten und damit eine Urkunde schufen, auf die man sich später gestützt hat, wenn die Absicherung gegenüber dem Monarchen auf dem Spiele stand.

(8) Sternstunden der Geschichte sind Ereignisse, die Tore aufstoßen, Wege weisen und Weichen stellen und damit dem Zusammenleben der Menschen neue Möglichkeiten eröffnen. Dies trifft zu auf die Gründung von Staaten, auf die Reform von Verfassungen, auf die Stiftung von Religionen – aber ebenso auf die Entdeckung neuer Länder. Keine Entdeckertat überstrahlt die Fahrt von Kolumbus über den Atlantik, sie stehe stellvertretend für Entdecker überhaupt. Unter der aus der Antike übernommenen, wissenschaftlich begründeten Hypothese von der Kugelgestalt der Erde ist ein Unternehmen in Gang gesetzt worden, das schier unbegrenzte Chancen geboten und den Grundstein zu jener Macht gelegt hat, die heute ein Modell für den Weltstaat abgeben könnte und das Geschick unseres Planeten überwacht. Für die Indianer brachte der Genuese freilich nur im Sinne des Grimmschen Wörterbuchs eine Sternstunde, die über Glück und, wohlgemerkt, Unglück entscheidet.

(9) So wie die Magna Charta die weltliche Macht begrenzt hat, so

traten die Reformatoren der geistlichen Gewalt der römischen Kirche entgegen. Nicht die Erschütterung des institutionellen Gehäuses der Kirche, sondern der erfolgreiche Widerstand gegen den Anspruch des Papstes, allein seligmachende Glaubenswahrheiten verkünden zu dürfen und damit den Schlüssel zum Himmel zu besitzen, macht die weiterführende Bedeutung Luthers aus. Als er auf dem Wormser Reichstag 1521 den höchsten weltlichen und geistlichen Autoritäten seiner Zeit unerschrocken Trotz bot und sich, ungeachtet der Erinnerung an den Feuertod von Jan Hus, nicht an seinem Gewissen irre mache ließ, zeigte er, daß die Freiheit eines Christenmenschen erfolgreich behauptet werden kann.

(10) Die Suche nach Glaubensfreiheit hat am 21. Dezember 1620 die Pilgrim Fathers der Mayflower aus England nach Amerika gebracht. Sie erschlossen das Land; ihre Nachkommen ließen sich auf die Dauer den Machtanspruch der britischen Krone nicht gefallen. Nach dem siegreichen Kampf um die Unabhängigkeit verkündeten dann die «Gründerväter» 1776 die *Declaration of Independence* der damaligen dreizehn Kolonien, in der das Selbstbestimmungsrecht der Völker und die anderen Grundgedanken der Französischen Revolution vorweggenommen sind. In Paris wurde innenpolitisch das nachgeholt, was in den Staaten außenpolitisch vorgespielt worden war. Gewiß könnte man auch den Ballhausschwur vom 20. Juni 1789 als «Sternstunde» bezeichnen, doch brachte er ideengeschichtlich nichts Neues. Der Sturm auf die Bastille am 14. Juli war jedenfalls ein bloßer Wutausbruch und eine Farce. Man fand und befreite sieben Gefangene: Vier Wechselfälscher, einen Mörder und immerhin einen wohl unschuldigen Häftling sowie einen Geistesgestörten.

(11) Der Siegeszug der europäischen Zivilisation stieß nicht selten auf Widerstand bei anderen Kulturen; nirgendwo konsequenter als in Japan, das sich zweihundert Jahre lang mit aller Gewalt gegen den westlichen Einfluß abschottete. Bedenken wir, welch enorme Bedeutung Japan heute für die Industrie und Ökonomie der Welt besitzt, so erscheint die Öffnung des feudalistisch verkrusteten, mittelalterlichen Japans für das westliche Denken als ein welthistorischer Vorgang. Der amerikanische Admiral Perry spielt hier eine Schlüsselrolle. Der von ihm unblutig erzwungene, am 31. März 1854 abgeschlossene Vertrag von Kanagawa war ein Meilenstein auf dem Wege Japans in die Moderne, die dann 1868 mit dem Beginn der Meiji-Herrschaft erreicht wurde.

(12) Die Modernisierung ist, zwar nicht in Japan, aber in weiten Teilen der Welt über Kolonialherrschaft in die Wege geleitet worden. Sie hatte stets mit einem doppelten Widerspruch zu kämpfen:

einerseits mit dem Gegensatz zwischen der alten, heimischen Tradition und der neuen, fremden Zivilisation und andererseits mit der Inkonsequenz, daß die Kolonialherren den Kolonialvölkern zwar ihre zivilisatorischen Errungenschaften, so Telegraph und Eisenbahn, zuteil werden ließen, nicht aber ihre politischen Leitideen, wie das Selbstbestimmungsrecht der Völker. Mahatma Gandhi gehört zu jenen Persönlichkeiten, die hier am entschiedensten und erfolgreichsten opponiert haben. In seinem Salzmarsch am 6. April 1930 demonstrierte er den passiven Widerstand als Mittel zur Befreiung, die dann, wenn auch verspätet, 1949 erreicht wurde.

(13) Die Kämpfe zwischen den Kolonialherren und den Kolonialvölkern auf der einen Seite und die Weltkriege der Industrienationen untereinander auf der anderen haben der Einsicht zum Durchbruch verholfen, daß es eine übernationale Ordnungsinstanz geben müsse. Die Idee dazu läßt sich bis ins 18. Jahrhundert zurückverfolgen, doch kam sie gegen den allenthalben aufstrebenden Nationalismus nicht an. Als die vornehmste Aufgabe der 1945 gegründeten Vereinten Nationen wird man die Wahrung der Menschenrechte ansprechen dürfen, die von der UN-Generalversammlung am 10. Dezember 1948 verkündet wurden. Diese Deklaration schließt an die Erklärung der Menschen- und Bürgerrechte an, die am 26. August 1789 nach amerikanischem Vorbild von der Nationalversammlung in Paris verabschiedet worden war.

(14) Mit einer Erklärung ist es noch nicht getan. Menschenrechtsverletzungen hat es auch nach 1948 noch in großem Stil gegeben. Während sie in den demokratischen Ländern immer wieder aufgedeckt und angeprangert wurden, blieben sie im sozialistischen Lager geheim. Damit geriet dieses als solches in Widerspruch zu den Menschenrechten. Gleichwohl beanspruchte der dogmatische Marxismus, mit dem präsumtiv unvermeidlichen Sieg im Klassenkampf über das Kapital die klassenlose Gesellschaft herzustellen, in der es keine Ausbeutung, keine Unterdrückung mehr geben sollte. Diese Lehre hatte den Kalten Krieg zur Folge, in dem es darum ging, ob ein marxistischer Sozialismus oder ein pluralistischer Liberalismus die Zukunft der Welt bestimmen würde. Das damit verbundene Wettrüsten zwischen Amerika und Rußland ließ zeitweise – so in der Cuba-Krise nach dem 22. Oktober 1962 – einen atomaren Dritten Weltkrieg befürchten. Der Zusammenbruch des Sowjetsystems 1991 hat diese Gefahr beseitigt und den Konflikt im Grundsatz zugunsten der parlamentarischen Demokratie entschieden. Symbol und Signal dieses Vorgangs, die Öffnung der Berliner Mauer am 9. November 1989, war eine Sternstunde von welthistorischer Strahlkraft. Und es gibt nicht wenige unter uns, die, wie

einst Goethe am 20. September 1792 nach der Kanonade bei Valmy, sagen dürfen: «Von hier und heute geht eine neue Epoche der Weltgeschichte aus, und Ihr könnt sagen, Ihr seid dabeigewesen.»

### Literatur

Otto A. Böhmer, Sternstunden der Philosophie, 1996
Jacob Burckhardt, Weltgeschichtliche Betrachtungen, 1868/1935
Alexander Demandt, Was stiftet Kultur? Beilage zum Katalog «Sternstunden», 1998 s.u. und in: Die politische Meinung 43, 1998 S. 83 ff.
P. Düweke, Darwins Affe. Sternstunden der Biologie, 2000
R. K. Goldschmit-Jentner, Die Begegnung mit dem Genius, 1954
G. W. F. Hegel, Vorlesungen über die Philosophie der Geschichte, 1831/1961
I. Kant, Idee zu einer allgemeinen Geschichte in weltbürgerlicher Absicht (1784). In: Ders., Kleine Schriften zur Geschichtsphilosophie, Ethik und Politik, 1913/1959
Friedrich Meinecke, Die deutsche Katastrophe, 1946
Der große Ploetz, Auszug aus der Geschichte, 29. Aufl. 1980
Fr. Chr. Schlosser, Weltgeschichte für das deutsche Volk, 2. Ausg. 7. Aufl. I–XVIII, 1870–1875
Sternstunden. Kunstwerke aus zwei Jahrtausenden, erworben mit Mitteln der Kulturstiftung der Länder 1988–1998, Ausstellungskatalog Staatsgalerie Stuttgart, 1998
Stefan Zweig, Sternstunden der Menschheit. Fünf historische Miniaturen, 1927
Ders., Sternstunden der Menschheit. Zwölf historische Miniaturen, 1945

*Um Epoche in der Welt zu machen,*
*dazu gehören bekanntlich zwei Dinge:*
*erstens, daß man ein guter Kopf sei,*
*und zweitens, daß man eine große Erbschaft tue.*
Goethe

## 2.
## Alexanders Rückkehr nach Babylon

*Frühjahr 323 v. Chr.*

Das Wort «Politik» stammt aus dem Griechischen; *politikē technē* bezeichnet die Kunst, ein Gemeinwesen zu verwalten. In dieser Kunst sind die Griechen die Lehrmeister nicht nur jener Völker geworden, deren Wort für «Staatskunst» auf diesen Begriff zurückführt. Das Wort *polis* bedeutet «Stadtstaat», eine Form des Zusammenlebens, die sich unter dem Einfluß des Alten Orients bei den Griechen im 9. und 8. Jahrhundert v. Chr. herausgebildet hat. Während im Orient aber Könige und Priester bestimmend blieben, entstand in den Griechenstädten ein selbstbewußtes, kriegerisches Bürgertum, das Mitsprache in der Politik gewann und Demokratien herausbildete, musterhaft in Athen.

Zwischen den Stadtstaaten herrschte häufig Krieg. Bündnisse kamen selten zustande, es sei denn ein äußerer Feind drohte, so wie Persien im 5. Jahrhundert v. Chr. Eine dauerhafte, polisübergreifende Organisation zu schaffen gelang indes erst Philipp von Makedonien am Rande der griechischen Welt. Sein Sohn Alexander, den die Römer «den Großen» nannten, besiegte den Feind im Osten und entfaltete eine Vision vom Völkerfrieden, die Zeitgenossen und Nachwelt fasziniert hat, an erster Stelle die Römer.

Um die Mitte des 1. Jahrhunderts n. Chr. verfaßte der ältere Plinius seine unschätzbare Naturgeschichte. Darin beschreibt er (XXXV 93f) unter den berühmtesten Gemälden der antiken Welt zwei Bilder des Apelles aus Ephesos, der als der größte Maler aller Zeiten galt: *omnes prius genitos futurosque postea superavit* – alle vor ihm geborenen und alle späteren habe er übertroffen. Beide Gemälde zeigten Alexander auf dem Triumphwagen. Auf dem einen Bild wird Alexander begleitet von den Dioskuren Kastor und Pollux und geführt von der Siegesgöttin; auf dem ande-

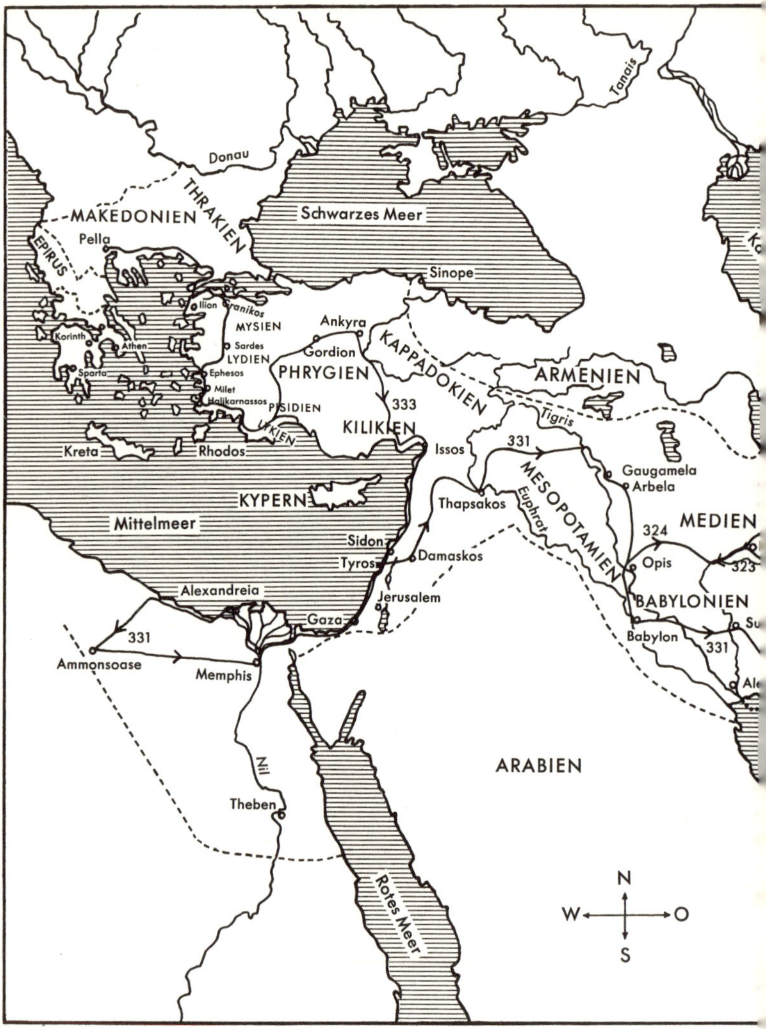


Der Alexanderzug

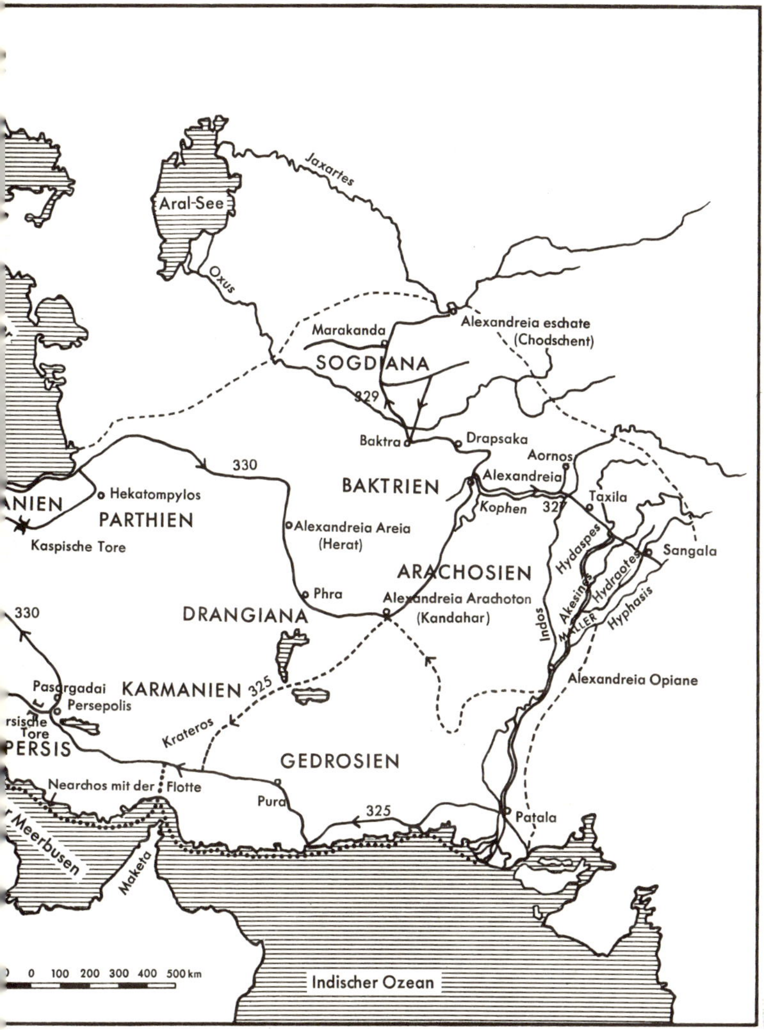
Aral-See
Jaxartes
Oxus
Marakanda
Alexandreia eschate
(Chodschent)
SOGDIANA
329
Baktra
Drapsaka
Aornos
Alexandreia
330
BAKTRIEN
Taxila
Kophen
327
Hekatompylos
NIEN
PARTHIEN
Kaspische Tore
Alexandreia Areia
(Herat)
Hydaspes
Sangala
ARACHOSIEN
Hydraotes
Phra
Alexandreia Arachoton
(Kandahar)
Akesines
Hyphasis
330
DRANGIANA
Indos
Alexandreia Opiane
Pasargadai
KARMANIEN
325
Persepolis
Krateros
Tore
PERSIS
GEDROSIEN
Nearchos mit der Flotte
Pura
325
Patala
Meerbusen
Maketa
0 100 200 300 400 500 km
Indischer Ozean

ren erscheint er, mit einer *imago Belli,* einer Darstellung des Krieges, dem die Hände auf dem Rücken gefesselt sind: *restrictis ad terga manibus.*

Die Beschreibung bei Plinius ist insofern etwas schwierig zu verstehen, als der «Triumph» zwar auf ein griechisches Wort zurückführt, aber ein römisches Ritual war, zu dem bei den klassischen Griechen ein Gegenstück fehlt. Der griechische *thriambos* war eine dionysische Prozession, eine friedliche Angelegenheit. Daneben jedoch gab es die *pompē,* den feierlichen Einzug des Siegers in die Hauptstadt an der Spitze seiner Armee im Gefolge der Gefangenen und der besten Beutestücke. Derartiges ist aus der Diadochenzeit bekannt und dürfte den römischen Brauch beeinflußt haben. Die Römer betrachteten Dionysos als den Erfinder des Triumphzuges, er wird als Triumphator dargestellt.

Das Ereignis, das Apelles, Alexanders Hofmaler, hier wiedergibt, kann nur die Rückkehr aus Indien nach Babylon sein, im Frühjahr 323 v. Chr., als alle Gegner bezwungen, alle Strapazen überstanden waren. Es war der Höhepunkt in der meteorhaften Laufbahn des damals 32jährigen Makedonen, der auch zahlreiche Künstler aus späteren Zeiten inspiriert hat. Wir kennen mehrere Darstellungen der Szene: beispielsweise ein Ölbild von Gustave Moreau, an dem der Maler noch unmittelbar vor seinem Tode 1898 gearbeitet hat, eine Phantasmagorie orientalischer Pracht, durchaus in der barocken Tradition von Charles Lebrun, der um 1673 für Ludwig XIV eine Folge von Gobelins mit Alexanderbildern herstellen ließ, gipfelnd im triumphalen Einzug in Babylon. Am bekanntesten ist wohl der 35 m lange Relief-Fries, mit dem der dänische Bildhauer Bertel Thorvaldsen 1812 den Quirinalspalast in Rom schmückte, um Napoleon bei seiner erwarteten siegreichen Rückkehr aus Rußland als neuen Alexander zu feiern. Nun, da kamen der Brand Moskaus und die Beresina dazwischen.

Die Faszination, die vom Gedanken an Alexanders babylonischen Triumph ausging, beruht keineswegs auf der historiographischen Überlieferung dieses Einzugs. Schlagen wir die verläßlichsten Quellen nach, Diodors Weltgeschichte, Arrians Anabasis und Plutarchs Alexander-Vita, so finden sich nur lakonische Bemerkungen. Da ist von bösen Vorzeichen die Rede, die auf Alexanders nahen Tod in der Hauptstadt vorauswiesen, doch hätte er die Warnungen mißachtet und die Stadt betreten. Die sternkundigen Chaldäer rieten ihm, wenigstens nicht von Osten in die Stadt einzuziehen, sondern von Westen kommend mit dem Blick auf den Sonnenaufgang. Das aber habe der König wegen des Umwegs und der Geländeschwierigkeiten abgelehnt. Er beriet sich mit dem Philosophen Anaxarchos von Abdera, der ihn auf dem Feldzug begleitet hatte. Dieser Schüler des Demokrit war wie sein Lehrer Materialist und lehnte den Glauben an Vorzeichen überhaupt ab. Der feierliche Einzug mit dem Heere fand statt, die Bevölkerung jubelte dem Sieger zu (Diodor XVII 112, 5). Genauer wird der Vorgang von den antiken Autoren nicht beschrieben.

Wir besitzen indessen aus dem 1. Jahrhundert n. Chr. den blumigen Bericht von Quintus Curtius Rufus (IX 10, 24ff), der Alexanders angeblichen Triumphzug auf dem Rückweg durch Südpersien beschreibt. Der König habe damals im Wetteifer mit Liber Pater, das heißt mit dem aus Indien heimkehrenden Gott Dionysos, eine bacchantische Prozession veranstaltet. «Die Straßen, durch die der Zug ging, ließ er mit Blumen und Kränzen bestreuen, an die Türschwellen weingefüllte Mischkrüge stellen und andere Gefäße von besonderer Größe, dann ließ er Wagen mit Brettern überdecken, so daß sie mehr Soldaten als sonst fassen konnten, und diese Wagen nach Art von Zelten mit weißen Tüchern oder kostbaren Decken schmücken. An der Spitze zogen die Freunde und die Leibwächter einher, geschmückt mit bunten Blumen und Kränzen; hier ertönte Flötenspiel, dort der Klang der Leier. Dann folgte auf Wagen, die so prachtvoll wie möglich geschmückt waren, das Heer in ausgelassenster Freude; die schönsten Waffen hingen ringsum an den Wagen. Den König selbst und seine vertrautesten Getreuen trug ein Gefährt, das über und über beladen war mit goldenen Mischkrügen und ungeheuren Bechern aus gleichem Metall. Auf diese Weise zog das Heer sieben Tage lang in dionysischem Zuge daher – eine leichte Beute für die Besiegten, wenn sie nur gegen den trunken schwärmenden Zug einigen Mut aufgebracht hätten: fürwahr, tausend Leute, wenn sie nur Männer und nüchtern gewesen wären, hätten die von dem siebentägigen Rausch Taumelnden auf ihrem eigenen Triumphzug fangen können!» Diese Phantasmagorie ist dann von den späteren Künstlern mit Alexanders Einzug in Babylon verbunden worden.

Wenn es mithin nicht die antike Überlieferung vom Einzug in Babylon war, was die Nachwelt gefesselt hat, dann war es ein Prägnanzbedürfnis: der Wunsch, Alexanders gesamte Unternehmung in einer einzigen, gewissermaßen synthetischen Sternstunde kulminieren zu lassen. Und diese Unternehmung war, aufs Ganze gesehen, erstaunlich genug. Um sie zu verstehen, müssen wir weit zurückblicken.

## *Griechen und Perser*

Um die Mitte des 6. Jahrhunderts v. Chr. stiegen die Perser zur Großmacht auf. Der Achämenide Kyros unterwarf Babylonien und Kleinasien, wo die griechischen Küstenstädte unter seine Botmäßigkeit gerieten. Die folgenden Großkönige weiteten die Herrschaft aus: Kambyses gewann Ägypten, Darius das Indusland. Der griechischen Kultur gegenüber zeigten die Perser sich aufgeschlossen, wir finden Griechen in persischen Diensten als Ärzte, als Seefahrer, als Baumeister, als Künstler und immer wieder als Söldner und Söldnerführer. In die Autonomie der Griechenstädte ihres Machtbereiches griffen die Perser normalerweise nicht ein, solange ihre Oberhoheit nicht angetastet wurde.

Umgekehrt haben indes die Griechen auf die Perser als Barbaren herabgesehen. Im Jahre 499 erhoben sich die ionischen Küstenstädte Kleinasiens, wurden aber nach mehrjährigem Kampf niedergeworfen. Die ihnen von Athen gewährte, wenn auch erfolglose Unterstützung, lieferte dem Großkönig Darius den Grund zum Rachezug gegen Hellas. Er endete mit dem Sieg der Athener bei Marathon 490. Zehn Jahre später wiederholte Xerxes, Sohn und Nachfolger des Darius, den Versuch, Griechenland zu unterwerfen, scheiterte jedoch in der Seeschlacht bei Salamis und in der Landschlacht bei Plataiai. Diese Erfolge der Athener kamen ihrem Freiheitsbewußtsein und der Entwicklung ihrer Demokratie zugute und sind zu den Voraussetzungen für die griechische Klassik zu zählen.

Ein dauerhafter Friede mit Persien aber war nicht zu erzielen. Mit Geld und Diplomatie schürten die Perser den innergriechischen Zwist und wandten sich stets gegen die stärkste Stadt in Hellas. Ohne ihre Hilfe hätten die Spartaner Athen im Peloponnesischen Krieg 404 kaum bezwungen. Im sogenannten Königsfrieden konnte Artaxerxes II im Jahre 387 die Oberhoheit über die Griechenstädte Kleinasiens behaupten. Milet, Ephesos, Halikarnassos und andere Städte mußten dem Barbaren Steuern zahlen und unter Umständen Besatzung erdulden! Dies wurde nicht nur dort als Schmach empfunden. Die öffentliche Meinung in Hellas, vertreten durch die attischen Redner, namentlich durch Isokrates, rief auf zur Rache und zur Befreiung vom persischen Joch.

Voraussetzung dafür war freilich eine Einigkeit unter den griechischen Städten, ein Ende der ewigen Rivalität. Das aber konnten sie aus eigener Kraft nicht leisten. Schon Themistokles und Perikles hatten sich vergeblich um eine innergriechische Friedensordnung bemüht. Erst der Aufstieg Makedoniens zur Vormacht beendete die Zwietracht unter den Poleis. Es war Philipp II, der Vater Alexanders, der ebenso zäh wie geschickt sein Reich modernisierte und vergrößerte, im Norden eine Stadt nach der anderen gewann und als Schutzherr des Apollonheiligtums von Delphi in die Machtverhältnisse des Kernlandes eingriff. In allen größeren Städten hatte Philipp seine Parteigänger, die er bezahlte und die seine Politik unterstützten. Dabei spielte auch die Furcht vor Persien eine Rolle, das damals unter Artaxerxes III wieder erstarkte.

Daß Philipps Macht irgendwann zur Gefahr für die außenpolitische Freiheit der Städte würde, sah niemand deutlicher als Demosthenes, der große athenische Redner. Er warnte in seinen «Philippischen Reden» vor den Makedonen, die er als Barbaren verunglimpfte, und brachte eine antimakedonische Koalition zusammen. Am 1. September 338 kam es zur Schlacht bei Chaironeia in Böotien. Der damals 18jährige Alexander erzielte den Sieg durch eine Reiterattacke. Die Griechen mußten um Frieden bitten. Athen kam glimpflich davon; Demosthenes mußte dann doch nicht ausgeliefert werden, wie Philipp zunächst gefordert hatte. Der Ruf des Redners aber nahm Schaden, als bekannt wurde, daß er Subsidien aus der Hand der Perser erhalten hatte. Das erschien vielen als Verrat an der griechischen Sache.

Auf einer nach Korinth einberufenen Nationalversammlung der Griechen stiftete Philipp eine Symmachie, einen Bund, dem auch Athen angehörte, und wurde selbst zum Bundesfeldherrn für den lange geplanten Krieg gegen Persien erwählt. Bevor der aber in Gang kam, fiel der König 336 der Privatrache eines Attentäters zum Opfer. Es ist oft gemunkelt worden, daß auch Alexander, um an die Macht zu kommen, an dem Mord beteiligt gewesen sei, doch gibt es dafür keine stichhaltigen Gründe. Es ist anscheinend unvermeidlich, daß der Nutznießer eines Verbrechens der Mitwirkung verdächtigt wird. 1977 wurden bei Vergina, dem antiken Aigai, Königsgräber gefunden. Ob das größte, wie gewöhnlich angenommen, Philipp II gehört und nicht vielmehr seinem Sohne Philippos Arridaios, ist sehr fraglich. Es enthält zwei goldene Aschenkästen mit einem großen Stern, der als makedonisches Königszeichen gedeutet wird, aber als Schmuck verbreitet war. Diese Entdeckung war in jedem Fall eine Sternstunde der Archäologie.

Alexander fand Anerkennung beim Heer und beim Hof. Er war der dritte Makedonenkönig, der den Namen des trojanischen Prinzen *Alexandros* trug. Für seine Stellung war er vorbereitet. Zwar hatte Philipp Alexanders Mutter Olympias zugunsten einer neuen Frau verstoßen, doch hat dies das Verhältnis zwischen Vater und Sohn nicht dauerhaft getrübt. Alexander ließ sich als Nachfolger

Philipps im Amt eines Strategen des korinthischen Bundes bestätigen. Dabei könnte es zu jener Begegnung mit dem Bettelphilosophen Diogenes gekommen sein, der auf die Frage, ob er einen Wunsch habe, geantwortet haben soll: Geh mir ein wenig aus der Sonne. Möglicherweise handelt es sich aber um eine Legende. Die Begegnung des mächtigsten und des ärmsten Mannes war eine allzu reizvolle Gelegenheit für Anekdotendichter.

## *Der Alexanderzug*

In einem geradezu rasanten Siegeszug hat Alexander zunächst seine Gegner im Donauraum und dann in Griechenland bezwungen, wo die Stadt Theben sich gegen ihn aufgelehnt hatte, hat er die Meerengen überquert, die persischen Satrapen am Granikos geschlagen und die ionischen Städte befreit. In Zentralanatolien spielt dann die Anekdote vom gordischen Knoten, den Alexander mit dem Schwert löste und damit dem Orakelspruch gemäß die Herrschaft über Asien erwarten durfte.

Bei Issos 333 schlug Alexander den Großkönig Darius III in die Flucht. Dieser bot ihm daraufhin Frieden und die Taurosgrenze an. Philipps alter General Parmenion soll damals gesagt haben: «Wenn ich Alexander wäre, nähme ich das Angebot an», worauf dieser antwortete: «Das täte auch ich, wenn ich Parmenion wäre». Alexander betrachtete sich seitdem als König von Asien. Dies zeigte er fortan auch in seinem Ornat. Es folgt die mühsame Eroberung der Inselstadt Tyros, wo Alexander seinem Ahnherrn Herakles opfern wollte, dann der Zug nach Ägypten mit der Gründung von Alexandria und dem sagenumwobenen Ritt durch die Wüste zum Orakel des Zeus Ammon in der Oase Siwa, die Rückkehr nach Syrien, wo ihm der Perserkönig zum zweiten Mal, nun mit der gesamten Macht seines Riesenreiches, entgegentrat. Parmenion soll dem König einen Nachtangriff geraten haben, worauf dieser bemerkte, er wolle «den Sieg nicht stehlen». Die Entscheidung brachte wieder Alexanders eigenes tollkühnes Draufgängertum. Darius floh, noch ehe alles verloren war. Babylon öffnete dem Makedonen die Tore, er zog dort zum ersten Male als Sieger ein und bestimmte Babylon zur künftigen Hauptstadt. Alexander beließ den persischen Satrapen im Amt: Er kam nicht als Eroberer, sondern als Nachfolger.

In Ekbatana, dem heutigen Hamadan, damals die ehemalige Hauptstadt von Medien, erbeutete Alexander den persischen Kronschatz (Arrian III 19). Ihn konnte die siebenfarbige Ringmauer um die Stadt (Herodot I 98) nicht schützen. Vor dem Internationalen

Kongreß-Zentrum in Berlin steht eine gewaltige Bronzefigur, die gierig die Hand nach einem schwer deutbaren Gegenstand ausstreckt. Der französische Künstler Jean Ipoustéguy nannte sie «Alexander vor Ekbatana». Daß der Berliner Senat die Gruppe 1980 dort hat aufstellen lassen, beruht einerseits auf der preußischen Sparsamkeit, denn die Kosten blieben unter einer Million Mark, andererseits auf mangelhaften Geschichtskenntnissen der Senatoren. Denn der Osten, der gierig seine Hand nach den Schätzen Berlins, der ehemaligen, aber ummauerten Hauptstadt ausstreckte, wäre ja, durch Alexander symbolisiert, erfolgreich gewesen. Und das konnte wohl im Senat niemand wünschen.

Die kurz darauf, im Jahre 330, erfolgte Einäscherung des Palastes von Persepolis, wird als Rache für den Brand der Akropolis motiviert, dies war das Fanal für das Ende des Rachekrieges. Die griechischen Bundestruppen wurden in die Heimat entlassen. Der Brand von Persepolis ist das Thema von Händels Oratorium «Das Alexanderfest», 1736 nach dem Text von John Dryden in London uraufgeführt. Es ist ein Triumph der Musik, denn die Hetäre Thais inspiriert die Makedonen durch ein Lied zu dieser Tat – bei Quintus Curtius Rufus (V 7, 3) ist es allerdings bloß ihr Ratschlag.

Mit einer kleinen Reitertruppe verfolgte Alexander nun in einer beispiellosen Hetzjagd den flüchtigen Großkönig über das persische Hochland. Als die Hoffnung auf eine Wende des Kriegsglücks dahin war, erhob sich einer der Gefolgsleute des Darius selbst zum König, legte seinen Herrn in Ketten und tötete ihn bei der Annäherung des Makedonen in der Gegend von Hekatompylos. Die Legende läßt Alexander den König noch sterbend antreffen, der ihm sein Reich und seine Familie zu treuen Händen anempfiehlt.

Es gelang Alexander, die Mörder des Königs zu fangen. Er ließ sie als Hochverräter nach persischer Art hinrichten. In harten Kämpfen unterwarf er Nordost-Iran, dann überschritt er den Indus und besiegte 326 in der Elefantenschlacht den König Poros, den er sodann als Vasallenfürst bestätigte. Auch damit noch nicht zufrieden, wollte Alexander den Ganges und das Meer im Osten erreichen – das Ende der Welt schien ihm zum Greifen nahe. Am Hyphasis, vierhundert Kilometer jenseits des Indus kam es zur ersten Meuterei des Heeres. Alexander gab nicht nach. Er verschloß sich drei Tage in seinem Zelt und ließ niemanden vor. Vergebens. Seine Leute wollten nicht weiter. Darauf beschloß Alexander, den Willen der Götter zu erkunden. Die Priester untersuchten die Opfertiere, und siehe da: Die Götter verboten den Weitermarsch. Ihrem Geheiß gehorchte der König, ließ zwölf Altäre errichten und befahl die Heimkehr. Das Heer fuhr mit einer ad hoc gebauten Flotte von

1800 Schiffen den Indus hinab in den Indischen Ozean, von wo aus sein Admiral Nearchos über den Persischen Golf und den Tigris nach Babylon segelte, während der König den Landweg durch die gedrosische Wüste nahm. Dies war der verlustreichste Teil der Expedition, der Anblick des Heereszuges bot den denkbar krassesten Gegensatz zu der romanhaften Ausschmückung, die uns im Bericht des Quintus Curtius Rufus begegnet ist.

Als Alexander aus Indien zurückkehrte, hatte er bereits mehr geleistet als die größten Eroberer vor ihm. Und dies nicht nur im Felde. Wir hören von siebzig Städten, die er gegründet haben soll. Zwar sind nur an die zwanzig nachweisbar, unter ihnen jedoch das bis heute florierende Alexandria in Ägypten. Die meisten der neuen Städte lagen im Osten, waren teils mit Veteranen und Invaliden, teils mit Orientalen besiedelt. Diese Urbanisierung, die Alexanders Nachfolger dann fortführten, diente der wirtschaftlichen Erschließung, der militärischen Sicherung und der kulturellen Hellenisierung des Landes. Hellenisierung bedeutete Anschluß an die griechische Sprache und Geisteswelt, die zivilisatorisch, wissenschaftlich und künstlerisch führend war. Griechische Kunst wurde in aller Welt geschätzt und nachgeahmt, sie inspirierte die indischen Künstler zur vollplastischen Darstellung Buddhas nach dem Vorbild griechischer Skulpturen. In der sogenannten Gandhara-Kunst verbinden sich hellenische und indische Stilmerkmale zu einem neuen, eigenen Stil.

Ökonomische und künstlerische Faktoren spiegeln sich in der umfangreichen Münzprägung Alexanders. Er ließ die Schätze der persischen Großkönige ausmünzen und in Umlauf bringen. «Der weltweit gewaltige Tag des Reichtums» brach an (Athenaios 231 E). 26 Städte prägten zu seinen Lebzeiten etwa 5000 Typen; die Goldmünzen zeigen den Kopf der Athena, die Silberstücke Zeus und Herakles, vielleicht mit den Zügen Alexanders. Die Emission verschaffte dem Handel und dem Gewerbe einen beträchtlichen Auftrieb.

In die inneren Belange der Städte griff Alexander in der Regel nicht ein. Drei Ausnahmen sind bekannt: Den Bürgern von Chios befahl er, die von den Persern zugunsten einer Oligarchie beseitigte Demokratie wiederherzustellen, die neue Verfassung sollte ihm vorgelegt werden. An den Korinthischen Bund schrieb er, alle Tyrannen (die sich anscheinend an Persien angelehnt hatten) sollten durch Demokratien abgelöst werden. In Olympia ließ er während der Spiele 324 ein Dekret verlesen, wonach die griechischen Städte ihre Verbannten wieder aufzunehmen hätten, war es doch beinahe normal, daß jeweils ein Teil der griechischen Bürger im Exil lebte, bis die eigene Partei wieder ans Ruder kam und die führenden Familien der Gegenseite vertrieb. Die griechische Demokratie kannte weder Menschenrechte noch Minderheitenschutz. Zahlreiche Verbannte hatten im Heer Alexanders den Perserzug mitgemacht und wollten wieder nach Hause, wo sie unerwünscht und enteignet waren. Ihnen diente das Dekret. Gewiß war das ein Eingriff in die Autonomie der Städte, aber aufs Ganze doch ein heilsamer. Als Alexander nach seiner Rückkehr seinen General Krateros mit den Veteranen in die Heimat entließ, beauftragte er ihn, für die Freiheit der Griechen Sorge zu tragen (Arrian VII 12, 4), das heißt Einmischungen in die inneren Angelegenheiten der Städte zu unterbinden.

Alexander ist nicht nur als Städtegründer, sondern auch als Entdecker in die Geschichte eingegangen. Sein Vater Philipp hatte als Erzieher für ihn keinen geringeren erkoren als den Philosophen Aristoteles, den Meisterschüler Platons. Aristoteles hat Alexander mit der griechischen Literatur, zumal mit Homer vertraut gemacht und in seinem Schüler wissenschaftliche Neugier erweckt. Wissensdurst gehört zu den wohlbezeugten Eigenschaften des jungen Königs. Insbesondere werden medizinische Interessen überliefert. Als Alexander in den Osten aufbrach, hatte er einen ganzen Stab von Forschern im Gefolge – Napoleon hat das im Orient später nachgemacht. Wir hören von Landvermessern, sogenannten Schrittzählern, von Geographen, Zoologen, Botanikern, Philosophen und dem Historiker Kallisthenes, einem Neffen des Aristoteles. Über seinen Zug ließ Alexander ein Kriegstagebuch führen – das erste in der Geschichte. Vielleicht aber folgte er dem Vorbild der persischen Reichsannalen, die im alttestamentlichen Buch Esther (10, 2) erwähnt werden.

Wie wenig man damals über den Osten wußte, ergibt sich unter anderem daraus, daß die Griechen den Indus für den Oberlauf des Nils hielten. Ursache dafür waren die Krokodile im Indus. Erst durch die Flottenexpedition des Nearchos wurde klar, daß der Persische Golf und der Indische Ozean dazwischen lagen. Zu den nicht mehr ausgeführten Plänen Alexanders gehört die Umsegelung Arabiens, der Befehl war bei Alexanders Tod bereits erteilt. Die Bedeutung Alexanders für die Kenntnis des Orients rühmte der kaiserzeitliche Geograph Strabon, und der Namensvetter des Makedonen, Alexander von Humboldt, verglich den König mit Kolumbus: Was dieser zur See nach Westen geleistet habe, das habe Alexander zu Land nach Osten erbracht.

## *Weltfriede und Völkerverschmelzung*

In seiner Beschreibung der beiden Alexander-Bilder des Apelles verwendet Plinius die Formulierungen *Belli facies* und *Belli imago* – Gesicht des Krieges und Bild des Krieges. Das zeigt, daß wir es mit einer Personifikation des Krieges zu tun haben, so wie die Griechen auch andere Begriffe personifiziert haben: Eirene, den Frieden; Dike, das Recht, Eunomia, die Ordnung usw. Jeder Berliner kennt die «Goldelse», die geflügelte Victoria auf der 1869 bis 1873 errichteten Siegessäule im Tiergarten – sie führt zurück auf die griechische Göttin Nike, eine Erscheinungsform der Athena. Polemos wird in der Literatur personifiziert bei Pindar und bei Aristophanes, warum nicht auch in der Kunst? Wie er dargestellt wurde, ist allerdings nicht überliefert. Gefesselte Perser würden schwer in Alexanders Konzept passen, und gefangene Amazonen widersprächen der friedlichen Begegnung Alexanders mit der Amazonenkönigin – wenn denn diese Sage überhaupt schon bekannt war. Arrian (VII 13, 3) zweifelt. Man dachte an Polemos in Gestalt eines wilden Kentauren. Trifft die Deutung zu, so zeigte der Maler Apelles den König Alexander nicht als Sieger über die Perser, sondern als Bezwinger des Krieges. Damit erscheint in der Allegorie des Kunstwerkes die Vision des Völkerfriedens. Der römische Dichter Vergil preist in seiner Äneis (I 295f) die *Pax Romana* des Augustus und erklärt, der wilde Kriegsfuror sei nun gebändigt, seine Hände seien ihm mit hundert eisernen Knoten auf den Rücken gefesselt – eine poetische Vision, die offenbar unser Gemälde inspiriert hat.

In jedem Falle hat die Vorstellung vom gefesselten Kriegsdämon eine ideengeschichtliche Berechtigung. Denn die Idee vom bezwungenen Krieg war nun etwa nicht der Wunschtraum des Malers, sondern Programm des Königs. Alexander hat als erster Grieche ernst gemacht mit dem Gedanken von der Einheit des Menschengeschlechts. Er wollte den Gegensatz zu den Barbaren überwinden, und um dieser Absicht willen verdient er den ersten Platz unter den Sternstunden. Die Zweiteilung der Menschheit ist sehr alt. Der Begriff *barbaros* steht bei Homer (Ilias II 867) lautmalend für Leute, die kein Griechisch, sondern ein unverständliches Bla-Bla sprechen.

Als wichtigste Gruppe der Barbaren erschienen früh die Asiaten: kunstsinnig, aber feige und unterwürfig. Seit den Perserkriegen gewann diese ursprünglich sprachliche Abgrenzung auch einen politischen Akzent: Der Barbar war nicht nur ‹Untermensch›, sondern auch Feind der Griechen. Platon (Brief VII 333a; 336a) bezeichnete gelegentlich die Barbaren als die natürlichen Feinde der Hellenen; Xenophon (Agesilaos 7, 7) nannte den Perserhaß «edel». Isokrates (Reden IV 184; V 16; XII 163), der große Propagandist des Rachekrieges gegen Persien, forderte gegen die Barbaren den Kampf und zwischen den Griechen Eintracht: Homonoia. Aristoteles betrachtete alle Barbaren, voran diejenigen aus Asien, als Sklaven von Natur aus. Er gab seinem Schüler Alexander in einem Sendschreiben den Rat, die Griechen als freie Männer wie Freunde und Verwandte zu betrachten, die Barbaren aber wie Tiere oder Pflanzen als Sklaven zu behandeln.

Plutarch (Moralia 329 B-D) berichtet, daß Alexander diesen Rat verworfen habe. Vielmehr habe er sich als Schiedsrichter und Ordner der Menschheit gefühlt, von Gott gesandt, alle Menschen zu einem einzigen Körper zusammenzufügen und die Völker in einem riesigen Mischkrug der Freundschaft (*kratēr philotēsios*) zu vermengen. Das war ein Vorgriff auf die Metapher für die Gesellschaft der Vereinigten Staaten: *melting pot.* Alexander hätte erklärt, man dürfe nicht Griechen und Fremde nach ihrem Gewande und ihren Waffen unterscheiden, sondern Grieche sei, wer anständig und tüchtig sei (*aretē* besitze), und wer nichts tauge, der sei ein Barbar, gleich welcher Herkunft.

Dieses Programm vergleicht Plutarch mit dem Kosmopolitismus Zenons, des Begründers der Stoa. Auch er lehrte eine weltweite Brüderlichkeit, doch blieb das bei ihm ein philosophischer Traum, während Alexander im Begriff stand, ihn zu verwirklichen. Das bestätigt der von Plutarch zitierte Geograph Eratosthenes. Von ihm erfahren wir, daß Alexander die Unterscheidung der Menschen nach Griechen und Barbaren abgelehnt und diese Ablehnung zum Ausdruck gebracht habe in seiner Königstracht. Er verband makedonische und persische Insignien, und zwar nicht nur, um den Orientalen entgegenzukommen, sondern auch, um den Hochmut seiner Landsleute zu dämpfen (Arrian VII 29, 49). Als neuer Perserkönig besuchte er die Gräber der Achämeniden und ließ sie instand setzen.

In seinem Herrschaftskonzept verband Alexander die jeweils vorgefundenen lokalen Traditionen. Er besuchte und verehrte den hethitischen Wettergott in Gordion, den phönizischen Melkart in Tyros, den ägyptischen Ammon in Siwa, den chaldäischen Marduk in Babylon, und es ist nur folgerichtig, wenn ihm Flavius Josephus (Antiquitates XI 8, 5) auch ein Opfer für Jahwe im Tempel von Jerusalem zuschrieb. Wie in der Religion, so handelte Alexander in der Politik. Für die Makedonen war er Nachfolger Philipps, für die Griechen der Feldherr des Korinthischen Bundes, in Kleinasien wurde er durch Adoption Fürst von Karien, in Persien war er der neue Großkönig, und in Memphis ließ er sich nach ägyptischem Ritual zum Pharao krönen. Auf diese Weise kam er den Vorstellungen der Einheimischen entgegen – er wollte kein Fremder sein. Am wenigsten in Griechenland: Nach Athen sandte er seine erste Beute als Weihegabe für die Athena Parthenos, ebenso die später in Susa aufgefundene Tyrannenmörder-Gruppe von Harmodios und Aristogeiton, das Wahrzeichen der Freiheit Athens, das Xerxes im Jahre 480 geraubt hatte.

Wirksam wurde das Homonoia-Programm durch die allmähliche Gleichstellung der Orientalen. Wo immer es ging, hat Alexander Einheimische als Satrapen eingesetzt oder bestätigt. Selbst als er damit schlechte Erfahrungen machen mußte, hat er an dem Prinzip festgehalten. Von den achtzehn persischen Statthaltern, die Alexander bestellt hatte, mußte er nach seiner Rückkehr zehn absetzen: Teils hatten sie sich unfähig gezeigt, teils hatten sie sich bereichert, teils erschienen sie politisch unzuverlässig. Dies letztere beruhte darauf, daß sie als Einheimische Eigeninteressen entwickelten. Von den persischen Satrapen, die Alexander weiterregieren ließ, haben zwei später Dynastien gebildet: Atropates, von dem die Landschaft Aserbeidschan noch heute ihren Namen führt, und Phrataphernes im späteren Parthien.

Im Verlaufe des Feldzuges ging Alexander dazu über, Asiaten in sein Heer einzureihen. Er veranlaßte in Baktrien die Ausbildung von 30000 jungen Persern in der griechischen Schrift und in makedonischen Waffen. In Babylon nahm er nochmals 20000 Perser und Krieger anderer Völker auf (Arrian VII 23), damit verlor die Armee ihren nationalen Charakter. Es ist kein Fall bekannt, in dem die persischen Krieger Alexander den Gehorsam verweigert hätten, während dies bei den Makedonen mehrfach vorkam.

Sechs Widerstandsaktionen sind von Bedeutung, drei Verschwörungen und drei Meutereien. Sie richteten sich gegen Alexanders Eroberungspläne, gegen sein Gottkönigtum und gegen seine «barbarenfreundliche» Verschmelzungspolitik. 330 ließ Alexander seinen verdienten Reitergeneral Philotas als Hochverräter hinrichten und beseitigte zugleich dessen Vater Parmenion, das Haupt der altmakedonischen Partei. Der Mord an Kleitos sodann, der den König geschmäht hatte, geschah 328 im Rausch, Alexander bereute ihn. Kallisthenes wurde 327 wegen seines Protestes gegen die Proskynese abgeurteilt. Die fußfällige Begrüßung konnte der König gleichwohl nicht durchsetzen.

Die Meutereien fanden statt 329 in Hyrkanien, 325 in Indien und 324 in Opis, dem späteren Seleukia am Tigris, als Alexander die makedonischen Veteranen in die Heimat entließ. Damals hat er sich auf seine persischen Kontingente gestützt und die Makedonen in ihrem Königsstolz erschüttert: Sie beschwerten sich darüber, daß Alexander die Perser zu seinen Verwandten gemacht habe und sie mit einem Kuß begrüßte. Alexander ließ dreizehn Unruhestifter hinrichten, zog sich in sein Palast-Zelt zurück und vernachlässigte seinen Körper, bis die Makedonen nachgaben. Es kam dann zu einer großen Versöhnungsorgie, bei der Alexander im Kreise von Makedonen und Persern und Angehörigen anderer Völker, die sich ausgezeichnet hatten, aß und trank und dabei mit ihnen ein und denselben Mischkrug benutzte, wie Arrian (VII 11, 8) bemerkt. Damit vollzog er ein Ritual, das in Platons «Gesetzen» (733 D) als Metapher verwendet wird: Der Staat solle einem Mischkrug gleichen, in dem die Bürger, auch wenn sie dem zunächst widerstreben, zusammengebracht werden, indem sie durcheinander heiraten. Plutarch (s.o.) wandte die Krug-Metapher auf Alexanders Politik an. Im Alexander-Roman (III 28, 19) wird ein goldener Mischkrug aus der Perserbeute beschrieben, er ist das Prunkstück auf den Darstellungen des Einzugs in Babylon. Der Höhepunkt des Festes in Opis war das berühmte Gebet Alexanders, in dem er alles Gute, Eintracht (*homonoia*) und Gemeinsamkeit (*koinōnia*) in der Herrschaft auf Makedonen und Perser herabflehte. Griechische Priester und persische Magier vollzogen die Opfer und 9000 Mann sangen das Siegeslied (Arrian VII 11, 8f). Wie muß das geklungen haben?

Nicht nur die Gleichstellung, sondern auch eine regelrechte Verschmelzung der Völker war Alexanders Absicht. Er selbst nahm in Roxane eine baktrische Prinzessin, also eine Perserin, zur Frau. Arrian (IV 19, 5; 20, 4) betont, daß Alexander sie geliebt habe und sich ihrer nicht wie einer Gefangenen oder Sklavin bemächtigte. Die Hochzeit fand nach persischer Sitte statt, seinen Schwiegervater Oxyartes hielt Alexander in Ehren. Der nachgeborene Sohn Roxanes, Alexander IV, galt als legitimer Erbe des Königs. Alexander heiratete 324 in Susa noch Stateira, eine Tochter des Darius, doch ließ Roxane ihre Nebenbuhlerin töten, als sie durch Alexanders frühen Tod am 13. Juni 323 Witwe geworden war. In Susa veranstaltete Alexander die Massenhochzeit makedonischer Krieger mit orientalischen Frauen. Seinen Generalen und Freunden suchte er Prinzessinnen aus, achtzig Ehen stiftete er so, die nach persischem Brauch vollzogen wurden. Sodann legalisierte Alexander sämtliche Verbindungen, die seine Soldaten bisher mit einheimischen Frauen eingegangen waren. Es waren angeblich über 10000, und ihnen allen schenkte Alexander eine Mitgift. Das war die größte Hochzeit der Weltgeschichte, fraglos auch eine Sternstunde der Menschheit.

Daß diese Verschmelzungspolitik Alexanders eigene Idee war, zeigte sich nach seinem Tod, als viele Makedonen ihre persischen Frauen verstießen. Sie hatten, anders als Alexander, gewissermaßen auf Kommando geheiratet. Die späteren Diadochen haben – außer in Baktrien – wieder eine Völkertrennung eingeführt, wie sie griechischem Denken entsprach. Griechen regierten, Barbaren wurden regiert. Auch Alexanders Besitzpolitik fand nur bedingt Nachfolge. Hatte er den einheimischen Herren ihre Ländereien belassen, so wurden diese später von einzelnen Nachfolgern doch noch zugunsten der Eroberer enteignet. Dennoch wirkte die Hellenisierung weiter. Alle Welt, schreibt Plutarch (Moralia 328 CD), liest nun Homer, zitiert Euripides. Okzidentale Rationalität floß in den Osten, orientalische Religiosität in den Westen.

## *Alexander im Hellenismus*

«Der Name Alexander bedeutet das Ende einer Weltepoche, den Anfang einer neuen.» Es ist die Periode des Hellenismus. Johann Gustav Droysen, der sich als erster intensiv mit ihr befaßt hat, hat auch jenen Satz geprägt. Das Epochenbewußtsein läßt sich schon bei den Zeitgenossen nachweisen. Der attische Redner Aischines erklärte in seiner Rede gegen Ktesiphon 330 v. Chr. (132ff), alles sei unerwartet anders geworden, und darüber werde die Nachwelt noch staunen. Es folgt eine lange Liste der Umwälzungen, die in ihrer Gesamtheit freilich erst aus historischer Distanz erkennbar geworden ist. Droysen bietet eine Formel. Er beschreibt den Hellenismus als jene Zeit, da das Griechentum «weltläufig» wurde. An die Stelle der engräumigen Polis-Welt treten nun großflächige Staaten, untereinander verbunden durch die griechische Kultur und die griechische Sprache. Kultur und Sprache der Griechen lösten sich von ihren ursprünglichen Trägern und wurden universal. Der griechische Einfluß dominierte im gesamten Mittelmeer-Raum: bei Etruskern und Römern, Kelten und Skythen, Karthagern und Libyern, Kleinasiaten und Syrern. Der Apostel Paulus, ein Jude aus einer Pharisäerfamilie Kleinasiens, schrieb seinen Missionsbrief an die zentralanatolischen Galater im Lande des gordischen Knotens auf Griechisch, und griechisch schrieben die Evangelisten. Zu Recht bemerkte Droysen, daß ohne die Tat Alexanders das Christentum sich nicht hätte verbreiten können.

Dazu bedurfte es allerdings einer zweiten Voraussetzung: des von Augustus gestifteten Reichsfriedens, der *Pax Romana*. Die eingangs erwähnten zwei Alexander-Bilder des Apelles ließ Augustus, so schreibt Plinius, an den belebtesten Stellen seines neu erbauten Forums anbringen. Das Bildprogramm dieses Komplexes bestimmt die Rolle, die Augustus sich selbst in der Geschichte zuwies, und setzt ihn in die Nachfolge des Makedonen. Kaiser Claudius hat dies später durch einen künstlerischen Eingriff verdeutlicht: Er ließ das Gesicht Alexanders übermalen und ihn in einen Augustus verwandeln. Darüber hinaus erwähnt Plinius (NH. XXXV 114) zwei weitere Gemälde, die Alexander darstellen, sowie vier Statuen, die das *tabernaculum Alexandri,* den Baldachin des Königs, getragen haben (XXXIV 48) – sie alle erfreuten sich der Wertschätzung des Augustus.

Die Antike kennt auch eine alexanderfeindliche Tradition, die in ihm nur den unersättlichen Eroberer, Trunkenbold und Gewaltherrscher erblickt. Diese Ansicht wurde in der Schule des Aristoteles vertreten, da der Tod seines Neffen Kallisthenes Alexander angelastet wurde; ebenso dachten die Bewunderer des Demosthenes und einige Vertreter der stoischen Philosophie, unter ihnen Seneca und Marc Aurel. Die Abneigung beruht auf der pazifistischen Grundhaltung der Stoa und steht im Widerspruch dazu, daß die Menschheitsidee der Stoa, ihre völkerübergreifende Humanität, von Alexander wenigstens im Grundsatz vorweggenommen wurde. Demosthenes war attischer Patriot, seine Heimat war Athen. Isokrates war panhellenischer Nationalist, sein Vaterland war Griechenland. Alexander aber war Kosmopolit, er dachte in weltbürgerlichen Kategorien.

Alexanders Offenheit gegenüber fremden Völkern hat nicht wenig dazu beigetragen, daß gerade seine ehemaligen Gegner ihn später verherrlichten. Sie haben sich das dadurch erleichtert, daß sie den Makedonen in der Legende zu einem der Ihren machten. Nach der ägyptischen Alexandersage war er ein unehelicher Sohn des letzten Pharao, der sich als Zauberer bei Olympias eingeschlichen hat. Die Perser hingegen betrachteten ihn als einen Halbbruder des letzten Großkönigs Darius, der nach Makedonien ins Exil gehen mußte und dann in Persien bloß sein angestammtes Erbe erstritt. Die Juden dichteten ihm einen Besuch in Jerusalem an, wo er dem Hohen Priester fußfällig seine Reverenz erwiesen habe. Alexander wird zweimal im Alten Testament erwähnt, einmal verschlüsselt im Buch Daniel in der Vision der Weltreiche und sodann im ersten Buch der Makkabäer.

Schon zu Lebzeiten des Makedonen kursierten Legenden über ihn, die nach seinem Tode, ausgehend von Alexandria, literarisch verarbeitet wurden. Wir besitzen einen antiken Alexander-Roman in mehreren Fassungen. Die meisten Autoren sind unbekannt, der

Inhalt ist teilweise phantastisch. Diese Sagen waren im Orient so verbreitet, daß sie Mohammed zu Ohren kamen. In der 18. Sure des Koran (18, 82ff) wird er nach dem «Zweigehörnten» befragt, nach Zulkarnein. Der Beiname erklärt sich aus dem makedonischen Helm Alexanders mit zwei Ziegenhörnern und aus den Widderhörnern des Gottes Ammon, die er auf seinen Goldmünzen am Kopf trägt.

Der Alexander-Roman war das nach der Bibel am weitesten verbreitete Buch des Mittelalters, es gibt zahllose Bearbeitungen in 70 Sprachen von Island bis nach Turfan und weit in den indischen Ozean. Die malaiischen Fürsten betrachteten und legitimierten sich als Nachkommen Alexanders, überall ist er der strahlende Held, der Gottsucher und Vorkämpfer der Gerechtigkeit. Alle Wunder des Orients werden ihm angedichtet. Er findet im Norden das Wasser des Lebens und errichtet die chinesische Mauer gegen die apokalyptischen Völker Gog und Magog, kommt bis an den Okeanos im Osten zu den Wak-Wak-Inseln, das heißt nach Japan, besucht im Süden Äthiopien und führt den geplanten Feldzug nach Westen durch. Zum Schluß erkundet er in einem gläsernen Faß den Meeresboden und läßt sich auf einer von Adlern gezogenen Sänfte in den Himmel hinauftragen.

## *Der göttliche König*

Wenn Alexanders Rückkehr nach Babylon als dionysischer Triumph wiedergegeben wird, so dürfen wir darin eine unbeabsichtigte und dennoch tiefere Bedeutung erblicken. Dionysos war für die Griechen und Römer der sterbende und auferstehende Gott, in diesem Punkt ein Vorbild für die Gestalt Jesu. Wie dieser hatte er eine sterbliche, menschliche Mutter, Semele, und einen unsterblichen göttlichen Vater, Zeus. Beides ist wiederum für Alexander überliefert, wenn seine Mutter Olympias, sein Vater aber Zeus Ammon war. Dionysos soll von den Titanen zerrissen und verschlungen worden sein; das Motiv der sakralen Anthropophagie verbindet Dionysos mit der Abendmahlsliturgie: «Dies ist mein Blut, dies ist mein Leib.» Jedenfalls ist Dionysos zugleich der Prototyp des leidenden Gottes, der dann aus der Unterwelt wieder aufersteht. Seine Rückkehr wurde in Athen mit den Anthesterien gefeiert, mit dem Jahresbeginn im Frühjahr, so wie auch die Auferstehung Jesu in den jüdischen Frühlingsmonat Nisan fällt.

Bezogen auf Alexander möchte man dies ins Große wenden und auf das mit ihm beginnende neue Zeitalter beziehen. Ob Alexander tatsächlich den Indienzug des Dionysos nachahmen wollte und sich selbst als «Neuen Dionysos» betrachtet hat oder ob ihm all dies in ptolemäischer Zeit nur angedichtet wurde, als ein solches mythisches Rollenspiel bei den Diadochen üblich war, das ist in der Forschung umstritten. Vielleicht ist es auch gar nicht entscheidend. Denn außer Frage steht, daß er in dieser Rolle gesehen wurde. So hat man Dionysos geradezu als den königlichen Gott, als den göttlichen König angesehen – und das erinnert wiederum an *Jesus Nazarenus Rex Judaeorum*. Alexander wurde im Hellenismus mit dionysischen Attributen dargestellt und als *theos sotēr* verehrt, als göttlicher Retter und Heiland, als Mensch und Gott zugleich.

Das Gottmenschentum Alexanders erscheint uns aus christlicher Sicht überheblich und vermessen. Dabei ist jedoch zu bedenken, daß die antiken Religionen einen durchaus anderen Gottesbegriff hatten als wir. Jacob Burckhardt nannte die Götter der Griechen «gesteigerte Menschen», höhere Wesen mit sehr menschlichen Eigenschaften. In den Heroen fassen wir Halbgötter, die keine blutigen Opfer erhielten. Üblicherweise haben die Griechen den Gründern von Städten heroische Ehren erwiesen. Wie ein Mensch zum Heros, so konnte ein Heros zum Gott aufsteigen, denken wir an Alexanders Ahnherrn Herakles. Plutarch (Moralia 330 D) meinte, hätte die Gottheit (*daimōn*), die Alexanders Seele auf die Erde gesandt hatte, ihn nicht allzufrüh zurück in den Himmel geholt, dann wäre die Vereinigung aller Menschen unter einem einzigen Gesetz der Gerechtigkeit wie unter einem großen Licht gelungen. Mag dies auch übertrieben sein, so bezeugt es doch, welche Hoffnungen der Makedone zu wecken verstand.

In Babylon hatte der Perserkönig Xerxes im Jahre 479 nach einem Aufstand den Tempelturm für Bel-Marduk, den berühmten babylonischen Turm Etemenanki, zerstören lassen. Alexander fand die Ruinen vor und wollte ihn wieder errichten. Zehntausend Arbeiter waren zwei Monate beschäftigt damit, den Schutt abzuräumen, schreibt der Geograph Strabon (XVI 1, 5). Dann starb der König, und die Arbeit blieb liegen, bis heute.

*

Am 3. Januar 1965 besuchte ich Babylon und stand mit meiner Frau und dem orientalistischen Kollegen Nissen vor dem quadratischen Stumpf von drei Lagen Ziegel, davor ein riesiges Wasserloch, die Baugrube der Treppe zu der einst fast hundert Meter hohen Zikkurat. Nach dem Bericht in der Bibel, Genesis 11, strafte Gott die Menschen für das verstiegene Vorhaben des Riesenbaus, indem er sie in Völker und Sprachen zersplitterte. Alexander kannte die Bibel nicht. Aber unbewußt hat er das Vermächtnis aufgegriffen. Er hat den Turm vollenden und die Einheit der Menschheit wiederherstellen wollen. Diese Aufgabe ist nach wie vor unerledigt. Koinonia und Homonoia sind heute noch so erstrebenswert wie zu Alexanders Zeiten, wenn auch mit anderen Mitteln.

Literatur

E. Badian (ed.), Alexandre le Grand, image et réalité. Entretiens sur l'antiquité classique 22, 1976
J. Carlsen (u.a. Hgg.), Alexander the Great, Reality and Myth, 1993
R. Daut, Belli facies et triumphus, in: Römische Mitteilungen 91, 1984, S. 115ff
A. Demandt, Antike Staatsformen, 1995
J. G. Droysen, Alexander der Große, 1833/1966
Ders., Geschichte des Hellenismus, I 1877, II 1878, III 1878
Ch. Habicht, Gottmenschentum und griechische Städte, 1970
J. R. Hamilton, Plutarch, Alexander. A commentary, 1969
S. Lauffer, Alexander der Große, 1978
F. Pfister, Der Alexanderroman, 1978
M. J. Price, The Coinage in the Name of Alexander the Great, 1991
J. Seibert, Alexander der Große (Erträge der Forschung 10), 1972
H. E. Stier, Welteroberung und Weltfriede im Wirken Alexanders des Großen, 1973
R. Stoneman, Legends of Alexander the Great, 1994
W. W. Tarn, Alexander der Große, 1948/1968
H. S. Versnel, Triumphus. An Inquiry into the Origin, Development and Meaning of the Roman Triumph, 197

*Wer einem Staat eine neue Verfassung geben will, muß wenigstens den Schein der alten Form beibehalten.*

Machiavelli

# 3. Augustus begründet das Prinzipat

*16. Januar 27 v. Chr.*

Staat hat etwas mit Stabilität zu tun. Beide Wörter kommen aus dem Lateinischen. Der Stolz der Römer auf ihre Republik, auf ihr Imperium war in Hinsicht auf Haltbarkeit nicht unbegründet. Nicht einmal Alexander mußten sie fürchten, in dessen hinterlassenen Papieren sich auch der Plan für einen Feldzug in den Westen fand. Diese Nachricht bei Diodor (XVIII 4, 2f) ist bezweifelt worden, die Einwände indes überzeugen nicht. In der Antike hat man die Westpläne jedenfalls ernst genommen. Livius (I 17f) erörtert die Frage, ob Alexander die Römer besiegt hätte, und weist darauf hin, daß Alexanders Erfolge einzig an seiner Person hingen, bei den Römern hingegen alljährlich zwei neue kriegstüchtige Konsuln an die Spitze des Staates traten.

Damit ist ein wesentlicher Unterschied der beiden Reiche angesprochen. Während das Alexanderreich so schnell, wie es entstand, wieder zerbrach, ist das Imperium Romanum langsam gewachsen. Durch eine systematische Bündnispolitik haben die Römer im 4. Jahrhundert v. Chr. Italien geeint, im 3. Jahrhundert warfen sie mit zwei Kriegen ihren Konkurrenten Karthago nieder und im 2. Jahrhundert errangen sie die Hegemonie über die zerstrittenen Nachfolgereiche Alexanders im Osten. Dies hatte freilich im 1. Jahrhundert jene Bürgerkriege zur Folge, die Rom an den Rand des Abgrunds brachten, bis in Augustus ein Retter erschien.

## *Zwei Senatssitzungen*

In der Nordwestecke des Forum Romanum, am Fuße des Kapitols, steht die Versammlungshalle des römischen Senats, die Curia Julia. Es ist der einzige überdachte Bau, der sich auf diesem geschichts-

Das Imperium Romanum

Theiß
Donau
Schwarzes Meer
IBERIEN
Kaukasus
Albani
?Artagira
ARMENIEN
MOESIA
THRAKIEN
PONTUS
PAPHLAGONIEN
MACEDONIA
Philippi
Byzantium
GALATIA
Ancyra
Apollonia
Corcyra
Nicopolis
Actium
ACHAIA
Athenae
Aegaeis
ASIA
Kyme
Samus
Miletus
Tigris
Carrhae
Taurus
CILICIA
PAMPHYLIA
Parther
Euphrat
LYKIEN
Limyra
RHODOS
SYRIA
CYPRUS
CRETA
Mittelmeer
IUDAEA
Jordan
Alexandria
AEGYPTUS
Nil

trächtigen Platz erhalten hat, ein fast kubischer, etwas klobig wirkender Ziegelbau mit flachem Satteldach von 22 m Höhe. Daß er die Stürme der Zeiten überdauert hat, beruht darauf, daß er immer wieder restauriert worden ist, zuletzt unter Mussolini 1930 bis 1936. Die längste Zeit diente das Gebäude als Kirche, nachdem Papst Honorius I es um 630 dem heiligen Hadrianus geweiht hatte. Es stand damals bereits fast hundert Jahre leer, denn der Senat hatte sich nach dem Ende der Ostgotenherrschaft um 550 aufgelöst.

Errichtet wurde die Senatskurie, wie ihr Name verrät, durch Julius Caesar. Der Vorgängerbau, die Curia Hostilia, war im Jahre 52 v. Chr. während der Unruhen unter Pompeius abgebrannt. Caesar hat die Vollendung der neuen Halle allerdings nicht mehr erlebt. Die Senatssitzung am 15. März 44, in der er, von 23 Dolchstichen der Verschwörer getroffen, zusammenbrach, fand im Theater des Pompeius statt. Caesars Neubau wurde erst unter Octavian fertiggestellt und von diesem am 28. August 29 der Siegesgöttin Victoria geweiht. Das Haus hat eine bewegte Geschichte. Obschon die große Zeit der ehrsamen Körperschaft mit Caesar und Augustus endet, haben sich in ihren Mauern noch denkwürdige Ereignisse zugetragen. Eine Sternstunde unter ihnen ist die Neuordnung des römischen Gemeinwesens, die Begründung des Prinzipats auf den beiden Senatssitzungen am 13. und 16. Januar 27 v. Chr., einberufen durch Octavian, den späteren Augustus, in jenem Jahr zum siebenten Male ordentlicher Konsul. Den ausführlichen Bericht darüber verdanken wir dem griechischen Geschichtsschreiber Cassius Dio, der selbst Senator war und um 200 n. Chr. die umfassendste, allerdings nur teilweise erhaltene Darstellung der römischen Kaiserzeit verfaßt hat.

Dio (LIII 3 ff) überliefert zum 13. Januar eine lange Rede Octavians, die nicht genauso gehalten wurde, dem Inhalt nach aber sicher dem entspricht, was damals gesagt wurde. Mit unverhohlenem Stolz kündet der Konsul eine Entscheidung an, die in der Geschichte ihresgleichen suche: seinen Verzicht auf die Macht. Um die Größe des Entschlusses zu verdeutlichen, beschreibt Octavian seine Position. Seine Gegner sind, teils durch Strenge, teils durch Milde bezwungen. Seine Freunde stehen fest auf seiner Seite. Sein Heer befindet sich im besten Zustand und läßt an Treue nichts zu wünschen übrig. Es gibt Geld, es gibt Verbündete. Senat und Volk wünschen nichts sehnlicher, als daß er, Octavian den Staat weiterhin leiten möge. Und dennoch werde er dies nicht tun.

«Niemand soll sagen», so lesen wir, «daß alles, was ich tat, um der Macht willen geschah. Darum gebe ich sie heute zurück. Heerführung, Gesetzgebung, Reichsverwaltung, auch die von mir hinzugewonnenen Provinzen, *patres conscipti,* lege ich in eure Hand. Mein einziger Wunsch war, den Mord an meinem Vater zu rächen, die Caesarmörder zu bestrafen und Rom von den Übeln zu befreien, die sich nach den Iden des März eingestellt haben. Trotz meiner jungen Jahre ist mir alles dieses gelungen. Unermüdlich habe ich mich diesen Aufgaben gewidmet, und Fortuna war mir gnädig. Ihr habt nun Frieden, ihr habt nun Eintracht, nun nehmt auch die Freiheit zurück. Mein Ruhm soll sein, euch die Herrschaft wiedergegeben zu haben und ein Leben als Privatmann unter euch und mit euch zu führen. Ich will ein Beispiel dafür liefern, wie unsere Stadt geheilt werden kann, wenn sie jemals wieder von solchen Übeln befallen werden sollte. Die großen Männer unserer Republik haben stets ihr Leben dem Staat geopfert, und so will ich, wenn mich als Privatmann die Rache eines Gegners treffen sollte, lieber als Bürger sterben denn als Gewaltherrscher leben».

Octavian beendet seine Rede mit der Aufforderung an den Senat, die Gesetze zu achten, keine unüberlegten Neuerungen einzuführen, die Verwaltung der Provinzen bewährten Männern anzuvertrauen, Gerechtigkeit zu üben und die Waffen blank zu halten, jedoch Frieden zu wahren, im Inneren wie nach außen. Andernfalls trete der Zustand wieder ein, den er soeben beendet habe, und dann müsse er den Rücktritt von der Macht bedauern, den er hiermit vollziehe.

Der demonstrative Verzicht Octavians auf seine Sondervollmachten an jenem 13. Januar war staatsrechtlich geboten und politisch wohlüberlegt. Sowohl Octavian als auch die anderen Inhaber von Ausnahmegewalten hatten stets erklärt, diese nur für die Zeit des Notstands ausüben zu wollen. Sie trugen den Zusatz *rei publicae constituendae* – zur Wiederherstellung der Republik. Mit der Beendigung des Bürgerkrieges durch den Sieg bei Actium vier Jahre zuvor war dieser Zustand erreicht, und Octavian mußte nun eigentlich abtreten. Es gab immer noch Altrepublikaner, die das auch erwarteten, ja Verschwörer, die es erzwingen wollten.

Die Öffentlichkeit in Stadt und Land und vor allem das Heer wollte und konnte jedoch auf den Mann nicht verzichten, der die Ordnung erneuert hatte, und er selbst dachte am allerwenigsten daran. Und wollten das die Senatoren? Octavian hatte soeben das Hohe Haus «gereinigt»; im Jahre 29 waren fast 200 Senatoren als unwürdig ausgeschlossen und durch neue Mitglieder ersetzt worden. Octavian förderte die Senatoren durch Auszeichnungen, Zuwendungen und Ämter; er unterhielt das Volk, das *panem et circenses* verlangte, durch Brot und Spiele und entfaltete eine umfangreiche Bautätigkeit, so daß für die tatsächliche Alleinherrschaft nur noch die verfassungsgemäße Form gefunden werden mußte.

Hier stellt sich die Frage, was geschehen wäre, wenn der Senat wider Erwarten das Angebot angenommen und den jungen Mann – er zählte noch keine 36 Jahre – dankend verabschiedet hätte. Wäre damit die Republik wieder in jener Form hergestellt gewesen, in der sie bestand, bevor Caesar den Rubico überschritt? Wohl kaum. Octavian verzichtete ja nicht auf seine gesetzliche Amtsstellung als Konsul, nicht auf seinen Senatorensessel, nicht auf seinen exorbitanten Privatbesitz und hatte vor allem das Heer in der Hand, das heißt die aus den römischen Bürgern gebildeten Legionen. Sofern er sich überhaupt und irgendwie weiter am Staatsleben beteiligt hätte, wäre er auch ohne seine Ausnahmegewalten Staatslenker geblieben. Fraglos hätte das Volk seine Gesetzesvorschläge, seine Ämterkandidaten akzeptiert und nicht danach gefragt, was der Senat wohl dazu meinen würde. Dieser war schließlich nur eine von ihm selbst zusammengesetzte beratende Körperschaft, die durch ihre *auctoritas* Einfluß besaß – und eben darin überragte ihn nun der in aller Welt gefeierte Sieger von Actium. Kurz: der Senat hätte sich selbst ins Abseits, ins Aus begeben und wäre aus dem Spiel mit der Macht ausgeschieden.

Eben dies aber geschah nicht. Vermutlich hatte Octavian durchblicken lassen, daß er einen demonstrativen Schritt vorhabe, um allen Gegnern den Wind aus den Segeln zu nehmen, die in ihm den neuen *dictator perpetuus* fürchteten. Cassius Dio betont, daß Octavian im betonten Unterschied zu Caesars monarchischem Gehabe größten Wert auf den demokratischen Schein legte. Gewiß wußte er, wie der Senat auf sein Rücktrittsgesuch reagieren würde, da die Mehrheit auf seiner Seite stand. Dennoch kam es zunächst zu keiner Entscheidung, statt dessen erhielt Octavian neue Ehrenrechte: die *corona civica,* den Bürgerkranz aus Eichenblättern *ob cives servatos,* für die Rettung der Bürger. Der Kranz feierte die *clementia,* die Güte als höchste Tugend des Mannes, der die Macht besitzt. Plinius (Naturalis Historia XVI 8) berichtet, Octavian habe diese Auszeichnung von der Menschheit als ganzer erhalten. Ein Exemplar wurde über seiner Haustür aufgehängt, und bei besonderen Anlässen erschien er mit diesem Kranz in der Öffentlichkeit.

Am 16. Januar kam es dann zu jener Senatssitzung, die als die Geburtsstunde des Prinzipats betrachtet werden darf. Eine Abstimmung über Octavians Rücktrittsgesuch fand wiederum nicht statt, der Fortgang nahm durch Zuruf seinen Lauf. Auf Drängen des Senats, so lesen wir bei Dio, ließ sich Octavian bewegen, die Sorge für den Staat wenigstens teilweise auch weiterhin zu übernehmen.

Es gab einen Kompromiß: Zehn Provinzen erhielt der Senat, überwiegend die alten, befriedeten. Doch waren in Africa, Macedonien und Illyricum auch Truppen stationiert, die künftig den vom Senat erkorenen Proconsuln unterstehen sollten. Die jüngeren Grenzprovinzen an Rhein, Donau und Euphrat hingegen sollte Octavian durch seine Legaten verwalten. Damit blieb ihm die Mehrzahl der Legionen unterstellt. In derselben Sitzung verlieh ihm der Senat den sakralen Ehrennamen *Augustus,* der Erhabene, der neben dem privatrechtlichen Gentilnamen *Caesar,* der senatorischen Rangbezeichnung *Princeps* und der militärischen Befehlsgewalt des *Imperator* zu Äquivalenten des Kaisertitels wurde.

Octavian hatte schon zuvor mit dem Gedanken an einen Namenswechsel gespielt; er wollte sich «Romulus» nennen. Der Name des Stadtgründers besaß allerdings Schönheitsfehler – den Brudermord des Romulus an Remus, weiterhin den in Rom verhaßten Königstitel und nicht zuletzt das ominöse Ende: Romulus soll von den Senatoren erschlagen und zerstückelt worden und kleingehackt von ihnen unter der Toga aus der Curia herausgeschmuggelt worden sein, so daß man dem Volk sagen konnte, er sei verschwunden und in den Himmel aufgenommen worden. Eine solche Himmelfahrt wünschte sich Augustus dann doch nicht. Sein neuer Name war gleichwohl mit Romulus verbunden, weil er an das *augurium salutis* erinnerte, an das Zwölfgeier-Prodigium bei der Stadtgründung.

## *Von der Republik zur Monarchie*

Mit der neuen Machtstellung Octavians kam eine Entwicklung zum Abschluß, die lange zuvor eingesetzt hatte: der Übergang von der Republik zur Monarchie. Bereits der ältere Scipio, der Bezwinger Hannibals, genoß nach seinem Sieg über Karthago ein solches Ansehen, daß die römischen Aristokraten um die Chancengleichheit bei den jährlichen Wahlkämpfen fürchten mußten. Man sprach vom *regnum Scipionum in senatu* (Livius XXXVIII 54, 6), von der «königlichen Stellung» der Scipionen im Senat. Der ältere Cato, Erzrepublikaner *sans pareil,* setzte daher als Censor 184 v. Chr. die Verbannung Scipios durch. Bis in die Zeit der Gracchen 133 bis 122 blieb die Verfassung stabil. Dann aber führten die Belastungen durch den Wehrdienst zu einer Verarmung des Bauernstandes. Es kam zu sozialen Spannungen, und es entstand ein stadtrömisches Proletariat, das nicht mehr in Klientelen senatorischer Familien eingebunden war, sondern seine Wahlstimmen dem Meistbietenden feilbot. Gegen die als korrupt geltenden Senatoren und ihre Anhänger, die von Cicero so genannten Optimaten, erhob sich eine Volkspartei, die Popularen, an deren Spitze zuerst Marius um 100 v. Chr. eine beinahe monarchische Position errang.

Mit Marius, dem Sieger über Jugurtha und Bezwinger von Kimbern und Teutonen, beginnt jener fatale Mechanismus, daß außenpolitische Erfolge einzelnen Imperatoren zu einem solchen Reichtum, einem solchen Ansehen verhalfen, daß sie innenpolitisch ihresgleichen in den Schatten stellten. Die Veteranen erhielten auf Antrag des Feldherrn Land zugewiesen und traten damit in seine Klientel. Er sicherte sie ökonomisch, sie unterstützten ihn politisch. Seit dieser Zeit herrscht in Rom ein bald offener, bald latenter Bürgerkrieg zwischen den siegreichen Proconsuln. Der Senat verlor an Macht und Ansehen.

Im östlichen Mittelmeer brodelte es. Man behalf sich mit gesetzlichen Sondervollmachten, doch verschlimmerte dies das Übel nur. Daß ein Imperium nicht mit der Verfassung eines Stadtstaates zu regieren ist, hat dann als erster Caesar begriffen. Sulla, der 80 v. Chr. seine diktatorischen Vollmachten niedergelegt hatte, sei, so sagte Caesar, ein politischer Analphabet gewesen. Von einer wachsenden Volksbewegung unterstützt, arbeitete er als Führer der Popularen offen auf eine Monarchie hin. Das Experiment, wieder ein Königtum zu errichten, schlug fehl, drum operierte er mit Elementen der bestehenden Verfassung. Die in der republikanischen Ordnung vorgesehene Amtsstellung eines Dictators verwandelte er durch Beschluß von Senat und Volk aus einer außerordentlichen, zeitlich begrenzten Magistratur in eine lebenslange Vollmacht: Er wurde *dictator perpetuus*. Das erschien Brutus und seinen Mitverschwörern unerträglich. An den Iden des März 44 wurde Caesar erstochen.

Cicero, wie Cato ein *homo novus* (ein Aufsteiger) und überzeugter Republikaner, bemerkte, die Verschwörer hätten mit dem Mut von Männern, aber mit dem Verstand von Kindern gehandelt. Denn was geschah? Nachdem sich die erste Aufregung gelegt hatte, trat der Senat wieder zusammen, erteilte den Mördern – es waren ja Standesgenossen – Amnestie, aber erklärte sämtliche von Caesar angeregten Gesetze und Bestimmungen für rechtmäßig und gültig. Wer wollte schon auf die ihm von Caesar verliehenen Ämter verzichten? Das Volk tobte, als Caesars General Marcus Antonius das Testament Caesars verlas, in dem er die Römer insgesamt zu Erben seiner Gärten einsetzte und jedem Einzelnen ein beträchtliches Geldgeschenk verhieß. Wie populär Caesar war, zeigte sich jetzt, nach seinem Tode. Die Mörder fühlten sich unwohl unter den Bürgern und zogen sich aus der Stadt zurück.

Antonius war ein Freund Caesars, ein bewährter Heerführer und zugleich amtierender Konsul, damit der höchste Repräsentant des Staates. Er beschloß, Caesars Nachfolge anzutreten. Das aber war die Stunde Octavians.

Caesar hatte seinen Großneffen Gaius Octavius testamentarisch adoptiert. Fortan nannte man ihn Octavianus. Der damals Neunzehnjährige schlug alle Warnungen in den Wind und erschien in Rom. Er führte nun den Namen und beanspruchte das Erbe Caesars und fand Anerkennung bei dessen Veteranen. Der Senat suchte die beiden Caesarianer gegeneinander auszuspielen. Er verlieh Octavian ein ordnungsgemäßes Kommando und schickte ihn gegen Antonius. Die beiden einigten sich jedoch, erhielten im 2. Triumvirat durch Volksbeschluß diktatorische Befugnisse, «um die Republik wiederherzustellen» und besiegten die Caesarmörder 42 bei Philippi. Dann kam es zur Rivalität unter den Siegern. Die Folgezeit ist durch den wachsenden Gegensatz zwischen Octavian und Antonius gekennzeichnet. Er endete mit dem Seesieg von Octavian und Agrippa über Antonius und Kleopatra bei Actium am 2. September 31 v. Chr.

Am 1. August 30 v. Chr. zog Octavian siegreich in Alexandria ein. Antonius und Kleopatra nahmen sich das Leben. Der Sieger bestaunte die Wunder der Stadt und besichtigte auch das Grab Alexanders. Er ließ sich die Mumie aus der Gruft heraufbringen und ehrte sie, indem er ihr einen goldenen Kranz aufsetzte und sie mit Blumen bestreute. Octavian trug einen Siegelring mit dem Bilde Alexanders und ließ sich mit einer Zangenlocke auf der Stirn darstellen, der an den Haarwirbel Alexanders erinnerte. Die beiden Alexander-Gemälde des Apelles schätzte er hoch und ließ sie auf seinem Forum am Tempel des Mars Ultor, des «rächenden» Kriegsgottes, aufstellen. Als Rächer an den Mördern seines Vaters Philipp, als Triumphator und Friedensbringer wird Alexander zum *exemplum*, zum *paradigma*. Die Römer haben den Makedonen immer bewundert. Sie waren es, die ihm das Attribut des «Großen» beilegten; und die großen Feldherrn der späten Republik von Sulla über Pompeius zu Caesar haben ihm alle in irgendeiner Form ihre Reverenz erwiesen. Sie galt freilich eher der Persönlichkeit des Makedonen als seiner Staatsidee.

Nach der Rückkehr aus Alexandria feierte Octavian vom 13. bis 15. August 29 v. Chr. einen dreifachen Triumph und errichtete sich, vermutlich nach dem Vorbild des Alexandergrabes, auf dem Marsfeld ein Mausoleum, dessen Dimensionen alles Hergebrachte sprengten. Dem Ptolemäerreich verlieh Octavian indessen keinen Provinzialstatus, sondern unterstellte es einem von ihm ernannten *praefectus Aegypti*. Er selbst wurde in Ägypten so wie Alexander und die Ptolemäer zuvor als Pharao betrachtet und auf den Tempelwänden mit der Krone von Unterägypten dargestellt. Damit war er Herr eines der fruchtbarsten Länder der Welt und so der reichste Mensch auf Erden. Allein das verschaffte ihm als römischem Bürger eine Machtbasis, die mit der Verfassung der *Res publica Romana* in der Praxis unvereinbar war. Von einer Gleichheit unter den senatorischen Familien, die den Staat bisher getragen hatten, kann hinfort keine Rede mehr sein.

Die Machtverhältnisse waren seit Actium klar, doch fehlte ihnen eine gesetzliche Ordnung. Das Ansehen, das Octavian bei den Legionen genoß, sein Ruhm als neuer Caesar, verschafften ihm eine allen Zeitgenossen überlegene *auctoritas*. Als er nach Rom zurückkehren wollte, da zog ihm der gesamte Senat bis zur Hafenstadt Brindisi entgegen, dazu der Ritterstand und eine Unmenge Volks. Octavian mußte gar nicht nach Rom. Rom kam zu ihm. Und dies, obschon seine Position nicht mehr gesetzlich gesichert war. Die Vollmachten des Triumvirats waren bereits im Jahre 32 erloschen. Das Konsulat, das Octavian Jahr für Jahr bekleidete, war ein Wahlamt und stellte ihm stets einen gleichberechtigten Kollegen zur Seite, der jede Amtshandlung durch Interzession unterbinden konnte.

Octavian berief sich daher auf den *consensus universorum*, eine außergesetzliche populistische Zustimmung, die Ausdruck fand in zahlreichen Ehrenrechten, wie sie zuvor Caesar zugebilligt worden waren. Sie trugen teilweise halbreligiösen Charakter, indem etwa der Jahrestag von Actium, der 2. September, und der Geburtstag Octavians am 23. September zu Staatsfeiertagen erklärt wurden. Nachdem der Senat den Monat Quintilis zu Ehren von Julius Caesar in *Julius* umbenannt hatte, gab er dem Monat Sextilis den Namen *Augustus*. An dieser Umbenennung haben die Späteren festgehalten. Am 1. Januar 29 leistete der Senat einen öffentlichen Schwur, alle Maßnahmen Octavians zu billigen und zu bewahren, am 11. Januar wurde der Janus-Tempel feierlich geschlossen und damit der Friede erklärt. Das damit errungene Ansehen macht deutlich, daß eine Rückkehr ins Privatleben für Augustus nicht in Betracht kam.

Cassius Dio (LII 1–13) kommentierte die Wende durch ein Rededuell, das die gegensätzlichen Auffassungen zur Sprache brachte. Die beiden engsten Freunde des Kaisers treten gegeneinander auf. Agrippa plädiert für die Rückkehr zur Republik, Mäcenas fordert die Errichtung einer Königsherrschaft.

Agrippa erinnert an die Parole: Wiederherstellung der *Res publica*. Dem dürfe Augustus nun nicht untreu werden. Gleichheit vor dem Gesetz, *isonomia,* sei eine große Sache; und der republikanische Wechsel im Oberamt ermögliche dem Regierten wiederum das Regieren und mache ihn fügsam und strebsam zugleich. Unter Tyrannen gebe es nur noch wirtschaftlich interessierte Privatleute, keine Verantwortung für das Gemeinwohl mehr. Warum wolle Augustus Alleinherrscher werden? Jahrhundertelang seien die Römer an die Freiheit gewöhnt und ebenso die Bundesgenossen – niemand werde gern Untertan. In Demokratien spenden die Bürger freudig für edle Zwecke, ein Monarch aber müsse immer neue Steuern erfinden, um zu Geld zu kommen, und das mache ihn verhaßt. Die Wirkung demokratischer Freiheit auf die Kultur zeige sich in Athen, und auch Roms Aufstieg begann mit der Vertreibung der Könige. Alle Römer, die nach Alleinherrschaft strebten, sind gescheitert: Marius und Sulla, Cinna und Strabo, Pompeius und Caesar. Agrippa mahnt: «Lerne daraus, laß das!»

Dagegen stellt Dio (LII 14–41) nun eine Rede des Maecenas, der die Vorzüge der Monarchie anpreist. Octavian möge dem schändlichen Treiben bei den Volksversammlungen ein Ende setzen, die Freiheit der städtischen Massen bedeute Knechtschaft für die Befähigten. Ämter sollten nach Kompetenz, nicht nach Volksgunst vergeben werden, die doch nur mit zweifelhaften Mitteln zu erreichen sei. Die Größe des Reiches wecke die Zwietracht. «Du bist der Steuermann, der das Schiff nicht verlassen darf! Wähle deine Ratgeber nach Würdigkeit, auch wenn sie arm sind. Laß die Statthalter nicht weniger als drei, nicht mehr als fünf Jahre amtieren und setze ihnen feste Gehälter aus. Trenne Zivil- und Militärbefugnis! Achte auf die Würdigkeit der Senatoren, kümmere dich um das Schulwesen. Im Heer sollen alle Völker dienen, doch sollen die Provinzialen keine Waffen tragen. Privatisiere den Staatsbesitz, im eigenen Interesse sind die Menschen fleißiger. Sorge für ein gerechtes Steuerwesen und gehe sparsam mit den Einnahmen um, doch schmücke die Hauptstadt großzügig. Achte darauf, daß sich die Städte nicht verschulden und vereinheitliche Münze, Maße und Gewichte. Ignoriere Beleidigungen und laß dich kritisieren! Was alle angeht, soll von allen besorgt werden, respektiere das Recht auf freie Rede. Sei allen ein Vorbild und verhindere die Schmeichelei durch silberne und goldene Standbilder oder gar durch Tempel – unsterblich wird man durch Taten. Schreite ein gegen religiöse Scharlatane, Zauberer und sonstige Volksverführer, aber auch gegen eigenmächtige Beamte. Wahre den Frieden und sei ein Vater für alle!»

Der 16. Januar 27 führte zu der von Mommsen so genannten Dyarchie, der Doppelherrschaft von Senat und Princeps. Sie begründete die staatsrechtliche Vereinbarkeit von *Res publica* und *Princi-*

*patus*, doch nur in der Sache, nicht in der Form. Denn auch in der Folgezeit wurde mit republikanischen Amtsbefugnissen jongliert. Drei von ihnen lassen sich als Rechtsgrundlage des Prinzipats bestimmen: das *imperium proconsulare (maius)* für die Provinzen (übergeordnete konsulare Amtsgewalt), die *tribunicia potestas* (Befugnis des Volkstribunen) für die Stadt Rom, und, erst spät, der Titel des *pontifex maximus* (der Oberpriester), der die Nähe zu den Göttern sicherte, für die sakrale Sphäre.

Anders als das in der alten Welt so verbreitete Königtum, das dynastisch und charismatisch legitimiert und durch Tradition institutionell fest umrissen war, haben wir es beim römischen Prinzipat mit einem staatsrechtlich höchst komplizierten Kunstprodukt zu tun. Es bestand aus einem Flickteppich von Einzelbefugnissen und Ehrenrechten, die für sich genommen jeweils aus der republikanischen Verfassung abgeleitet waren, so daß die von Augustus propagierte Formel *res publica restituta* (die wiederhergestellte Republik) nicht völlig unberechtigt war. Augustus kannte die konservativen Römer und nahm daher den Rat Machiavellis vorweg: Je sorgsamer man das Äußere schont, desto unbefangener kann man im Inneren erneuern. Tatsächlich sind auf dem inschriftlich erhaltenen Gesetz, das im Jahre 69 die Kaisergewalt Vespasian übertrug, die Rechte einzeln aufgeführt, allerdings erweitert um die sogenannte Dispositionsklausel, wonach der Kaiser auch bei unvorhergesehenen Fällen im Interesse des Staates eingreifen durfte. Dementsprechend haben einzelne Zeitgenossen, unter ihnen Velleius Paterculus (II 89), erklärt, die altrömische Staatsform sei damals erneuert worden: *prisca illa et antiqua rei publicae forma revocata*. Noch ein Theodor Mommsen hat den *princeps* als *magistratus* (Amtsträger) verstanden und damit das Prinzipat als Variante der Republik gedeutet. Mommsen hat den Übergang von der Republik zur Monarchie erst an den Beginn der Spätantike verlegt, in die Zeit von Diocletian und Constantin, als das Kaisertum bombastisch überhöht wurde.

Dennoch sprechen gewichtige Gründe dafür, die Monarchie, wenn nicht mit Caesar, dann mit Augustus beginnen zu lassen. Denn nach republikanischen Maßstäben waren mehrere Elemente der augusteischen Staatsordnung verfassungswidrig: zum ersten die Kumulation von Ämtern, zum andern der Verzicht auf Kollegialität und Annuität – der Kaiser hatte niemanden neben sich und amtierte nicht für ein Jahr, sondern lebenslang. Drittens kam die dynastische Erbfolge hinzu, der Übergang der Macht auf den Nächstverwandten. So wie Augustus selbst seine Stellung als Sohn Caesars erworben hatte, so sorgte er, selbst ohne Sohn, stets für einen möglichen Nachfolger. Während seiner 44jährigen Herrschaft präsentierte er jeweils einen oder zwei von ihm adoptierte Angehörige dem Volk von Rom durch Ämter, Ehren und populäre Aufträge, so daß immer klar war, wer im Falle seines Todes die Monarchie fortführen würde. In der Öffentlichkeit wurde das Prinzipat wie ein Königtum betrachtet. Im griechischen Osten hieß der *princeps* einfach *basileus* (König), sein Bild stand auf jedem Marktplatz, in jedem Legionskastell und zierte die Münzen, die jeder im Geldbeutel trug.

## *Saeculum Augustum*

Die Zeit des Augustus gehört zu den wenigen Epochen, in denen ein für uns heute aus der Distanz deutlicher Umbruch bereits von den Zeitgenossen lebhaft empfunden wurde, vergleichbar der Stimmung unter den Humanisten um 1500 und der bei den Modernisten um 1900. Zeugnisse tiefster Verzweiflung über den schier endlosen Bürgerkrieg schlagen um in Ausdrücke emphatischer Hoffnung auf einen Retter, auf eine neue Zeit. Beredtes Zeugnis legen davon ab die Gedichte Vergils. In seinem berühmten vierten Hirtengedicht aus dem Jahre 40 v. Chr., das im Mittelalter «Saeculi novi interpretatio», Ankündigung des neuen Zeitalters, überschrieben wurde, werden feierlich die Musen angerufen, weil ein erhabenes Lied erklinge: Endzeit, *ultima aetas,* ist da, wie die Sibylle verkündet, der Weltenlauf beginnt in ursprünglicher Reinheit von vorne. Das Goldene Zeitalter Saturns wird uns von einer Jungfrau wiedergebracht, ein neues Geschlecht vom Himmel herabgesandt. Apoll, der Sonnengott, übernimmt die Herrschaft. Ein göttlicher Knabe wird geboren, der das Eiserne Zeitalter beendet. Er tilgt die Schuld der Menschen, erlöst sie von Furcht und führt Friede auf Erden herbei. Freiwillig schenkt uns künftig der Boden Blumen und Früchte, Ziegen bringen von selbst milchreiche Euter nach Hause. Rinder fürchten nicht länger die Löwen, die giftige Schlange, sie muß sterben...

Es ist begreiflich, wenn seit dem Kirchenvater Lactanz und dem Kaiser Constantin diese Prophezeiung der Geburt eines göttlichen Knaben auf Christus bezogen und der Heide Vergil zum Herold des Heilands erhoben wurde. Als solcher diente er noch Dante in dessen «Göttlicher Komödie» als Seelenführer durch das Weltengebäude. Welchen Knaben Vergil wirklich gemeint hat, ist bis heute strittig. Mit Augustus hat das Gedicht nur soviel zu tun, als es uns die Vorstellungen verrät, in denen man dann den Erlöser gedeutet hat. Nach Actium war das für Vergil Octavian: In seinem Gedicht über den Landbau aus dem Jahre 30/29 v. Chr. preist ihn der Dichter als 13. Gott, der sogar das Wetter bestimmt und die Ernte gewährt und am Nachthimmel als neues Gestirn erscheint, als *novum sidus* (I 32), ein Bild, das uns in der Sternstunde von Bethlehem wiederbegegnen wird. Im zweiten Buch der «Georgica» lesen wir das Lob Italiens, als dessen größter Sohn Octavian erscheint (II 170), im dritten verspricht der Dichter, seinem Helden einen Tempel zu bauen und ihm ein Gedicht zu schreiben, das seine Taten bis in die fernste Zukunft berühmt machen wird (III 46ff). Und am Ende sieht er ihn, den noch Lebenden, in den Olymp aufsteigen (IV 80ff).

Vergils Hauptwerk ist die zu Ehren des Augustus abgefaßte «Aeneis». In diesem an Homer angelehnten Heldengedicht wird die Herkunft der Römer aus Troja besungen. Durch drei prophetische Ausblicke verherrlicht Vergil Zeit und Haus des Augustus. Beim Bittbesuch der Mutter des Aeneas, der Venus, bei Juppiter im ersten Buch (I 254ff), verkündet der Göttervater den Nachkommen des zu den Sternen erhobenen «frommen» Aeneas die ewige Weltherrschaft, ein *imperium sine fine,* und die Friedenszeit unter Caesar Augustus. Im sechsten Buch (VI 756ff) steigt Aeneas in die Unterwelt, dort verheißt ihm sein Vater Anchises den schicksalhaften Aufstieg Roms zur Schutzmacht des Völkerfriedens und die Begründung eines neuen Goldenen Zeitalters. Die Schildbeschreibung im achten Buch (VIII 626ff) enthält dann eine Heldenschau und eine Prophezeiung des Sieges bei Actium über Kleopatra. Die Legitimierung der Gegenwart durch die Fiktion, sie erfülle vergangene Prophezeiungen, war im Altertum beliebt, denken wir nur an die Prophetenzitate bei den Evangelisten.

Ähnlich wie Vergil hat auch Horaz die Herrschaft des Augustus mit einer mythischen Gloriole umkränzt. Horaz war der Sohn eines freigelassenen Fischhändlers, studierte in Athen und kämpfte 42 v. Chr. bei Philippi auf der Seite des Brutus gegen Octavian. In seiner 16. Epode beklagt er den Bürgerkrieg, empfiehlt seinen Mitbürgern, Rom zu verlassen und auf die Inseln der Seligen auszuwandern, die als Paradies geschildert werden. Vergil findet das Goldene Zeitalter in der zeitlichen Nähe, Horaz sucht es in der räumlichen Ferne. Durch Vergil wurde Horaz in den Maecenaskreis eingeführt, Augustus wollte ihn zu seinem Privatsekretär machen. Obschon Horaz am liebsten Frauen, Freundschaft und Wein besang, ließ er sich doch auch zu politischen Gedichten bewegen.

In seinen sechs Römeroden (Carmina III 1–6) entfaltet er als «Prophet der Monarchie» (Mommsen) das Programm der Erneuerung. Die erste Ode wendet sich an die Jugend und lobt das Idyll des beschaulich-bescheidenen Lebens, das keinen Ehrgeiz kennt und dem Kaiser das Regiment überläßt. Ode Zwei preist die beiden Säulen des Staates, das Militär und die Administration. *Dulce et decorum est pro patria mori* – Süß und schicklich ist es, für das Vaterland zu fallen – sagt er den Soldaten, und verschwiegene Redlichkeit empfiehlt er den Beamten. Mit dem dritten Festgedicht wird die Hauptstadt Rom gegen die Pläne von Antonius und Kleopatra verteidigt, die angeblich Rom nach Troja zurückverlegen wollten. Aus derselben Zeit stammt die Camillus-Rede bei Livius (V 51 ff), wo im Anschluß an den Galliersturm der geforderten Auswanderung nach Veji mit religiösen Gründen widersprochen wird. Camillus wird als zweiter Romulus bezeichnet, seine Rettung der Stadt feiert eine Inschrift des Augustus-Forums. Die vierte Römerode des Horaz sodann weist den Musen ihren Ort an im Friedensreich des Kaisers, der mit Juppiter im Gigantenkampf verglichen wird. Augustus verbinde Macht mit Weisheit. In der fünften Ode wird die Eroberung von Britannien und Persien angekündigt – danach soll Augustus als *praesens divus,* als irdischer Juppiter herrschen. Das letzte Gedicht beklagt den Sittenverfall und fordert die moralischen und religiösen Reformen, die Augustus im Sinne hatte.

Horaz hatte zuvor den Sieg bei Actium gefeiert (Carmina I 37), er besang hernach den Alpenfeldzug der Prinzen (IV 4 u. 14) und komponierte das «Carmen Saeculare» zur Säkularfeier vom 1. bis 3. Juni 17 v. Chr., in dem Augustus sein Erneuerungswerk im öffentlichen Bewußtsein verankerte. Ein neues Zeitalter wurde durch einen Festakt eröffnet – gewiß auch eine Sternstunde. Horazens Lied ist ein Gebetshymnus, der dem Staate Schutz und Gedeihen erfleht, die Gunst der Götter für Augustus beschwört und eine von Jahr zu Jahr schönere Zukunft herbeiwünscht.

Wieder andere Nuancen der augusteischen Ideologie bringt der Dichter Ovid. Auch seine Welt ist nicht die Politik, nicht das Forum, nicht das Militär. Ovid gewann seinen Ruhm durch die «Metamorphosen». Sie beginnen mit der Entstehung der Welt und dem Goldenen Zeitalter, behandeln dann in quasihistorischer Reihung mythologische Verwandlungssagen und enden mit der Verstirnung (*katasterismos*) Caesars. *Caesar in urbe sua deus est* – Caesar ist in seiner Stadt ein Gott (XV 746). Nicht nur Anfang und Ende, sondern auch die Schilderung vom Untergang Trojas und vom Ursprung Roms tragen politischen Charakter. Als größte Tat des vergöttlichten Caesar erscheint die Adoption des Augustus, der dem *genus humanum* in Land und Meer den Frieden, das Recht und die Gesittung gebracht habe, so wie es in den Schicksalstafeln der Welt seit Anbeginn aufgezeichnet gewesen sei: Juppiter beherrscht den Himmel, Augustus die Erde, *terra sub Augusto est*. Alle Völker haben ihre Grenzen, für Rom allein sind Stadt und Welt dasselbe: *gentibus est aliis tellus in limite certo/Romanae spatium est urbis et orbis idem* (Fasti II 683f).

Das bei den augusteischen Dichtern faßbare Epochen-Bewußtsein einer neuen Zeit, findet sich ebenso bei den späteren Historikern. Dio (LIII 17) bemerkt unzweideutig zu den Ereignissen des Jahres 27: «Auf diese Weise ging die Macht von Volk und Senat in Rom – *Senatus populusque Romanus* – über in die Hand des Augustus, und hinfort war Rom eine Monarchie. Die alten Ämter wurden weiter besetzt, um die republikanische Fassade zu wahren». Dio unterstrich, daß diese Verfassungsänderung ein Fortschritt war, denn eine «demokratische» Verfassung, wie sie zuvor herrschte, hätte Rom ruiniert.

Ganz ähnlich äußerte sich um 100 n. Chr. Tacitus. Auch er war Senator, und als solcher schlug sein Herz für die Republik. Dennoch räumt er ein, daß es dem Frieden diente, die Herrschaft einem einzigen zu überlassen: *pacis interfuit* (Historien I 1). Prinzipat und Freiheit schienen ihm nicht unvereinbar, wie er nach dem Tode des tyrannischen Domitian dem eben erhobenen Nerva zusprach (Agricola 3). Einst gegensätzliche Dinge hätten jetzt zueinander gefunden: *libertas* und *principatus*.

Inwieweit die kaiserfreundliche Stimmung spontan gewachsen, inwieweit sie künstlich gemacht ist, läßt sich schwer auseinanderhalten. Ohne Frage hat Augustus sich inszeniert, darin war er Meister. Trotzdem ist das Prinzipat in erster Linie durch Leistung legitimiert: durch Frieden, Wohlstand und Ordnung im Innern, durch Erfolge nach außen. Seine gesamte Lebenszeit sollte, so beschloß der Senat nach seinem Tode, unter dem Namen *saeculum Augustum* in den Staatskalender eingetragen werden (Sueton 100, 3), als Beweis dafür, daß es so etwas vorher nie gegeben habe, nachher niemals geben werde.

## *Für und gegen Rom*

War die Begründung des Prinzipats wirklich eine Sternstunde? Das Urteil der Nachwelt ist nicht eindeutig. Negative und positive Stimmen prallen seit dem 18. Jahrhundert aufeinander, beide haben in gewisser Weise Recht. Ich greife zwei Positionen heraus, die jeweils eine ganze Richtung des Denkens kennzeichnen.

Zu den romfreundlichen Autoren zählt Voltaire. 1751 erschien sein Werk über das Jahrhundert Ludwigs XIV. In der Einleitung begründet der Autor die Wahl seines Themas mit einer Art Sternstunden-Theorie, die nur vier Jahrhunderte der Weltgeschichte gelten läßt. Voltaire schreibt: «Alle Zeiten haben Helden und Staatsmänner hervorgebracht, und alle Völker haben Umwälzungen erlebt. Für den, der nur sein Gedächtnis mit Tatsachen füllen will, sind alle Geschichten ungefähr gleich. Aber wer denkt und, was noch seltener ist, wer Geschmack hat, zählt nur vier Jahrhunderte in der Weltgeschichte. Diese vier glücklichen Zeitalter sind die, in denen die Künste in Blüte standen und zu denen als zu Monumenten menschlicher Geistesgröße die Nachwelt bewundernd aufsieht.»

Zu diesen vier Sternzeiten rechnet Voltaire natürlich das *siècle de Louis Quatorze,* zumal es außer den Künsten auch eine vernünftige Philosophie hervorgebracht habe, nämlich die Philosophie der Vernunft, die Aufklärung. Zuvor schätzt Voltaire die Herrschaft der Medici in Florenz während des späten 15. Jahrhunderts. Das Mittelalter findet vor Voltaires Augen keine Gnade, wohl aber die Antike. Er preist die Zeit des Perikles mit ihren Dichtern und Rednern, Bildhauern und Philosophen, und das Zeitalter von Caesar und Augustus mit den Philosophen Lukrez und Cicero, den Dichtern Vergil, Horaz und Ovid, dem Historiker Livius, dem Architekturtheoretiker Vitruv und dem Universalgelehrten Varro. Soweit die hier gerühmten Leistungen das augusteische Mäzenatentum voraussetzen, urteilt Voltaire zugleich über die *Pax Romana* des Prinzipats. Seine Bewertung ist typisch für die Aufklärer. Dem Zeitalter des Absolutismus diente das augusteische Prinzipat zum Vorbild – schon der Begriff zitiert einen römischen Rechtsgrundsatz aus den Digesten (I 3, 31): *princeps legibus solutus est* – der Kaiser ist den Gesetzen nicht unterworfen.

Unter den romfeindlichen Positionen ragt Johann Gottfried Herder hervor. In seinen «Ideen zur Philosophie der Geschichte der Menschheit» von 1787 bis 1791 brandmarkt er die Römer als Räuber und Barbaren, die nicht nur die griechische Kultur in der Blüte gebrochen, sondern auch das Eigenleben der von ihnen unterworfenen Völkern abgewürgt und erstickt hätten. «So machen die Römer, die der Welt Licht bringen wollen, allenthalben zuerst verwüstende Nacht; Schätze von Golde und Kunstwerken werden erpreßt: Weltteile und Aeonen alter Gedanken sinken in den Abgrund: die Charaktere der Völker stehen ausgelöscht da, und die Provinzen unter einer Reihe der abscheulichsten Kaiser werden ausgesogen, beraubt und gemißhandelt». Herder verabscheute «den Steinhaufen der römischen Pracht... als eine Tyrannen- und Mördergrube des Menschengeschlechts».

Herder war derjenige Denker, der die Aufklärung in die Romantik hinüberführte. Sein Humanitätsbegriff verband die Achtung vor dem Einzelnen mit dem Respekt vor den Nationalkulturen, dem jeweiligen Volksgeist. Er sah in der römischen Zivilisation ein Leichentuch, das sich über die kulturelle Vielfalt der Mittelmeerwelt legte. Diese Einwände gegen das kaiserzeitliche Rom konnten sich auf Selbstzeugnisse der Zeit stützen, die uns die antiken Autoren von den Zuständen in der Hauptstadt Rom hinterlassen haben. Da lesen wir von Sittenskandalen am Hof, von Majestätsprozessen gegen die Senatsaristokratie und von den brutalen Massenvergnügen der Gladiatorenkämpfe und Tierhatzen im Zirkus.

Herders Angriff auf Rom kann sich somit auf romkritische Quellen stützen und hat Zustimmung aus scheinbar weit auseinanderliegenden Lagern, von rechts wie von links, gefunden. Vertreter des Nationalismus glaubten, in einem Vielvölkerstaat könne es keinen Patriotismus geben, ohne den ein Gemeinwesen früher oder später zusammenbrechen müsse. Anhänger des Sozialismus meinten, der Klassenkampf zwischen Eroberern und Unterworfenen führe unausweichlich zur Schwächung und Auflösung eines Gemeinwesens. Gegner des Imperialismus und Kolonialismus betonen, daß die römische wie jede Fremdherrschaft gegen das Selbstbestimmungsrecht der Völker verstoßen und den Keim zum Untergang in sich getragen habe. Schließlich waren im deutschen humanistischen Gymnasium die Römer schlecht angesehen – sie galten als Totengräber des Hellenentums, bestenfalls als dessen erste Nachahmer.

All diese Argumente lassen sich jedoch im Hinblick auf Rom durch Gegenargumente abschwächen, vielleicht sogar widerlegen. Der von den Nationalisten vermißte Patriotismus ist in der Antike als politische Kraft zeitweilig in den Stadtstaaten nachweisbar, sonst aber nirgendwo deutlich. Bürgerkrieg war allenthalben an der Tagesordnung. Die von den Sozialisten angeprangerte Ausbeutung ist kein Merkmal der römischen Klassengesellschaft, sondern nach ihrer eigenen Lehre mit dem Übergang von der Gentilverfassung zur Zivilisation überall verbunden. Die Antiimperialisten und Antikolonialisten übersehen, daß die angeblich von Rom unterdrückten Völker zumeist selbst einmal Unterdrücker waren, als sie nämlich da einmarschierten, wo die Römer sie vorfanden. Völker sind nicht erdgeboren und nicht naturgegeben, sondern Resultate von sozialen und ethnischen, politischen und militärischen Auseinandersetzungen. Sofern diese mit zivilisatorischen Entwicklungsprozessen verbunden sind, verändert sich auch das Identitätsbewußtsein. Spanier und Gallier, Thraker und Nordafrikaner sind zu Römern geworden. Sogar die ursprünglich kulturell überlegenen Griechen haben sich im Laufe der Kaiserzeit politisch romanisiert. Die Selbstbezeichnung der Byzantiner lautet nicht *Hellenes,* sondern *Rhomaioi.*

Herders kulturphilosophisches Ideal von dem eigenständigen Nebeneinanderleben der Völker in ihrer jeweiligen Eigenart, sein Plädoyer gegen jede Fremdbestimmung, für eine ungestörte Selbstverwirklichung, steht im Widerspruch zu der Erfahrung, daß Kulturen Ergebnisse von Lernprozessen und Tauschgeschäften, nicht Monolithe, sondern Konglomerate sind. Es ist völlig unbeweisbar, daß ohne den in Herders Augen verheerenden römischen Einfluß in Spanien, Gallien, Germanien und sonstwo originäre Nationalkulturen aufgeblüht wären. Haben doch auch die Römer von den Griechen wie diese von den Orientalen gelernt, das heißt: das Brauchbare übernommen, den eigenen Vorstellungen angepaßt und in der Zweckmäßigkeit verbessert. Und für diesen Lernvorgang haben die Römer mit dem augusteischen Prinzipat einen politischen Rahmen geschaffen.

Der mitunter höchst romkritische Tacitus erörtert das Problem im Zusammenhang mit dem Bataveraufstand. Während der Unruhen nach Neros Tod hatten sich im Jahre 69 n. Chr. am Rhein Germanen und Gallier gegen die römische Herrschaft erhoben. Dieser, von dem Bataver Julius Civilis geführte Aufstand, wurde von den Römern niedergeschlagen. Tacitus (Historien IV 73) legt dem siegreichen römischen Feldherrn Cerialis vor der Entscheidungsschlacht eine Ansprache an die mit den Germanen sympathisierenden Gallier in den Mund. Er erinnert daran, daß vor Caesar die Gallier unter sich und gegen die Germanen ständig im Kampf lagen. Wenn die über die Steuern stöhnenden Gallier nun ihre Freiheit mit der Herrschaft der Germanen erkauften, dann könnte das kaum ein Gewinn sein. Gewalt und Krieg habe es in Gallien immer gegeben, bis die Römer kamen. «Aber Ruhe unter den Völkern», so sagte Cerialis, «erfordert Waffen, Waffen erfordern Sold, Sold erfordert Steuern. Das übrige ist uns gemeinsam. Leute von euch kommandieren unsere Legionen, regieren unsere Provinzen. Nichts ist euch vorenthalten, nichts verschlossen. *Nihil separatum clausumve.* So wie Dürre, Regensturm und andere Naturkatastrophen muß man auch die Habgier einzelner Herrscher ertragen. So lange es Menschen gibt, so lange gibt es Laster: *vitia erunt, donec homines.* Werden die Römer geschlagen, was die Götter verhindern mögen, was anderes erwartet euch als der Krieg aller gegen alle? Achthundert Jahre lang haben Glück und Geschick diesen Staatsbau gefestigt, bricht er zusammen, so erschlägt er jene, die an ihm rütteln. Dann ist es um euren jetzigen Wohlstand geschehen, der doch immer die Hauptursache zum Kriege war. Darum liebt und pflegt den Frieden und die Stadt, auf die Sieger und Besiegte dasselbe Anrecht besitzen. Laßt euch durch die Beispiele für Glück und Unglück warnen, setzt nicht auf Hochmut und Untergang, sondern auf Loyalität und Sicherheit.»

Die Vorzüge des römischen Systems wurden nicht nur von geborenen Römern gesehen und gepriesen. Es ist gewiß nicht ganz falsch, was wir in den Lobreden auf Kaiser und Reich beim jüngeren Plinius aus Como in der Gallia Cisalpina, bei Plutarch aus Chaironeia in Böotien oder bei Aelius Aristides aus Kleinasien im 2. Jahrhundert n. Chr. lesen. Sie rühmen die *Pax Romana,* den freien, sicheren Verkehr, den aufblühenden Wohlstand, die geordnete Verwaltung und das verläßliche Rechtswesen. Könne man doch sogar Prozesse gegen den Fiskus gewinnen! Dies ist ein Element des Rechtsstaates, wo auch die Staatsmacht unter der Herrschaft von Recht und Gesetz steht.

*

Das Reich von Caesar und Augustus begriff sich als *imperium sine fine,* als Staat ohne räumliche und zeitliche Grenzen. Uns erscheint das hybride. Dennoch wird es, sollte der Weltstaat jemals Wirklichkeit werden, in dessen Vorgeschichte einen herausragenden Platz einnehmen, hat es doch im Verlauf seiner Entwicklung einen zunehmend kosmopolitischen Charakter gewonnen. Der Aufstieg im Reichsdienst war an das römische Bürgerrecht gebunden, das zunächst nur eine Minderzahl von Reichsangehörigen besaß. Es wurde aber vergleichsweise großzügig verliehen für Militärdienst, für Kommunalpolitik oder sonstige Leistungen. Wie wir aus der Apostelgeschichte (22, 28) wissen, konnte man es sogar kaufen. Erwartet wurde Lateinkenntnis, im übrigen fragte niemand nach Herkunft, Hautfarbe und Religion. Der Apostel Paulus war dem Glauben nach Jude, seiner Muttersprache gemäß Grieche und staatsrechtlich Römer. Das vertrug sich. An Paulus dachte Präsident Kennedy, als er am 26. Juni 1963 vor dem Schöneberger Rathaus verkündete: *Two thousand years ago the proudest boast was* «civis Romanus sum». *Today in the world of freedom the proudest boast is* «ich bin ein Berliner».

Zur Zeit des Paulus waren nicht alle Freien zugleich *cives Romani.* Dies wurden sie erst im Jahre 212 durch die *Constitutio Antoniniana.* Fortan standen allen Bürgern alle Ämter offen. Auf dem Kaiserthron finden wir Männer aus allen Provinzen, darunter dunkelhäutige Afrikaner wie Septimius Severus, Bauernsöhne aus Thrakien wie Maximinus Thrax, arabische Scheiche wie Philippus Arabs, sogar ehemalige Sklaven wie Diocletian. Insofern kann man die Menschheitsidee Alexanders in Rom wiederfinden. Die Ethik der stoischen Philosophie spricht aus den Staatsschriften Senecas, aus den Gutachten der römischen Juristen und den Tagebüchern von Marc Aurel. Sie steht unter dem Leitgedanken der Philanthropie, der Humanität. Marc Aurel verglich die Menschheit mit den Blättern eines einzigen Baumes. Wer seinem Nächsten zürne, der löse sich damit von der Menschheit als ganzer.

Die Sorgepflicht des Kaisers, so lesen wir, erstrecke sich auch auf die Barbaren jenseits des Limes, zu Zehntausenden wurden sie im Reich angesiedelt und nahmen hier die römische Lebensweise an. Roms Einfluß strahlte weit über die Grenzen. Ein Autor meinte, es wäre nur eine Frage der Zeit, bis auch die Perser zu Römern würden (Itinerarium Antonini). Dies aber geschah nicht. Innerer Wandel führte zur Christianisierung, äußerer Druck schließlich zum Zusammenbruch. In der Völkerwanderung wurde die Blüte der römischen Zivilisation geknickt. Dennoch war der Reichsgedanke stärker als der Reichsverband. Das westliche Kaisertum wurde Weihnachten 800 von Karl dem Großen erneuert, und das war eine Sternstunde für Europa.

### Literatur

G. Alföldy, Das Imperium Romanum – ein Vorbild für das vereinte Europa?, 1999

G. Binder (Hg.), Saeculum Augustum, I–III (Wege der Forschung 266, 512, 632), 1987–1991

J. Bleicken, Augustus. Eine Biographie, 1998

Alexander Demandt, Der Idealstaat. Die politischen Theorien der Antike, 2000

Ders., Rom – Weltmacht im Widerstreit. In: Polypleuros Nous. Festschrift für Peter Schreiner, 2000

Ders., Der Fall Roms. Die Auflösung des Römischen Reiches im Urteil der Nachwelt, 1984

W. Eck, Augustus und seine Zeit, 1998

V. Fadinger, Die Begründung des Prinzipats. Quellenkritische und staatsrechtliche Untersuchungen zu Cassius Dio und der Parallelüberlieferung, 1969

D. Kienast, Augustus. Prinzeps und Monarch, 1992

V. Gardthausen, Augustus und seine Zeit, I–VI, 1891–1904

K. Raaflaub/M. Toher (Hgg.), Between Republic and Empire. Interpretations of Augustus and His Principate, 1990

R. Syme, The Roman Revolution, 1939

J. Vogt, Vom Reichsgedanken der Römer, 1942

*Orietur stella ex Jacob*
*et consurget virga de Israhel*
*et percutiet duces Moab*
*vastabitque omnes filios Seth.*
Bileam

## 4.
## Die Geburt Jesu in Bethlehem

*25. Dezember 1 v. Chr.?*

«Friede auf Erden den Menschen, die guten Willens sind!» riefen die Himmlischen Heerscharen den Hirten von Bethlehem zu. Die Einschränkung, die Lukas (2, 14) macht, verweist auf die anderen, die nicht guten Willens sind, von daher als Friedensstörer bekämpft werden müssen. Möglicherweise hat Luther dies als unchristlich empfunden – sofern ihm nicht eine Textvariante vorlag –, als er unrichtig übersetzte: «Friede auf Erden und den Menschen ein Wohlgefallen!» Das Friedensprogramm, das Alexander verkündet und Augustus verwirklicht hatte, erwies sich als fragil, weil es weltweit an gutem Willen haperte. Und ihn herzustellen, ist der Kerngedanke der Frohen Botschaft Jesu. Seine Geburt ist eine Sternstunde im doppelten Sinne, hören wir doch von einem Stern über dem Stall, in den die Tradition das Ereignis verlegt.

Nur mit Beklemmung kann ein Historiker sich dieser höchst problematischen Überlieferung zuwenden. Ein liebgewonnenes, ja heiliggehaltenes Bild mit dem Messer der Kritik behandeln – ist das nicht ein Sakrileg? Es könnte der Eindruck entstehen, es würde keine Sternstunde beschrieben, sondern eine Sternstunde demontiert. Gewiß wird es ohne Demontage nicht abgehen. Aber betroffen ist nicht das Ereignis selbst, sondern nur die literarische Ausschmückung, in der es uns überliefert ist. Das Bild unter der Übermalung freizulegen – nichts anderes kann die historische Aufgabe hier sein. Doch vorab zu den Texten!

## *Die Weihnachtsgeschichte*

Zwei Evangelisten bringen Geschichten zur Geburt Jesu. Lukas (Lk.) erzählt in dem bereits zitierten 2. Kapitel die Weihnachtsgeschichte: «Es begab sich aber zu der Zeit, daß ein Gebot von dem Kaiser Augustus ausging, daß alle Welt geschätzt würde. Und diese Schätzung (*apographē* – Steuerveranlagung) war die allererste und geschah zur Zeit, da Cyrenius Landpfleger (*hegemōn* – Statthalter) in Syrien war. Und jedermann ging, daß er sich schätzen ließe, ein jeglicher in seine Stadt. Da machte sich auf auch Joseph aus Galiläa, aus der Stadt Nazareth, in das jüdische Land zur Stadt Davids, die da heißt Bethlehem, darum daß er von dem Hause und Geschlechte Davids war, auf daß er sich schätzen ließe mit Maria, seinem vertrauten Weibe, die war schwanger. Und als sie daselbst waren, kam die Zeit, daß sie gebären sollte. Und sie gebar ihren ersten Sohn und wickelte ihn in Windeln und legte ihn in eine Krippe; denn sie hatten sonst keinen Raum in der Herberge». Soweit Lukas.

Im 2. Kapitel des Matthäus-Evangeliums (Mt.) sodann lesen wir die Dreikönigsgeschichte: «Da Jesus geboren war zu Bethlehem im jüdischen Lande zur Zeit des Königs Herodes, siehe, da kamen Weise (*magoi* – Magier) vom Morgenland (*apo anatolōn* – von Osten) nach Jerusalem und sprachen: Wo ist der neugeborene König der Juden? Wir haben seinen Stern gesehen im Morgenland (*en tē anatolē* – im Osten) und sind gekommen, ihn anzubeten. Da das der König Herodes hörte, erschrak er und mit ihm das ganze Jerusalem und ließ versammeln alle Hohen Priester und Schriftgelehrten unter dem Volk und erforschte von ihnen, wo der Christus sollte geboren werden. Und sie sagten ihm: Zu Bethlehem im jüdischen Lande; denn also steht geschrieben durch den Propheten (Micha 5, 1): ‹Und du Bethlehem im jüdischen Lande bist mitnichten die kleinste unter den Städten in Juda; denn aus dir soll kommen der Herzog (*hēgoumenos*), der über mein Volk Israel ein Herr sei.› Da berief Herodes die Weisen heimlich und erkundete mit Fleiß von ihnen, wann der Stern erschienen wäre, und wies sie nach Bethlehem und sprach: Ziehet hin und forschet fleißig nach dem Kindlein; und wenn ihr's findet, so sagt mir's wieder, daß ich auch komme und es anbete. Als sie nun den König gehört hatten, zogen sie hin. Und siehe, der Stern, den sie im Morgenland gesehen hatten, ging vor ihnen her, bis daß er kam und stand oben über, wo das Kindlein war. Da sie den Stern sahen, wurden sie hoch erfreut und gingen in das Haus (*oikia*) und fanden das Kindlein mit Maria, seiner Mutter, und fielen nieder und beteten es an und taten ihre Schätze auf und schenkten ihm Gold, Weihrauch und Myrrhe». Soweit die biblischen Texte, unsere einzigen Quellen für das Ereignis, das wir alljährlich am Vorabend des 25. Dezember feiern.

Die Geburt Jesu ist ein Paradoxon unter den Sternstunden. Denn die *communis opinio* ist in fast allen Einzelheiten anfechtbar, historisch nicht zu halten: Bethlehem als der Geburtsort, der 25. Dezember als der Geburtstag und der Stern als das Geburtszeichen. Diese drei Elemente: Ort, Zeit und Stern, stammen nicht aus der geschichtlichen Erinnerung, sondern aus der Mythologie und der Metaphorik des Messianismus. Sie dienen der Ausschmückung, sind Zeugnisse für die schon frühe Überhöhung des Ereignisses und belegen seine theologische Bedeutsamkeit für die christliche Gemeinde. Insofern unterstreichen sie durch ihren legendenhaften Charakter den Rang dieser Sternstunde.

Während die Kindheitsgeschichten Jesu durch hagiographische Ausgestaltung gekennzeichnet sind, tragen die Passionsberichte sehr viel stärker historische Züge. Sie enthalten keine Wundertaten und sind ereignisgeschichtlich oder wenigstens kulturgeschichtlich verläßlich. Diesen Unterschied zwischen Anfang und Ende teilen die Lebensgeschichten Jesu mit der Überlieferung anderer antiker Helden. Nachdem sie groß geworden sind, finden sie Aufmerksamkeit, und man notiert, was sie tun und erleben. Wendet man sich dann der Kindheit zu, so fehlt es an verbürgtem Erzählgut, denn kein Held wird als Held geboren. Trotzdem fordert ein Bedürfnis nach Symmetrie, daß ein bemerkenswerter Mensch auch eine bedeutsame Jugend gehabt haben müsse, und darum fabuliert man sich eine solche zurecht. Im Falle Jesu wurden dafür Motive verwendet, die teils biblischen, teils gemein-antiken Ursprungs sind. Nicht alle Einzelheiten der Evangelienberichte kommen im folgenden zur Sprache. Auf die mehrfach erwähnte Mitwirkung von Engeln, so bei der Verkündigung an Maria (Lk. 1, 26ff), bei der Namenwahl durch Joseph (Mt. 1, 20f) beziehungsweise Maria (Lk. 1, 31), bei den Träumen Josephs in Bethlehem (Mt. 2, 12) und Ägypten (Mt. 2, 13) und auf die *militia caelestis* bei den Hirten auf dem Felde (Lk. 2, 14) gehe ich nicht ein und beschränke mich auf die noch weithin als historisch angesehenen Elemente.

## *Der Stern*

Beginnen wir mit dem Stern von Bethlehem, dem Stern der Weisen, dem Dreikönigsstern. Das Matthäus-Evangelium, sicher nicht von dem Jünger dieses Namens verfaßt, stammt aus domitianischer Zeit, aus den achtziger Jahren des 1. Jahrhunderts. Es fußt auf dem wenig älteren, wesentlich kürzeren Markus-Evangelium (Mk.), das mit der Jordan-Taufe Jesu beginnt und noch keine Kindheitslegende kennt. Woher Matthäus die weitergehende Überlieferung hat, ist unklar. Er beschreibt, so scheint es auf den ersten Blick, ein astronomisches Phänomen, das auf den zweiten Blick indessen ungewöhnliche Züge trägt. Denn der Stern verkündet den Weisen, den «Magiern», wie es im griechischen Text heißt, die Geburt eines Gottkönigs, der Anbetung verdient. Sodann steht er nicht still am Himmel, sondern geht vor ihnen her, offenbar mehrere Tage, erst nach Jerusalem – man weiß nicht recht, warum – dann bis nach Bethlehem, wo er über dem Hause Halt macht, in dem das Jesuskind liegt. Derartiges ist in der Astronomie unbekannt.

Jahrhundertelang hat man geglaubt und glaubt noch immer, diese Himmelserscheinung naturwissenschaftlich verifizieren zu können. So wie sie im Text beschrieben wird, gelingt das aber nicht, deshalb hat man sie auf verschiedene Weise umgedeutet. Johannes Kepler legte 1606 seine Schrift über das wahre Geburtsjahr unseres Heilands Jesus Christ vor, «De Jesu Christi salvatoris nostri vero anno natalitio», worin er den Stern von Bethlehem als Folge der dreifachen Jupiter-Saturn-Konjunktion im Sternbild der Fische im Jahre 7 v. Chr. interpretiert. Andere dachten an eine Begegnung von Venus und Jupiter im Sternbild des Löwen oder von Jupiter und dem Fixstern Regulus im Zeichen der Jungfrau 2 v. Chr., wieder andere vermuteten mit Origenes einen Kometen oder eine Supernova. 1991 griff der Innsbrucker Astronom und Träger der Copernicus-Medaille in Silber Konradin Ferrari d'Occhieppo auf Kepler zurück und berechnete die Ankunft der Reisenden aus Babylon in Bethlehem auf den 7. November 7 v. Chr. 20 Uhr osteuropäischer Zeit.

Von alledem ist aber im Text keine Rede. Der Stern von Bethlehem verweist auf die alttestamentliche Messiasprophetie Bileams: «Ich sehe ihn, aber nicht jetzt. Ich schaue ihn, aber nicht von nahem. Es wird ein Stern aus Jakob aufgehen und ein Zepter aus Israel aufkommen und wird zerschmettern die Schläfen der Moabiter und den Scheitel aller Söhne Seths» (4. Mose 24, 17). Es handelt sich um ein Sprachbild für Ruhm und Herrschaft, für Sieg und Vernichtung der Feinde Israels, ein Element politischer Metaphorik. Daher sind alle Versuche, ihn im Milchstraßensystem auszumachen, im Ansatz verfehlt.

Die Anfänge der politischen Gestirnsmetaphorik reichen weit in den Alten Orient zurück. In Ägypten, wo sie für Thutmosis III bezeugt ist, wurde alljährlich am Neujahrstag beim Aufgang des Sirius, des Erlösersterns, der Pharao als Gottherrscher gepriesen. In

Griechenland wurde Alexander von Plutarch als Himmelslicht gefeiert (s. u.). Den nach dem Tode Caesars erschienenen Komet hat Augustus als Heilszeichen für seinen weltweiten Herrschaftsauftrag verstanden, wie Plinius (Naturalis Historia II 93 f) bezeugt, das Epigramm aus Philae in Oberägypten verherrlicht Augustus als den «gottgesandten Stern ganz Griechenlands». Vergil (Georgica I 32) beschrieb Octavian als *novum sidus,* als neues Gestirn am Nachthimmel mit genauer Angabe des Ortes im Sternbild der Waage. Als neues Himmelslicht begrüßte Seneca erst Claudius (ad Polybium 12), dann Nero (Apokolokyntosis 4, 25). Der Alexanderhistoriker Quintus Curtius (X 9, 3 ff) verherrlichte den neuen Kaiser, vermutlich Vespasian, als *novum sidus,* als neues Gestirn; er, nicht die Sonne erleuchte die Nacht der Zeiten, bringe den neuen Frühling. In seinem Rhetoriklehrbuch empfahl Menander (371, 14 ff.) im 3. Jahrhundert den Sternvergleich für das Herrscherlob; die Belege sind zahllos – bis zu Mao Tse-tung und Gandhi (s. u.). Der Stern von Bethlehem steht auch im jüdischen Umfeld nicht allein. Jesus sagt in der Johannes-Apokalypse (22, 16) von sich selbst: «Ich bin die Wurzel des Geschlechtes David, der helle Morgenstern.» Auch das Umgekehrte kommt vor: «Wie bist du vom Himmel gefallen, du schöner Morgenstern!» ruft Jesaja (14, 12) und meint damit den Sturz des Königs von Babylon.

Der Stern der Magier gilt als die Erfüllung der zitierten Weissagung Bileams. Diese Prophezeiung wurde indes von anderen auf anderes bezogen, zuvor von der Qumran-Gemeinde auf den erwarteten «Lehrer aus Damaskus», und hernach, in der Zeit Hadrians, von Rabbi ben Akiba auf den messianischen Anführer der Juden im Kampf gegen Rom, auf Bar Kochba, den «Sohn des Sterns», ohne daß jemals jemand versucht hätte, auch deren Äquivalente am Nachthimmel zu entdecken. Historisch ist der Komet nach Caesars Tod, bloß ist er kaum zu identifizieren, da alle fünf bis zehn Jahre ein Komet gemeldet wird und die Beschreibungen desselben Phänomens oft auseinandergehen. Der Komet des Jahres 44 v. Chr. zeigte Caesars Aufnahme in den Himmel an, weswegen man Cae sars Bildern einen Stern auf die Stirne setzte. Nach antiker Auffassung werden bedeutsame Ereignisse auf Erden von ungewöhnlichen Erscheinungen am Himmel begleitet. Solche werden aber auch gern hinzugedichtet, denken wir an die angebliche Sonnenfinsternis bei der Kreuzigung oder das Erdbeben mit der Auferstehung der Heiligen. Der Stern von Bethlehem ist jedenfalls keine astronomische Erscheinung. Er ist ebensowenig am Himmel wie das Paradies auf Erden zu suchen – Astronomen und Geographen können keine Mythen entschlüsseln.

Die Geschichte von der Anbetung durch die Magier entspricht und entspringt der Auffassung, nach der Jesus nicht allein gesandt ward, um die verlorenen Schafe des Hauses Israel zu sammeln, wie es bei Matthäus (15, 24) heißt, sondern Heiland der Menschheit insgesamt ist. Die universale Bedeutung Jesu wird unterstrichen. Magier, griechisch *magoi,* sind ursprünglich Angehörige eines medischen Stammes. Später hat man sie zu Persern gemacht, die das Feuer anbeten, ihre Mütter und Schwestern heiraten und ihre Toten in der Luft bestatten. *Magoi* erscheinen als Opferpriester und Traumdeuter, als Naturkundige und Zauberer. Als solche begegnen sie uns auch im Neuen Testament, denken wir an Simon Magus in der Apostelgeschichte (8, 9). Insbesondere sah man in ihnen babylonische Astronomen und Astrologen, und eben solche meint Matthäus.

Daß den Heiland persische Magier, nicht aber jüdische Schriftgelehrte erkennen, greift zurück auf den 72. Psalm, der die Völkerwallfahrt und die Anbetung Jahwes am Ende der Zeiten durch alle Könige auf Zion voraussagt. Ähnlich heißt es bei (Deutero-) Jesaja (Jes. 60, 1–6), daß die Heiden und ihre Könige zum Lichte Jahwes nach Zion kommen und Gold und Weihrauch bringen werden. Eben darum sind die *magoi* in der christlichen Legende zu Königen geworden. Ihre Dreizahl ist nicht biblisch bezeugt, sondern aus den Gaben: Gold (*chrysos*), Myrrhe (*smyrna*) und Weihrauch (*libanon*) abgeleitet. Die spätere Legendenbildung in Ägypten hat den dreien die Namen Kaspar, Melchior und Balthasar verliehen, sie auf die Lebensalter und auf die Kontinente verteilt. Kaspar, der Jüngste, kommt aus Afrika, daher ist er schwarz. Anders als in der Orthodoxie sind in der lateinischen Kirche die Drei Könige zu Heiligen erhoben worden. Ihre Gebeine ruhen gemäß kirchlicher Lehre in einem goldenen Schrein des Kölner Doms, einem Meisterwerk der Kunstgeschichte aus der Zeit um 1200.

Die Legende von den Magiern ist nicht nur das Produkt, sondern ebenso die Basis poetischer Phantasie. Um 100 n. Chr. heißt es im Epheserbrief des Ignatius von Antiochia (19, 2), der Stern von Bethlehem habe alle anderen überstrahlt, und diese hätten ihn samt Sonne und Mond wie in einem Reigen umringt. Im apokryphen Protevangelium des Jakobus aus dem späten 2. Jahrhundert n. Chr. berichten die Magier dem Herodes, der Stern sei unbeschreiblich groß gewesen und hätte am Nachthimmel so hell gestrahlt, daß alle anderen Sterne verblaßt seien. Daraus hätten sie ersehen, daß ein König für Israel geboren wurde, und sie zogen hinter dem Stern her und fanden Maria mit dem Kind in einer Höhle.

Die Sternlegende hat in der Spätantike die Ansicht gestützt, daß die ersten Christen Perser gewesen seien. In Persien regierte im 6. Jahrhundert ein philosophisch interessierter König, der die letzten, 529 aus Athen vertriebenen Platoniker aufgenommen hatte. An seinem Hof gab es, so glaubte man, Religionsgespräche zwischen Christen, Juden und Feueranbetern. Um den Christen den Rücken zu stärken, erfand ein fiktiver Kirchenvater namens Aphroditianos die Geschichte, wonach die ersten Christen aus Persien gekommen sein sollen, eben unsere Magier, die den Heiland bereits erkannten, bevor er geboren war. In dieser etwas kruden Legende erfahren wir, auf welche Weise die Magier den Stern entdeckt haben. Es heißt bei Aphroditianos (Patrologia Graeca 10, S. 97ff), in dem von Kyros errichteten, alle Königspracht übertreffenden Tempel der Himmelskönigin Hera sei auf goldenen Tafeln die folgende Geschichte eingeritzt. Eines Tages habe der König das Heiligtum besucht. Da beglückwünschte ihn der Priester: «Hera ist schwanger, denn Helios, der Sonnengott, hat sie geküßt, und alle Götterbilder tanzten die ganze Nacht. Einer Quelle gleicht Hera, ein Fisch – das Sinnbild Christi – ist in ihr, am Angelhaken der Göttlichkeit gefangen, und sein Fleisch ernährt den Kosmos». Und augenblicklich begannen die marmornen Harfenspieler zu musizieren, die Musen aus Stein zu singen, der König aber fürchtete sich.

Plötzlich öffnete sich das Dach, und ein Stern kam herab, blieb stehen über dem Haupt der Hera und verkündete die nahe Geburt des ungezeugten Kindes, das den Anfang der Rettung und das Ende des Verderbens bringe. Da fielen alle Götterstatuen aufs Gesicht, außer dem der Hera. Der König ließ nun die Trompeten blasen und die Zeichendeuter kommen. Diese erkannten, daß ein himmlisch-irdischer König geboren sei zu Bethlehem, der Gesalbte des Herrn, der alle Götzen vernichten werde. Die Magier machten sich daraufhin entsprechend dem Geheiß des Königs mit dem Stern auf den Weg nach Judäa.

Nun erschien Dionysos im Tempel und sagte zu den Götterbildern: «Es ist aus mit uns, wir haben gelogen, sind selbst ja erlogen. Der Himmel freut sich, die Erde rühmt sich des Neugeborenen, die Unglücklichen erwartet das Feuer der Hölle, die Glücklichen erquickt der Tau des Himmels. Judäa blüht auf, Persien welkt. Heiden und Fremde werden erlöst.» Da tanzten die Frauen und sangen: «Herrin der Quelle, die du die Sterne geboren hast, du Wolke, die uns Tau spendet, gedenke du unser!»

Als die Magier aus Judäa zurückkehrten, erzählten sie gemäß Aphroditianos, wie sie den Juden klargemacht hätten, mit ihrem Gesetz und ihren Synagogen sei es vorbei, denn der Messias sei geboren. Selbst ihrem Herrscher Herodes hätten sie getrotzt. Dann wären sie zu Maria und Jesus gekommen und hätten sie gepriesen. Jeder nahm das Kind auf den Arm und verehrte es, sie beschenkten es mit Gold, Myrrhe und Weihrauch. Abends mußten sie vor einem Anschlag des Herodes fliehen. Sie hatten Jesus malen lassen und stellten sein Bild im Zeus-Tempel Persiens auf mit der Beischrift: «Dem großen Gott Zeus und dem König Jesus gewidmet vom persischen Staat.» Soweit unsere spätantike Legende, ein Musterbeispiel für gnostischen Galimathias.

## *Geburtsort Bethlehem?*

Unhistorisch wie der Stern und der Besuch der Magier ist auch der Geburtsort Bethlehem. Jesus war Bürger aus Nazareth in Galiläa. Der Ort wird zwar als *polis,* als Stadt bezeichnet (Mt. 2, 23), war aber wohl eher eine größeres Dorf – jedenfalls so unbedeutend, daß es weder im Alten Testament noch bei Josephus oder im Talmud erwähnt wird. Unstreitig hat Jesus dort gewohnt. Sein Haus – genauer: dessen aus dem Felsen geschlagene Tür – wurde mir bei meinem Besuch in der Stadt am 23. Februar 1985 gezeigt. Es befand sich damals in der Obhut französischer Schwestern, Religieuses de Nazareth. Vermutlich ist Jesus in Nazareth geboren. Bei Markus ist von einer Geburt in Bethlehem noch nichts zu lesen. Auch Matthäus (13, 54; 21, 11) spricht ganz unbefangen von Jesus dem Nazarener. Erst die Verknüpfung der Geburt Jesu mit dem Prophetenwort des Micha (5, 1ff), daß der Messias aus Bethlehem, der Stadt Davids kommen werde, hat zu der Legende geführt, daß Joseph, da er angeblich «aus dem Hause und Geschlechte Davids» war, mit Maria dorthin gewandert und Jesus just nach der Ankunft dort geboren sei. Die Volkstümlichkeit dieser Erwartung bezeugen Johannes (8, 42) und die Nachricht der Haggada, daß auch der Messiasanwärter Menahem aus Bethlehem stamme. Wie aber kommt Joseph von Nazareth nach Bethlehem, sechs Tagesreisen im Süden?

Matthäus und Lukas lösen das Problem auf unterschiedliche Weise. Der Leser des Matthäus muß glauben, daß Joseph anfangs in Bethlehem ansässig war, wo die Magier aus dem Morgenland in seinem Hause (*oikia*) das Jesuskind besuchten. Stall und Krippe sind noch nicht vorgesehen, von der Höhle zu schweigen. Durch einen Engel im Traum vor dem Kindermord des Herodes gewarnt, flieht Joseph nach Ägypten, ehe er nach Israel zurückkehrt. Dieser Umweg folgt dem Prophetenwort bei Hosea (11, 1): «Da Israel jung war, hatte ich ihn lieb und rief ihn, meinen Sohn, aus Ägypten.»

Die Anspielung auf den Exodus-Bericht verleiht Jesus den Zug eines neuen Moses aus Ägypten.

Matthäus läßt Joseph nach dem Tode des Herodes, den ihm wiederum ein Engel verkündet, aus Ägypten heimkehren, doch nicht nach Bethlehem, wo er sich aus unerklärten Gründen vor dem Vierfürsten Archelaus, dem Sohn des Herodes, gefürchtet haben soll, sondern, einem dritten Traum gehorchend, nach Nazareth. Der Evangelist sieht auch darin die Erfüllung eines Prophetenwortes: «Er soll *Nazōraios* heißen», doch findet sich ein solcher Spruch in der Bibel nicht. Der Schriftverweis endet blind. Er ist erfunden, um die Heimat Nazareth prophetisch zu legitimieren. Die Herkunft des Messias aus Nazareth ist theologisch nicht zu motivieren, daher muß die Tradition historisch begründet sein. Die Juden nannten die Christen «Nazarener», wie wir aus Tertullians Schrift gegen Marcion (IV 8, 1) wissen, bei Julian Apostata heißen sie «Galiläer».

Lukas, der ebenfalls in den achtziger Jahren des ersten Jahrhunderts schrieb, verknüpfte die messianisch gebotene Bethlehemgeburt Jesu mit der historisch überlieferten Erinnerung an dessen Heimat Nazareth mittels der Volkszählung, «da Cyrenius Landpfleger in Syrien war». Diese Steuerschatzung ist historisch nachweisbar bei Flavius Josephus und auf Inschriften. Sie wurde durchgeführt von Publius Sulpicius Quirinius, so sein voller lateinischer Name. Den Mann und seine Laufbahn kennen wir, unter anderem aus Tacitus. Quirinius stammt aus armer Familie in Lanuvium, diente sich im Heer hoch und wurde von Augustus mit der Senatorenwürde beschenkt. Quirinius brachte es 12 v. Chr. zum ordentlichen Konsul, bekleidete mehrere Posten nacheinander und erhielt im Jahre 6 n. Chr. den Auftrag, die auf Bitten der Juden neu eingerichtete Provinz Syria nebst Judäa steuerlich zu veranlagen. Dem Evangelisten war das Ereignis, nicht aber dessen Datum bekannt, denn damit setzte er sich in doppelten Widerspruch zu seinen eigenen Angaben: zum Kindermord des Herodes und zur Altersangabe Jesu bei der Taufe. Dazu später.

Lukas wußte möglicherweise ebenfalls von einer, vielleicht schon damals üblichen, jedoch erst aus späterer Zeit für Ägypten bezeugten Anordnung, daß abwesende Landarbeiter zur steuerlichen Veranlagung an ihre normale Arbeitsstätte zurückkehren mögen. Einen solchen Befehl kennen wir aus dem Papyrus 904 im Britischen Museum. Er stammt aus dem Jahre 104 n. Chr. und wurde von dem *praefectus Aegypti* (Statthalter von Ägypten) Vibius Maximus erlassen. Der Brief zeigt, daß sich damals zahlreiche Bauern in Alexandria befanden, die zur Steuererfassung an ihren «heimischen Herd» und auf ihren Hof zurückkehren mögen, auf dem sie dienstverpflichtet waren.

Kannte Lukas diese Regelung, so hat er sie mißverstanden oder für seinen Zweck umgedeutet, denn er machte aus dem Arbeitsplatz des Steuerpflichtigen den Geburtsort von dessen Urahnen. Nicht Joseph ist ja in Bethlehem geboren, sondern tausend Jahre zuvor David. Schließlich verträgt sich die Schatzung durch Quirinius nicht mit dem Regiment von Herodes dem Großen (Lk. 1, 5), der den Kindermord angeordnet haben soll. Zu dessen Lebzeiten konnten die Römer in seinem Reich keine Steuerschatzung durchführen, und nach seinem Tod war Joseph als Bürger von Nazareth in Galiläa ein Untertan von dessen Sohn Herodes Antipas und damit dem Kaiser gar nicht steuerpflichtig. Der in historischen Angaben vielfach zuverlässige Evangelist Johannes (7, 41 f) kannte die Abstammung von David und die Bethlehemgeburt ebensowenig wie die Wanderung, für ihn stammt Jesus aus Nazareth.

In der christlichen Überlieferung hat sich die historische Tradition gegen die theologische Umformung nicht behaupten können. Das zeigen bereits die Kirchenväter. Justinus Martyr (Apologia I 34) und Tertullian (Gegen die Juden 9) erklären gar, die Geburt Jesu in Bethlehem sei in den staatlichen römischen Zensuslisten nachzulesen. Der um 420 n. Chr. schreibende Kirchenvater Orosius (VI 22, 8) verleiht Jesus demgemäß nach göttlichem Ratschluß postum das römische Bürgerrecht. All das ist bare Phantasie. So auch die Geburt Jesu im Stall zu Bethlehem. Das Bauernhaus im antiken Palästina hatte nur einen einzigen Raum für Menschen und Tiere. Später schätzte man den Kontrast zwischen dem großen Ereignis und den ärmlichen Umständen. Die Anbetung der Magier und das Sternprodigium gehören zu den politischen Zügen des Messiasglaubens.

## *Geburtslegenden*

Der mit den Magiern zusammenhängende Kindermord des Herodes bei Matthäus (2, 16) ist ebenfalls einerseits Ergebnis, andrerseits Ursprung von Sagenbildung. Zu letzterem: Die Lemberger Stephanus-Vita aus dem 16. Jahrhundert überliefert die Zahl der damals ermordeten Kinder: vierzehntausend. Das Motiv für die Kindermordlegende ist, anders als der Dreikönigsstern und die Bethlehemgeburt, nicht rein biblischer Herkunft, obschon Matthäus den Eindruck erweckt. Aber der von ihm benannte Schriftverweis auf Rahels Klage um ihre Kinder führt ins Leere. Der Kindermord erfüllt, anders als der Evangelist will, keine biblische Prophezeiung, sondern entspricht dem allgemeinen Sagenmotiv von der wunderbaren Errettung des Heldenkindes, bezeugt in der Bibel für den im Nil ausgesetzten neugeborenen Moses, in der griechisch-römischen Überlieferung für Herakles und Ödipus, für Kyros und Romulus. Sie alle erweisen durch die Überwindung einer tödlichen Gefahr im Kindesalter, daß sie zu Höherem bestimmt waren. Auch in den mittelalterlichen Legenden um Pilatus und Judas begegnet uns das Motiv, zuletzt im Grimm'schen Märchen vom «Teufel mit den drei goldenen Haaren».

Gemäß dem arabischen Kindheitsevangelium der Apokryphen ist Jesus einer weiteren Gefahr entronnen, als während der Flucht nach Ägypten zwei Räuber der heiligen Familie auflauerten. Gerettet wurde sie durch die Nachsicht eines der beiden – das waren die Schächer, die später mit Jesus gekreuzigt wurden. Der gute, der damals Schonung empfohlen hatte, kommt ins Paradies.

Eine kuriose Parallele stammt aus der Augustus-Biographie Suetons (Augustus 94, 3). Danach kursierte im Jahr der Geburt des späteren Kaisers in Rom die Weissagung, dem römischen Staat werde ein König geboren. Darauf habe der Senat beschlossen, ganz wie Herodes, alle neugeborenen Knaben in diesem Jahre, 63 v. Chr., zu töten. Dies sei bloß darum nicht ausgeführt worden, weil jeder Vater hoffte, ausgerechnet sein Sohn wäre der erwählte künftige König. Sueton beruft sich auf einen griechischen Freigelassenen des Augustus, so daß diese Kindermordlegende sicher älter ist als die des Matthäus.

Religionsgeschichtlich erklärbare Legenden sind sodann die Abstammung Jesu von David und die Jungfrauengeburt Marias. Beides wird schon von Paulus angenommen (Römer 1, 3; Galater 4, 4). Unstreitig ist Jesus der erstgeborene Sohn Marias. Im Johannes-Evangelium (1, 45) wird als sein Vater Joseph bezeichnet, und die Erinnerung daran liegt auch bei Matthäus (1, 1 ff) und Lukas (3, 23 ff) zugrunde, wo die Abstammung Jesu von David über Joseph läuft. Joseph soll aus dem Hause Davids stammen (Lk. 1, 27; 7, 4). Die beiden Genealogien stimmen indessen nicht überein, so daß hier der Verdacht auf eine Fiktion unausweichlich ist: Die Herkunft von David, die auch anderen heiligen Männern der Zeit wie Hillel und Gamaliel zugeschrieben wurde, ist eine vorpaulinische Zutat der Gemeindetradition (Röm. 1, 3), um den Messias-Charakter Jesu zu beglaubigen. Denn der Heiland wurde aus dem Hause Davids erwartet. Das bezeugt der Evangelist Johannes (7, 42), der selbst Jesus nicht als Nachkommen Davids betrachtet. Außerhalb der für sich stehenden Geburtsgeschichte sprechen sowohl Matthäus (13,

55) als auch Lukas (2, 27) ohne Vorbehalt von den Eltern Jesu. Joseph wird von Johannes (1, 45; 6, 42) wie von Lukas (3, 23; 4, 22) als Vater Jesu genannt, nach Matthäus (13, 55) war er Zimmermann oder Baumeister (*tektôn*). Der letzte, nur im Codex Syro-Sinaiticus erhaltene Satz der Matthäusgenealogie lautet, ganz konsequent: «Joseph, dem Maria als Jungfrau angetraut war, zeugte Jesus.»

Die Vaterschaft Josephs wurde demnach später zugunsten der Jungfrauengeburt gestrichen. Als damit die Herkunft aus dem Hause David von der Vaterseite entfiel, hat man sie über die Mutterseite hergestellt und ebenfalls Maria von David abgeleitet, so im 2. Jahrhundert Justinus Martyr und das apokryphe Jakobus-Evangelium. Dort heißt es, Jesus sei in einer Höhle geboren, so daß Constantin später seine Geburtskirche in Bethlehem über einer Grotte errichtet hat. Heilige Höhlen gibt es im Nahen Osten zahlreich, auch in der christlichen Sakral-Topographie. Ochs und Esel erscheinen zuerst bei Pseudo-Matthäus (§ 14), gemäß einem Wort Jesajas (1, 3): «Ein Ochse kennt seinen Herrn und ein Esel die Krippe.»

Die Lehre von Marias Virginität ist unjüdisch und dem Messiasbild der Propheten fremd. Sie läßt sich aus jüdischen Vorstellungen nicht herleiten; die schon von Matthäus (1, 23) dafür herangezogene Stelle aus Jesaja (7, 14) «Siehe eine Jungfrau ist schwanger und wird einen Sohn gebären, den wird sie heißen Immanuel» paßt darum kaum, weil Jesus eben nicht Immanuel hieß und weil statt «Jungfrau» ebenso «junge Frau» übersetzt werden kann. Für *virgo* oder *parthenos* im physiologischen Sinne hat das Hebräische kein Wort. Aus einer zweiten Nennung Immanuels bei Jesaja (8, 8) ergibt sich, daß es sich bei ihm um den Sohn des Königs Ahas handelt. Ahas hatte dem Moloch seinen Thronerben geopfert (2. Könige 16, 3), darauf prophezeite ihm Jesaja einen neuen.

Die Überlieferung von der Jungfrauengeburt bot christenfeindlichen Juden den Anlaß, Maria Ehebruch anzulasten. Der Vater Jesu soll ein römischer Soldat namens Panthera gewesen sein. Diese von Kelsos (Origenes, Gegen Kelsos I 28) unter Marc Aurel berichtete Geschichte hat einige Spekulation über den Namen ausgelöst. Die einfachste Erklärung ist ein bösartiges Mißverständnis, indem aus *hyios Parthenou* (Sohn der Jungfrau) *hyios Pantheras* (Sohn des Panthera) gemacht wurde. Im gleichen Zusammenhang hören wir, daß Jesus sich als Tagelöhner nach Ägypten verdingt habe, dort die Zauberei erlernt und sich nach seiner Rückkehr öffentlich zum Gott erklärt habe. Die allerjüngste Abstammungslegende erklärte, daß Jesus Galiläer, aber kein Jude gewesen sei, so Karl August Eckhardt 1942 im Anschluß an Houston Stewart Chamberlain 1899.

Die Empfängnis Marias durch den Heiligen Geist als Erscheinungsform Gottes entspricht einer im griechischen Altertum verbreiteten Vorstellung, daß hervorragende Männer eine menschliche Mutter und einen himmlischen Vater haben. Göttersöhne waren nicht selten. Wir kennen das von zeusentsprossenen Heroen wie Herakles und den Dioskuren, von historischen Personen wie Pythagoras (Jamblich, Vita 5), von Dionys, dem Tyrannen in Syrakus (Plutarch, Moralia 338 B), und von Platon (Diogenes Laertios III 2), alle drei waren angeblich Söhne Apolls; weiterhin lesen wir solches von Alexander als Sohn von Zeus Ammon und Olympias (Plutarch, Alexandros 27), von Augustus wiederum als Sohn von Apollon, bezeugt durch einen bei Sueton (Augustus 94, 4) genannten griechischen Autor. Keine der Mütter allerdings empfing den göttlichen Samen so wie Maria – spirituell – durch die Ohren.

## *Geburtsjahr und Geburtstag*

Jahr und Tag der Geburt Jesu sind unbekannt und umstritten. Die dafür aussagefähigen Quellenangaben widersprechen einander und hängen so eng mit der heilsgeschichtlich überformten Legende zusammen, daß sie kaum zu verwerten sind. Die Sage vom Kindermord verlegt Matthäus in die Zeit des Herodes, weil dieser für seine Grausamkeit bekannt war. Hatte er doch eigene Söhne umgebracht! Herodes starb 4 v. Chr. Auf die Quirinius-Schätzung nahm Lukas Bezug, weil er einen Grund für die Wanderung von Nazareth nach Bethlehem benötigte. Die Zählung, ausdrücklich als die erste bezeichnet, fand nach Josephus (Antiquitates XVIII 2, 1) im 37. Jahr nach der Schlacht bei Actium statt, das heißt 6/7 n. Chr. Beide Angaben zum Geburtsdatum sind daher unvereinbar, sie dienen der Motivierung von Legenden.

Es bleibt als einzig vielleicht verwertbares Zeugnis für das Geburtsdatum Jesu die Nachricht bei Lukas (3, 1), daß Jesus im fünfzehnten Jahr des Tiberius von Johannes getauft wurde und damals «etwa dreißig Jahre alt» war (3, 23). Das fünfzehnte Jahr des Tiberius ist nicht ganz genau zu bestimmen. In Betracht kommt der Zeitraum vom 1. Oktober 27 bis zum 18. August 29.

Ungewiß bleibt leider die ohnehin unscharfe Altersangabe von 30 Jahren. Sie unterliegt dem Verdacht einer kerygmatischen Idealisierung, weil David dreißig Jahre alt war, als er König wurde (2. Samuel 5, 4). Angesichts der Beflissenheit, mit der die Evangelisten solche prophetischen Parallelen hervorheben, fällt es aber auf, daß Lukas hier gerade nicht auf diese Entsprechung hinweist, so daß die Angabe als historisch verläßlich betrachtet werden darf. Mithin kommen wir mit der Chronologie des Lukas auf ein Geburtsjahr Jesu 2 oder 1 vor der Zeitenwende. Als Eusebius um 300 n. Chr. die Geburt Jesu unter dem 43. Jahre des Augustus, gerechnet von der Ermordung Caesars 44 v. Chr. als Herrschaftsbeginn, in seine Weltchronik eintrug, hat er die bei Hippolytus von Rom (Danielkommentar IV 9) und anderen Kirchenvätern faßbare Tradition zugrunde gelegt. Sie basiert auf dieser Lukas-Stelle und setzt nach christlicher Ära die Geburt ins Jahr 1 v. Chr. Gegen die heute herrschende Meinung, die sich unbegründet an der Herodeslegende orientiert, ist an dem überlieferten Geburtsdatum festzuhalten.

Die Zeitrechnung *ab incarnatione Domini, anno Domini* oder *post Christum natum* war zur Zeit Eusebs noch nicht in Gebrauch. Sie geht zurück auf den «skythischen» Mönch Dionysius Exiguus, der in der ersten Hälfte des 6. Jahrhunderts in Rom lebte. Er schrieb die 437 n. Chr. auslaufende, durch Kyrillos von Alexandrien aufgestellte Ostertabelle fort, zählte die Jahre jedoch nicht mehr wie jener nach dem Regierungsantritt des Christenverfolgers Diocletian, nach der *Aera Martyrum,* sondern nach Christi Geburt. Das in der Eusebius-Chronik verzeichnete Geburtsjahr ließ sich über die Regierungsjahre des Augustus in die Stadtära umrechnen und mit dem Jahre 753 nach der Gründung Roms gleichsetzen. Als sich Dionysius im Jahre 1284 *ab urbe condita* befand, ergab eine bloße Subtraktion dafür das Jahr 531 n. Chr. Die damals zum ersten Male angewandte christliche Zeitrechnung hat sich nur sehr langsam durchgesetzt. Zu ihrer Verbreitung trugen die Ostertafeln des 735 gestorbenen englischen Gelehrten Beda Venerabilis bei; die Karolinger benutzten sie seit dem 9. Jahrhundert, die Päpste seit dem 10. Jahrhundert. In Rußland führte sie Peter der Große 1700 ein, die Griechen benutzten sie seit König Otto von Wittelsbach. Bis dahin galt dort die byzantinische Weltära nach dem ersten Schöpfungstag, dem 1. September 5508 v. Chr.

Die rückwärts laufende Zählung nach Jahren vor Christi Geburt ist 1627 durch das «Opus de doctrina temporum» des Dionysius Petavius eingeführt worden, hat sich aber erst im 18. Jahrhundert langsam eingebürgert. Noch Theodor Mommsen datierte in seiner «Römischen Geschichte» nach der Gründung der Stadt. Petavius hat leider versäumt, ein Jahr Null vorzusehen, in dem Jesus geboren ist. Das Jahr eins *nach* folgt unmittelbar dem Jahr eins *vor* Christus, so daß dieser zwar kein Geburtsjahr, dafür aber zwei Geburtstage hat: den 31. Dezember 1 v. Chr. 24.00 Uhr und den 1. Januar 1 n. Chr. 0.00 Uhr.

Ein Geburtsfest für Jesus begegnet erst spät in der kirchlichen Liturgie. Die Sitte, Geburtstag zu feiern, erschien lange als heidnisch, weil sie nach römischer Anschauung dem Genius des Geborenen galt. Christen gedachten des Todestages, des Eintritts in die Gemeinschaft mit Gott als dem wahren Geburtstag. Weihnachten geht zurück auf ein heidnisches Fest. Noch unter Constantius II, dem Sohne Constantins, im Jahre 354 verzeichnet der römische Kalender des Filocalus zum 25. Dezember den «Geburtstag des unbesiegten Sonnengottes», das heißt die Wintersonnwende des Mithraskultes, zugleich aber aus einer römischen Bischofsliste von 336 die Geburt Jesu: «Am achten Tag vor den Kalenden des Januar wurde Christus zu Bethlehem in Judäa geboren.»

Die Gleichsetzung von Christus mit Sol, gegen die schon Tertullian (Apologeticum 16) polemisiert hat, fiel Constantin nicht schwer. Bevor er sich dem Christentum zuwandte, huldigte er, wie sein Vater, dem Sonnenkult. Sonnensymbole zieren seine Münzen und Reliefs, den Sonntag (*dies Solis*) erhob er am 3. Juli 321 zum Feiertag. Das im Codex Theodosianus (II 8, 1) erhaltene Gesetz zeigt keinen Bezug auf das Christentum. Doch könnte es mitgedacht gewesen sein, da sonntags Gottesdienst stattfand. Weihnachten wurde anscheinend zuerst am Hof gefeiert. Dafür spricht, daß Constantin am 25. Dezember 333 seinen jüngste Sohn Constans zum Caesar erhob. Das war schwerlich ein Zufall. Im späteren 4. Jahrhundert übernahm die Kirche das Fest. Staatsfeiertag wurde Weihnachten 506 bei den Westgoten, 534 im byzantinischen Reich.

## *Die Lehre Jesu*

Zur Sternstunde wurde die Geburt Jesu durch die Frohe Botschaft und deren Verbreitung. Die drei Grundbegriffe Glaube, Hoffnung und Liebe hat Paulus (1. Korinther 13, 13) herausgestellt: Glaube an Christus, den Gesalbten, das heißt den Messias, Liebe zum Nächsten und Hoffnung auf das Reich Gottes. Der Erkennungsgruß der Christen lautete *Maranatha* – «unser Herr komme» (1. Kor. 22). Die Kerngedanken stehen in der Bergpredigt, jener von Matthäus (5–7) zusammengestellten Sammlung von Gleichnissen und Geboten. Jesus fordert auf, Buße zu tun und gute Werke zu verrichten: Nächstenliebe, ja Feindesliebe zu üben, zu schenken und zu helfen, nicht zu richten, sondern immer wieder zu verzeihen. Wer hat je das, was guter Wille ist, so glasklar ausgedrückt? Jesus warnt vor Gedankensünden, namentlich vor dem «Mammon», der Besitzgier, und preist ein Leben in Armut und Gottvertrauen. Er selbst verkehrte mit Armen und Ehrlosen, lebte ehelos, gestattete aber die Ehe, nicht jedoch die Scheidung oder die Heirat einer Geschiedenen.

Als Schüler von Johannes dem Täufer verkündete Jesus das nahe Weltende: Der alte Aion wird abgelöst durch einen neuen, bezeichnet als das unmittelbar bevorstehende Himmelreich oder die Königsherrschaft Gottes. «Wahrlich, ich sage euch: Es stehen etliche hier, die werden den Tod nicht schmecken, bis daß sie sehen das Reich Gottes kommen mit Kraft» (Mk. 9, 1). Zuvor aber erscheint der Jüngste Tag mit dem Gericht über alle Völker. Im Rückgriff auf die Vision Daniels nennt Jesus sich selbst den «Menschensohn» und den Weltenrichter. Er unterscheidet einen breiten Weg zur Verdammnis im höllischen Feuer für die Sünder und einen schmalen Pfad für die Gerechten, denen als Lohn im Himmel versprochen wird, Gott zu schauen (Mt. 7, 13f).

Die Stellung Jesu zum Judentum ist nicht eindeutig. Er sagte, er sei nicht gekommen, das Gesetz aufzulösen, sondern zu erfüllen; bis daß der Himmel und Erde vergingen, verschwände nicht ein Tüttelchen vom Gesetz (Mt. 5, 17f). Damit wandte er sich an Hörer, die das Gegenteil meinten – und hatten die ganz Unrecht? Denn zugleich vernehmen wir aus seinem Munde, Moses und die Propheten seien durch Johannes den Täufer und die Frohe Botschaft vom Reich Gottes abgelöst worden (Lk. 16, 16). Jesus verletzte die mosaischen Gesetze, wenn auch aus dem Geiste, der ihnen zugrunde lag. Die jüdischen Tabuvorschriften, namentlich die Sabbatruhe, stellte er hinter das Gebot der Menschenliebe zurück. Der Sabbat sei um des Menschen willen, nicht der Mensch um des Sabbats willen geschaffen (Mk. 2, 27). Jesus fordert Gottesliebe und Nächstenliebe – «Es ist kein ander Gebot größer als diese» (Mk. 12, 30f). Das Verhältnis Jesu zum mosaischen Gesetz ist von Paulus (2. Kor. 3, 6) auf den Begriff gebracht worden: «Der Buchstabe (*gramma*) tötet, aber der Geist (*pneuma*) macht lebendig.»

Daraus erklärt sich auch der Angriff Jesu auf die gesetzesstolzen Pharisäer, deren Hochmut, deren Heuchelei, deren starren Formalismus er gnadenlos anprangert. Verbunden damit ist eine Ablehnung der Reichen und des Reichtums. «Es ist leichter, daß ein Kamel durch ein Nadelöhr gehe, als daß ein Reicher in das Reich Gottes komme» (Mk. 10, 25), und darin befindet sich Jesus im Einklang mit der gesamten Weltliteratur, die von der moralischen Überlegenheit der Armen und der Armut überzeugt ist – vermutlich, weil sie von Minderbemittelten geschrieben wurde. Jesus wandte sich mit seiner Predigt vorab an die «Mühseligen und Beladenen», an die Zöllner und Sünder. Im Neuen Aion werden die

Ersten die Letzten und die Letzten die Ersten sein (Mk. 10, 31). So hatten schon die Propheten geredet (Jes. 5, 14).

Für die Mission sorgten die Schüler Jesu, die als Jünger oder Apostel (Gesandte) bezeichnet werden. Diesen Männern, so heißt es, verlieh Jesus die Gabe, unsaubere Geister auszutreiben, Kranke zu heilen und Tote aufzuwecken (Mt. 10, 8). Dafür mußten sie alle entgegenstehenden Bindungen lösen: «So jemand zu mir kommt und hasset nicht seinen Vater, seine Mutter, sein Weib, seine Kinder, Brüder und Schwestern, auch dazu sein eigenes Leben, der kann mein Jünger nicht sein» (Lk. 14, 26). Gleichwohl reisten die Apostel mit ihren Ehefrauen (1. Kor. 9, 5). Sie wurden ausgesandt, sollten taufen und das nahe Reich Gottes verkünden. Daher heißen sie auch «Apostel» von griechisch *apostellō* – «aussenden». Der Apostel-Begriff wurde von Lukas auf die zwölf Jünger eingeengt, nachdem er von einer unbestimmten Zahl auf Paulus und Barnabas ausgedehnt worden war. Als Entschädigung für den Verzicht auf irdische Güter verhieß Jesus seinen Jüngern zwölf Throne beim Weltgericht und das Privileg, mit ihm zu tafeln (Lk. 22, 29f). Geschlechtlichkeit ist im Paradies nicht vorgesehen (Mt. 22, 30).

Für die Verbreitung des Christenglaubens entscheidend war die Zuwendung der Frauen. Namen aus späterer Zeit wie Lydia, Helena und Monica stehen für viele weniger bekannte Persönlichkeiten. Paulus (1. Kor. 11, 5) bezeugt und gestattet den Frauen das öffentliche Beten und Weissagen. Entgegenstehend und daher wohl nachpaulinisch ist das Predigtverbot (1. Kor. 14, 34): der Interpolator hätte den Frauen nicht Schweigen im Gottesdienst geboten, wenn sie nicht geredet hätten. Insofern kann sich heute die Zulassung von Frauen zur Predigt auf eine vorpaulinische Gemeindetradition berufen. Schon in der Umgebung Jesu finden wir Jüngerinnen: die von sieben Dämonen befreite Maria Magdalena (Lk. 8, 2), Maria und Martha von Bethanien und die «vielen Frauen aus Galiläa», die Jesus nachfolgten und ihm dienten (Mt. 27, 55). Den – höchst bescheidenen – Unterhalt boten ihm Zuwendungen reicher Damen (Lk. 8, 3; 24, 10). Der Frau des Zebedäus schlug er jedoch die Bitte ab, ihren Söhnen die Plätze rechts und links zu seinem Thron im Himmelreich einzuräumen. Der Wunsch stiftete Unmut unter den Jüngern (Mt. 20, 20ff). Dies zeigt, wie konkret man sich das «Himmelreich» vorstellte.

## Botschaft an alle?

Ist das Christentum eine Religion unter Religionen oder birgt es eine Botschaft an alle Menschen? Das Dilemma spiegelt sich in der Erzählung vom kanaanäischen Weib. «Ich bin nur gesandt zu den verlorenen Schafen des Hauses Israel», antwortet ihr Jesus, hilft ihr dann aber dennoch (Mt. 15, 24). Wie das Messiasbewußtsein so scheint auch die Verantwortung für die Menschheit als ganze im Verlaufe der Lehrtätigkeit bei Jesus gewachsen zu sein. Zwar sagt bei Matthäus (10, 5f) Jesus zu seinen Jüngern: «Gehet nicht auf der Heiden Straße und ziehet nicht in der Samaritaner Städte, sondern gehet hin zu den verlorenen Schafen aus dem Hause Israel!» Wie aber hätten die Jünger auf diesen Gedanken einer außerjüdischen Mission kommen sollen? Nur wenn eine solche zu erwarten oder bereits im Gang war, ergibt das Verbot einen Sinn. Es ist vermutlich ein judenchristlicher Zusatz.

Wenngleich Jesus selbst seinen Bußruf nur auf Aramäisch erhob, so richtete er sich doch an Juden wie Nichtjuden. Das zeigt sein Umgang mit Kriegsleuten wie dem Hauptmann von Kapernaum (Mt. 8, 5), mit Samaritanern (Joh. 4, 9), von denen viele an ihn glaubten (4, 39), und mit den verachteten, verlästerten – dennoch wohl überwiegend jüdischen – «Zöllnern», die für Rom die Steuern eintrieben. Wer sich mit solchen Leuten an einen Tisch setzte, der verleugnete die Speisegesetze der Thora und zog sich den Unwillen der strenggläubigen Juden zu, wie Matthäus (11, 19) bezeugt. Seinen Jüngern verheißt er nach Markus (13, 9ff), daß sie vor Fürsten und Königen verklagt würden, wenn das Evangelium «allen Völkern» verkündigt werde.

Der Missionsbefehl, alle Menschen zu taufen (Mt. 28, 19), mag der Form nach jung sein, gründet sich aber dem Inhalt nach auf echtes Lehrgut. Mit der Hinwendung an alle Menschen ging Jesus über die jüdische Lehre seiner Zeit hinaus. Dennoch trat er seinem Selbstverständnis gemäß nicht in Widerspruch zu ihr. Hatten die Propheten doch verheißen, daß vor dem Jüngsten Tage alle Völker den Herrn anbeten würden: «Zu jener Zeit wird man Jerusalem nennen ‹Des Herrn Thron›, und es werden sich dahin sammeln alle Heiden um des Namens des Herrn willen zu Jerusalem, und sie werden nicht mehr wandeln nach ihrem verstockten und bösen Herzen», so Jeremia (3, 17). Die Frommen in aller Welt strömen nach Zion, um Jahwe zu ehren, so Jesaja (2, 2ff). Alle Menschen werden in Jerusalem gemeinsam das Laubhüttenfest begehen, so Sacharja (14, 16ff).

Die dereinst nach Jerusalem ziehenden Könige sind uns bei der

Anbetung durch die Magier begegnet. Bei Lukas (13, 29) kündet Jesus: «Und es werden kommen vom Osten und vom Westen, vom Norden und vom Süden, die zu Tische liegen werden im Reiche Gottes.» Indem Jesus aller Welt die Nähe des Gerichts verheißt, verkündet er auch aller Welt die Gnade Gottes und erfüllt damit die Worte der Propheten. «Und es wird gepredigt werden dies Evangelium vom Reich in der ganzen Welt zum Zeugnis für alle Völker, und dann wird das Ende kommen» (Mt. 24, 14).

Das Erlösungsangebot wird sohin auch Nichtjuden zuteil: «Und die Heidenvölker wandeln im Lichte des Lamms», so lesen wir in der Johannes-Apokalypse (21, 24). Die Gesamtzahl der Erlösbaren wird mit 144000 angegeben. Am Ende steht die Wiederherstellung der heilen Welt vor dem Sündenfall, der *apokatastasis pantōn,* wie es in der Apostelgeschichte (3, 21) heißt, der *restitutio omnium.* So erfüllt sich das Wort des Jesaja: «Es wird ein Reis hervorgehen aus dem Stamm Isais und ein Zweig aus seiner Wurzel Frucht bringen. Auf ihm wird ruhen der Geist des Herrn... Da werden die Wölfe bei den Lämmern wohnen und die Panther bei den Böcken lagern» (11, 1ff).

Jesus lehrte die Nähe des Weltendes und verband damit die Vorstellung vom Jüngsten Gericht. Danach droht den Sündern, denen es am guten Willen fehlt, das höllische Feuer, den Bußfertigen jedoch die Aufnahme in die Gemeinschaft Gottes. Als Richter betrachtet Jesus sich selbst, das ist seine Aufgabe, wenn er als der Messias am Ende der Zeit auf den Wolken des Himmels erscheinen wird. Diese Messiashoffnung war zur Zeit Jesu weit verbreitet. Im Westen sah man den Retter in Augustus, im Osten gab es zahlreiche Messiasanwärter, zumeist Räuberkönige oder Freiheitshelden im Kampf gegen Rom. Die Jünger erblickten in Jesus den Erneuerer des Davidreiches und geduldeten sich nach der Kreuzigung bis zur nahen Parusie, zur Rückkehr des Herrn. Die Deutung des Kreuztodes als Sühneopfer für die Sünden der Menschheit ist vorpaulinische Gemeindetradition.

*

Die Lehre Jesu hat im Laufe der Geschichte höchst unterschiedliche Auslegungen erfahren. Sie hat heftige Auseinandersetzungen ausgelöst, hatte Mord und Totschlag im Gefolge, aber auch Kunst und Kultur, die ihresgleich in der Weltgeschichte suchen. Als Kern der Frohen Botschaft, unberührt von Mißdeutung und Mißbrauch, von Illusion und Aberglaube hat sich die christliche Ethik herausgeschält, die ähnlich der stoischen Philanthropie die Humanität im

Umgang aller Menschen miteinander fordert und dies in Texten formuliert, die zum Großartigsten der Weltliteratur zählen. Der Mann, auf den die Bergpredigt zurückgeht, der die Gleichnisse vom Sämann, vom verlorenen Sohn, vom barmherzigen Samariter geprägt hat und das Gebot erhebt: Liebe deinen Nächsten wie dich selbst – sollte dessen Geburt keine Sternstunde gewesen sein?

## Literatur

J. Blinzler, Der Prozeß Jesu, 1969
A. Demandt, Hände in Unschuld. Pontius Pilatus in der Geschichte, 1999
Ders., Metaphern für Geschichte. Sprachbilder und Gleichnisse im historisch-politischen Denken, 1978
K. A. Eckhardt, Die Herkunft des Messias, In: Archiv für Kulturgeschichte 31, 1941/42, S. 257ff
K. Ferrari d'Occhieppo, Der Stern von Bethlehem aus der Sicht der Astronomie, 1991
A. Harnack, Die Mission und Ausbreitung des Christentums in den ersten drei Jahrhunderten, I/II 1924
E. Kautzsch (Hg.), Textbibel des Alten und Neuen Testaments, 1911
E. Norden, Die Geburt des Kindes, 1924
PG. – Patrologia Graeca, ed. Migne
A. Strobel, Weltenjahr, große Konjunktion und Messiasstern. Ein themageschichtlicher Überblick. In: Aufstieg und Niedergang der römischen Welt II, 20, 2, 1987, S. 990ff
Ders., Zurück zu den Anfängen, 1995
H. Usener, Das Weihnachtsfest, 1910
E. Renan, Das Leben Jesu, 1883/1902
A. Schweitzer, Geschichte der Leben-Jesu-Forschung, 1906/1933

*Dieser sieht*
*In ihm den Helden, dieser den Tyrannen.*
*Der eine flucht und droht, der andre stürzt*
*Zu seinen Füßen, küßt sie, betet an.*
Voltaire

# 5. Die Hedschra – Mohammed stiftet den Islam

*20. September 622*

«Ein Prophet gilt nichts in seinem Vaterlande.» Diese Erfahrung, die Jesus in seiner Heimatstadt Nazareth machen mußte (Mt. 13, 57), wiederholte sich an Mohammed. Er zählte im Jahre 622 der christlichen Zeitrechnung 53 Jahre, hatte 13 Jahre zuvor seine Berufung zum Gesandten Gottes erlebt und in seiner Heimat Mekka gegen den dortigen Götzenkult gepredigt, bis er vor seinen Stammesgenossen, den Koraischiten, fliehen mußte. Die Begebenheit hat der aus Medina stammende Ibn Ishak, der älteste Biograph des Propheten, festgehalten. Er starb 768 n. Chr. Sein nach mündlicher Überlieferung abgefaßter Text ist uns nur im Auszug bei Tabari und in einer erweiterten Fassung erhalten, die abermals zwei Generationen später, im Jahre 828 n. Chr. von Ibn Hischam aufgezeichnet wurde. Der auf Mohammed zurückgehende Koran ist im wesentlichen authentisch, seine Aussagen sind jedoch oft unklar.

Wie die Überlieferung zu Jesus, so ist auch die zu Mohammed legendär ausgestaltet worden. Wenn im folgenden einiges aus den frommen Sagen mitgeteilt wird, so soll dies die Vorstellungswelt der Muslime beleuchten. Ungeachtet der fabulierfrohen Hagiographie kennen wir das Leben Mohammeds wesentlich genauer als das der älteren orientalischen Religionsstifter. Deren Biographien sind derart von Legenden überwuchert, daß ein historischer Kern schwer zu fassen, eine Sternstunde kaum zu entdecken ist. Am ehesten gelänge dies für Buddha, dessen Erleuchtung während seines Fastens unter dem Feigenbaum das «Rad der Lehre in Bewegung gesetzt» hat und als epochales Ereignis überliefert ist, sich aber in der Zeit um 500 v. Chr. nicht datieren läßt. Unbestimmt ist ebenso die Chronologie Zarathustras und seiner sieben Visionen, die Ansätze schwanken zwischen dem 10. und dem 6. Jahrhundert

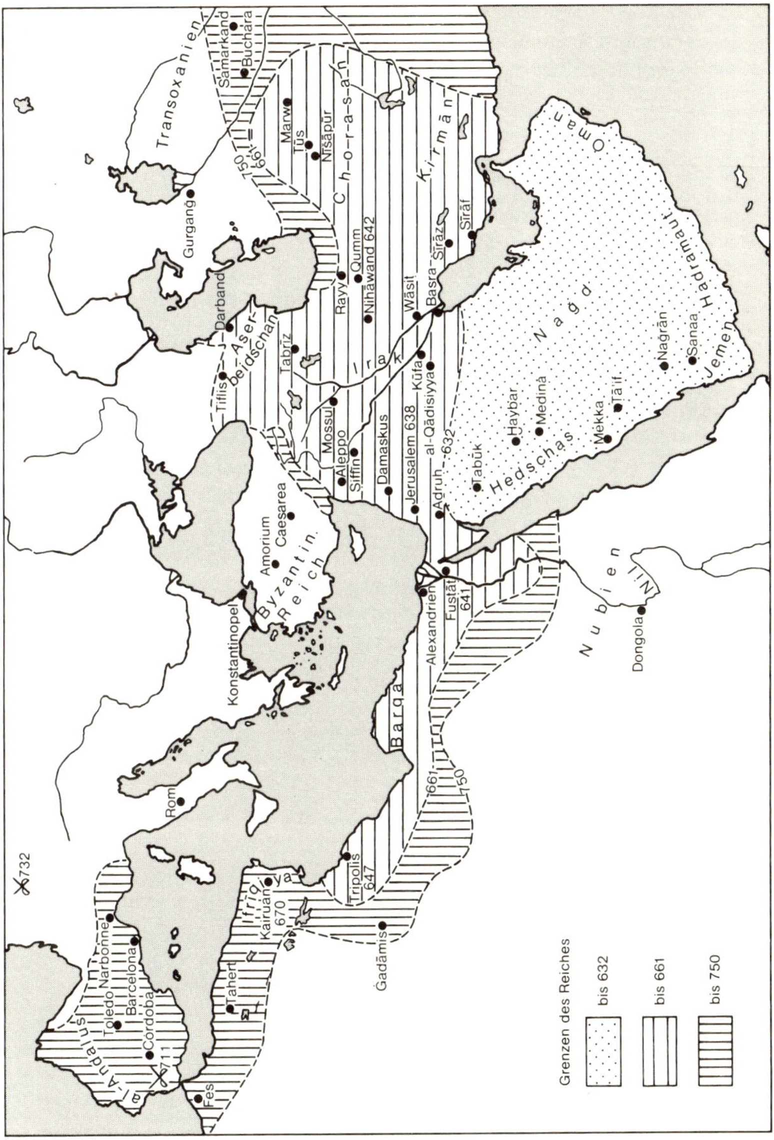


*Die moslemische Welt*

v. Chr. Für Laotse und Konfuzius, beide um 500, sind keine sternstundenhaften Episoden tradiert, die mit der Dramatik der Hedschra vergleichbar wären.

## *Die Flucht*

Drei Jahre vor der Hedschra waren kurz hintereinander Abu Talib, der mächtige Vatersbruder Mohammeds, und Chadidscha, Mohammeds Frau, gestorben. Beide gehörten zu den reichen und angesehenen Persönlichkeiten in Mekka. Damit verlor Mohammed Schutz und Rückhalt. Mohammed wurde angegriffen und verspottet – man warf ihm Sand auf den Kopf – so daß er sich nach einer anderen Bleibe umsah. Er ging in die gartenreiche Stadt Ta'if, 100 km südöstlich von Mekka entfernt. Dort predigte er, aber fand keinen Glauben. Er wurde mit Steinen beworfen, mußte fliehen. Während seines nächtlichen Gebetes in einem Garten indes lauschten, wie es im Koran (Q.) heißt, einige Dschinn, Geister, seinen Worten (Q. 72). Sie wurden gläubig und verbreiteten nun ihrerseits den Islam in der Geisterwelt.

Wenig später begegnete Mohammed auf einer Anhöhe namens Akaba sechs Männern aus Medina. Diese befanden sich auf dem Wege zum Pilgerfest nach Mekka, wo seit alters der Schwarze Stein, eingemauert in die Ka'aba, von den umwohnenden Arabern verehrt wurde. Ka'aba heißt «Würfel», denn es ist ein kubischer Bau von 15 m Höhe, der dem Gott Hubal geweiht war und von den Pilgern sieben Mal umrundet wurde, der Schwarze Stein wird geküßt.

Die Araber lebten damals als Gemeinschaft vorstaatlicher Stämme, jeweils regiert vom Ältestenrat und verbunden in einer Art Amphiktionie, wie wir das aus der alten Welt mehrfach kennen: Umwohner eines zentralen Heiligtums treffen sich hier zu einem Jahresfest, das primär der Verehrung der dortigen Gottheit gilt, sekundär aber auch säkularen Zwecken dient – dem Handel, der Politik und dem Vergnügen. Solche, von selbständigen Stämmen besuchte Heiligtümer, waren in Griechenland Delphi, Delos und Olympia, in Etrurien Volsinii, bei den Galliern der Carnutenwald, bei den Germanen der Nerthus-Hain usw.

Die sechs Männer, die Mohammed antraf, kamen aus der Stadt Jathrib, die man später «Medina», die Stadt des Propheten, nannte. Sie wurde von zwei – gewöhnlich verfeindeten – Araberstämmen bewohnt, den Chazradschiten, mit denen Mohammed entfernt verwandt war, und den Ausiten. Außerdem gab es dort eine größere arabisierte Judengemeinde, wie überhaupt an vielen Orten der arabischen Halbinsel seit dem 4. Jahrhundert n. Chr. Juden und zum Judentum übergetretene Araber lebten. Mohammed fragte die sechs Chazradschiten aus Medina, ob sie Freunde der Juden seien. Sie bejahten dies, aber das traf nicht ganz zu. Denn die Chazradschiten unterdrückten die Juden, die «Männer der Schrift und der Wissenschaft», die eine Zeitlang die Herrschaft innehatten. Es gab Auseinandersetzungen zwischen Arabern und Juden, und dabei stärkte diese ihre Hoffnung auf den Messias. Die Juden erklärten, die Zeit sei nahe, in denen ein Prophet aufstehen werde, dem die Juden folgen und mit dem sie ihre Gegner vernichten würden, so wie sie zuvor Ad und Iram vertilgt hätten (Q. 89, 6f).

Die Furcht vor einem Strafgericht Gottes begegnet uns in der Denkwelt von Mohammed immer wieder. Die biblischen Zeugnisse dafür waren die Rotte Korah, Sodom und Gomorrah, die Sintflut und der Turm zu Babel; anschauliche Beispiele boten die antiken Ruinen in Syrien und Saba, die jeder Reisende kannte. Man sah in ihnen Reste vergangener Herrlichkeit, die Gottes gerechter Zorn getroffen habe. In der Märchensammlung «Tausend und eine Nacht» gibt es die Geschichte von der Säulenstadt Iram, dem «irdischen Paradies», die Allah wegen ihres Übermuts durch einen Sturm «mit gewaltigem Getöse» vernichtet hatte (vgl. Q. 29, 37). Ein solches Geschick wollten die Chazradschiten von Medina vermeiden.

Als Mohammed nun zu den sechs Götzendienern predigte und sie aufforderte, an Allah, an Gott zu glauben, sagte einer zum anderen: «Seht, dies ist doch der erwartete Prophet, mit dem uns die Juden bedroht haben! Laßt uns ihnen zuvorkommen und ihn zu dem Unsrigen machen!» An dieser Stelle wird deutlich, wie die jüdische Messiasvorstellung von den Arabern übernommen und auf Mohammed übertragen wurde. Er selbst hat freilich die Idee einer Gottessohnschaft abgelehnt und sich nur als Prophet begriffen. Die sechs Pilger schenkten Mohammed Gehör und nahmen seine Lehre an. Unter seiner Führung hofften sie, einig und stark zu werden. Als sie nach Medina zurückkehrten, erzählten sie ihren Stammesgenossen von Mohammed und verkündeten den Islam, die Ergebung in Gottes Willen, so daß es dort schon eine Gemeinde gab, ehe Mohammed die Stadt betrat.

Im folgenden Jahr kamen wiederum Pilger aus Medina nach Mekka. Diesmal traf Mohammed zwölf Männer auf der Anhöhe Akaba. Sie huldigten Mohammed, wie es heißt, «nach der Weise der Weiber, ehe der Krieg vorgeschrieben war». Diese zunächst unverständliche Formulierung «nach der Weise der Weiber» besagt, daß Mohammed noch nicht als Führer im Krieg anerkannt war. Die

Männer huldigten ihm wie Frauen das tun, die ja nicht in den Krieg ziehen. Die zwölf verpflichteten sich, Gott keinen Genossen zu geben, das heißt ihn allein zu verehren, nicht zu stehlen, keine Unzucht zu treiben, ihre Kinder nicht zu töten, nichts Falsches zu erdichten und Mohammed in allen guten Dingen zu gehorchen. Dafür versprach dieser ihnen das Paradies nach dem Tode, andernfalls unterlägen sie dem Gericht Gottes. Als die Männer wieder nach Medina zurückreisen wollten, gab ihnen Mohammed einen Lesemeister mit, der ihnen vorbeten und sie unterweisen sollte, denn es herrschte zwischen Chazradschiten und Ausiten eine Rivalität um diese Position.

Im dritten Jahr gab es abermals auf der Anhöhe Akaba eine Zusammenkunft zwischen Mohammed und den Mekkapilgern aus Medina. Sie bestanden teilweise aus Muslimen, teilweise aus Ungläubigen: 73 Männer und zwei Frauen. Die Lage Mohammeds in Mekka war damals schon prekär, während sein Ansehen in Medina wuchs. Mohammeds anderer Vatersbruder Abbas, der Stammvater der späteren Abbassiden, fragte die Medinenser, ob sie bereit wären, Mohammed aufzunehmen und zu beschützen. Dieser predigte sodann und trug den Koran vor – so besagt unsere Quelle –, darauf schwuren die Medinenser, ihn vor allem zu bewahren, vor dem sie ihre Frauen und Kinder bewahrten. Sie huldigten ihm als Krieger und Gläubige, versprachen, ihn wie ihren eigenen Körper zu schützen und die Bande zu den Juden zu zerreißen. Die Männer hofften auf Sieg, und Mohammed erklärte, bei ihnen zu bleiben. Er antwortete: «Euer Blut ist mein Blut, was ihr vergießet, das vergieße auch ich, ihr gehört zu mir und ich gehöre zu euch, ich bekämpfe, wen ihr bekämpft, und schließe Frieden, mit wem ihr Frieden schließt.» Bevor die Medinenser heimzogen, wählten sie auf Mohammeds Geheiß zwölf Vorgesetzte, neun Chazradschiten und drei Ausiten.

Das zweite Akaba-Abkommen ist aus mehreren Gründen aufschlußreich. Zum ersten zeigt sich, wie Mohammeds Predigt die alten Sippenverbände auflöste und neue Gemeinschaft stiftete. Das verwirrte die Koraischiten in Mekka. Sie beratschlagten, was dieser Mohammed eigentlich sei: ein Weissager? ein Besessener? ein Dichter? oder ein Zauberer? Letzteres! Denn er «trennt den Mann von seinem Vater, von seinem Bruder, von seiner Gattin und und von seinem Geschlechte». All dies erinnert an die Predigt Jesu: «Wer Vater und Mutter mehr liebt als mich, der ist mein nicht wert; und wer Sohn oder Tochter mehr liebt als mich, der ist mein nicht wert» (Mt. 10, 37). Aus Brüdern und Schwestern nach dem Fleisch werden Brüder und Schwestern im Geist.

Das bedeutet zugleich einen Wandel der Schutzgemeinschaft. An die Stelle der Familie tritt die Gemeinde. Im Gegensatz zur «Weiberhuldigung» vom Vorjahr gewinnt der Bund mit Mohammed nun Trutzcharakter. Der Anschluß der waffenstolzen Chazradschiten an ihn bewirkte eine Wandlung in der Lehre des Propheten: Gott erlaubte ihm, Krieg zu führen. Zuvor, so schreibt Ibn Hischam, durfte Mohammed kein Blut vergießen. Er sollte Beleidigungen geduldig ertragen, den Unwissenden verzeihen und Gott anrufen. Nun aber war ihm verstattet, gegen seine Feinde Gewalt zu brauchen. Das waren in erster Linie seine Stammesgenossen in Mekka, die Koraischiten. Nach der Legende endete der Eid von Akaba damit, daß der Dschinn des Berges, der Genius Loci sozusagen, mit schriller Geisterstimme von der Höhe den «Leuten mit den Wasserschläuchen» in Mekka den Kampf ansagte.

Dort wuchs die Spannung. In Gruppen verließen die Anhänger Mohammeds die Stadt und wanderten nach Medina, während Mohammed vorab noch in Mekka aushielt, wo in den leerstehenden Häusern seiner Anhänger der Wind die Türflügel hin- und herwarf. Die Auswanderung erfüllte die Koraischiten mit Besorgnis. Sie fürchteten, daß in Medina eine ihnen feindliche Macht entstünde, und versammelten sich im Rathaus von Mekka, um über Mohammed zu beraten. An dieser Versammlung , so lesen wir bei Ibn Hischam, nahm in verkappter Gestalt Iblis teil, der Teufel. Verschiedene Vorschläge wurden gemacht: Man möge Mohammed fangen und fesseln, ihn aus Mekka verbannen und dadurch die Eintracht in der Stadt wieder herstellen – doch all dem widersetzte sich Iblis: Mohammed werde, so man ihn nicht töte, Anhänger gewinnen und die Koraischiten unterwerfen. Um dies zu verhindern, planten diese nun, ihn umzubringen. Aus jeder Familie sollte ein mutiger Jüngling erwählt, und Mohammed von diesen überfallen und getötet werden. Mohammeds Familie, die Haschimiten, könne sich nicht am gesamten Koraischitenstamm rächen und müsse mit einem Sühnegeld vorlieb nehmen. Diesen Plan hieß Iblis gut.

Bemerkenswert an dem letztgenannten Vorschlag ist, daß er uns erklärt, wieso sich Mohammed überhaupt so lange in Mekka halten konnte. Dies beruht auf der eigentümlichen Sozialstruktur der damaligen Araber, ihren festgefügten Sippen, die jeden einzelnen Angehörigen unter den Schutz des ganzen Verbandes stellten. Ihn genoß auch Mohammed, selbst von solchen Familienmitgliedern, die seine Botschaft verwarfen und ihn für einen religiösen Träumer hielten.

Im Anschluß an den Mordplan folgt die Geschichte der wunderbaren Rettung. Dem Propheten erschien der Engel Gabriel und befahl ihm, in der Mordnacht das Bett zu wechseln. Mohammed bat seinen Vetter und Schwiegersohn Ali, in seinem Bett zu schlafen, ihm würden die Verschwörer nichts anhaben. Um sie zu täuschen, solle Ali den grünen Schlafmantel des Propheten anziehen. Und dieser Trick gelang. So entkam er seinen Verfolgern, die verwirrt waren und erst wieder zu sich kamen, als der Prophet entschwunden war. Grün war fortan die Farbe des Propheten.

Bei dieser Gelegenheit legt unser Gewährsmann den Gegnern das Programm des Propheten in den Mund: «Mohammed glaubt, daß die Koraischiten, wenn sie ihm folgen, Herren der Araber und der Perser werden, daß sie nach dem Tode wieder auferstehen und in Paradiesgärten versetzt werden, wie die am Jordanfluß. Folgen sie ihm nicht, so wird er sie niedermetzeln, und nach ihrer Auferstehung erwartet sie das höllische Feuer.»

Nach diesem Anschlag erlaubte Gott Mohammed auszuwandern: Es folgt die Hedschra. Der Begriff wird meistens mit «Flucht» übersetzt, wie die Umstände das nahelegen, doch bedeutet er eigentlich soviel wie «Bruch, Trennung, Auswanderung». Gemeinsam mit Abu Bakr, dem reichen Vater seiner damaligen Lieblingsfrau Aïscha, plante Mohammed heimlich die Übersiedlung nach Medina. Nur seinem Schwiegersohn Ali hatte er davon erzählt, diesem jedoch aufgetragen, zunächst noch in Mekka zu bleiben, um für die Frauen zu sorgen und um Verwahrgüter zurückzugeben, die man Mohammed anvertraut hatte. Mohammed galt als besonders vertrauenswürdig, so daß viele Landsleute bei ihm ihre Wertsachen deponierten.

Seine eigenen Schätze, wir hören von 40000 Drachmen, packte Abu Bakr zusammen und verließ mit Mohammed sein Haus durch die Hintertür. Beide begaben sich zunächst in eine Höhle südlich der Stadt. Als ihr Verschwinden bekannt wurde, versprachen die Koraischiten demjenigen hundert Kamele, der die beiden zurückbringen würde. Sie aber hielten sich verborgen und wurden von Sklaven heimlich mit Nahrung und Nachrichten aus der Stadt versorgt.

Die Zeit in der Höhle gab Anlaß zu Legenden, deren bekannteste die mit der Spinne ist. Während die Flüchtlinge sich im Inneren verbargen, webte eine Spinne ihr Netz vor den Eingang. Die Verfolger sahen das Spinnen-Netz und schlossen daraus, daß niemand in der Höhle sein könne. Mohammed habe darauf die Spinne glücklich gepriesen, die sich dafür einen Platz im Paradiese verdient hatte.

Nach drei Tagen konnten Mohammed und Abu Bakr die Reise riskieren. Zwei Kamele für sie und ein drittes für einen noch ungläubigen, aber zuverlässigen Diener waren vorbereitet, auch für

Proviant war gesorgt. Die drei ritten nun auf einem Umweg zunächst an die Küste des Roten Meeres und von dort nordwärts in Richtung auf das etwa 300 km entfernte Medina. Dort hatte sich das Gerücht von den Reiseplänen des Propheten verbreitet. Seine Anhänger gingen nach dem Morgengebet auf das «steinige Feld», um ihn zu erwarten. Sie blieben dort, bis sie keinen Schatten mehr sahen, das heißt bis die Sonne mittags senkrecht stand, und kehrten dann heim, weil es zu heiß wurde. Das wiederholten sie mehrere Tage, auch am Tag seiner Ankunft. Zuerst erblickte ihn ein Jude und rief: «Oh ihr Söhne Kailas (gemeint sind Chazradschiten und Ausiten), euer Glück ist angekommen!» Sie gingen hinaus und fanden Mohammed und Abu Bakr unter einer Dattelpalme. Sie wußten zunächst nicht, wer von beiden Gleichaltrigen Mohammed war und erkannten ihn erst, als sie sahen, wie Abu Bakr ihm Schatten spendete.

Mohammed hatte einige Tage in der südlichen Gartenvorstadt von Medina verweilt und wählte zu seinem Einzug einen Freitag. Verschiedene Häuser boten dem Propheten ihre Gastfreundschaft an. Dieser aber wollte keinen Unfrieden stiften und überließ die Wahl seines Quartiers einem Gottesurteil, nämlich der Nase seines Reitkamels. Dieses ließ sich bei einem Chazradschiten nieder, der Mohammed aufnahm. Wenig später erschien auch Ali mit dem Rest der Familie.

Als Tag der Hedschra wird Mohammeds Ankunft in Medina am 8. Rabi Awwal, am 20. September 622 n. Chr. betrachtet. Nach der chronologischen Literatur war das ein Montag, während die erzählenden Quellen von einem Freitag sprechen. Letzteres könnte allerdings theologisch motiviert sein, weil Mohammed später den Freitag zum heiligen Tag der Moslems erklärt hat, nachdem die Juden den Sabbat am Samstag und die Christen den Sonntag besetzt hatten. Der Beginn jenes Jahres 622, der 1. Muharram, beziehungsweise der 16. Juli, der mit Sonnenuntergang des Tages zuvor begann, wurde im Jahre 638 vom zweiten Kalifen, von Omar, als Beginn der muslimischen Zeitrechnung gewählt. Sie trat damit an die Stelle der im ganzen Orient, auch bei den Arabern, verbreiteten Seleukiden-Ära, die mit 312 v. Chr. einsetzt und fälschlich mit Alexander dem Großen verbunden wurde.

Der islamische Kalender rechnet nach Mondjahren, dem elf Tage fehlen, so daß Schalttage eingeschoben werden mußten. Mohammed untersagte dies, weswegen beispielsweise der Fastenmonat Ramadan durch das Sonnenjahr und die Jahreszeiten wandert. Wer im Ramadan islamische Länder besucht, gewinnt einen unvergeßlichen Eindruck. Während ich mich als Reisestipendiat des Deutschen Archäologischen Instituts 1964/65 im Nahen Osten befand, fiel die Fastenzeit in den Winter, war somit, da sie von Sonnenauf- bis -untergang währt, vergleichsweise kurz. Vor Sonnenaufgang zogen Trommler durch Damaskus, um die Gläubigen zu wecken und ihnen noch ein Frühstück zu ermöglichen, bevor der Kanonenschuß ertönte und den Sonnenaufgang verkündete. Auch bei Sonnenuntergang gab es einen gewaltigen Knall, und alles stürzte sich an die üppig gedeckten Tische.

## *Mohammeds Jugend*

Mohammed hat vor der Hedschra dreizehn Jahre in Mekka gewirkt, mithin fällt seine Berufung ins Jahr 609. Gemäß der Angabe, daß er damals 40 Jahre zählte, wäre er 569 geboren. Alle Daten vor 622 sind freilich unsicher.

Der Name «Mohammed» bedeutet «der Gepriesene» und kommt schon in vorislamischer Zeit vor, so auf einer Inschrift in Palmyra, der Wüstenstadt, aus dem Jahre 113 n. Chr., aus der Zeit des Kaisers Trajan. Mohammed stammt aus dem in Mekka ansässigen Geschlecht der Haschimiten, die zum Stamm der Koraischiten gehörten. Die Haschimiten genossen kein besonders hohes Ansehen (Q. 43, 31), doch hat die Legende den Rang der Familie später aufgewertet und die Geburt mit Wunderzeichen ausgeschmückt, ähnlich wie das bei Alexander, Augustus, Jesus und anderen Großen der Alten Welt bezeugt ist. Früh verlor Mohammed seine Eltern, erzogen wurde er von seinem Vatersbruder Abu Talib. Mohammed hatte eine harte Jugend als Hirte und Kameltreiber, bis ihn die wohlhabende Kaufmannswitwe Chadidscha, in deren Dienst er stand, zum Manne nahm. Der Ehe-Antrag kam von ihr. Mohammed war damals 25, sie 40 Jahre alt. Solange sie lebte, war sie Mohammeds einzige Frau. Sie gebar ihm sechs Kinder.

Mohammed war als Gemahl der Chadidscha nun selbst ein Handelsmann und unternahm weite und gewinnbringende Geschäftsreisen. Schon als Zwölfjähriger hatte er mit Abu Talib eine Karawane nach Syrien begleitet und soll dort mit einem christlichen Mönch namens Bahira oder Sergius zusammengetroffen sein. Dieser habe auf Mohammeds Rücken einen Leberfleck entdeckt, der als «Siegel des Propheten» gedeutet wurde. Damit war Mohammed nicht nur als künftiger Prophet, sondern zugleich als letzter der Propheten bezeichnet, als derjenige, der die Reihe der Propheten besiegelt und abschließt (Q. 33, 40). Diese Folge beginnt nach Mohammeds eigener Auffassung aus späterer Zeit mit den rechtschaffenen Männern Adam, Noah und Lot und führt zu Abraham, arabisch Ibrahim, der durch Sarah und deren Sohn Isaak Stammvater der Juden, durch Hagar und deren Sohn Ismael Ahnherr der Araber war. Die Sprachverwandtschaft zwischen Juden und Arabern wird genealogisch, durch die gemeinsame Abstammung von Abraham erklärt. Unter den späteren «Gerechten» werden genannt Jakob, dessen Sohn Joseph, Moses, Aaron, David, Salomon, Elias, Hiob, Jonas (der Mann im Fisch), Johannes der Täufer und Jesus – alle erscheinen im Koran (Q. 6, 83 ff) als Vorläufer Mohammeds. Es ist denkbar, daß dieser seine erste Kenntnis der Bibel dem Besuch bei Bahira verdankt.

Aus den 15 Jahren zwischen der Heirat mit Chadidscha und der Berufung zum Propheten wissen wir wenig über Mohammed. Deutlich ist jedoch das intellektuelle Klima, in dem er lebte. Die Araber waren damals umgeben von Völkern höherer Religion, von den angesehenen und beneideten «Schriftbesitzern». Zu ihnen gehörten im unteren Mesopotamien die persischen Zoroastrier, im oberen Mesopotamien und in Syrien die Christen, überwiegend Nestorianer, in Palästina die Juden, in Ägypten und Äthiopien die koptischen Christen. Sie alle galten bei Mohammed nicht als Heiden. Wer die Einheit Gottes bekannte, an ein Weltgericht glaubte und recht handelte, der befand sich gewissermaßen auf dem halben Wege zur Wahrheit (Q. 2, 59 ff). Diese Menschen seien zu schonen, wenn sie Tribut bezahlen (Q. 9, 29 ff).

Die genannten Schriftbesitzer pflegten Umgang mit den Arabern, nicht nur durch den Handel mit Waren und Sklaven, sondern auch durch Händlerkolonien von Christen und Juden in den arabischen Städten selbst. Durch diese Berührung scheint bei den geistig regsameren Arabern ein Minderwertigkeitsgefühl darüber aufgekommen zu sein, daß es allenthalben Propheten und Offenbarungen gab, nur nicht bei ihnen. Ihre eigene Religion war ein urtümlicher Polytheismus. Man verehrte verschiedene Göttinnen und Götter durch Opfer, Weihgaben und Wallfahrten nach alter Sitte, doch verband sich bei vielen damit ein Ungenügen, das uns die beträchtlichen Missionserfolge der Christen und Juden unter den Arabern erklärt.

So wie Jesus nicht allein stand, sondern von einer ganzen Gruppe jüdischer Messiasanwärter umgeben war, so finden wir auch im Umkreis Mohammeds bei anderen arabischen Stämmen konkurrierende Propheten mit ähnlicher Lehre. Soweit sie älter sind als Mohammed, wurden sie später als Vorläufer und Wegbereiter gedeutet, ähnlich Johannes dem Täufer in christlicher Sicht. Die gleichzeitigen aber galten als falsche Propheten, namentlich Maslama alias Musailima von den Banu Hanifa. Dieser als «Erzlügner» abgestempelte Gottesmann predigte schon vor Mohammed den Monotheismus, das Weltgericht mit Auferstehung und Erlösung, forderte dreimal täglich Gebet und Einhaltung einer Fastenzeit.

Die allgemeine religiöse Gärung hatte auch Mohammed erfaßt und ließ ihm keine Ruhe. Er vernachlässigte seine Handelsgeschäfte, verteilte Almosen, gab sich der Askese und der Meditation hin. So wie Johannes und Jesus sich vor ihrem öffentlichen Auftreten in die Wüste zurückgezogen hatten, so gehen auch der Bekehrung Mohammeds Zeiten grübelnden Alleinseins voraus, die Chadidscha mit Verständnis ertrug. Vor allem bewegte Mohammed der von allen Hochreligionen seiner Umwelt geteilte Glaube an ein nahes Endgericht Gottes, das den Sündern mit den Schrecken ewiger Verdammnis drohte. Die Höllenqualen werden durch Feuer und Frost, Schlangen und Skorpione, durch Jauche und durch siedendes Wasser ausgemalt. In den später niedergeschriebenen Koranversen (Q. 78, 18) ist von Posaunenstößen die Rede, die den Jüngsten Tag ankündigen. Zuvor sollte, entsprechend dem wiederkehrenden Messias, der Mahdi, das heißt der Rechtgeleitete, auftreten und das Goldene Zeitalter herbeiführen, analog zum Tausendjährigen Reich der Johannes-Apokalypse. Dann erscheint nach späterer Auffassung der Antichrist Dadschal, der von Jesus getötet wird. Jesus nimmt den Islam an, heiratet, zeugt Kinder und tötet alle Schweine. Sie galten bei Arabern wie Juden als unrein. Die gültige persische Verfassung, 1979 von den Mullahs erlassen, hat im Paragraphen Fünf die Erwartung des Mahdi festgeschrieben. Wenn er komme, dann werde die Sonne im Westen aufgehen.

Mit seinen Endzeit-Vorstellungen fußt Mohammed vermutlich auf christlichen Quellen. Seine Gegner warfen ihm vor, seine Eingebungen habe er christlichen Sklaven abgelauscht, und das könnte zutreffen. Die zahlreichen Anspielungen auf biblisches Gedankengut im Koran weisen so viele Mißverständnisse und offenbar unbeabsichtigte Entstellungen auf, daß mit einer eigenen Lektüre der hebräischen oder gar der griechischen Bibel bei Mohammed nicht zu rechnen ist. Eine Übersetzung der Bibel oder auch nur der Evangelien ins Arabische aus vorislamischer Zeit ist nicht belegt.

Aus eigener Überzeugung indessen verwarf Mohammed gemeinsam mit den Juden die göttliche Natur Jesu, wie sie von allen christlichen Kirchen vertreten wurde. Jesus ist bei ihm der vorletzte Gesandte Gottes, vor den älteren Propheten ausgezeichnet durch seine Gabe, Wunder und Heilungen zu vollziehen, aber doch immer nur sterblicher Mensch. Beim Weltgericht jedoch kommt ihm die beschriebene Rolle zu. Die Kreuzigung Jesu wird den Juden als Schuld angerechnet (Q. 4, 155ff), obschon sie irrtümlich einen anderen, Jesus ähnlichen Menschen gekreuzigt hätten. Dies war eine gnostische Lehre. Jesus aber sei, so Mohammed, von Allah zu sich erhöht worden.

Mohammed wurde zum Propheten durch ein Berufungserlebnis, ähnlich wie es im Alten Testament für Jesaja (Jes. 6), Jeremia (Jer. 1, 4ff) und Hesekiel (Hes. 2) geschildert wird. Wir lesen, daß Mohammed, während er sich auf dem Berge Hira nördlich von Mekka kasteite, in einer Nacht im Ramadan – darum später Fastenzeit – eine himmlische Erscheinung hatte. Die älteste Fassung berichtet nur von einer namenlosen Stimme, diese wurde später mit Israfil, dem Gerichtsengel mit der Posaune, verbunden, doch spricht der Koran (Q. 2, 97f) dann vom Engel Gabriel. Ihn kennen wir aus dem Danielbuch (8, 16ff) der alttestamentlichen Propheten. Gabriel zeigt dort Daniel das Gesicht vom Widder und dem Ziegenbock und erläutert ihm das bevorstehende Ende der Welt in der Zeit des Zornes.

Der Engel trat auf Mohammed zu, entfaltete vor ihm ein beschriftetes Seidentuch und befahl ihm: Lies! Mohammed weigerte sich. Da packte ihn Gabriel und wiederholte seine Aufforderung. Abermals sagte Mohammed Nein. Erst beim dritten Mal gab er nach, und rezitierte die ersten fünf Verse der späteren 96. Sure des Korans:

> Verkünde im Namen deines Herrn, des Schöpfers,
> der den Menschen aus einem klebrigen Tropfen erschuf!
> Verkünde! Denn dein Herr ist edel und gütig,
> er lehrte mit Hilfe des Schreibrohrs
> die Menschen, was sie nicht wußten.

Über die Bedeutung dieses Textes ist viel gerätselt worden. Klar ist, daß hier bereits der Monotheismus vorausgesetzt ist; klar ist, daß Gott als Schöpfer des Menschen im fleischlichen wie im geistigen Sinne verstanden wird; klar ist, daß Gott die Menschen durch Schriften belehrt hat und daß Mohammed beauftragt wird, als Verkünder aufzutreten, ohne daß ausgeführt wäre, was er denn im einzelnen verkünden soll.

Diese Offenbarung könnte man gewiß ebenfalls als Sternstunde betrachten, zumal sie mit der babylonischen, auch in Arabien verbreiteten Vorstellung verknüpft ist, daß es in jedem Jahr einen Tag gibt, der das Geschick des folgenden Jahres festlegt. Dies wird nun ausgeweitet. Die Offenbarung soll in jener gesegneten Nacht erfolgt sein, da Engel und Geister herniedersteigen, in jener Nacht, die mehr wert ist als tausend Monate, als ein langes Menschenleben.

Nachdem der Engel von Mohammed gewichen war, erwachte er und erkannte, geschlafen zu haben. Er fürchtete, von einem Dämonen besessen gewesen zu sein, geriet in Verzweiflung und wollte sich von der Klippe zu Tode stürzen. Da vernahm er abermals, nun als Wachender, die Stimme vom Himmel «O Mohammed, du bist Gottes Bote, und ich bin Gabriel». Jetzt faßte sich Mohammed, begab sich zu seiner Frau und berichtete ihr alles. Chadidscha erkannte sofort die Bedeutung des Vorgangs, begrüßte ihn als Propheten seines Volkes und wurde nach islamischer Tradition seine erste Anhängerin. In der Folgezeit wartete Mohammed vergeblich auf neue Offenbarungen, die ihm mitteilten, was er zu verkünden habe. Nach einer qualvollen Zwischenzeit setzten diese Erleuchtungen dann in kurzer Folge ein.

Über die äußere Form dieser Verzückung gibt es so genaue Beschreibungen, daß es kaum zu bezweifeln ist, daß es sich, medizinisch betrachtet, um epileptische Anfälle handelt. Mohammed steht damit in einer Reihe mit anderen berühmten Epileptikern der Geschichte. Von Caesar berichtet es Sueton (C. 45), bei Paulus ist es wahrscheinlich: sein Sturz vom Pferd vor Damaskus war ja ebenfalls mit einer religiösen Vision verbunden. In jedem Falle ist es töricht, wegen einer beliebigen Krankheit an den geistigen Fähigkeiten des Betroffenen zu zweifeln. Behinderung und Begabung sind keineswegs unvereinbar. Epilepsie wurde als heilige Krankheit bezeichnet: von den Griechen als *hiera nosos,* von den Römern als *morbus sacer, morbus divinus* oder *morbus comitialis,* weil die Teilnahme eines Fallsüchtigen eine Volksversammlung ungültig machte.

Während dieser Schüttelkrämpfe empfing Mohammed den Koran. Er glaubte an ein bei Gott befindliches heiliges Mutter-Buch, aus welchem begnadeten Menschen einzelne Stücke offenbart werden. Der Gedanke an ein universales Schicksalsbuch führt zurück ins frühe Babylonien, wo es vom Schreibergott Nabu geführt wird. Auszüge aus diesem Urbuch vermittelte der Engel Gabriel dem Gesandten Allahs.

Der Koran enthält Anreden und Aufforderungen, als deren Sprecher Allah oder ein Engel oder der «Geist» zu denken ist, gewissermaßen der «Heilige Geist», der im Islam allerdings nicht als Person gedacht ist. Es handelt sich um Glaubens- und Sittenlehren, Gesetzesvorschriften und arabisches oder jüdisches Sagengut. Auch über Mohammeds Biographie findet sich manches, wenngleich in verschlüsselter Rede. Das Wort «Koran» bedeutet «Lesung» und bezeichnet im «Koran» eben diese Ausschnitte, die später «Suren» genannten 114 Kapitel des «Koran». Sie wurden von Mohammeds

Schülern aufgezeichnet oder auswendig gelernt und – anders als bei Jesus – gleich nach seinem Tode zusammengestellt.

Das Mutter-Buch war nach Mohammeds Überzeugung auch die Quelle der heiligen Texte der anderen «Schriftbesitzer», der Juden, Christen und Täufer (wenn die im Koran genannten Sabier mit den Mandäern gleichzusetzen sind), zu denen er sich zunächst keineswegs in grundsätzlichem Widerspruch fühlte. Mohammed wollte keinen neuen Glauben verkünden, sondern die reine Lehre Abrahams wiederherstellen. So trug er keinerlei Bedenken gegenüber der Verehrung der Ka'aba. Sie war für Mohammed kein Fetisch, sondern ein Wahrzeichen des alten Glaubens. Hatte doch hier Abraham mit Hagar den Ismael gezeugt, den Stammvater der Araber! Parallel dazu soll Abraham für Isaak, seinen Sohn mit Sarah, den Stammvater der Juden, den Tempelberg von Jerusalem geheiligt haben.

Mohammed lehrte den «Islam», das heißt Gottergebenheit, ausgehend von der Einheit Gottes, der Einheit der Menschheit und der Einheit der wahren Lehre. Letztere allerdings sei im Lauf der Zeit immer wieder verderbt worden, um dann von den jüdischen Gottesmännern, den Propheten, wiederhergestellt zu werden. Und als solchen sah sich Mohammed selbst. Die geistige Überlegenheit der jüdischen und christlichen Lehre wurde auch von anderen Arabern erkannt. Die religiöse Bewegung der sogenannten Hanifen – sofern sie nicht gelehrte Erdichtung sind – verband arabische Tradition mit asketischen Neigungen und einem biblischen Monotheismus. Mohammed verstand die Hanifen als die Bewahrer des reinen Glaubens der Urzeit, den er selbst nun wieder zur Geltung bringen wollte.

Erfolg hatte Mohammed, ähnlich wie Jesus, bei Frauen, bei Sklaven und Armen, die bei ihm Trost suchten. Seine Gegner hielten ihm das vor, aber Mohammed rächte sich, indem er die Hölle mit Vornehmen bevölkerte. Ist nicht ebenso die christliche Hölle von Päpsten und Herrschern bewohnt? Typisch ist, daß Reichtum und Stammeszugehörigkeit bei der Zuwendung seiner Anhänger unerheblich blieben. Mohammed kam schließlich selbst aus kleinen Verhältnissen.

Von seinem Offenbarungserlebnis auf dem Berg Hira und den anschließenden Inspirationen hat Mohammed gemäß der Überlieferung bei Ibn Hischam drei Jahre lang nur im Familienkreis erzählt. Nur langsam mehrten sich die Anhänger. Nach Chadidscha bekannten sich dann auch andere Angehörige zu ihm: sein zehnjähriger Vetter Ali, sein Schwiegervater Abu Bakr und Hamza, der Löwe Gottes. Die beiden Kaufleute Othman und Omar, die sich Mohammed anschlossen, traten später als Kalifen hervor. Mehrfach spotteten Mohammeds Gegner darüber, daß sich ihm einfache Leute der Unterschicht zuwandten – das erinnert an die Sünder und Zöllner in der Gemeinde Jesu.

Als dann Mohammed öffentlich gegen den Götzendienst und die bildliche Darstellung Gottes auftrat, begannen jene Anfeindungen, die ihn schließlich zur Hedschra veranlaßten. Zunächst waren die Koraischiten über diesen Sonderling unschlüssig. Sie schickten – so die Legende – Gesandte zu den Rabbinern in Medina, um zu erfahren, wie sie vorgehen sollten. Die Juden rieten: Stellt Mohammed drei Fragen: 1. Wer sind die Männer, die dahingegangen sind, über die aber Wunderbares berichtet wird? 2. Wer ist der Wanderer, der im Westen und Osten ans Ende der Welt gelangt ist? 3. Was ist der Geist? Die erste Frage zielt auf die Siebenschläfer von Ephesos (Q. 18, 9ff), die zweite auf den «zweigehörnten» Alexander den Großen (Q. 18, 83ff), die dritte auf den christlichen Geistbegriff (Q. 2, 254). Nach Ibn Hischam hat Mohammed diese Fragen zurückgewiesen und damit die Anerkennung seines Prophetentums verhindert. Es kam zu wachsenden Spannungen, die in die Hedschra mündeten.

Zwei Ereignisse sind jedoch zuvor noch zu erwähnen: die beiden Traumreisen des Propheten (Q. 17). Die erste trug ihn vom Tempel zu Mekka in den Tempel zu Jerusalem. Daß dieser damals seit über einem halben Jahrtausend, nämlich seit dem Tituskrieg 70 n. Chr. zerstört war, wußte man in Mekka anscheinend nicht, jedenfalls hatte Mohammed eine deutliche Vorstellung von dem Bau. Gott wollte ihm die Wunder der Welt vorführen, um seinen Glauben zu stärken. Mohammed ritt auf der später menschengesichtig gestalteten Mauleselin namens Burak, die schon andere Propheten vor ihm getragen hatte und die ihre Hufe so weit auseinandersetzt, wie das Auge von einem Horizont zum andern reicht. Gabriel hob ihn in den Sattel und begleitete ihn nach Jerusalem, wo er Abraham, Moses, dem «Messias Jesus, Sohn der Maria» und anderen Propheten begegnete, mit denen er betete. Man brachte ihm drei Gefäße, eines mit Wasser, eines mit Wein und eines mit Milch. Eine Stimme rief ihm zu: Nimmst du das Wasser, so wird dein Volk ertrinken; nimmst du den Wein, so wird es verwirrt. Da nahm Mohammed die Milch, und sein Volk ward recht geleitet. Am nächsten Morgen berichtete er den Koraischiten. Die zweifelten. Abu Bakr aber bestätigte alles, was Mohammed in Jerusalem gesehen hatten, denn er kannte die Stadt.

Die zweite Reise führte in den Himmel und wird von Mohammed an die Nachtfahrt nach Jerusalem angeschlossen. Als er dort das Nötigste vollbracht hätte, habe ihm Gabriel eine Leiter gegeben, wie er nie etwas Schöneres gesehen habe und auf der die Toten bei der Auferstehung in den Himmel steigen. Mohammed kletterte hinauf, bis er ans Himmelstor gelangte, wo der Engel Ismael Wache hielt. Dieser gebot über 12000 Engel, deren jeder wieder dieselbe Zahl von Engeln unter sich hatte. Auf Gabriels Empfehlung wurde Mohammed eingelassen, und alle Engel lachten ihn an. Einer aber lachte nicht, denn er lachte nie, das war Malik, der Herr der Hölle. Auf Mohammeds Wunsch lüftete er den Deckel, aus dem die Flammen des Infernos herausschlugen.

Im siebenten Himmel erblickte Mohammed Allah selbst, der ihm auftrug, von den Gläubigen täglich fünfzig Gebete zu fordern. Auf dem Rückweg erzählte er das Mose; der erklärte die Forderung für zu hoch und schickte Mohammed zu Gott zurück. Dieser senkte die Zahl auf vierzig. Aber auch das schien Moses zu viel, und Mohammed bat abermals um Nachlaß. Das wiederholte sich bis zur Zahl von fünf Gebeten am Tage, und diese wurden kanonisch. Niemand beschwere sich, es wären zu viele!

Mohammeds Himmelsreise – in anderer Version ebenfalls auf der Stute Burak – erinnert an die Entrückung des Apostel Paulus, beschrieben im 2. Korintherbrief (12, 1ff). Vor 14 Jahren, so lesen wir dort, sei Paulus einmal – mit oder ohne seinen Leib, das wisse er nicht mehr – ins Paradies, beziehungsweise in den dritten Himmel, hinaufgerissen worden und habe dort unaussprechliche Worte vernommen. Nun werde er vom Engel Satans mit einem Pfahle im Fleische gepeinigt, damit er sich dieser Erhöhung nicht rühme. Die Vorstellung, zeitweilig in den Himmel entrückt worden zu sein, ist eine Form religiöser Erfahrung, die im Umkreis der Gnosis bezeugt ist und dort wohl auf den Schluß-Mythos von Platons «Politeia» (614Bff) und auf den «Traum Scipios» in Ciceros «Republik» (VI 9ff) zurückweist. Die sieben Himmel bei Mohammed entsprechen den sieben Planetensphären.

Himmel und Hölle als Lohn und als Strafe im Weltengericht ist Moslems und Christen gemein. Während sich die christliche Phantasie überwiegend mit den Höllenstrafen beschäftigt und deren gräßlichen Qualen mit allen künstlerischen Mitteln so drastisch und plastisch wie möglich ausmalt, befaßt sich die Vorstellung der Moslems bevorzugt mit den Wonnen des Paradieses und berauscht sich an Bildern von orientalischer Pracht. Schon der Koran beschreibt das paradiesische Glück in über 300 Versen, und spätere Dichter haben das noch ausgemalt. Die Frommen finden dort alles, was Männern Spaß macht: plätschernde Bächlein, in denen Milch und Honig, Wasser und Wein fließt, früchtebeladene Bäume in ewigem Grün, gesattelte Pferde von edelster Rasse, alle Wohlgerüche

Arabiens: Moschus und Safran, Kampfer und Ambra. In jenem Garten der Lüste vollendet sich die ewige Orgie auf brokatüberzogenen Betten, auf denen schwarzäugige Huris die Helden erwarten. An jedem Finger tragen sie zehn goldene Ringe, an jedem Fuß zehn goldene Reifen, mit Perlen und Juwelen besetzt. Die Huris sind schön wie Hyazinth und Korallen, sie haben schwellende tätowierte Brüste und gefärbte Gesichter: weiß oder gelb, grün oder rot. Sie sind allzeit willig und bleiben immer Jungfrauen. Ein Liebesakt währt 80 Jahre und die Erregung ist so gewaltig, daß ein Sterblicher vor Wonne in Ohnmacht fallen würde, so verkündet um 1500 der ägyptische Imam as-Suyuti. Nicht zufällig ist der Planet Venus der Leitstern der Araber.

Mohammed selbst war ja den Freuden dieser Welt zugetan, schätzte Wohlgerüche, liebte gutes Essen, zumal Hammelfleisch, hatte in seinen frühen Jahren nichts gegen den Wein – er wurde erst in Medina untersagt (Q. 5, 90f) – und war insbesondere der Weiblichkeit verfallen. Jedem Mann stand das Recht auf die Reize seiner Frauen und seiner Sklavinnen zu (Q. 70, 30), und dem Propheten hatte Allah darüber hinaus das Recht auf jede Frau, Freie oder Sklavin, zugesichert (Q. 33, 50ff). Mohammed hatte im Laufe seines Lebens 13 Frauen, jedoch nur mit elf die Ehe vollzogen. Seine Lieblingsgattin war Aïscha, die einzige, die er als Jungfrau heimführte. Nach der Legende hatte Gott ihm den Samen von dreißig Männern gegeben.

## *Medina*

Die antiken Philosophen waren der Meinung, daß ein Mensch, wo immer er sei, doch derselbe bleibe. So heißt es bei Seneca: Wohin du dich auch wendest, dir kannst du nicht entfliehen! Mohammed wäre ein Gegenbeispiel. In Mekka war er ein verfolgter, ängstlicher Gottsucher, in Medina verwandelte er sich in einen selbstbewußten, bewaffneten Propheten, in einen glänzenden Organisator und charismatischen Führer seiner wachsenden Gemeinde. Der rasante Siegeszug des Islam in den Ländern des fruchtbaren Halbmonds, im südlichen Mittelmeergebiet und in Südasien beginnt mit Mohammeds Einzug in Medina. Darum ist die Hedschra eine Sternstunde.

In Medina vollendete sich die Lehre, vervollständigte sich der Koran. Mohammeds Themen in Mekka waren die Warnung vor dem nahem Gottesgericht, der Kampf gegen den Götzendienst und der Aufruf zur Wohltätigkeit. So kämpfte er gegen die Unsitte, neugeborene Mädchen lebendig zu begraben. In Medina stiftete

Mohammed eine Gemeindeordnung. Er verfügte, wann und wie und was zu beten sei, er bestimmte Fastenzeiten und Nachtwachen und führte ein theokratisches Regiment ein, auch in allen weltlichen Angelegenheiten. Seine Sorge für die Armen war ähnlich wie bei Juden und Christen motiviert: Milde hilft den Beschenkten auf Erden und den Schenkenden im Himmel. Sozialrevolutionär war Mohammed nicht – wie für Juden und Christen war die Sklaverei für ihn selbstverständlich. In der Türkei gab es *de jure* Sklaven bis zum Ende des Osmanenreiches, in Arabien noch im Jahre 1929 und in den Mandatsgebieten bis zum Ende des Zweiten Weltkriegs. Es handelt sich dabei ausschließlich um Schwarze.

In Medina kam es bald zur Abgrenzung Mohammeds gegen die Juden. Diese weigerten sich, seine Botschaft anzunehmen, obschon sich Mohammed, ganz wie Jesus zuvor, in der jüdischen Tradition sah. Sich selbst betrachtete er als Nachfolger der Propheten, den Koran als Ergänzung der Bibel und den Islam als die Wiederherstellung der Religion Abrahams. Die Geschichte der Araber verstand Mohammed als die Fortsetzung der Geschichte des Gottesvolkes, als dessen Zeichen die Beschneidung galt, wie sie Juden und Araber übten, diese damals nach Ibn Hischam auch bei den Mädchen. Mohammed sah in Jahwe und Allah dieselbe Person, verwarf wie die Juden den Verzehr von Schweinefleisch, jede bildliche Götterverehrung, übrigens auch die Musik im Gottesdienst, und errichtete in Medina das erste Bethaus, eine nach dem Muster der Synagogen gestaltete Moschee.

Als klar war, daß die Juden ihm nicht folgten, änderte Mohammed im zweiten Jahr der Hedschra, nach der Tradition am 11. Februar 624, die Gebetsrichtung (*kibla*): bisher betete er mit dem Gesicht nach Jerusalem, fortan mit dem Gesicht nach Mekka (Q. 2, 142). Für die Sammlung der Gläubigen zum Gebet verwendete er nicht die Posaune, wie die Juden, nicht die Schlaghölzer, wie die Christen, sondern den Ausruf. Den Christen blieb er zunächst noch gewogen (Q. 5, 82 ff), bezeichnete sie später aber ebenso wie die Juden als Ungläubige, die Gott strafen werde. «Wie sind sie so töricht! Gott bekämpfe sie!» (Q. 9, 30 ff)

Mohammed mußte in Medina auch mit einer arabischen Opposition fertig werden (Q. 63), doch hat er seine Sendung durch militärische Erfolge beglaubigt. Die Karawanen, die von Syrien über das Hedschasgebirge nach Mekka zogen, kamen zwischen Medina und dem Roten Meer hindurch und konnten hier abgefangen werden. Der Prophet hatte seine Flucht aus Mekka nie als endgültig betrachtet und sann stets auf seine Rückkehr (Q. 28, 85). Da er sich im Kriegszustand mit Mekka glaubte, beschloß er, die Karawanen zu überfallen. Der Heilige Krieg (*dschihad*) für die Sache Allahs und seine Gesandten setzte nach seiner Lehre die Friedenspflicht im heiligen Monat und das Fastengebot während der Kriegszeit außer Kraft (Q. 2, 194; 22, 39ff). Sein größter Schlag war am 15. März 624 der Sieg von Badr. Mit 300 Gefolgsleuten besiegte er fast tausend Koraischiten, die zum Schutze ihrer Güter ausgerückt waren. Mohammed, der selbst während der Schlacht in prophetischen Krämpfen lag, versprach jedem Überlebenden reiche Beute und jedem Gefallenen den Eintritt ins Paradies, während er Feiglingen mit der Hölle drohte. Der Sieg war ihm gewiß, da Allah die Erzengel Gabriel, Michael und Israfil mit je tausend Engeln den Gläubigen als Hilfstruppen zugesagt hatte.

Der Sieg bei Badr machte Mohammed berühmt. Es gab noch einige Rückschläge, die der Prophet ausglich, indem er die Juden aus Medina vertrieb, enteignete und die letzten vom Stamm Banu Kuraiza töten ließ. Aber 627 schloß er mit den Mekkanern Frieden. 630 fiel ihm die heilige Stadt ohne Schwertstreich zu. Er beseitigte die letzten Gegner, reinigte die Ka'aba von Götzenbildern, bestätigte aber den Kult und die Wallfahrt. Inzwischen hatte sich der Islam über weite Teile Arabiens verbreitet, das Glaubensbekenntnis lautete: «Es ist kein Gott außer Gott, und Mohammed ist sein Prophet.» 632 pilgerte er noch einmal nach Mekka und starb im selben Jahr am 8. Juni. Das soll auch sein Geburtstag gewesen sein. Mohammeds letzter Plan war ein Krieg gegen Byzanz.

Der Tod des Propheten stiftete zunächst Verwirrung in der Gemeinde. Unter seinen Nachfolgern, den Kalifen, die weltliches und geistliches Oberhaupt der Muslime zugleich waren, kam es dann zu jenem beispiellosen Siegeszug, der den Islam in alle Himmelsrichtungen verbreitete. Die arabischen Stämme standen nun nicht mehr gegeneinander, sondern wandten sich vereint nach außen. Unter Omar wurden 636 Persien, 638 Syrien, 642 Ägypten erobert. 692 fiel Karthago, 711 ging Tarik über die nach seinem Berg (Dschebel al Tarik) benannte Meerenge von Gibraltar und unterwarf die Westgoten in Spanien. Erst der Franke Karl Martell setzte der Expansion ein Ende, als er den Arabern 732 bei Tours und Poitiers entgegentrat. In der Folgezeit wurden Teile Indiens und Indonesien, nach 1071 Kleinasien und im Jahre 1453 Konstantinopel gewonnen. Der Islam breitete sich auf der Balkanhalbinsel, in Mittelasien und in Afrika aus, wo er noch immer im Vormarsch ist.

## *Islam und Europa*

1935 hat der belgische Historiker Henri Pirenne in seinem Buch «Mahomet et Charlemagne» die These popularisiert, der Bruch zwischen Antike und Mittelalter sei nicht mit den Germanen der Völkerwanderung zu verbinden, sondern mit dem Vordringen der Araber. Die kulturelle Kontinuität sei damals unterbrochen und erst von und seit Karl dem Großen wiederhergestellt worden. Das hat sich nicht halten lassen: Die Kontakte dauerten an. Pirennes These geht von einem Europabegriff aus, der die christliche, germanische und antike Komponente einschließt, den Islam jedoch ausklammert, trotz seiner Jahrhunderte langen Dominanz in Spanien, auf Sizilien und in Südosteuropa. Es ist aber kulturgeschichtlich unvertretbar, diese Zeit als Fremdherrschaft auszublenden. Die arabische und die türkische Welt hatten trotz aller militärischer, religiöser und politischer Konflikte zur Zivilisation Europas Erhebliches beigetragen. Die große Zahl von Lehnwörtern aus dem Arabischen ist ein Symptom dafür: Admiral, Algebra, Alkohol, Almanach, Arsenal, Chemie, Gitarre, Jacke, Kabel, Kaffee, Kaliber, Karussell, Lack, Laute, Magazin, Maske, Massage, Matratze, Mütze, Rasse, Sofa, Tarif, Watte, Ziffer und Zucker stehen für fünfhundert andere.

Judentum, Christentum und Islam sind die drei Glaubenslehren, die in der Religionsgeschichte den Monotheismus zum Siege geführt haben. Die Lehre von der Einheit Gottes entspricht der Idee von der allgemeinen Gotteskindschaft und der Einheit des Menschengeschlechts. Gleichwohl hatte sie blutige Religionskriege im Gefolge. Einig über das Ziel, stritt man über den Weg. Die Christen haben gegenüber dem Islam, ähnlich wie gegenüber dem Judentum, immer so etwas wie eine Erbfeindschaft empfunden. Einzelne Gestalten hat man bewundert, denken wir an Harun al Raschid und Saladin oder an die frühen Osmanen, aber die Lehre selbst und ihr Stifter haben erst spät Verständnis gefunden. Noch in der von Goethe übersetzten Tragödie «Mahomet» von Voltaire wird der Prophet als religiöser Demagoge angeprangert. Voltaire kritisierte in Mohammed den religiösen Fanatismus schlechthin, namentlich den der katholischen Kirche. Deswegen verbot der Kardinal Fleury das Stück nach der dritten Aufführung 1742. Voltaire rächte sich, indem er die gedruckte Fassung dem Papst Benedikt XIV widmete. Dieser nahm die Widmung dankend an.

Goethe selbst hat sein völlig anders geplantes Drama nie geschrieben, aber er berichtet im 14. Buch von «Dichtung und Wahrheit» darüber. In ihm «wurde der Gedanke rege, daß freilich der vorzügliche Mensch das Göttliche, was in ihm ist, auch außer sich verbreiten möchte. Dann aber trifft er auf die rohe Welt, und um auf sie zu wirken, muß er sich ihr gleichstellen»; hierdurch aber verliere er von jenen hohen Vorzügen gar viel, und am Ende begebe er sich ihrer gänzlich. Als Muster dieses Vorgangs erschien Goethe Mohammeds Wandlung von Mekka nach Medina. «So entwickelte sich bei mir», schreibt er, «der Vorsatz, an dem Leben Mahomets, den ich nie als einen Betrüger hatte ansehen können, jene von mir in der Wirklichkeit so lebhaft angeschauten Wege, die anstatt zum Heil, vielmehr zum Verderben führen, dramatisch darzustellen.»

Goethe wollte mit einer Hymne Mohammeds unter dem Nachthimmel einsetzen. Der Prophet verehrt zuerst die «unendlichen Gestirne als eben so viele Götter», dann steigt der Planet Jupiter auf und zieht die Verehrung auf sich, bis dieser vom Mond und der wiederum von der Sonne verdrängt wird. Zuletzt erhebt sich Mohammed «zu Gott, dem Einzigen, Ewigen, Unbegrenzten, dem alle diese begrenzten Wesen ihr Dasein zu verdanken haben», so in der Ausgabe letzter Hand (XXVI 296ff). Schönsten Ausdruck fand Goethes Verhältnis zur islamischen Welt im «West-östlichen Divan». Dort läßt Goethe den Propheten nach der Schlacht bei Badr unter dem Sternenhimmel sprechen:

Seine Toten mag der Feind betrauern:
Denn sie liegen ohne Wiederkehren;
Unsre Brüder sollt ihr nicht bedauern:
Denn sie wandeln über jenen Sphären.

Die Planeten haben alle sieben
Die metallnen Tore weit getan,
Und schon klopfen die verklärten Lieben
Paradieses Pforten kühnlich an.

Es folgt eine Beschreibung des Paradieses, die den Todesmut der Gefallenen einem Leser von heute nachvollziehbar macht.

*

In seinem dritten hierophantischen Brief von 1775 schreibt der Magus des Nordens Johann Georg Hamann: «Ein wenig Sauerteig machte Mahomet zum größten Eroberer menschlichen Angedenkens, gegen den selbst Alexander der Große als ein bloßes Meteor erscheint.» Gewiß hatte der bewaffnete Prophet aus Mekka selbst nur begrenzte Erfolge im Felde, seine Lehre aber hat die Herzen von

Millionen erfaßt, so wie dies der Verkündigung von Moses und Jesus zuvor ebenfalls gelungen ist. Letzteren hatte Hamann mit dem Bild vom Sauerteig im Sinn: «Das Himmelreich ist einem Sauerteig gleich, den ein Weib nahm und vermengte ihn unter drei Scheffel Mehl, bis daß er ganz durchsäuert ward» (Mt. 13, 33). Hamann glaubte, Mohammed verdanke seine Siege dem «jüdischen Homunculus», vermutlich zu Unrecht – aber die visionäre Gewalt war fraglos die stärkste Waffe. Religiöse Ideen sind haltbarer als politische Systeme, die an Konflikten um Geld und Macht und materiellen Interessen laborieren.

Die Missionserfolge des Monotheismus beruhen darauf, daß er gegenüber der Vielgötterei als eine höhere Form der Religion empfunden wurde. Problematisch war stets nur das Verhältnis der monotheistischen Lehren untereinander. Es gehört zu den Dauerthemen der Geschichte. Eine Lösung bietet Lessing in seinem Drama «Nathan der Weise» von 1779. Die von Nathan dem Sultan Saladin erzählte Ringparabel berichtet von einem Opalring mit der magischen Kraft, seinen Träger «vor Gott und Menschen angenehm zu machen». Der Besitzer hat drei Söhne, die das Judentum, das Christentum und den Islam verkörpern. Jedem will der sterbende Vater den Ring vererben, darum läßt er Duplikate herstellen, die vom Original nicht zu unterscheiden sind – außer in der Wirkung, und diese beruht auf dem Verhalten der Träger. Daraus wird sich erweisen, wer, wenn überhaupt einer, den echten Ring besitzt. Lessing verwandelt die magische Qualität in ein moralisches Postulat, läßt aber offen, ob eine der drei Religionen die wahre ist. Alle wären falsch, wenn es keiner gelänge, ihren Anhängern bei Gott und Menschen Wohlgefallen zu verschaffen.

Anders urteilt der islamischen Sufismus. Nach der Schleiertheorie des Mystikers Dschalal ed-Din Rumi (1207–1273) aus Konya sind sämtliche Glaubensformen, auch der Islam, unterschiedlich gefärbte Schleier, durch die wir Gott ahnen, bis er uns am Jüngsten Tag die Binde von den Augen nimmt. Der Gedanke hinter dem Wort des Paulus vom Spiegel der Vorläufigkeit aus dem ersten Korintherbrief (13, 9ff) ist hier auf alle Religionen übertragen. Die Glaubensformen sind gleichermaßen gottgefällig. Zugrunde liegt Vers 48 aus der 5. Sure des Koran: «Hätte Gott es gefallen, so hätte er euch zu einer einzigen Gemeinde gemacht; doch will er euch prüfen in dem, was er euch gegeben hat. Wetteifert darum im Guten! Zu Gott werdet ihr heimkehren, und er wird euch aufklären über das, worin ihr uneinig seid.»

Literatur

T. Andrae, Mohammed. Sein Leben und sein Glaube, 1932
C. E. Bosworth (ed.), The Encyclopaedia of Islam, New Edition, 1991 ff
F. Buhl, Das Leben Muhammeds, 1929/1954
C. Colpe, Das Siegel der Propheten. Historische Beziehungen zwischen Judentum, Judenchristentum, Heidentum und frühem Islam, 1990
Ders., Toleranz im Islam. In: A. Demandt (Hg.), Mit Fremden leben, 1995, S. 81 ff
G. Endress, Einführung in die islamische Geschichte, 1982
H. v. Glasenapp, Die fünf großen Religionen, II, 1954
Valeria Heuberger (Hg.), Der Islam in Europa, 1999
R. Hodges/D. Whitehouse, Mohammed, Charlemagne and the Origins of Europe. Archaeology and the Pirenne-Thesis, 1983
P. M. Holt (u. a. edd.), The Cambridge History of Islam, I, 1970
Der Koran. Übersetzung von Rudi Paret, 1979/1996 (zitiert: Q. ...)
Das Leben Mohammeds nach Mohammed Ibn Ishak und Abd el Malik Ibn Hischam, übersetzt von Gustav Weil, eingeleitet von H. Eulenburg, 1910
Nabil Osman, Kleines Lexikon deutscher Wörter arabischer Herkunft, 1992
H. Pirenne, Geburt des Abendlandes. Mohammed und Karl der Große, 1935/41
Q = Koran
H. H. Schaeder, Muhammed (1944). In: Ders., Der Mensch im Orient und Okzident, 1960, S. 307 ff
F. Wüstenfeld (Hg.), Das Leben Muhammeds nach Muhammed ibn Ishak, bearbeitet von Abd el-Malik ibn Hischam, I/II, 1858/1960

*Charlemagne, prince le plus vigilant et le plus attentif, que nous ayons eu.*
Montesquieu

# 6. Die Kaiserkrönung Karls des Großen

*25. Dezember 800*

Alexander und Augustus, Jesus und Mohammed haben, jeder auf seine Weise, ein universales Programm für ein friedliches Zusammenleben der Menschheit entwickelt. Politische und religiöse Motive flossen ineinander, unterschiedlich akzentuiert, aber stets nebeneinander erkennbar: Wo es um das Ganze geht, kommt Gott ins Spiel, bei Alexander und Augustus noch verhalten, offenkundig jedoch bei Jesus und bei Mohammed. Nachdem dessen Lehre, der Islam, im Osten und Süden Europas zur Großmacht aufgestiegen war und die Kaiser zu Byzanz in Bedrängnis gerieten, entstand nun auch im Westen und Norden Europas eine neue Großraumordnung – das von den Franken erneuerte Imperium Romanum Christianum, mit der Kaiserkrönung Karls zu Weihnachten 800 feierlich wiederhergestellt.

## *Die Krönung*

Die Annalen des fränkischen Reiches melden zum Jahre 800: Mitte März verließ der König Aachen und zog an die Küste, die von normannischen Seeräubern bedroht wurde. Er baute eine Flotte und errichtete Festungen. Das Osterfest beging Karl in der Kirche des heiligen Richarius zu Centulum (Saint Riquier). Danach reiste er der Meeresküste entlang nach Ratumagus (Rouen), überschritt die Seine und begab sich nach Tours, um dort den heiligen Martin anzubeten. Dort verweilte er mehrere Tage, weil seine Frau Liutgarda erkrankte. Sie starb dort am 4. Juni und wurde in Tours beigesetzt.

Auf dem Wege über Orleans und Paris kehrte Karl nach Aachen zurück. Am 6. und 9. Juli gab es einen unerwarteten Frosteinbruch, der gleichwohl der Ernte keinen Schaden tat. Anfang August zog

Karl nach Mainz, hielt dort einen allgemeinen Konvent ab und machte sich mit seinem Heer auf nach Italien. Er kam nach Ravenna und Ancona, rüstete einen Feldzug gegen Benevent aus und schickte nach einem siebentägigen Waffenstillstand seinen Sohn Pippin ins Beneventer Land, um Beute zu machen. Er selbst begab sich nach Rom, wo er am 23. November eintraf. Am Tag zuvor waren ihm Papst Leo und die Römer auf der Via Nomentana bis Nomentum, bis zum zwölften Meilenstein entgegengekommen und hatten ihn mit tiefster Unterwürfigkeit und höchsten Ehren empfangen. Sie hielten dort ein Mahl mit ihm und zogen ihm in die Stadt voraus. Am Tage danach schickte ihm der Papst die Fähnlein der Stadt entgegen und erwartete ihn mit seinen Bischöfen auf den Stufen vor der Peterskirche. Er hatte die Römer und die Fremden in der Stadt an den Straßen, durch die der König einzog, Aufstellung nehmen lassen, und alles Volk bejubelte Karl und dankte Gott. Der König stieg vom Pferd und wurde auf der Treppe vom Papst begrüßt, der eine Rede hielt und Karl in die Peterskirche führte, während alle Sänger psalmodierten. Dies geschah am 24. November.

Leos Empfangszeremoniell für Karl ging über die für einen *patricius* oder Exarchen vorgesehenen Ehren hinaus und ist bereits als *adventus Augusti* aufzufassen. Die Zeremonie ist hellenistisch und ist uns beim Einzug Jesu in Jerusalem begegnet. Im spätrömischen Zeremonialrecht wurden die dem Kaiser vorbehaltenen Empfangsehren sorgsam beachtet, und es galt als Majestätsverbrechen, wenn sie einem Feldherrn zuteil wurden, der sie nicht beanspruchen durfte.

Sieben Tage später, so meldet der Annalist, rief der König eine Volksversammlung zusammen und erklärte allen, weswegen er nach Rom gekommen sei. Täglich befaßte er sich mit dem Anliegen seiner Reise. Sein ebenso wichtiges wie schwieriges Beginnen war die Reinigung des Papstes von den Vorwürfen, die man gegen ihn erhob. Man hielt ihm Verbrechen vor. Als aber kein Ankläger gegen ihn aufzutreten wagte, ergriff der Papst das Evangelium, bestieg die Kanzel der Peterskirche, rief im Angesicht des ganzen Volkes die heilige Dreieinigkeit an und reinigte sich durch einen Eid von den ihm zur Last gelegten Untaten. Die im «Liber Pontificalis» enthaltene «Vita Leonis» malt diese Selbstreinigung des Papstes breit aus.

Angeblich zufällig am selben Tag, dem 23. Dezember, erschien gemäß den Reichsannalen der Presbyter Zacharias, den Karl nach Jerusalem geschickt hatte, mit zwei Mönchen, Abgesandten des dortigen Patriarchen, einer vom Ölberg, der andere von Sancta Saba. Sie brachten mit sich die Schlüssel zum heiligen Grabe und zum

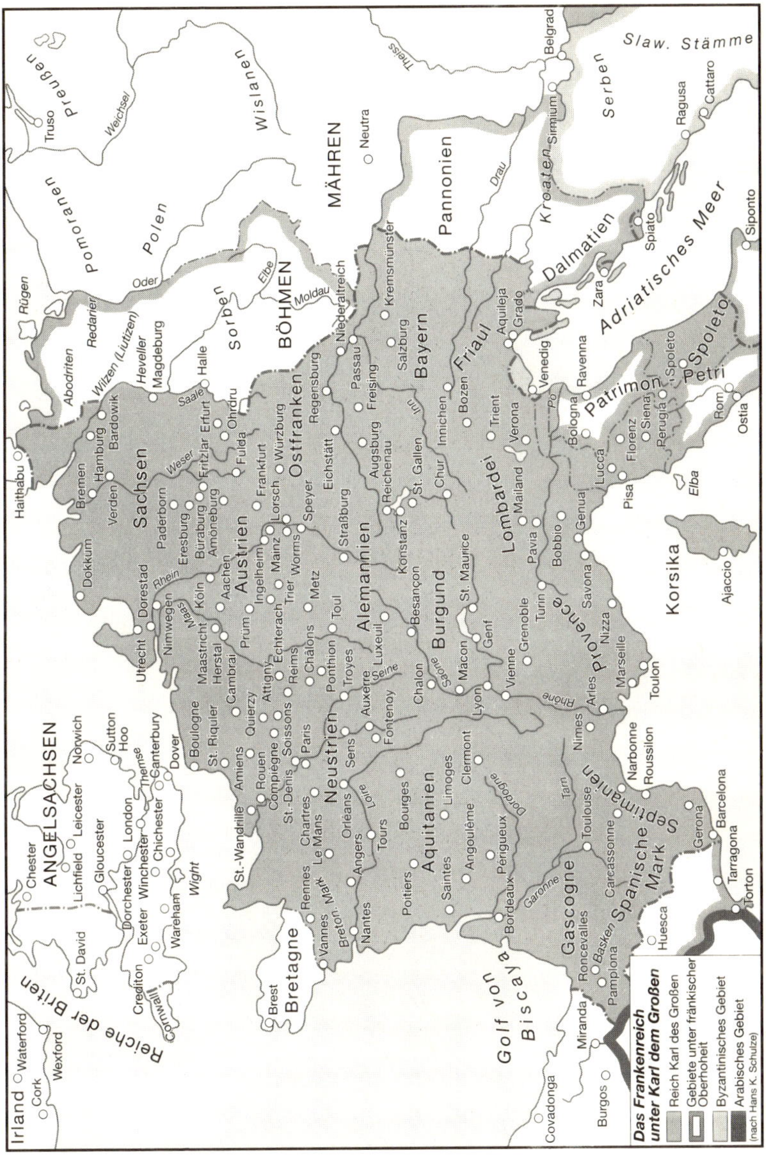


Das Frankenreich Karls d. Gr.

Kalvarienberg, die Schlüssel zur Stadt und zum Ölberg sowie das Banner Jerusalems, mit der Bitte, daß diese Gegenstände in Rom gesegnet werden mögen. Der König nahm die Mönche freundlich auf, behielt sie einige Tage bei sich und sandte sie dann auf ihren Wunsch mit Geschenken zurück. Den Geburtstag des Herrn am 25. Dezember feierte Karl in Rom, und damit begann das Jahr 801. So rechnete man damals.

Nun folgt in den Reichsannalen und in der Vita ungefähr gleichlautend der eigentliche Krönungsbericht in lakonischer Kürze: «Am hochheiligen Geburtstag des Herrn, als der König bei der Messe vor dem Altar über dem Grab des seligen Apostels Petrus sich vom Gebet erhob, setzte ihm Papst Leo eigenhändig eine kostbare Krone aufs Haupt und übertrug ihm das *imperium Romanorum.* Da rief das ganze römische Volk einmütig und mit lauter Stimme dreimal: *Carolo piissimo Augusto, a Deo coronato magno et pacifico imperatori Romanorum vita et victoria!* Leben und Sieg dem allerfrömmsten Augustus Karl, von Gott gekrönt, dem großen und Friede liebenden Imperator der Römer! Nach diesen Lobeserhebungen salbte der Papst mit heiligem Öl Karl zum *imperator* und seinen Sohn Pippin zum *rex.* Darauf huldigte (*adoratus est*) der Papst dem Kaiser nach der Sitte der frühen *principes.* Karl legte den Titel eines *patricius* ab und wurde fortan *Imperator* und *Augustus* genannt.»

Der Liber Pontificalis bezeugt, daß die Zeremonie im Kreise der fränkischen Großen stattfand, und die Vita Leonis erwähnt die Geschenke, die Karl dem heiligen Petrus gemacht hat: unter anderem einen Silbertisch mit Silberfüßen, goldene Altargefäße und ein mit Edelsteinen geschmücktes Prozessionskreuz. Karl kann also mit der Krönung nicht überrascht worden sein, wie sein Biograph Einhard meldet. In der Lebensbeschreibung des Kaisers durch Einhard, der Vita Karoli, heißt es zwar, der König sei während des Gottesdienstes von Leo gleichsam überrumpelt worden, ja er soll gesagt haben: hätte er von dem Plan des Papstes gewußt, so wäre er dem Gottesdienst fern geblieben. Da Einhard zu den Vertrauten des Kaisers gehörte, ist nicht zu bezweifeln, daß Karl ihm dies irgendwann einmal gesagt hat, vielleicht bei einem Jagdausflug in den Kohlenwald oder beim Verzehr einer Martinsgans. Das Wort ist als authentisch zu betrachten. Damit aber ist es noch lange nicht zutreffend, denn alle Umstände sprechen dafür, daß die Krönung ein wohlüberlegter und genau geplanter Akt war. Einhards Überrumpelungsthese gewinnt auch dadurch nicht an Gewicht, daß der fabulierfrohe Notker von Sankt Gallen (I 26) sie um 900 wiederholt hat. Denn die Lorscher Annalen berichten, schon die zum Papst-Prozeß versammelten Geistlichen, Leo und das Volk seien einmütig der Ansicht gewesen, Karl, der nun Rom in Besitz hatte, müsse den Kaisertitel, das *nomen imperatoris,* erhalten, zumal dieses im Lande der Griechen erloschen war und eine Frau regierte. Karl hätte sich demütig dem Wunsche gefügt. Karls geistlicher Berater, der hochgelehrte Alkuin, dedizierte dem Kaiser nach der Rückkehr in Aachen eine Bibel mit der Widmung *ad splendorem imperialis potentiae vestrae* (zum Ruhme eurer kaiserlichen Macht), muß also von der Krönung ebenfalls zuvor gewußt haben. Karls Unmut kann sich auf einen einzelnen Akt bei der Krönung bezogen haben, etwa auf die Akklamation durch die Römer anstatt durch die Franken.

An dieser Stelle ist ein Exkurs zur Rechtsgeschichte des Krönungszeremoniells erforderlich. Die Verleihung der Kaiserwürde durch den Papst als Stellvertreter Gottes ist als Zeremonie nicht römisch, auch nicht spätantik. Nach dem römischen Brauch wird der Imperator vom Heer ausgerufen und vom Senat anerkannt. Die Geistlichkeit spielt auch bei so frommen Herrschern wie Constantius und Theodosius keine Rolle. Seit Constantin gibt es indessen Münzen, auf denen die Hand Gottes aus den Wolken kommt und dem Kaiser einen Kranz über das Haupt hält. Theodosius I soll geträumt haben, daß ihm der Patriarch von Antiochia einen Kranz (*stephanos,* Theodoret V 6) aufs Haupt setze. In Konstantinopel kam es dann 457 zur ersten Krönung durch den Patriarchen, doch besaß dieser Akt im späteren byzantinischen Erhebungszeremoniell nur nebengeordnete Bedeutung. Entscheidend war die Akklamation im Hippodrom, denn «den Kaiser macht das Heer», wie es bei Hieronymus (Brief 146) heißt.

Die Weströmischen Kaiser, deren Würde Karl erneuern wollte, trugen keine Krone. Die Kaiserinsignien sind der Purpurmantel (für den Caesar) und das Diadem (für den Augustus). Die Krone stammt aus Persien und gelangte über Byzanz zu den Goten und den übrigen Germanen. Wie die von Leo Karl aufgesetzte Krone aussah und woher sie kam, ist unklar. Vermutlich hatte der Papst sie nach seiner Rückkehr aus Paderborn anfertigen lassen. Karls Siegel zeigt ihn nicht mit der Krone, sondern mit Lanze, Schild und Diadem. Die Salbung ist ebenso unrömisch. Sie wiederholt diejenige von Karls Vater Pippin. Sie wurde zuvor bei den katholischen Westgoten – sicher seit Wamba 672 – geübt und weist zurück auf die Salbung von Saul und David in der Bibel.

Karl hat aus seiner Krönung durch den Papst nicht die Folgerung abgeleitet, daß dem Papst die Vergabe des Kaisertitels zustehe. Denn kurz vor seinem Tode hat er seinen Sohn Ludwig den Frommen, damals König von Aquitanien, in Aachen zum Mitkaiser und

Nachfolger erhoben. Karl hatte dafür ein Einvernehmen unter den Großen des Reiches hergestellt und krönte nun, selbst im Schmuck der Krone, Ludwig eigenhändig mit einer zweiten Krone, ohne Mitwirkung des Papstes oder irgendwelcher Geistlicher. Auch fand keine Salbung statt. Hier griff Karl also auf die römische Vorstellung zurück, die weltliche und geistliche Sphäre auseinanderhielt. Doch nun zurück nach Rom, zu den Ereignissen nach Weihnachten!

Die Reichsannalen berichten dann weiter, wie Karl sozusagen als erste kaiserliche Amtshandlung die römischen Adligen, die den Papst im Jahr zuvor abgesetzt hatten, nach der *lex maiestatis* als Hochverräter zum Tode verurteilte. Der Papst habe sodann jedoch für die Verurteilten um Gnade gebeten, worauf ihnen Karl Leib und Leben zusicherte und sich mit einem Verbannungsurteil begnügte. Er habe anschließend die Verhältnisse in Italien geordnet, nochmals Truppen unter Pippin gegen Benevent geschickt und nach Ostern den Rückweg angetreten.

Karls Route führte über Spoleto und Ravenna nach Pavia, wo er hörte, daß Gesandte des Kalifen Harun al Raschid in Pisa eingetroffen wären. Die Initiative zu diesem Kontakt mit dem «Beherrscher der Gläubigen» ist fraglos von Karl ausgegangen, dem an einem ungehinderten Zugang der Pilger zu den Heiligen Stätten in Jerusalem und Palästina lag. Hierüber gab es damals zwischen Christen und Moslems keine Vereinbarung, aber auch keinen Streit. Als unübersehbares Zeichen seines guten Willens sandte der «König der Perser» dem Kaiser einen Elefanten, der von den Boten vorerst nur angekündigt wurde. Bis der Dickhäuter namens Abul Abaz mit seinem jüdischen Wärter Isaak den Marsch nach Aachen beendet hatte, dauerte es noch bis zum 20. Juli 802.

Im Jahre 804 besuchte Leo den Kaiser in Aachen, um hier mit ihm Weihnachten zu feiern und die Verbundenheit von Papst und Kaiser zu unterstreichen. Dies brachte er schon vor der Kaiserkrönung in der Kunst zum Ausdruck. Sein politisches Programm verbildlichten die beiden nur noch in Kopie erhaltenen Mosaiken in dem von ihm errichteten Speisesaal des Lateranpalastes. Das linke zeigt Christus zwischen Papst Silvester und Constantin in Anspielung auf die angebliche Schenkung, das rechte stellt Petrus dar zwischen Leo, der das Pallium erhält, und dem mit einer Fahne beschenkten Karl dem Großen, *rex* genannt, beide ebenfalls kniend. Geistliche und weltliche Macht werden gleichberechtigt nebeneinander auf Christus zurückgeführt.

## Leo und seine Gegner

Über die unmittelbare Vorgeschichte von Karls Romzug und den Streit zwischen Leo und den römischen Adligen berichten wiederum die «Annales Regni Francorum». Weitere Einzelheiten entnehmen wir der Vita Leonis. Am 25. April 799 sei der Papst während einer Prozession vom Lateran zur Laurentius-Kirche überfallen, vom Pferd gerissen und *iudaico more* – nach jüdischer Art – auf den Boden geworfen worden. Rädelsführer seien zwei Söhne des Teufels gewesen, Beamte und Verwandte von Leos Vorgänger. Man habe ihm die Zunge abgeschnitten und die Augen ausgestochen und ihn nackt und halbtot auf dem Platz liegen lassen. Dann aber hätte man ihn in aller Form abgesetzt und ins Kloster des heiligen Erasmus auf dem Monte Celio geschleppt. Hier habe Gott auf Fürbitte des heiligen Petrus seinem Stellvertreter auf Erden Augenlicht und Sprechwerkzeug wunderbar wiedergegeben und sein Entkommen ermöglicht. Dem Papst gelang mit Hilfe eines Getreuen die Flucht nach Sankt Peter, er wurde durch den Herzog von Spoleto, der ihm zu Hilfe geeilt war, in dessen Burg gebracht. Der Herzog von Spoleto war ein Mann des Frankenkönigs.

Karl, *christianissimus orthodoxus atque precipuus clementissimus rex* (allerchristlichster rechtgläubiger und hervorragender mildeste König), erfuhr in Aachen von der Sache und lud den Papst zu sich ein. Während er auf dem Weg in den Krieg gegen die Sachsen war, hielt er Hof in Paderborn, wo er sich im jüngst eroberten, neu bekehrten Sachsenland eine Pfalz und eine Kirche von wunderbarer Größe errichtet hatte. Dort erschien Papst Leo mit 203 Begleitern und wurde höchst ehrenvoll mit Kuß und Freudentränen von *Carolus magnus rex* aufgenommen. So nennt ihn die Papst-Vita: Karls Beiname «der Große» ist zeitgenössisch. Der Prozeß Leos war delikat, denn auch die Rebellen schickten Gesandte zu Karl, die den Papst des Meineids und des Ehebruchs bezichtigten. Zudem behaupteten sie, die ausgestochenen Augen und die abgeschnittene Zunge seien erlogen. Schließlich war der Papst ja unversehrt.

Alkuin erklärte die Anschuldigung für irrelevant, denn der Papst unterstünde keinem irdischen Richter. Das machte sich Karl zu eigen. Leo blieb einige Tage, bevor Karl ihn wieder nach Rom entließ, *cum magno honore* (hochgeehrt) und einem Begleitschutz, der ihn wieder in seine Rechte einsetzte. Vor Rom, an der Milvischen Brücke, wurde der Papst von der Bevölkerung und den ansässigen Franken, Sachsen und Langobarden freudig begrüßt. Die fränkischen Begleiter des Papstes saßen im Dezember 799 über den Fall zu Gericht, dessen Gegner brachten gewichtige Klagen vor, wurden dann aber festgenommen und ins Frankenreich verbracht. Karl war inzwischen von Paderborn nach Aachen zurückgekehrt, wo ihn Nachrichten von kriegerischen Ereignissen in allen Grenzgebieten erreichten: Gekämpft wurde wie in Sachsen so in der Bretagne, auf den Balearen, in Norditalien, in Ungarn und an der Elbe.

Nach der Romfahrt verfaßte ein unbekannter Geistlicher ein Lobgedicht auf «Karolus Magnus et Leo Papa». Es hat sich in einer einzigen Handschrift in Sankt Gallen erhalten. Darin wird Karl bereits vor der Kaiserkrönung über den Rang eines Königs hinausgehoben. Ihm werden kaiserliche Schmucktitel aus der Spätantike beigelegt: *victor pius atque triumphans* (frommer und triumphierender Sieger), er wird mit der Sonne verglichen, als neuer David bezeichnet, ja sogar Augustus genannt. Der Dichter rühmt die in der Welt einzigartige Gerechtigkeit, die Weisheit, die Milde und den Kriegsmut Karls und preist seine Bildung in den sieben freien Künsten, worin er alle Herrscher übertreffe. Bemerkenswert ist, daß als Bezugsrahmen Europa erscheint. Karl heißt der Gipfel (*apex*) Europas, der Leuchtturm (*pharus*) Europas, der Vater (*pater*) Europas. Karl erscheint als *caput orbis,* als Haupt der Welt.

Die Begegnung zwischen Karl und Leo in Paderborn war der unmittelbare Anlaß für den Romzug des Jahres 800. Fraglos wurde er damals in Aussicht genommen, und wahrscheinlich kam dabei auch die Krönung zur Sprache. Wie stolz Karl auf sie war, das zeigt die Vereidigung «aller Gläubigen» auf die neue Würde im Jahre 802. Sie wird verkündet durch seine Münzen, wo er nach altrömischer Art einen Lorbeerkranz trägt sowie einen Mantel mit einer Spange auf der rechten Schulter. Die Umschrift lautet KAROLVS IMP(ERATOR) AVG(VSTVS), die Rückseite zeigt eine Kirche in der Umschrift XRICTIANA RELIGIO – bemerkenswert die drei griechischen Buchstaben X (Chi) gleich Ch und C (Sigma) gleich S, sowie K (Kappa) für C bei *Karolus*.

Die älteste bekannte Urkunde, in der Karl sich Kaiser nennt, wurde am 29. Mai 801 in Bologna ausgestellt und beginnt: «Karl der überaus gütige (*serenissimus*) Augustus, der von Gott gekrönte große und Friede bringende Kaiser (*imperator*), der das römische Kaiserreich beherrscht und der durch die Gnade Gottes zugleich König der Franken und Langobarden ist.» Künstlerischen Ausdruck gewann die Doppelstellung Karls in dem zerstörten Fresko der Pfalz zu Ingelheim: Constantin und Theodosius repräsentieren die christlich-imperiale Tradition, Karl Martell und Pippin die Wurzel des fränkischen Königtums. Das Kaisersiegel Karls trug die Umschrift RENOVATIO IMPERII ROMANI.

Die Erneuerung des römischen Reiches wird als *translatio imperii* bezeichnet. Anknüpfend an das Wort im Buch Daniel «Gott überträgt die Reichsgewalt» – *Deus transfert regna* – wird dort die Weltgeschichte als Folge von vier Weltreichen dargestellt, nach deren Ende das Jüngste Gericht eintritt. Das letzte war nach allgemeiner Auslegung das Imperium Romanum. Bei Karl indessen handelt es sich nicht um ein fünftes, fränkisches Reich, sondern um die Wiederherstellung und Fortführung des vierten, des Römerreiches, das als die letzte gottgewollte Ordnung auf Erden verstanden wurde. Die Mehrzahl der mittelalterlichen Geschichtsdenker hielt an der Identität des Imperiums nach der Translatio fest. Otto von Freising (Chronik V 31) numerierte die Kaiser durch, für ihn war Augustus der erste, Karl der 69. Kaiser.

## *Die Franken und Rom*

Die Übernahme der römischen Kaiserwürde durch einen fränkischen Barbaren wirkt zunächst überraschend. Dennoch hat dieser Schritt eine lange Vorgeschichte. Sie reicht bis in die constantinische Zeit zurück. Der fränkische Stammesverband hatte sich um die Mitte des 3. Jahrhunderts gebildet, ungefähr gleichzeitig mit den Stammesbünden der Alamannen und der Sachsen, offenbar als Kampfbund der Germanen am Niederrhein gegen Rom. Der Eintritt der Franken in die Geschichte war ein spektakulärer Raubzug ins Reich. Im Jahre 257 durchbrach ein fränkisches Heer den Limes, zog plündernd durch Gallien, stieg über die Pyrenäen, verwüstete das Stadtgebiet von Tarragona, kaperte Schiffe und erschien vor der nordafrikanischen Küste. Zwölf Jahre lang sollen die Franken ungehindert die spanischen Provinzen durchzogen haben. In Gallien zerstörten sie 70 Städte. Erst der Gegenkaiser Postumus, der in Köln residierte, konnte die Ordnung einigermaßen wiederherstellen.

Unter Kaiser Probus um 280 spielt dann jene Geschichte, aus der Felix Dahn einen herzbewegenden Germanen-Roman hätte machen können. Der Kaiser hatte ein Gruppe von Franken gefangengenommen und wollte sie auf römischem Boden ansiedeln, um Steuerzahler und Soldaten zu gewinnen. Er gab ihnen aber kein Land in Gallien, wo die Verbindung zur Heimat ihre Romtreue gefährdet hätte, sondern schickte sie weit weg an die Donaumündung. Dort aber besorgten sich die Franken in einem unbewachten Augenblick Schiffe, fuhren übers Schwarze Meer durch die Meerengen, plünderten die Küsten von Griechenland und Kleinasien, bedrohten Syrakus und Karthago, durchquerten die Straße von

Gibraltar und die Biskaya und landeten schließlich wohlbehalten und beutebeladen in ihrer Heimat. Und das alles auf gekaperten Schiffen, ohne Seekarte, ohne Navigationsinstrumente. Der römische Gewährsmann erklärt das Unternehmen für eine «unerhörte Frechheit».

Krieg zwischen Franken und Römern gab es wieder unter Constantin. Bevor dieser 312 seinen Rivalen Maxentius an der Milvischen Brücke besiegte, schlug er die Franken und warf ihre Könige in Trier den Zirkusbestien vor. Um die Mitte des 4. Jahrhunderts drangen die Franken in Belgien ein, siedelten sich an und wurden hier von Kaiser Julian bestätigt. Sie stellten dem Reich wertvolle Hilfstruppen. Einzelne Franken brachten es zum höchsten Offiziersamt, dem Heermeister, so der *magister militum* Silvanus, der sich 355 in Köln sogar zum Kaiser ausrufen ließ, doch konnte er sich nur wenige Wochen halten.

Gegen Ende des Jahrhunderts spielen fränkische Heermeister eine bedeutende Rolle, sie setzten Kaiser ein, so Merobaudes, oder Kaiser ab, so Arbogast. Die Tochter des Franken Bauto wurde am 27. April 395 als Frau des Arcadius Kaiserin in Konstantinopel. In der Folgezeit nahmen die Franken eine überwiegend romfreundliche Haltung ein. Um 450 lebte Merowech, der Ahnherr des salfränkischen Merowingerhauses. Sein Sohn Childerich herrschte in Nordgallien als Amtsträger des Reiches, er war römischer Klientelkönig. Als solchem stand ihm das Purpurkleid eigentlich nicht zu, von dem sich Reste erhalten haben. Sein Siegelring trug die lateinische Inschrift CHILDIRICI REGIS (des Königs Childerich). Sein Grab in Tournai an der Schelde wurde 1653 gefunden – eine Sternstunde der Archäologie – und enthielt unter anderem Blattgold-Zikaden, die als Bienen mißverstanden den Kaisermantel Napoleons zierten. Der fühlte sich ja nicht nur als neuer Alexander und neuer Augustus, sondern auch als neuer Charlemagne.

482 übernahm Childerichs Sohn Chlodwig die Herrschaft und eroberte in wenigen Jahren ganz Gallien. 497 besiegte er die Alamannen und trat danach zum katholischen Christentum über. Kaiser Anastasius in Byzanz ernannte ihn 508 zum Ehrenkonsul und sandte ihm ein Diadem und einen Purpurmantel, wie solches eigentlich nur dem Kaiser zukam. Tatsächlich wurde Chlodwig damals von der römischen Bevölkerung der Provence zum Augustus ausgerufen, hat den Titel jedoch nicht geführt. Der Bischof Avitus von Vienne feierte ihn als den neuen *princeps* des Westreiches, Gregor von Tours nannte ihn *novus Constantinus,* und wie dieser ließ sich Chlodwig zu Paris im Apostelkreis beisetzen. Palast und Kanzlei orientierten sich an römischen Vorbildern, die Schrift-

sprache war Latein, Fiskalgut der Kaiser wurde Königsland. Somit stellte sich das fränkische Königtum schon lange vor Karl dem Großen in die imperiale Tradition. Chlodwigs Enkel Theudebert prägte Goldmünzen, die sonst dem byzantinischen Kaiser vorbehalten waren, und benutzte dabei die Umschrift THEUDEBERTUS PATER PATRIAE AUGUSTUS.

Chlodwig hat nach dem Vorbild der römischen Gesetzeskodifikationen die Rechte der Franken aufzeichnen lassen, die *Lex Salica*. Sie erhielt einen unter Karl dem Großen am 30. Oktober 793 datierten Prolog, der das Selbstbewußtsein der Franken gegenüber dem imperialen Rom zum Ausdruck bringt. Da lesen wir in ziemlich barbarischem Latein: «Der Franken berühmtes Volk, durch Gott den Schöpfer begründet, tapfer im Kriege, treu im Friedensbund, im Rat tiefgründig, körperlich edel, von unberührter Reinheit, herausragender Gestalt, kühn, rasch und ungestüm, jüngst zum katholischen Glauben bekehrt, frei von Ketzerei usw., dieses Volk hat das Joch der Römer im Kampf von seinem Nacken geworfen und nach vollzogener Taufe die Leichen der Märtyrer, von den Römern mit Feuer und Schwert getötet oder den Zirkusbestien zum Fraß vorgeworfen, mit Gold und Edelsteinen geschmückt.» Man gewinnt den Eindruck, wie wenn die fränkische Herrschaft unmittelbar auf die Zeit Diocletians gefolgt wäre. Constantin und die christlichen Kaiser bis 476 sind schlicht vergessen – oder bewußt unterschlagen.

Die Merowinger haben die Herrschaft der Römer über Gallien fortgesetzt und das mittlere Deutschland bis Thüringen hinzugewonnen, konnten aber das kulturelle Niveau nicht halten. Eine allgemeine Barbarisierung griff um sich: Die Städte zerfielen; Brücken, Straßen und Wasserleitungen wurden nicht mehr ausgebessert, die Kunstfertigkeit ging zurück, Lesen und Schreiben wurde fast nur noch vom Klerus geübt. Beim Tod eines Königs teilten seine Söhne das Reich, durch Erbe kamen die Teile oder auch das Ganze wieder zusammen. Angesichts der offenkundigen Unfähigkeit der letzten Merowinger übernahmen Hausmeier die Macht. Der *maiordomus* war Reichsfeldherr, entspricht damit ungefähr dem spätrömischen obersten Heermeister und *patricius,* denken wir an Stilicho, Aëtius oder Odovacar. Als der Hausmeier Karl Martell 732 die Araber zwischen Tours und Poitiers zurückschlug, war klar, daß die Zukunft seiner Familie, den Karolingern gehörte, nicht den Merowingern.

Karl Martells Söhne übertrugen die Ordnung und Ausbreitung der fränkischen Kirche dem Angelsachsen Bonifatius, der sich seinerseits eng an den Papst anlehnte. Dieser wurde bedrängt durch die Langobarden und suchte schon 739 Hilfe bei den Franken. Pippin, der Sohn von Karl Martell und Vater von Karl dem Großen, ließ sich 751 von einer Adelsversammlung zum König erheben und von Bonifatius als dem päpstlichen Gesandten salben. Der letzte, wie seine Vorgänger «nutzlose» (*inutilis*) Merowinger wurde in ein Kloster gesteckt. Die Salbung der Könige diente bei Pippin dazu, die ihm fehlende Geblütsheiligkeit zu ersetzen. Der Papst verlieh Pippin 754 den Titel eines *patricius Romanorum,* den eigentlich nur der Kaiser von Konstantinopel vergeben durfte, und schmückte ihn mit imperialen Siegerprädikaten. Pippin zog nach Italien, bezwang die Langobarden und richtete dem Papst den später so genannten Kirchenstaat ein.

Das Recht, einen *patricius* zu ernennen, besaß damals allein der Kaiser in Konstantinopel. Der Papst indessen beanspruchte es aufgrund der sogenannten Constantinischen Schenkung, die seiner Territorialforderung zugrunde lag. Dieses «Constitutum Constantini» ist eine der erfolgreichsten Urkundenfälschungen der Weltgeschichte. Es handelt sich um einen angeblichen Brief Constantins vom 30. März 317 an Papst Silvester, in dem er zum Dank für eine wunderbare Heilung vom Aussatz durch das Bad der Taufe den römischen Bischöfen das Westreich: Rom, Italien und den gesamten Okzident zum Geschenk macht, dazu den Lateranpalast – so als wäre dies der Kaiserpalast – und die Insignien der Herrschaft: Purpur, Diadem, Szepter und die Standarte, das Labarum. All das solle den Päpsten gehören bis ans Ende aller Zeiten. Zugleich stünden die geistlichen Hirten der Christen an Rang über jeder weltlichen Gewalt. Aus Respekt vor dem heiligen Petrus zöge sich Constantin in den Osten zurück und erbaue sich dort eine neue Hauptstadt.

Dieses von Anachronismen strotzende Fabrikat der päpstlichen Kanzlei untermauert den päpstlichen Anspruch auf politische Herrschaft und galt bis weit ins 16. Jahrhundert, obschon bereits die Kanzlei Ottos III ums Jahr 1000 die Unechtheit erkannt und Lorenzo Valla 1440 in scharfsinniger Beweisführung dargelegt hatte, daß es sich von vorne bis hinten um eine Fälschung handelte. Die Wahrheit ist eine Waffe, doch bewirkt sie nichts in schwachen Händen.

768 folgte Karl der Große seinem Vater als *Rex Francorum* und *Patricius Romanorum* nach. Da die Langobarden weiterhin den Kirchenstaat bedrohten, erschien Karl in Oberitalien und übernahm 774 selbst die eiserne Krone der Langobarden, doch blieb seine Herrschaft über das langobardische Herzogtum von Benevent prekär – wir sahen dies im Zusammenhang mit dem Italienzug von 800. Am 6. April 774 besuchte Karl Rom ein erstes Mal auf Wunsch des Papstes Hadrian I, der ihn wie einen byzantinischen Exarchen mit Palmzweigen empfing. Karl versprach, das *patrimonium Petri*

(Erbgut des Petrus) zu schützen. Der Papst erwartete, daß Karl das Versprechen seines Vaters von 754 erfüllen und ihm die weltliche Herrschaft über Italien verschaffen würde, und dies scheint Karl nun seinerseits in Aussicht gestellt zu haben. Papst und König tauschten Eide aus.

Nach vier Jahren, 778, schrieb Hadrian an Karl, sobald dieser die Verheißung wahrgemacht habe, sei er ein «neuer Constantin», ein *christianissimus imperator Dei* (Gottes allerchristlichster Herrscher). Offenbar hat er schon damals mit der Kaiserwürde gewunken. Hadrian stützte sich mit seiner Landforderung auf die erwähnte Constantinische Schenkung, die ihm erlaubte, die Kaiserwürde weiterzugeben, ihm selbst damit aber den Anspruch auf Herrschaft wiederum benahm.

Drei Jahre später, 781, erschien Karl zum zweiten Mal in der Ewigen Stadt und beschenkte den Papst abermals. Mit diesem Besuch läßt sich die eine Altar-Inschrift verbinden, nach welcher Christus die gläubigen Schafe den Päpsten als Hirten anvertraute, das *imperium Romanum* aber in Rom seinen treuen Dienern übertrage, also möge König Karl das Römische Reich aus der Hand des heiligen Petrus empfangen. Man gewinnt den Eindruck, wie wenn die Päpste den Franken den Mund nach dem Kaisertitel wässerig machen wollten. Darauf deuten auch die Titel *princeps, victor* und *triumphator,* wie der Kaiser sie führte. Dennoch wurde Karl 781 ebensowenig Kaiser wie 787, auf seinem dritten Italienzug.

Am 26. Dezember 795 übernahm Leo III den Stuhl Petri. Im Bewußtsein seiner Schutzbedürftigkeit zeigte er seine Wahl sofort Karl dem Großen an und sandte ihm die Schlüssel zum Petersgrab und das Banner der Stadt Rom. Er bat um die Abordnung eines Kaiserboten, um die Huldigung der Römer vor Karl als *patricius Romanorum* entgegenzunehmen. Karl antwortete, er werde die Kirche schützen und den Glauben verbreiten, der Papst möge für ihn um Sieg beten, wie einst Moses beim Kampf der Israeliten gegen die Amalekiter. Zugleich schickte Karl dem neuen Papst einen beträchtlichen Teil der Kriegsbeute aus dem Avarenfeldzug. Leos Besorgnis um seine Stellung erwies sich, wie wir sahen, als nur allzu berechtigt. Verwandte und Amtsträger seines Vorgängers Hadrian, sein erster Sekretär Paschalis und sein Schatzmeister Campulus waren es, die samt ihrem Gefolge den Überfall vom 25. April 799 durchführten.

## *Karls Reformen*

Die Kaiserkrönung Karls des Großen kam nicht wie ein Blitz aus heiterem Himmel. Sie hatte, wie wir gesehen haben, eine lange Vorgeschichte und stand, wie nun zu zeigen ist, im Zusammenhang mit einem groß angelegten Reformprogramm, das ein wohlgeordnetes Gemeinwesen zum Ziel hatte. Die drei Grundprinzipien formuliert Karls Verordnung «Admonitio generalis» von 789: Fehler verbessern (*errata corrigere*), Überflüssiges beseitigen (*superflua abscindere*) und das Rechte bekräftigen (*recta cohartare*).

Voraussetzung für das Reformprogramm war einerseits die Durchsetzung der königlichen Amtsgewalt gegen den Widerstand der fränkischen Großen und andererseits eine flächendeckende Kirchenorganisation, die im Selbstverständnis der Zeit primär dem Seelenheil aller Reichsangehörigen diente, aber ebenso den Landesausbau und die Alphabetisierung förderte. Wie Mohammeds Islam den altarabischen Stammesreligionen gegenüber einen kulturgeschichtlichen Fortschritt darstellt, so bedeutete Christianisierung eine Art Entwicklungspolitik. Der germanische Wotanskult der heidnischen Sachsen kannte noch Menschenopfer. Karl kümmerte sich um Kultur, er verpflichtete in seiner «Admonitio Generalis» Bischöfe und Äbte einzusetzen und Schulen einzurichten, er führte mit der karolingischen Minuskel eine schnell schreibbare, gut lesbare, schön anzusehende Schrift ein, er ließ antike und patristische Texte kopieren – 8000 karolingische Abschriften lateinischer Autoren sind erhalten – und sammelte die vorchristlichen Heldenlieder der Germanen. Die Aachener Hofschule wurde zum Zentrum der Bildung nördlich der Alpen.

Ähnlich den römischen Kaisern regierte Karl durch schriftliche Anordnungen, die sogenannten Kapitularien, er sandte Königsboten (*missi dominici*) in Krisengebiete und sorgte entsprechend der Grafschaftsverfassung durch seine Beauftragten für die öffentliche Ordnung. Dazu kam eine durchgreifende Münz-, Gerichts- und Heeresreform, ein ungeheurer, wie wir sagen würden, Modernisierungsschub.

Das imperiale Programm Karls spiegelt sich nicht zuletzt in seiner Aachener Baupolitik. Zu allen Zeiten war die Architektur das augenfälligste Zeugnis für Herrschaftsansprüche. Sie ist dies in unserem Fall in doppeltem Sinne: einerseits durch die allseits gerühmte Pracht der Bauten und andererseits durch die ideelle und materielle Verbindung mit den Kaiserstädten Rom, Ravenna und Konstantinopel, die ihren Niederschlag fand in der Übernahme von Bauformen und Stilelementen, von Kunstwerken und Spolien. Das

Aachener Bauprogramm reicht hinter die Kaiserkrönung zurück, es war im Jahre 800 längst im Gang und bestätigt somit die Erneuerung des Kaisertitels als Element einer groß angelegten Konzeption.

Die Wahl des Standorts Aachen gründet sich auf das Herkunftsgebiet der Salfranken, die hier seit einem halben Jahrtausend ansässig waren. Schon Pippin, Karls Vater, hatte seinen Königshof auf Aachens römischen Ruinen errichtet. Der alte Name *Aquae Granni* ist römischen, beziehungsweise keltischen Ursprungs. Grannus ist der keltische Heilgott, dem griechisch-römischen Apollon verwandt, *Aquae* verweist auf die heißen Quellen, die schon in der römischen Kaiserzeit genutzt wurden.

Zum Jahre 796 verzeichnet das Chronicon Moissiacense, Karl habe in Aachen ein *palatium* (eine Pfalz) errichtet, das er «Lateran» benannte. Lateran aber ist der Name des Johannes dem Täufer und Johannes dem Evangelisten geweihten Bischofspalastes in Rom, der im *Constitutum Constantini* als Palast Constantins galt. Die Aachener Pfalzkapelle, von Alkuin mit dem salomonischen Tempel verglichen, für die Karl schon vor 798, wie Einhard stolz berichtet, Säulen aus Rom und Ravenna über die Alpen herbeischaffen ließ, wurde in Anlehnung an San Vitale in Ravenna gebaut, jenem unter Justinian errichteten Kuppelbau. Archäologisch gesichert ist zudem die Zweitverwendung römischer Kapitelle, die man dann auch kopiert hat. Aus Ravenna holte er ebenfalls eine Reiterstatue, in der man Theoderich den Großen erblickte, jenen König der Ostgoten, der dreihundert Jahre zuvor als Germane die Kaiserherrschaft im Westreich immerhin faktisch ausgeübt hat.

Karls *Aula Regia*, noch heute im Aachener Rathaus teilweise erhalten, wurde nach römischem Fußmaß angelegt. Sie erinnert im Grundriß an die sogenannte Basilika in Trier, einen spätrömischen Thronsaal, und zitiert mit ihren drei Apsiden das Triklinium römischer Kaiservillen. Für die Erneuerung der römischen Thermalbauten wird man eher praktische als ideologische Motive vermuten dürfen. Die zeitgenössische Panegyrik, zumal das Paderborner Epos von 799, feiert auch Karls Bade-Anlagen und preist Aachen als *Roma secunda,* als Zweites Rom – wohlgemerkt nicht einfach als Neues oder richtig als Drittes Rom. Byzanz wird ignoriert. Selbst Theater, Forum und der Senatscurie seien in der *ventura Roma,* dem künftigen Rom vorgesehen. «Golden wird Rom der Welt nun wiedergeboren» heißt es 804 in einer Ekloge Modoins – das Wort *renascitur* steht richtungsweisend auf die karolingische Renaissance.

## *Universalmächte im Widerstreit*

Die Erhebung Karls zum römischen Kaiser veränderte die Weltordnung. Sehen wir davon ab, daß Christentum und Islam jeweils den Anspruch erhoben, die einzig wahre Lehre für alle Menschen darzustellen, standen sich innerhalb der christlichen Ökumene nun drei konkurrierende Universalmächte gegenüber: der byzantinische Basileus, der römische Papst und der fränkische Kaiser. Alle drei beriefen sich auf die römische Tradition, auf das Imperium des Augustus, und jeder mit einem gewissen Recht. Das daraus erwachsende Problem wurde von den Zeitgenossen durchaus wahrgenommen. Es spiegelt sich in der Diskussion bei Alkuin in seinem Brief von 799 an Karl über die drei höchsten Personen der Welt. Ist es der Papst? Nein, Leo wurde vom Stuhl Petri vetrieben. Ist es der Basileus? Nein, Konstantin VI wurde 797 von seiner Mutter Irene abgesetzt. Übrig bleibt der Frankenkönig als *rector populi Christiani* (Leiter der Christenheit), nur er ist seiner Aufgabe gewachsen. So sah man das im Frankenland.

Die drei Oberhäupter waren selten einig. Zwischen dem Papst und dem Basileus gab es Spannungen, solange die geistliche Jurisdiktion in Thrakien nicht klar abgegrenzt war. Mit der Festlegung der Westgrenze des oströmischen Reiches erledigte sich diese Frage; den Suprematsanspruch des Nachfolgers Petri über die gesamte Christenheit hat man in der griechischen Welt ignoriert. Der Versuch der Byzantiner, Italien zu behaupten, soweit es nicht von den Langobarden beherrscht war, mißlang, obschon noch im Jahre 726 einmal ein byzantinisches Heer in Italien erschien. Der Vertreter des Ostkaisers in Rom, der *dux*, verlor jeden Einfluß, und das den Langobarden entrissene, ursprünglich oströmische Exarchat von Ravenna wurde 751 von Pippin an den Papst vergeben.

Das Bewußtsein, daß für den Schutz des Bischofs von West-Rom eigentlich der Kaiser von Ost-Rom zuständig gewesen wäre, findet sich noch um 900 bei Notker von Sankt Gallen. Er berichtet, Leo habe sich korrekterweise zunächst an Kaiser Michael in Konstantinopel um Hilfe gewandt (I 26), doch habe dieser sich verweigert mit dem Hinweis darauf, daß der Papst ja ein eigenes, besseres Reich besitze und darum sich selber helfen möge. Erst daraufhin habe Leo sich in Aachen gemeldet und Karl angeboten, ihm, der ohnehin bereits Herrscher über so viele Völker sei, den Namen eines Imperator, Caesar und Augustus durch apostolische Befugnis zu verleihen. Also möge er doch nach Rom kommen. So wie Pippin als Hausmeier schon faktisch König war, so war Karl als König schon faktisch Kaiser. Die Einbeziehung des Basileus ist sicher unhistorisch, zumal Michael I erst 811 seine Regierung antrat, beleuchtet aber die Rechtslage in den Augen der Zeit.

Das Verhältnis zwischen Papst und Kaiser im Westen war nach der Krönung klar, denn Leo hatte Karl förmlich gehuldigt und ihn als weltlichen Herrn über sich anerkannt. Gemäß dem Spruch Jesu «Gebt dem Kaiser, was des Kaisers ist, und Gott, was Gottes ist» (Matthäus 22, 15 ff) und dem Wort aus dem Römerbrief (13, 1): «Jede Seele sei untertan der regierenden Obrigkeit, denn jede Obrigkeit ist von Gott eingesetzt», konnte der Papst den Kaiser als weltlichen Herrn anerkennen, so wie Paulus den Nero anerkannt hatte. Sprengstoff enthielt in der Theorie das *Constitutum Constantini,* da es dem Papst die weltliche Oberhoheit über das gesamte Westreich zusprach, und in der Praxis die Doppelfunktion der Bischöfe, die geistliche und weltliche Funktionen nebeneinander ausübten und daher gleichzeitig dem Kaiser und dem Papst unterstanden. Unter Karl hatte hier der Kaiser das Sagen, aber später entstand aus dieser Situation der Investiturstreit. Er wurde 1122 im Wormser Konkordat beigelegt, eine Sternstunde der Reichsgeschichte.

Am problematischsten war die Beziehung zwischen den Kaisern in Ost und West, die beide einen säkularen Universalanspruch erhoben. Der Kaiser in Konstantinopel besaß das ältere Recht, stand er doch in ungebrochener Sukzession der Imperatoren. Faktisch allerdings regierte er nur noch die griechischen Länder zu beiden Seiten des Bosporus und der Ägäis. Der lateinische Westen war im 5. Jahrhundert, der syrische Osten und Nordafrika waren im 7. Jahrhundert verloren gegangen. Dennoch hat Byzanz den Anspruch auf das Gesamtreich nie aufgegeben. Insofern schuf Karls Krönung ein diplomatisches Dilemma: das Zweikaiser-Problem. Ganz neu war es freilich nicht. Vorübergehend, in den Jahren 160 bis 169, gab es ein legales Doppelkaisertum schon bei Marc Aurel und Lucius Verus, bei Caracalla und Geta 211, bei Pupienus und Balbinus 238 und dann seit Diocletian. Von 286 bis 476 finden wir in der Regel einen Kaiser im Osten und einen im Westen.

Am 4. September 476 hat dann der germanische Heermeister Odovacar den letzten weströmischen Kaiser Romulus Augustulus abgesetzt und Italien als *rex Italiae* und *patricius* des Ostkaisers regiert. Fortan gab es nur noch einen einzigen Kaiser, so wie normalerweise in der Zeit zwischen Augustus und Diocletian. Auch als dieser das Mehrkaisertum einführte, blieb die imperiale Zentralgewalt der Idee und dem Recht nach ungeteilt. Ein Reich, ein Gott, ein Kaiser – da war ein zweiter nicht vorgesehen. Die Lage Karls im Jahre 800 war nicht unwesentlich dadurch erleichtert, daß der Thron von Konstantinopel just vakant war. Im Jahre 797 war

Konstantin VI, verlobt mit Rothrud, einer Tochter Karls des Großen, wie gesagt, von seiner ehrgeizigen Mutter, der Kaiserwitwe Irene, geblendet (*excaecatus*) und gestürzt worden.

Dennoch hat sich Karl nicht als Nachfolger des byzantinischen Basileus begriffen. Jener war aus westlicher Sicht nicht Kaiser der Römer, sondern Kaiser der Griechen; Karl redete ihn in seinen Briefen mit «Bruder» an. Die eleganteste Lösung des Zweikaiser-Problems wäre eine Ehe zwischen Karl und Irene gewesen. Tatsächlich ist darüber verhandelt worden, doch zerschlug sich der Plan – der Spagat wäre allzu groß gewesen. Nachdem der Thron in Byzanz nach dem Sturz Irenes 802 mit Nikephoros I wieder besetzt war, hat man dort die römischen Kaiser deutscher Zunge bald als barbarische Usurpatoren verächtlich abgelehnt, bald als militärisch gefährliche Nachbarn nolens volens anerkannt, so 813, endgültig aber erst 1204, als Konstantinopel von den Franken erobert worden war.

## *Karolus pater Europae*

War die Kaiserkrönung Karls des Großen eine Sternstunde der Geschichte? Gewiß in der Geschichte Europas. Nicht zufällig tituliert der anonyme Verfasser des Karls-Epos den Kaiser als *pater Europae*. Denn seit dem Ende des weströmischen Reiches leuchtet hier zum ersten Mal die Vision auf von einer politischen Einheit im Raum von Frankreich, Deutschland und Italien. Der alte Gedanke eines Vielvölkerstaates lebt wieder auf und mit ihm die Bemühung um die Aneignung und Weiterentwicklung der antiken Tradition. Karl wollte die Welt unter christlichen Vorzeichen vereinigen wie Alexander unter griechischen, Augustus unter römischen und Mohammed unter islamischen.

Karl der Große gehört zu den wenigen Gestalten, deren Beiname «der Große» sich ohne ernst zu nehmenden Widerspruch gehalten hat. Bei den Franzosen und Engländern ist er *Charlemagne*, bei den Italienern *Carolo Magno*, die slawischen Völker leiten ihr Wort für König *Kralj* von Karl ab. Sein Beiname der «Sachsenschlächter» im neuheidnisch-neogermanischen Umfeld von Heinrich Himmler wurde nicht einmal von Hitler akzeptiert. Karl hat Ungeheures geleistet auf militärischem, organisatorischem und kulturellem Gebiet. Sommer für Sommer unterwegs zwischen Elbe und Ebro, Donau und Tiber hat er seine Gegner bezwungen. Die Unterwerfung der Sachsen war politisch und religiös motiviert – sie bedeutete zugleich deren Aufnahme in den Kreis der Kulturvölker. Mit den Ottonen wurden die Sachsen selbst zu Trägern der Kaiseridee. Am 29. Dezember 1165 hat Paschalis III Karl den Großen auf Betreiben Barbarossas heilig gesprochen.

Karls Ansehen hielt sich selbst bei den Aufklärern, die auf das Mittelalter sonst schlecht zu sprechen waren. So schreibt Montesquieu im «Esprit des Loix» von 1748 (XXXI 18): «Karl der Große stimmte innerhalb des Staates die Stände so aufeinander ab, daß sie sich das Gleichgewicht hielten und er der Herr blieb. Das Ganze wurde durch die Stärke seines Genies geeint. Den Adel schickte er von einem Feldzug in den andern; er ließ ihm keine Zeit zum Aushecken von Plänen, sondern beschäftigte ihn mit der Durchführung seiner eigenen. Das Reich wurde durch die Größe seines Oberhauptes zusammengehalten. Groß war Karl als Herrscher, größer noch als Mensch. Seine Kinder waren als Könige seine höchsten Untergebenen, die Werkzeuge seiner Machtausübung, die Vorbilder im Gehorsam. Er traf bewundernswerte Verwaltungsbestimmungen, und mehr noch: Er sorgte dafür, daß sie durchgeführt wurden. Sein Genie strahlte bis in den letzten Winkel seines Reiches.

«In den Gesetzen dieses Herrschers ist eine Voraussicht am Werk, die alles versteht, und eine gewisse Kraft, die alles mitreißt. Die Vorwände zum Umgehen der Pflicht wurden entkräftet, Trödeleien abgestellt, Mißständen ward abgeholfen oder vorgebeugt. Karl wußte zu strafen, noch besser aber: zu verzeihen. Er war in seinen Plänen weitblickend, in ihrer Ausführung unkompliziert und besaß wie keiner die Kunst, die größten Dinge mit leichter, die schwierigen mit schneller Hand zu erledigen. Fortwährend durchreiste er sein riesiges Reich, griff überall tatkräftig ein, wo Not am Mann war. Allenthalben erhoben sich immer aufs neue Schwierigkeiten, und allenthalben bewältigte er sie. Kein Herrscher bot besser den Gefahren die Stirn, kein Herrscher wich ihnen besser aus. Über alle Lebensgefährdungen setzte er sich hinweg, besonders über jene, die den großen Eroberern fast immer drohen, nämlich die Verschwörungen.

«Dieser übermächtige Herrscher», so weiter Montesquieu, «war äußerst maßvoll; sein Charakter mild, seine Lebensart schlicht. Er liebte das Zusammenleben mit den Leuten seines Hofes. Vielleicht war er zu empfänglich für die Reize der Frauen (das erinnert uns an Mohammed!), aber ein Herrscher, der sein Leben lang selbst regierte und sein Leben in Mühe und Arbeit verbrachte, verdient Nachsicht. In seinen Ausgaben hielt er bewundernswert Ordnung: er erhöhte den Wert seiner Domänen mit Weisheit, Aufmerksamkeit und Sparsamkeit. Ein Familienvater könnte aus seinen Gesetzen lernen, wie man ein Haus verwalten soll. In seinen *Kapitula-*

*rien* fließt die ungetrübte und geheiligte Quelle, aus der er seine Reichtümer schöpfte. Nur eins will ich noch anführen: Er befahl, die überzähligen Eier aus den Hühnerhöfen und das nicht verwendete Gemüse aus seinen Domänen auf dem Markt zu verkaufen. Er, der alle Besitztümer der Langobarden und die riesigen Schätze der Avaren, die den Erdball ausgeplündert hatten, an seine Völker verteilt hatte, kümmert sich um Eier und Gemüse!»

Karl war seiner Zeit weit voraus. Er bemühte sich nicht ohne Erfolg um die Wiedergewinnung des antiken Kulturniveaus. Seine Hofschule brachte die gelehrten Studien wieder zu Ehren, die lateinischen Autoren wurden abgeschrieben und gelesen, das Schulwesen gefördert, die Schrift reformiert, das Recht kodifiziert. Es entstanden großartige Kirchen, Klöster und Pfalzen – der Begriff kommt von lateinisch *palatium* – und zum ersten Mal seit einem halben Jahrtausend wurde wieder eine feste Brücke über den Rhein gebaut, die «ganz Europa in gemeinsamer, wohl verteilter Arbeit vollendet hat». Unter seinen Nachfolgern wurde sie, wie Notker (I 30) bemerkt, von den Mainzer Fährleuten wieder abgerissen. Jeder technische Fortschritt hat Arbeitslosigkeit im Gefolge, nicht erst der Computer.

Die karolingische Renaissance leitet jenen großen Prozeß der Antikenrezeption ein, der die abendländische Kultur zu dem gemacht hat, was sie geworden ist. In immer erneuten Anläufen haben die Ottonen, die Staufer, die Humanisten, die Aufklärer von den antiken Kulturleistungen Gebrauch gemacht, der Klassizismus in der Kunst bietet dafür den sichtbarsten Ausdruck. Die von Karl dem Großen erneuerte römische Kaiserwürde endete zwar, als auf Druck Napoleons Franz II sie am 6. August 1806 niederlegte. In den tausend Jahren zuvor aber war sie die höchste weltliche Ehre, die es in Europa gab, ein Sinnbild seiner Zusammengehörigkeit.

*

In diesem Herbst 1999 wurde in Paderborn eine große Ausstellung gezeigt. Sie stand unter dem Titel «Kunst und Kultur der Karolingerzeit» und nahm zum Anlaß den Besuch von Papst Leo III bei Karl dem Großen vor 1200 Jahren in dieser Stadt. Unter den Prunkstücken befand sich auch der Sarkophag Karls. Es handelt sich um ein römisches Marmorwerk aus der Zeit um 200 n. Chr., das der Kaiser, so wie viele andere Kunstwerke, aus Italien nach Aachen mitgebracht hat. Es ist erstaunlich, daß ein christlicher Monarch jener Zeit sich einen antiken Sarkophag ausgewählt hat, der einen heidnischen Mythos darstellt: den Raub der Proserpina.

Die Geschichte erzählt Ovid in seinen Metamorphosen (V 376ff). Proserpina, die schöne Tochter der Göttin der Feldfrucht, Ceres, wird von Pluto, dem Gott der Unterwelt beim Blumenpflücken entdeckt. Pluto verliebt sich in sie und entführt die Widerstrebende auf seinem Wagen in den Orkus. Ceres sucht nun überall nach ihrer Tochter. In Syrakus erfährt sie von der Quellnymphe Arethusa, daß Proserpina Königin der Unterwelt geworden sei. Ceres wendet sich nun an Juppiter, ihren Vater und König der Götter, und er bestimmt, daß Pluto seine Frau immer nur ein halbes Jahr bei sich behalten darf, daß sie für die andere Hälfte aber zur Mutter auf die Erde zurückkehren soll.

Dieser Mythos verbildlichte in heidnischer Sicht den Jahreswechsel von Sommer und Winter, er konnte aber auch unter christlichen Vorzeichen auf Tod und Auferstehung bezogen werden. So wird man es Karl erzählt haben. Es ist aber auch noch eine dritte Deutung denkbar: das Ende und die Erneuerung des römischen Reiches und der antiken Kultur. Denn eben dies war ja Karls Programm. Der Mythos enthält die Botschaft, daß Untergang und Neubeginn allenthalben und immer wieder aufeinanderfolgen – nichts ist endgültig, nichts ist ewig – außer Gott allein.

## Literatur

M. Becher, Karl der Große, München 1999

H. Beumann, Das Paderborner Epos und die Kaiseridee Karls des Großen. In: J. Brockmann, a. O., S. 1ff

Wolfgang Braunfels (u.a. Hg.): Karl der Große. Lebenswerk und Nachleben, Bd. 1–4, 1965ff

Ders., Karl der Große in Selbstzeugnissen und Bilddokumenten, 1977 (mit Zeittafel)

J. Brockmann (Hg.), Karolus Magnus et Leo Papa. Ein Paderborner Epos vom Jahre 799, 1966

P. Classen, Karl der Große, das Papsttum und Byzanz, 1968

A. Demandt, Was wäre Europa ohne die Antike? In: Alte Geschichte und Wissenschaftsgeschichte. Festschrift für Karl Christ zum 65.Geburtstag, 1988, S. 113–129

J. Fleckenstein, Karl der Große, 1990

W. Goez, Translatio Imperii. Ein Beitrag zur Geschichte des Geschichtsdenkens im Mittelalter und in der frühen Neuzeit, 1958

H. Günther, Die Renaissance der Antike, 1998

G.H. Pertz/F. Kurze (Hgg.), Annales Regni Francorum inde ab anno 781 usque ad annum 829, qui dicuntur Annales Laurissenses maiores et Einhardi, 1895

Kurt Reindel, Die Kaiserkrönung Karls des Großen, 1970 (Quellensammlung)

Pierre Riché, Die Karolinger. Eine Familie formt Europa, 1987

Reinhard Schneider, Das Frankenreich, 1990

Hagen Schulze, Die Identität Europas und die Wiederkehr der Antike. In: Die politische Meinung 44, 1999, S. 67ff

Ch. Stiegemann/M. Wemhoff (Hgg.), 799 – Kunst und Kultur der Karolingerzeit. Karl der Große und Papst Leo III in Paderborn, I–III, 1999 (Katalog der Ausstellung Paderborn 1999)

Richard E. Sullivan (ed.), The Coronation of Charlemagne. What did it signify?, Boston 1959 (darin u.a.: François L. Ganshof, The Coronation as a Revival of the Roman Empire in the West)

Gunther Wolf (Hg.), Zum Kaisertum Karls des Großen, 1972

*Moralische Vollkommenheit allein ist der Zweck, weswegen politische Freiheit so wünschenswert ist.*
Georg Forster

## 7. Die Magna Charta Libertatum

*15. Juni 1215*

Sternstunden der Geschichte verbinden sich in der Regel mit dem Namen einer großen Persönlichkeit. Hegel spricht in seiner Geschichtsphilosophie-Vorlesung 1822 von «welthistorischen Individuen» oder «Geschäftsführern des Weltgeistes», deren «eigene partikulare Zwecke das Substantielle enthalten, welches Wille des Weltgeistes ist». Sie erkennen und vollziehen, «was an der Zeit ist». Heinrich von Treitschke hat das 1879 umformuliert in: «Männer machen die Geschichte», ein Satz der sachlich richtig, aber sinngemäß irreführend ist, denn zum einen wird die Geschichte nicht gemacht, sondern sie geschieht – mit anderen Worten: Geschichte ist das, was dabei herauskommt, wenn Männer versuchen, sie zu machen. Und zum andern haben die Männer keinen Grund, besonders stolz auf das zu sein, was bisher an Geschichte geleistet worden ist. Wenn die Frauen sich vorerst zurückgehalten haben, so vermutlich deswegen, weil sie etwas Besseres zu tun hatten, als die Geschäfte des Weltgeistes zu betreiben. Nun scheint sich das zu ändern.

Die großen Einzelnen in der Geschichte haben die Dinge niemals allein bewegt. Alexander hatte seine Makedonen, Augustus seine Legionäre, Jesus seine Apostel. Mitunter sind diese Leute auch einmal gegen ihre Führer aufgetreten, zumal dann, wenn die Interessen kollidierten oder wenn man um die Freiheit fürchtete. So haben die Athener ihre Tyrannen, die Römer ihre Könige gestürzt, und gleiches hören wir von den Germanen. Arminius hatte, wie selbst Tacitus (Annalen II 88) einräumt, Germanien von der Herrschaft der Römer befreit, wurde aber von seinen eigenen Leuten erschlagen, als er die Königswürde erstrebte. Immer wieder heben die antiken Autoren den Freigeist der Nordvölker hervor, der freilich auch seine anarchische, chaotische Seite besaß.

In der Verfassungsgeschichte des nachantiken Europa sind zwei entgegengesetzte Strömungen zu beobachten: einerseits eine römische Tradition, die auf Gesetz und Ordnung achtete, in der Regel gewährleistet durch eine starke monarchische Spitze und eine genaue Verwaltung, und andererseits eine germanische Erbschaft, der die Rechte des freien Mannes wichtig waren. Die Forderung nach Mitsprache im Thing, in der Ständeversammlung, auf Landtagen und Reichstagen, wurde wiederholt erhoben und zieht sich durch die gesamte Vorgeschichte der modernen Demokratie, ja sie ist deren Vorgeschichte.

Ein Markstein auf dem Weg zur Demokratie ist die Magna Charta Libertatum, die *Great Charter,* die «große Urkunde der Freiheiten» von 1215. Der Begriff *charta* ist nicht einfach zu übersetzen. Er bezeichnet ein Schriftstück, in unserem Fall eine amtliche Verfügung. Das Wort stammt aus dem Altägyptischen, wurde von den Griechen mit *chartēs* wiedergegeben und bedeutet ursprünglich das Blatt der Papyrus-Staude, später, zumal in der lateinischen Fassung *charta,* jedes Schriftwerk, wenn nicht gerade auf Stein, Holz oder Metall. Die mittelalterliche Schreibweise ist meist einfach *carta,* so auch in der neueren englischen Literatur. Die Magna Charta ist in vier zeitgenössischen Ausfertigungen erhalten, zwei liegen im Britischen Museum und je eine in den Kathedral-Archiven von Salisbury und Lincoln. Letztere gilt als der beste Text. Der Name Magna Charta ist nachträglich, um 1220, aufgekommen.

## *Die Urkunde*

Wenn man London verläßt und sich themseaufwärts über Kingston *upon Thames* und Staines nach Windsor begibt, erreicht man kurz vor Old Windsor, unmittelbar südlich des Flusses die Wiese Runnymede. Dort steht ein Denkmal, errichtet von der *American Bar Association,* der Vereinigung amerikanischer Rechtsanwälte. Einmal im Jahr, am dritten Sonntag im Juni, gibt es auf dieser Wiese, vor diesem *memorial* eine Versammlung der 1907 in Minnesota gegründeten *Magna Carta Day Association International Incorporated,* bei der sich Anwälte von beiden Seiten des Atlantiks versammeln, um die Erinnerung an die 1215 verbrieften Rechte des Bürgers gegenüber der höchsten Staatsgewalt zu pflegen.

Auf jener Wiese trafen sich am 15. Juni 1215 die aufsässigen anglo-normannischen Barone, sämtlich bewaffnet, und ihr König, John Lackland, deutsch Johann Ohneland. Er besiegelte am 19. Juni die Vereinbarung, die als Magna Charta in die Geschichte einging. Der Name des Ortes Runnymede deutet auf einen alten Treffpunkt, die benachbarten Städte symbolisieren die streitenden Kräfte: Windsor den König, Staines den Adel und London das Bürgertum, den damals noch nicht beteiligten späteren Nutznießer der Abmachung.

Betrachten wir nun die lange Urkunde, so präsentiert sie sich als Erlaß des Königs Johann. Nach Aussehen und Aussage entspricht sie, wie Leopold von Ranke in seiner «Weltgeschichte» bemerkt, den Freiheitsurkunden des Hochmittelalters. Aus der deutschen Geschichte könnte man zum Vergleich anführen die Freiheitsrechte, die Barbarossa 1183 den lombardischen Städten gewährte; die Privilegien, die Kaiser Friedrich II 1220 in der «Confoederatio cum principibus ecclesiasticis» der Kirche einräumte, oder das «Statutum in favorem principum», mit dem sein Sohn Heinrich (VII) 1231 auch die weltlichen Fürsten aus der Abhängigkeit von der Krone befreite. Die englischen wie die deutschen Freiheitsbriefe schwächten den König, in England zugunsten des Parlaments, in Deutschland zugunsten der Landesherren. Diese freilich übten einen Teil der Hoheitsrechte bereits aus, bevor sie ihnen zugestanden wurden.

Unmittelbares Vorbild für die Magna Charta war die Charta Heinrichs I von 1100, worin der neue König seine Regierungsweise ankündigte und sich als Wahrer des alten Rechts darstellte. Dieser äußere Charakter der Magna Charta ist insofern überraschend, als Inhalt und Vorgeschichte deutlich machen, daß es sich keineswegs um einen großmütig gewährten Gnadenakt des Herrschers handelt, sondern um die Erfüllung der Forderung des Adels an die Krone, genauer: um eine Selbstentmachtung des Königs, der gewissermaßen mit dem Rücken an der Wand stand. Die älteste Handschrift tituliert das Dokument: *Concordia inter Regem Johannem et Barones pro concessione libertatum ecclesie et regni Anglie* – «Einvernehmen zwischen König Johann und den Baronen über die Gewährung von Freiheitsrechten für Kirche und Königreich von England». Offenbar bestand Johann darauf, sein Gesicht zu wahren und das, was er nicht verweigern konnte, als Geschenk zu drapieren. Als König konnte er kaum anders.

Die lange Präambel beginnt: *Johannes Dei gratia rex Anglie* – Wir, Johannes, von Gottes Gnaden König von England. Es folgen wie üblich die Nebentitel: Herr von Irland, Herzog der Normandie und Aquitanien, Graf von Anjou. Johann entbietet seinen Gruß den geistlichen und weltlichen Baronen, den Rechtsgelehrten und Forstverwaltern, den Sheriffs und Stewards, den Ministerialen, Beamten und Lehensleuten.

Es folgt die Begründung für den Erlaß. Johann verfügt ihn in vierfacher Absicht: 1. Zur Ehre Gottes, 2. für sein Seelenheil sowie für das seiner Vorgänger und Nachfolger, 3. zur Erhöhung der heiligen Kirche und 4. zur Verbesserung des Königreiches (*emendatio regni nostri*). Der aus unserer Sicht wichtigste Aspekt erscheint zuletzt.

Johann nennt sodann, auf wessen Rat hin er die Urkunde ausgestellt habe. Die Reihe der angeführten Würdenträger beginnt mit dem Erzbischof von Canterbury, zugleich Primas von England und Kardinal der heiligen römischen Kirche; es folgen zehn weitere geistliche Herren und sechzehn weltliche Barone. Dieselben Personen begegnen uns am Ende des Textes nochmals als Zeugen. Es handelt sich um die Anführer der siegreichen Opposition der Feudalmagnaten, aber auch um Anhänger des Königs. Die Magna Charta trägt nicht die Unterschrift, wohl aber das Siegel des Königs und das Datum 15. Juni, an dem die Verhandlungen begannen, nicht des 19. Juni, an dem sie abgeschlossen wurden. Mit anderen Worten: das Ergebnis stand bereits vor der Verhandlung auf Runnymede fest.

Wenden wir uns nun dem Inhalt der Magna Charta zu, so empfiehlt es sich nicht, die nachträglich eingefügten 63 Paragraphen in der Textfolge nacheinander durchzugehen. Sie sind nicht sorgfältig systematisiert. Statt dessen seien die neun wichtigsten Komplexe besprochen, die in der Urkunde abgehandelt werden.

Als erstes bestätigt Johann die Freiheiten der englischen Kirche. Die Bezeichnung *ecclesia Anglicana* ist keine Vorwegnahme der anglikanischen, dem Richtspruch des Papstes entzogenen Kirche des 16. Jahrhunderts, sondern meint einfach die Kirche im englischen Königreich. Denn der englische König ist es, der im Sinne der Barone die Freiheit der Kirche schmälert, indem er in die Besetzung der hohen Ämter eingreift. Dies war das Problem im Investiturstreit. Bischöfe, Äbte und andere Prälaten sollen frei von königlichem Einfluß gewählt werden – eine Bestimmung, für die ausdrücklich auf den Willen von Papst Innozenz III hingewiesen wird (1).

Ein zweiter Punkt betrifft die Rechte der Barone. Die Kronvasallen besaßen Lehnsgüter, die ihre Inhaber zum Kriegsdienst verpflichteten. In der Theorie war ein solches Lehnsgut ein *beneficium* des Königs auf Lebenszeit. In der Praxis aber ging das Verhältnis auf den Erben über. Dieser mußte dem König dafür eine Anerkennungsgebühr (*relevium*) entrichten, deren Höhe jetzt durch die Magna Charta festgelegt wurde (2). Unmündige Lehnserben müssen bei Volljährigkeit keine Gebühr nachzahlen (3). Zudem wird das Recht des Königs auf Heimfall von Lehen (43) und auf Vormundschaft über unmündige Lehnserben eingeschränkt (37). Der Vormund soll den heranwachsenden Erben nicht übervorteilen (45).

Barone, die Klöster gestiftet haben, verwalten diese bei Sedisvakanz (36), also wenn der geistliche Vorsteher des Klosters verstorben ist.

Ein Dauerkonflikt betraf die Heirat von Lehnsleuten. Starb ein Lehnsmann, so wurden seine unmündigen Söhne und Töchter bisweilen vom König gegen Höchstgebot verheiratet. Die Magna Charta forderte dafür nun die Einschaltung der Blutsverwandten (6). Die Witwe sollte gleich nach dem Tode ihres Gatten den Pflichtteil des Erbes, die von ihr eingebrachte Mitgift und die Morgengabe unverzüglich und ungeschmälert erhalten und vierzig Tage im Hause ihres Mannes verbleiben dürfen (7). Sie behielt das Gesamtvermögen, wenn sie bei der Wiederverheiratung den Wunsch des Königs respektierte. Andernfalls aber solle sie nicht gegen ihren Willen verheiratet werden. Dafür mußte sie nach der Magna Charta Bürgschaft stellen (8). Das heißt: der König ließ sich sein Zustimmungsrecht zur neuen Ehe abkaufen. Die Kirche hat im übrigen diese Heiratspolitik nie anerkannt. Für sie war die Ehe kein Geschäft, sondern ein Sakrament, und sie hat nach eigenem Gutdünken eingesegnet.

Neben der Ehe waren die Schulden ein Dauerthema. Dem König wird untersagt, Ländereien oder Einkünfte von solchen Schuldnern zu kassieren, die bewegliche Habe besitzen. Auf die möge er zugreifen. Gibt es Bürgen, soll er sich an diese halten (9). Stirbt ein Lehnsmann, der beim König verschuldet ist, so haften die Erben nur mit der beweglichen Hinterlassenschaft. Hat er keine Schulden, so vererbt er gemäß Testament, wobei Ehefrau und Kinder zu berücksichtigen sind (26). Gibt es kein Testament, so verteilen die Angehörigen unter kirchlicher Aufsicht die Habe nach Abzug der Schulden untereinander (27).

Eingeschränkt wurden die den jüdischen Bankleuten als Schützlingen des Königs zustehenden Rechte bei Insolvenz. Offenbar lag das Geldgeschäft überwiegend in der Hand von Juden. Von minderjährigen Erben einer Schuldlast durften keine Zinsen erhoben werden; das durfte selbst der König nicht, wenn ihm ein Jude seinen Schuldschein übereignete. Die Witwe eines bei Juden oder anderen verschuldeten Mannes haftet nicht mit ihrer Mitgift und nicht mit dem standesgemäßen Existenzminimum für sich und ihre Kinder, auch darf das zur Erfüllung der Lehnspflicht unabdingbare Gut nicht geschmälert werden (11). Wie in den Zeiten vorher und nachher hatten die Juden, zumal sie keine Waffen tragen durften, unter Pogromen zu leiden, so 1189 in London bei der Krönung von Richard Löwenherz, dem Bruder und Vorgänger Johanns. Bei diesen Gelegenheiten wurden immer sofort die Schuldscheine der Juden verbrannt, darum sollten diese – sie waren als Geldgeber für die

Könige bedeutsam – ihre Schuldquittungen im Doppel beim König hinterlegen. Als die Barone im Mai 1215 London besetzt hatten, um den König zur Anerkennung der Magna Charta zu zwingen, inszenierten sie ein Pogrom, das die Londoner Patrizier bereicherte. Mit den Steinen der abgerissenen Judenhäuser verstärkte man die Stadtmauern gegen den König.

Zum Problem der Schulden kommt das der Steuern. Die regelmäßigen Abgaben (*firma comitatus*) wurden üblicherweise pauschaliert von den Grafschaftsvögten an den Fiskus abgeführt. Was diese über die Pauschale hinaus an Steuern eintrieben, gehörte ihnen. Mit wachsender Wirtschaft und gleichbleibenden Pauschalen stiegen die Zwischengewinne der Feudalherren. Um daran teilzuhaben, verhängte der König von Zeit zu Zeit Zusatzabgaben (*incrementum*). Dies wurde nun zugunsten der Steuereintreiber untersagt und auf die Domänen beschränkt (25).

Modifiziert wurden ebenso die unregelmäßigen Leistungen. Lehnsleute mußten, wenn der König für einen bestimmten Feldzug es verlangte, anstelle des persönlichen Wehrdienstes ein Schildgeld (*scutagium*) entrichten und waren verpflichtet, in unterschiedlichen Notfällen an ihn ein Hilfsgeld (*auxilium*) zu zahlen. Diese Sondersteuern begrenzte die Magna Charta auf drei Fälle: wenn der König in Gefangenschaft geriet und Lösegeld für ihn aufzubringen war – so für Richard Löwenherz 1193 (s.u.) – und wenn der König den Ritterschlag seines ältesten Sohnes oder die Hochzeit seiner ältesten Tochter feierte. Aber auch bei diesen Gelegenheiten solle die Höhe der Forderung vernünftig (*rationabilis*) bleiben. In allen anderen Fällen müsse der König die Zustimmung seines Kronrates einholen. Dieses *consilium regni,* bestehend aus den höchsten geistlichen und weltlichen Herren, sei 40 Tage zuvor durch versiegelte Briefe zu benachrichtigen. An die kleineren Kronvasallen ergehe eine Sammeleinladung (12; 14).

Galten die bisherigen Schutzbestimmungen der Kirche und dem Hochadel, so werden in einer dritten Rubrik alle Gemeinfreien (*homines liberi*) mit bestimmten Rechten ausgestattet. Dies macht deutlich, daß der Widerstand gegen den König nicht nur von den Fürsten ausgegangen ist. Diese, die Lehnsträger, dürfen Sonderabgaben von ihren Untergebenen nur für dieselben Zwecke erheben, für welche dem König das gegenüber den Lehnsträgern gestattet ist (15): Lösegeld, Ritterschlag des Sohnes und Hochzeit der Tochter (Fräuleinsteuer). Dienstleistungen für Ritterlehen und Freilehen müssen sich ans Überkommene halten (16). Kein Ritter darf zur Geldabgabe gezwungen werden, wenn er persönlich Kriegsdienst leisten will, und muß auch dies nicht mehr, sobald er seiner Wehrpflicht genügt hat (29). Die Pflicht zum Bau und Unterhalt von Brücken und Ufern wird prinzipiell anerkannt, darf aber nicht auf neue Personen oder Gemeinden ausgedehnt werden (23).

Folgenreich war die nächste Bestimmung: Jeder, der nicht im Gefängnis sitze oder geächtet sei, dürfe in Friedenszeiten das Land verlassen und wiederkommen, ganz nach Belieben (42). Ein solches Recht auf Auswanderung ergibt sich zwingend, wenn die Anerkennung der Staatsmacht auf freier Entscheidung des Bürgers beruhen soll. Leider ist ein solches Auswanderungsrecht in der Bundesrepublik nur durch Gesetz gewährt und nicht in der Verfassung verankert, vermutlich weil es für die Verfassungsväter nicht vorstellbar war, daß es Ausreisewilligen verweigert werden könnte. In der DDR indessen wurde das Recht zum Verlassen des Landes durch den Eisernen Vorhang und das Republikflucht-Gesetz von 1957 ausgeschlossen, und daher war die DDR ein Zwangsstaat, der hinter den in der Magna Charta bereits erreichten Stand an Rechtsstaatlichkeit zurückfiel.

Eine vierte Gruppe von Paragraphen der Magna Charta widmet sich den Städten und dem Handel. Die damals einzig große Stadt London wird hinsichtlich der Kronabgaben den Baronen gleichgestellt (12) und soll ihre alten Freiheiten zu Lande und zu Wasser behalten, ebenso alle anderen Ortschaften (13). Das Londoner Maß für Wein, Bier, Getreide und Tuch soll im ganzen Reich einheitlich gelten (35). Kaufleute genießen Reisefreiheit im In- und Ausland, ungehindert durch «böse Zölle» (*sine omnibus malis toltis*), außer in Kriegszeiten. Dann sollen Kaufleute aus Feindesland so behandelt werden wie englische Kaufleute dort (41). Wie du mir, so ich dir. Die Begrenzung der Zölle richtete sich gegen den Fiskus. Die ungehinderte Einfuhr lag vermutlich eher im Interesse der Magnaten als in dem der Städte. Wichtig dafür waren die Wasserstraßen. Im Sinne des Schiffsverkehrs verbot die Magna Charta die Anlage von Fischreusen quer durch die Themse und andere Flüsse (33).

Ein fünftes Thema war das Gerichtswesen. Prozesse sollen grundsätzlich nicht am Königsgericht, sondern an Ort und Stelle stattfinden (17). Dem König wird verwehrt, Feudalprozesse eigenmächtig vor sein Gericht zu ziehen und so die Zuständigkeit der Ortsgerichte auszuhöhlen (34). Hier ging es vermutlich um die Gerichtsgebühren, die der Adel nicht verlieren wollte. Streitfälle über Besitzwechsel werden in den einzelnen Grafschaften von einem Richterkollegium entschieden, bestehend aus zwei Königsboten, wie wir sie schon in der karolingischen Rechtsordnung kennengelernt haben, und vier von der Grafschaft zu bestellenden Rittern (18; 19). Verhängte Bußen sollen erträglich bleiben, so daß

Bauern, Kaufleute und vollfreie Bürger weiterhin ihrem Beruf nachgehen können. Über die Höhe haben die Nachbarn zu befinden; sie kennen den Deliquenten und wissen, was ihm zuzumuten ist (20). Adlige sind nur durch ihresgleichen zu büßen (21), Geistliche haften allein mit ihren weltlichen Lehen (22).

Der König darf jemandem, der wegen Felonie, einem schweren Rechtsverstoß gegen die Treuepflicht, verurteilt wurde, sein Lehen nicht auf Lebenszeit, sondern nur für ein Jahr wegnehmen (32). Gegen eine Duellforderung, deren Annahme grundsätzlich Ehrensache war, konnte ohne Ehrverlust ein Königsentscheid erkauft werden, der den Streitfall dann zwölf Geschworenen übertrug. Dieses soll hinfort gebührenfrei sein. Ebenso solle die Bürgschaft anstelle von Untersuchungshaft entfallen (36). Die Barone wollen Geld sparen. Aufschlußreich ist die folgende Bestimmung: Die Klage einer Frau kann einen Totschläger nur dann ins Gefängnis bringen, wenn ihr Ehemann das Opfer war (54). Zu deutsch: Schlagen die Männer sich gegenseitig tot, so geht das die Frauen nichts an – auch wenn es vielleicht um ihretwillen geschieht.

In dieselbe Fallgruppe gehört nun auch der vielzitierte Paragraph 39: Es ist der Schutz des «freien Mannes» vor willkürlicher Verhaftung, Enteignung, Ächtung oder Verbannung. Dazu bedarf es künftig eines Gerichtsurteils seiner Standesgenossen nach Landrecht (39). Auch dies läßt sich, wie das Auswanderungsrecht, naturrechtlich begründen und weist voraus auf die Menschenrechte. Einen entsprechenden Schutz bietet uns heute Artikel 104 des Grundgesetzes. Der König, heißt es weiter, werde niemandem sein Recht verkaufen, verweigern oder verzögern (40). Umstritten ist, was mit *liber homo* gemeint ist. Im 17. Jahrhundert verstand man darunter jeden Tagelöhner und Kohlentrimmer, aber die Herren auf der Wiese Runnymede dachten möglicherweise nur an ihresgleichen, an Kronvasallen. Zu den Vollfreien zählte damals nur eine Minderheit der Bevölkerung, vielleicht ein Fünftel.

Die sechste Kategorie beschränkt die Vollmachten der königlichen Amtsleute (*bailiffs*) gegenüber den Untertanen. Keiner von ihnen dürfe eigenmächtig jemanden vor Gericht bringen (38), keiner im Namen der Krone einen Prozeß entscheiden (24). Kein *bailiff* möge ohne Entgelt Getreide oder andere Dinge eintreiben (28), auch keine Pferde und Wagen beschlagnahmen (30) oder Holz für ein königliches Bauvorhaben in Anspruch nehmen (31). Der König werde, so verspricht Johann, nur solche Männer zu Beamten ernennen, die sich in den Gesetzen auskennen und ihnen folgen (45).

Eine eigentümliche siebente Thematik gilt den königlichen Forstbezirken. Zu allen Zeiten war die Jagd eine beliebte Beschäftigung des Adels, und so haben sich schon die persischen Großkönige und die römischen Kaiser das Jagdprivileg in bestimmten Gebieten und auf besondere Wildarten gesichert. Löwenjagd war Kaiserrecht. In England hat Wilhelm der Eroberer das Vorrecht der Krone auf die über das Land verstreuten Königsforsten durchgesetzt, deren größter ganz Cornwall war. In diesen Gebieten, die auch Bergwerke, Köhlereien und Dörfer umfaßten, regierte der König uneingeschränkt. In der Magna Charta wird dieser Zustand akzeptiert. Aber man wehrt sich dagegen, daß die königlichen Forstrichter ohne weiteres über Leute, die außerhalb wohnen, zu Gericht sitzen (44), und erzwingt die Rückgabe der unter Johann neu eingeforsteten Gebiete (47). Die Übergriffe von Forstleuten sollen in jeder Grafschaft durch ein Zwölfrittergericht geahndet werden (48).

Eine achte Gruppe von Bestimmungen wendet sich gegen momentane Mißstände. Die vom König dem unzuverlässigen englischen Adel abgeforderten Geiseln und Pfänder sind zurückzugeben (49), den Beschwerden aus Wales und Schottland ist Rechnung zu tragen (56–59). Wales und Schottland wurden von Kelten bewohnt, standen in prekärer Lehnsabhängigkeit vom englischen König und lebten in dauerndem Zwist mit ihm. Empfindlich mußten sodann den König die Zugeständnisse treffen, alle von ihm oder seinen beiden Vorgängern ohne Gerichtsurteil beschlagnahmten Güter zurückzugeben und alle fremdländischen Söldner zu entlassen, deren Führer namentlich genannt werden (50; 51). Den Adel empörte, daß der König gegen ihn Söldner ins Feld führte, die von den Abgaben des Adels bezahlt wurden. Bei den Söldnern handelt es sich großenteils um Bogenschützen – eben jene Waffe, auf der später die Überlegenheit des englischen Heeres beruhte. Bei Azincourt 1415 siegten sie über das vierfach überlegene französische Heer.

Der neunte Punkt schließlich betrifft die Garantie, die auf Runnymede für die Durchführung der Bestimmungen in Aussicht genommen wurde. Der König verpflichtete dazu sich selbst und alle Personen geistlichen und weltlichen Standes (60). Ist er jedoch auf dem Kreuzzug, so ist ihm Aufschub gestattet (52; 53). Die Barone sollten 25 Männer aus ihren Reihen erwählen, die unter der Leitung des Erzbischofs von Canterbury Stephan Langton, dem führenden Kopf der Aufrührer, für die Sicherheit des Friedens (*securitas pacis*) und die Tilgung unrechtmäßiger Forderungen der Krone zu sorgen hätten (45). Beim Tode eines Mitgliedes solle die Körperschaft einen Nachfolger hinzuwählen.

Wie arbeitet dieser Ausschuß? Tritt ein Mißstand ein, sollen vier aus dem Kreise sich beim König beschweren. Behebt er das Übel nicht innerhalb von vierzig Tagen, so sollen die vier den 25 Meldung machen, und diese mögen durch Mehrheitsbeschluß den König mit Gewalt nötigen, seiner Pflicht nachzukommen. Jedes Druckmittel ist den Baronen erlaubt: Sie dürfen seine Burgen brechen, sein Land besetzen, sein Eigentum plündern – was immer in ihren Kräften steht, gegen ihn unternehmen. Unantastbar sei er nur selbst und seine Familie (61). Dieser Paragraph ist revolutionär: Er überträgt die Souveränität vom König auf das Adelskollegium und formuliert ein Widerstandsrecht gegen den König mit den Mitteln des offenen Bürgerkrieges, legalisiert also die feudale Gegengewalt gegen den Monarchen. Darüber hinaus werden die am bisherigen Kampf gegen Johann Beteiligten amnestiert (62). Die Schlußformel bekräftigt nochmals die in der Urkunde aufgeführten Freiheiten von Kirche und Adel (63).

Die Charta wurde kopiert und in alle Grafschaften versandt. Die Amtsleute sollten im ganzen Reich, so befahl der machtlose König höchstselbst, einen Loyalitätseid auf die 25 Barone schwören und die in der Charta monierten Mißstände beheben. Welche Erniedrigung der Königswürde! Wie aber war es zu dieser Kapitulation auf Runnymede gekommen? Um die Ereignisse dort zu verstehen, müssen wir einen Blick auf die Vorgeschichte werfen.

## *Von Hastings nach Runnymede*

Am 14. Oktober 1066 hatte der Normannenherzog Wilhelm der Eroberer bei Hastings an der Kanalküste den König der Angelsachsen Harald Godwinsson geschlagen und getötet. Die Normannen waren Nachkommen der Wikinger aus Dänemark und Skandinavien, die sich im 9. Jahrhundert in der Normandie niedergelassen hatten und dort durch den katholischen Glauben und die französische Sprache romanisiert worden waren. Der Sieg Wilhelms mit seinen 6000 Rittern über die angelsächsischen Fußkämpfer ist auf dem berühmten «Teppich» von Bayeux dargestellt.

Wilhelm der Eroberer betrachtete sich als designierten Nachfolger von Eduard dem Bekenner, dem Vorgänger Haralds, der lange Zeit als Verbannter in der Normandie gelebt und enge Verbindung mit dem dortigen Herzogshaus geknüpft hatte, insbesondere mit Robert dem Teufel, dem Vater Wilhelms. Der Normanne eroberte in wenigen Jahren ganz England. Er überzog das Land mit einem Netz von Burgen, die er mit seinen Baronen besiedelte, und verlegte die Residenz von Winchester nach London, genauer nach Westminster. Die neue weltliche und geistliche Oberschicht ersetzte den älteren dänischen Einfluß durch den romanischen. Verwaltungssprache wurde Latein. Der König behauptete die Macht über die Kirche; Einmischungsversuche des Papstes wurden zurückgewiesen.

Die Normannen waren in England zunächst Fremdherrscher, sind aber rasch heimisch geworden und haben eine Verwaltung aufgezogen, die sehr viel straffer zentralisiert war als die mitteleuropäischen Lehnssysteme. Es entstanden keine regionalen Landeshoheiten wie vorübergehend in Frankreich und dauerhaft in Deutschland; ein flächendeckendes Verzeichnis der Grafschaften, das Domesday Book, erleichterte die Kontrolle der Untertanen und ihrer Pflichten. Manche Züge des Absolutismus scheinen vorweggenommen.

Wilhelm starb 1087. Nach vorübergehenden Wirren bestieg 1154 König Heinrich II aus dem Haus Anjou mit dem Beinamen Plantagenet (*planta genista* – Ginsterpflanze) den englischen Thron. Nominell war er Vasall des französischen Königs, als Herr des westlichen Frankreich bis zu den Pyrenäen jedoch mächtiger als sein Lehnsherr. Unter Heinrich gab es, wie überall, Konflikte zwischen Kirche und Krone. 1170 wurde der Erzbischof von Canterbury, Thomas Becket, von Leuten des Königs ermordet; er hatte versucht, die kirchlichen Rechte gegen den König durchzusetzen. Das widersprach dem Zug der Zeit. Die Zentralgewalt der Krone wurde unter dem Einfluß des römischen Rechts zum Nachteil der römischen Kirche ausgebaut.

Heinrichs Sohn und Nachfolger Richard Löwenherz war eine der glänzendsten Gestalten des mittelalterlichen Rittertums. 1190 beteiligte er sich mit Philipp August von Frankreich am dritten Kreuzzug, der Friedrich Barbarossa das Leben kostete. Er ertrank am 10. Juni 1190 im Saleph bei Silifke – eine türkisch-deutsche Gedenktafel erinnert daran. Den beiden Königen gelang am 12. Juli 1191 die Einnahme der seit langem belagerten Hafenstadt Akkon in Palästina, doch kam es dabei zu Mißhelligkeiten unter den Kreuzrittern. Herzog Leopold von Österreich hatte auf der erstürmten Burg neben der englischen und der französischen Fahne auch seine eigene, die der Babenberger, aufgepflanzt, um damit seinen Anspruch auf Ruhm und Beute anzumelden. Der aber wurde ihm verweigert, Richard riß die Fahne eigenhändig herunter und warf sie in den Burggraben. Das beleidigte Leopold tödlich, der daraufhin heimfuhr. Auch Philipp August brach nach einem Zwist mit Richard den Feldzug ab.

Richard war kein bequemer Zeitgenosse. Er scheute vor keiner Gewalttat zurück. Kaltblütig massakrierte er 2000 bis 3000 Einwohner von Akkon samt Frauen und Kindern, als deren Lösegeld nicht rechtzeitig eintraf, und setzte den Kampf gegen Saladin erfolgreich fort. Er krönte seinen Neffen zum König von Jerusalem, das er allerdings selbst nicht betreten hat, und begab sich nach dem Abschluß eines dreijährigen Waffenstillstands mit Saladin 1192 auf den Heimweg. Ihn beunruhigten Nachrichten über Umtriebe seines inzwischen nicht mehr «landlosen» Bruders aus England. Ein Sturm verschlug Richard an die Küste bei Aquileia, nördlich von Venedig. Von dort setzte er den Weg zu Land fort.

Der König verkleidete sich als Pilger, weil er durch Österreich mußte und hier die Rache von Herzog Leopold fürchtete. Bei Wien wurde Richard indessen entlarvt. Er hatte seinen Diener in die Stadt zum Einkaufen geschickt, und dieser bezahlte mit Münzen, die man nicht kannte. Verdächtigt, verhaftet und gefoltert, verriet er seinen Herrn. Richard wurde gefangen und auf der Burg Dürnstein festgesetzt. Kaiser Heinrich VI, Sohn und Nachfolger Barbarossas, erklärte, ein Herzog dürfe keinen König gefangen halten, und nötigte Leopold, ihm den teuren Gefangenen für 50000 Mark Silbers abzutreten. Ihn ließ der Kaiser dann seinerseits gegen ein Lösegeld von 150000 Mark und die Leistung des Lehnseides 1194 frei.

In England hatte inzwischen Richards Bruder Johann, der beim Tode Heinrichs II leer ausgegangen war, die Zügel in die Hand genommen, sich mit Philipp August verbündet. Er wollte Richard entthronen. Richard aber setzte sich durch, verzieh seinem Bruder und starb als rastloser Haudegen während der Kämpfe mit Philipp August in Frankreich 1199. Nun übernahm Johann Ohneland die Krone von England. Mehrere Niederlagen in Frankreich schwächten Johanns Stellung. Seine militärischen Mißerfolge suchte er durch harte Steuerpolitik auszugleichen; er benötigte Geld für seine Söldner, und das war nach der Umlage für die Auslösung von Richard Löwenherz eine schwere Belastung für das Land. Endlich kam es bei der Wahl des Erzbischofs von Canterbury zum Konflikt mit dem streitbaren Papst Innozenz III, der über England das Interdikt verhängte, das heißt, Johanns Untertanen von den Sakramenten ausschloß. Erst als eine Invasion aus Frankreich drohte, unterwarf sich Johann dem Papst, von dem er sein Land zu Lehen nahm. Gemäß der Zweischwerterlehre beanspruchte Innozenz als Inhaber der *potestas in spiritualibus* (Herrschaft in geistlichen Dingen) die höhere Autorität gegenüber der *potestas in temporalibus* (Herrschaft in weltlichen Dingen).

Sank die Macht der Krone, stieg die Macht der Barone. Die Spannung zwischen König und Adel wuchs. Johann hatte seinen Neffen, der ein Anrecht auf den Thron besaß, ermordet. Einer seiner Großen, der darum wußte, mußte fliehen, darauf ergriff der König dessen Frau und dessen Sohn und verurteilte sie zum Hungertod. Das war zuviel, die Barone begehrten auf. Sie forderten eine Freiheitsurkunde, aber Johann gab nicht nach. Darauf erhoben sie sich und lösten durch den Akt der *diffidatio* (Aufkündung des Lehenseides) das Treueverhältnis. Anführer der Rebellen war der schwertgewaltige Robert FitzWalter, den der König einmal ohne Gerichtsurteil in die Verbannung geschickt hatte. FitzWalter, der unter anderem in London eine Burg besaß, wurde zum «Marschall der Armee Gottes und der heiligen Kirche» erhoben und trieb den König in die Enge, indem er, wie oben erwähnt, London besetzte. Johann hatte bereits 1214 in der verlustreichen Schlacht bei Bouvines sein Ansehen verloren, so daß die geistlichen und weltlichen Barone Englands den König zwingen konnten, ihre Rechte in der Magna Charta zu verbriefen. Am 27. Mai 1215 wurden die Feindseligkeiten eingestellt, am 29. Mai forderte der König vergeblich die Einschaltung eines päpstlichen Gesandten als Schiedsrichter, am 9. Juni erklärte er sich bereit, vor den Baronen zu erscheinen und am Tag danach gab er den Widerstand gegen die Forderungen auf.

Selten ist ein König so gedemütigt worden wie John Lackland auf der Wiese von Runnymede. Um den Bürgerkrieg zu beenden, hatte er im Paragraphen 61 der Magna Charta den Bürgerkrieg legalisieren müssen. Das aber brachte die Wende. Krieg lag nicht im Interesse der Allgemeinheit. Die Barone hatten ihre Forderungen überzogen. Als ihre Anhänger nun begannen, gemäß ihrer Auslegung der Magna Charta die Güter des Königs zu plündern, warb dieser wieder Söldner an, und schon war der Krieg wieder da. Ganze zehn Wochen war die Magna Charta in Kraft gewesen. Johann rief den Papst um Beistand an, dieser erklärte die Magna Charta kurzerhand für ungültig und exkommunizierte die Barone. Diese wiederum wandten sich unter der Führung von Robert FitzWalter an den König von Frankreich, der mit einem Heer landete und den Kampf gegen Johann aufnahm. Das aber stärkte das antifranzösische Ressentiment. Das «Volk» war offenbar nicht auf Seiten der Barone.

Die Lage änderte sich, als Johann am 19. Oktober 1216 starb. Von seinem neunjährigen Sohn und Nachfolger Heinrich III war zunächst kein Mißbrauch der königlichen Macht zu befürchten. Daher regte sich auch kein ernsthafter Widerstand, als bei der Neufassung der Magna Charta 1216 das Widerstandsrecht gestrichen wurde. Zum Kampf gegen Frankreich sodann benötigte der König Söldner und Geld, daher wurden diesbezüglich seine Rechte und die der Juden wiederhergestellt. 1217 und 1225 gab es nochmals Abmilderungen, dann aber wurde der Text immer nur bestätigt.

## *Von der Charta zum Parlament*

Als im Jahre 1810 im Auftrag von König Georg III die Grundgesetze der englischen Verfassung zusammengestellt wurden, setzte man die Magna Charta von 1215 an die erste Stelle in den «Statutes of the Realm». Damit wird ihr in der Entwicklung zur parlamentarischen Demokratie der Ehrenplatz zugewiesen. Die Magna Charta gilt als die historische Basis der englischen Verfassung; Hegel nannte sie die «Grundlage der englischen Freiheit».

Diese Einschätzung der Magna Charta ist nicht unbestritten. Seit der vergangenen Jahrhundertwende spricht eine seriöse Forschungsrichtung vom Magna-Charta-Mythos, so Edward Jenks 1904 gegen William Stubbs, der die ganze Verfassungsgeschichte Englands als Kommentar zur *Great Charter* ansah. Jenks erklärte, die Magna Charta sei kein Dokument des Fortschritts gewesen, sondern der Feudalreaktion. Gegenüber dem König, der eine straffe Staatsverwaltung aufzubauen versuchte, hätten die Lehnsherren um ihre überkommenen Privilegien gefürchtet und anstelle des sich auf der Grundlage der königlichen Rechtsprechung entwickelnden *common law* ihr altes Feudalrecht ertrotzt und den Monarchen in die Knie gezwungen. Es sei kein Konflikt zwischen König und Volk gewesen, sondern ein Streit zwischen einem großen und vielen kleinen Despoten. Schließlich lebten um 1200 fünf Sechstel des englischen Volkes in einem hörigen oder halbfreien Status.

An dieser Kritik ist fraglos richtig, daß die Zielsetzung der 27 *nobiles* (Adligen) auf Runnymede nicht die Volksherrschaft war. Die Charta wurde weder durch das Volk noch für das Volk erkämpft. Der Kampf um die Freiheit ist ja, wo immer diese Parole auftaucht, ein Kampf um die Macht, ein Kampf für das eigene Recht, für die eigene Freiheit. Der Historiker aber darf die Handlungen, die er untersucht, nicht ausschließlich, ja nicht einmal vorrangig nach den Motiven der Handelnden beurteilen. Das führt in die Sackgasse, weil letztlich hinter jeder Tat irgendeine Form von Egoismus lauert. Ruhmsucht bei Alexander, Machthunger bei Augustus, Gnadenwahl bei Mohammed, Geldgier bei Kolumbus, Starrsinn bei Luther usw. Die Entlarvung des Egoismus kann man prognostizieren, noch ehe man die Untersuchung begonnen hat. Wichtiger als die Gründe sind die Folgen der Handlungen. Die Differenz zwischen ihnen nannte Hegel die «List der Vernunft». Er sah sehr genau, daß es den englischen Baronen um ihre Vorrechte ging, daß die Bürger zunächst nichts von der Magna Charta hatten, daß ihre Freiheit dadurch nicht gewann. Aber es war ein Saatkorn gelegt. Darum sei nun ein Blick auf den Fortgang des Zwistes zwischen Krone und Adel geworfen.

Die englischen Feudalmagnaten haben die Einschränkung ihrer Rechte durch die späteren Fassungen der Magna Charta auf Dauer nicht hingenommen. Die mit dem Papst abgestimmten außenpolitischen Ziele Heinrichs III in Italien waren mit Steuerforderungen verbunden, die Unwillen erzeugten. Als die päpstlichen Emissäre zum Geldholen in England erschienen, erhoben sich die Barone 1258 abermals gegen die Koalition von König und Papst. An der Spitze der Empörer stand der aus niederem Adel stammende Simon von Montfort. Ihm gelang es 1264, den König gefangenzunehmen, doch wurde er 1265 vom Kronprinzen Eduard besiegt und fiel. Als König (1272–1307) machte sich Eduard Grundgedanken Simons zu eigen, und zu ihnen zählt die Stärkung jener Körperschaft, die wir Parlament nennen.

Das Wort «Parlament», mittellateinisch *parliamentum,* geht zurück auf französisch *parler* und italienisch *parlare,* das aus mittellateinisch *parabolare* – «in Gleichnissen (Parabeln) reden» – hervorgegangen ist, einer griechisch-lateinischen Mischbildung aus *paraballo* – zusammenwerfen. Das Wort «Parlament» bezeichnete in Frankreich das aus den höchsten Adligen, den *pairs,* gebildete Hofgericht, seit dem 13. Jahrhundert fest in Paris. In England begegnet das Wort zuerst 1236 für den Kronrat, die seit 1178 in Westminster tagende *curia regis* oder das *magnum concilium,* wie es unter Heinrich III hieß. Es bestand zunächst nur aus Königsleuten und Kronvasallen, doch 1254 finden wir dort auch Vertreter der Grafschaften. In dem durch Simon von Montfort zum 20. Januar 1265 berufenen Parlament erschienen aus jeder Grafschaft zwei Ritter und aus den wichtigeren Städten je zwei Bürger – das war neu.

Fortan lud Eduard regelmäßig Vertreter in «sein Parlament» (*parliamentum suum*) ein, stets mit Abgeordneten der Städte. Sie äußerten sich zu den anliegenden Fragen der Innen- und Außenpolitik und schufen einen Kanon von Statuten, nach denen das Reich zu regieren sei. Das *Model Parliament* von 1295 hatte 700 Mitglieder. Durch die Erneuerung der älteren Freiheitsrechte entwickelte sich das Parlament von der Ratskörperschaft zur Nationalversammlung, deren Rechte, zumal in Steuersachen, Eduard anerkennen mußte, als der Adel am 14. Juli 1297 sich weigerte, Eduards Feldzug in die Gascogne zu unterstützen und die *confirmatio cartarum* (Bestätigung der Charta) erzwang. Unter seinem Nachfolger kam es dann 1322 zur Regelung, was alle betreffe, müsse von allen gebilligt werden: *Quod omnes tangit, ab omnibus debet approbari.* Gesetze bedurften der Zustimmung des Parlaments.

Die Entwicklung der Volksrechte verlief nicht glatt, schwere Auseinandersetzungen folgten im 17. Jahrhundert. Während in Mitteleuropa der Absolutismus seinen Höhepunkt erreichte, das heißt der vom Fürsten unkontrolliert gelenkte Verwaltungsstaat entstand, führte der gleichartige Ehrgeiz der Stuart-Könige in England zum Konflikt mit dem Parlament. Hier ließ sich die Ständevertretung nicht, wie in Frankreich und Deutschland, an den Rand drücken, sondern trotzte und triumphierte. Der Parlamentspartei kam zugute, daß der absolutistisch eingestellte Karl I (1625–1649) die Katholiken begünstigte und damit zugleich in einen religiösen Gegensatz zur Mehrheit seiner Untertanen trat. 1628 billigte das Parlament die von Sir Edward Coke, seit 1606 *chief justice of the common pleas,* formulierte *Petition of Rights,* in der es wieder um Schutz vor Sondersteuern, Verhaftung und Strafe ohne Urteil ging. Der als «Vater des Rechtsstaates» bezeichnete Jurist Coke (1557–1634), der entschiedener und erfolgreicher als andere darauf bestand, daß der König nicht über, sondern unter dem Gesetz stehe, hat sich dafür auf die Magna Charta berufen, drang aber nicht durch. Dreimal ließ Karl das Parlament auflösen, 1642 ging er gewaltsam gegen Parlamentarier vor. Daran entzündete sich der englische Bürgerkrieg, in dessen Verlauf Oliver Cromwell den König Karl I am 30. Januar 1649 hinrichten ließ.

Englische Könige sind mehrfach gestürzt worden, so Eduard II 1327, Richard II 1400 und Heinrich VI 1461 – Helden von Shakespeares Königsdramen –, aber vor der Ermordung hat man sie abgesetzt. Karl I verlor den Kopf mit der Krone in einer als Staatsakt inszenierten Hinrichtung im Namen des Volkes, wie das Rumpfparlament befand. Damit war Cromwell zu weit gegangen, 1660 kamen die Stuarts zurück. Aber auch der Widerstand erhob sich aufs Neue.

Gegen Karl II (1660–1685) richtete sich die Habeas-Corpus-Akte von 1679, die den Paragraphen 39 der Magna Charta wiederholt: Schutz vor willkürlicher Verhaftung, und nach der Vertreibung des letzten Stuarts in der *Glorious Revolution* von 1688 wurde 1689 die *Bill of Rights* durch Wilhelm III von Oranien anerkannt. Damit waren die Rechte des Parlaments gegenüber der Krone wieder befestigt.

Die innenpolitischen Umwälzungen während des 17. Jahrhunderts in England haben die Souveränitätsrechte des Königs zugunsten des Parlaments beschnitten. Dieser konvulsive Prozeß war begleitet von einer lebhaften staatstheoretischen Debatte, deren führender Vertreter der Aufklärer John Locke (1632–1704) war. Er stritt für die liberalen Ziele der Volkssouveränität und Volkserziehung, für Toleranz, Freiheit und Recht. Diese Ideale sind einerseits in Amerika, andererseits in Frankreich auf fruchtbaren Boden gefallen und haben die revolutionären Bewegungen in beiden Ländern beflügelt.

In Deutschland blieb es bei der bloßen Bewunderung für den englischen Parlamentarismus und seine Theoretiker, so bei Immanuel Kant. Im Hintergrund der parlamentarischen Bewegung stand allzeit die Magna Charta. Als ihre Grundideen galten: Sicherung des Untertanen gegenüber der Staatsmacht, Gründung der Staatsmacht auf Gesetz und Überwachung des Gesetzes durch einen Ausschuß, der nicht von der Staatsmacht eingesetzt wurde. Diese Gedanken haben eine ungeheure Überzeugungskraft entfaltet. Wer will ihnen heute widersprechen? Sie werden uns bei der amerikanischen Unabhängigkeits-Erklärung 1776 und bei der Verkündung der Menschenrechte 1948 wieder begegnen.

## *Mythenkritik*

Grundideen liegen nicht auf der Hand. Auch die der Magna Charta sind das Ergebnis einer Interpretation; Texte aber sind unterschiedlich interpretierbar, und nicht immer ist zwischen zutreffenden und unangemessenen Deutungen zu unterscheiden. Über Fakten wie Ort und Zeit der Magna Charta läßt sich leicht Übereinkunft erzielen, über ihren Sinn jedoch nicht ohne weiteres. Die Absicht der Vereinbarung auf Runnymede lag vermutlich bei jedem der Beteiligten etwas anders, die Wirkung konnte niemand voraussehen. Sie war uneinheitlich, je nach ihrer Deutung. Selbst Karl I, Exponent des Absolutismus, bekannte sich zur Magna Charta, «vorausgesetzt, daß man ihr keinen neuen Sinn unterschöbe».

Ein Prinzip der Textinterpretation lautet: *sensus est efferendus, non inferendus*: man solle den Sinn aus dem Text herauslesen, nicht in ihn hineinlesen. Praktisch aber heißt das: Man möge aus einem Text nur das herauslesen, was auch alle anderen in ihn hineinlesen. *Sensus* basiert auf *consensus,* auf Einvernehmen, und das ist oft schwer zu erzielen. Dem Historiker stellt sich die Interpretationsgeschichte, auf die einfachste Form gebracht, folgendermaßen dar. Um als Waffe zu wirken, wurde im Kampf gegen die Krone die Magna Charta instrumentalisiert und damit deformiert. Man machte die revoltierenden Feudalherren um Robert FitzWalter zu Vorkämpfern des Volkes, aus bornierten Baronen weitblickende Idealisten und Freiheitshelden; das ist der Magna Charta-Mythos. Als seinen Erfinder betrachtet Jenks Lord Coke.

Aber Mythos ist nun einmal die Form, in der aus Geschichte wieder Geschichte wird. Geschichte wirkt nicht gemäß der Weise, wie sie geschehen ist, sondern entsprechend der Art, wie sie verstanden – oder mißverstanden wird. Praxisrelevanz beruht gewöhnlich auf Mythisierung. Wäre es die Aufgabe des Historikers, die Geschichte zu entmythisieren, so böte sich folgende Alternative. Entweder er erfüllt die Aufgabe und sterilisiert die Geschichte, oder er versagt vor ihr und sterilisiert sich selbst. Zu wünschen ist weder das eine noch das andere.

Daher ist an der Prämisse zu rütteln. Die Aufgabe, die Geschichte zu entmythisieren, ist durch den Historiker kaum zu leisten, wohl aber können wir den Mythos in der Geschichte dingfest machen und zeigen, erstens was geschehen ist, zweitens wie sich das Geschehen in Vorstellungen verwandelt und diese drittens wiederum Geschehen erzeugen. Völlig mythenfrei ist allerdings auch dieses Verfahren nicht, schon deswegen nicht, weil der Historiker stets zugleich mit einem Bein selbst in der Geschichte steht. Rudolf Bultmann schrieb einmal: «Um über Geschichte schreiben zu können, muß man über der Geschichte stehen.» Ist das möglich? Ja und nein. Dieser Satz ist dahingehend zu präzisieren: daß der kompetente Historiker natürlich nicht über der Geschichte schlechthin steht, wohl aber über derjenigen Geschichte, über die er just schreibt. Wer über die Magna Charta redet, muß über sie hinausblicken. Er muß sie in den größtmöglichen Zusammenhang einordnen, in die Verfassungsgeschichte der parlamentarischen Demokratie. Auf diese Entwicklung hat die Magna Charta eine strahlende Wirkung ausgeübt. 38 mal ist sie bestätigt worden.

*

Am 9. Oktober 1854 hielt Leopold von Ranke in Berchtesgaden seinen 14. universalhistorischen Vortrag vor König Maximilian II von Bayern, der in den Bergen Ferien machte. Dabei kam Ranke auch auf die «altgermanischen Freiheiten» zu sprechen, auf den Schutz der Privatsphäre vor den Übergriffen der Herrscher: «Diese Umstände gaben Veranlassung, daß man nach und nach an die geordnete Organisation der öffentlichen Gewalt ging. Zuerst wurde die Sache in England in Angriff genommen, und zwar in einer Art und Weise durchgeführt, daß die englische Verfassung ein Muster für alle Zeiten bleibt». Die Magna Charta, «unter tumultuarischen Verhältnissen eingeführt», war für Ranke der Auftakt zur modernen Verfassungsgeschichte, auch für die bayrische. Als am 26. Mai 1818 König Max I Joseph, der Großvater Maximilians II, die Verfassungsurkunde des Königreichs Bayern verkündet hatte, ließ er einen Gedenktaler prägen mit dem Zitat aus Vergils vierter Ekloge, die ein neues Zeitalter ankündigt: Der Vers MAGNUS AB INTEGRO SAECLORUM NASCITUR ORDO (Es beginnt von neuem eine große Ordnung der Zeitalter) umkränzt einen wohl als Grundstein gedachten Kubus mit der Aufschrift CHARTA MAGNA BAVARIAE. Nicht nur darum war das Treffen auf Runnymede eine Sternstunde.

LITERATUR

Magna Carta Commemoration Essays, 1915
M. T. Claudy, England and its Rulers 1066–1272. Foreign Lordship and National Identity, Oxford 1983
F. Cramer, Magna Carta, 1937 (Text mit deutscher Übersetzung und Kommentar)
Faith Thompson, Magna Carta, its Role in the Making of of the English Constitution, 1948
J. Holt, Magna Carta, 1995
ders., Magna Carta and Medieval Government, London 1985
E. Jenks, The Mythos of Magna Carta. In: Independent Review 4, 1904, S. 260ff
K. Kluxen, Englische Verfassungsgeschichte. Mittelalter, 1987
H. Rothwell (ed.), English Historical Documents, Vol. III: 1189–1327, London 1975
W. Stubbs, Constitutional History of England, I 1873, II 1875, III 1878
W. Warren, King John, 1978
P. Wende, Der Prozeß gegen Karl I (1649) und die Englische Revolution. In: A. Demandt (Hg.), Macht und Recht. Große Prozesse in der Geschichte, 1996, S. 171ff

*Irrtümer haben ihren Wert,*
*jedoch nur hier und da.*
*Nicht jeder, der nach Indien fährt,*
*entdeckt Amerika.*

Kästner

# 8.
# Kolumbus entdeckt Amerika

*12. Oktober 1492*

Am sechsten Schöpfungstag schuf Gott die Menschen, so lesen wir in der Genesis (1, 28). Er «segnete sie und sprach zu ihnen: Seid fruchtbar und mehret euch und füllet die Erde und macht sie euch untertan». Die Geschichte der Menschheit ist der Kommentar zu diesem Satz. Sehen wir ab davon, auf welche Weise die Menschen jener Forderung nachgekommen sind, dürfen wir sie doch grundsätzlich bejahen. Wem als Wunschziel eine weltumspannende Völkerfamilie vor Augen steht, der denkt auch an die Erschließung von Siedlungsraum und Bodenschätzen, an eine weltweite Verbindung der Menschen untereinander, an Verkehr und Austausch von Gütern und Gedanken.

Der Vorgang, in dem die Menschheit von der Erde Besitz ergriffen hat, vollzieht sich seit der ältesten Steinzeit, zumeist in anonymen Wanderungen kleinerer oder größerer Gruppen. Zunächst wurden leere Räume besetzt, bald aber auch dünn besiedelte Landschaften, wobei in zunehmenden Umfang frühere Einwanderer von späteren unterworfen, ja Kulturen durch Barbaren zerstört wurden. In der Regel freilich war das Ergebnis die Entstehung neuer Völker gemischter Kultur. Dieser Prozeß vollzog sich in einzelnen Schüben. Nach der von den Germanen und Arabern getragenen Völkerwanderung zu Beginn des Mittelalters kam es an dessen Ende abermals zu einer großen Expansion – diesmal nicht über das Mittelmeer, sondern über die Ozeane. Ein Name ist mit dieser Bewegung verknüpft, der synonym für den kühnen und erfolgreichen Entdecker überhaupt wurde: Christoph Kolumbus.

## Der Osten im Westen

In den frühen Morgenstunden des 3. August 1492 besuchte Kolumbus in der Sankt Georgskirche der Hafenstadt Palos in Andalusien die Heilige Messe und nahm das Abendmahl. Eine halbe Stunde vor Sonnenaufgang stand er an Bord seines Flaggschiffes und gab im Namen Jesu Christi den Befehl zur Abfahrt. Seine drei Karavellen fuhren zunächst flußabwärts, vorüber an dem Franziskanerkloster La Rabida, mit dessen Prior, dem früheren Beichtvater der Königin Isabella, Kolumbus befreundet war.

Kolumbus steuerte nach Süden auf die Kanarischen Inseln zu, die zur spanischen Krone gehörten. Die Landung dort verzögerte sich durch einen Schaden am Steuerruder eines seiner Schiffe, der Pinta, den Kolumbus auf Sabotage zurückführte: Der Eigentümer des Schiffes war zur Teilnahme an der Expedition genötigt worden und hatte Bedenken gegenüber dem Erfolg der Reise – so wie die meisten Seeleute der Flottille. Er wollte zurück. Aber der energische Kapitän Martin Alonso Pinzon reparierte das Schiff, und die Fahrt konnte weitergehen. Vor der westlichsten der Kanarischen Inseln begegnete Kolumbus einer heimkehrenden Karavelle, die ihn warnte: Drei portugiesische Schiffe wollten ihn abfangen, weil der König von Portugal es ihm verübelt habe, in spanische Dienste getreten zu sein. Kolumbus erreichte dennoch den offenen Atlantik und begann am 7. September 1492 die Fahrt ins Ungewisse, um den Osten im Westen zu finden.

Die kleine Flotte bestand aus drei Schiffen. Die *capitana,* die Kolumbus trug, war die Santa Maria, ein Vollschiff mit einem Deck und einem Rauminhalt von 100 Weintonnen, vergleichsweise schwerfällig. Auf ihr befanden sich der Schiffseigentümer, der für den Zustand des Schiffes verantwortlich war, dann der Steuermann, weiterhin ein konvertierter Jude als Dolmetscher des Arabischen, der «Mutter aller (also auch der indischen) Sprachen», ein Profoß, das heißt der Schiffspolizist, vier königliche Schreiber und Amtsleute, ein Arzt und 40 Matrosen.

Das zweite Schiff, die Pinta, eine Karavelle von 60 Tonnen, war das schnellste Fahrzeug, trug den erwähnten Kapitän Pinzon, weiterhin den Schiffseigner, den Steuermann, einen Arzt und 26 Bootsleute. Das dritte Schiff, die Niña, hatte ebenfalls 60 Tonnen, wurde vom Bruder des Kapitäns der Pinta geführt und hatte 24 Mann Besatzung. Die weißen Segel waren mit christlichen Symbolen bemalt, der Proviant auf ein Jahr berechnet. Die Schiffe waren mit Kanonen bestückt, hatten jedoch keine Soldaten an Bord. Ebensowenig befand sich ein Geistlicher bei der Mannschaft. Eroberung

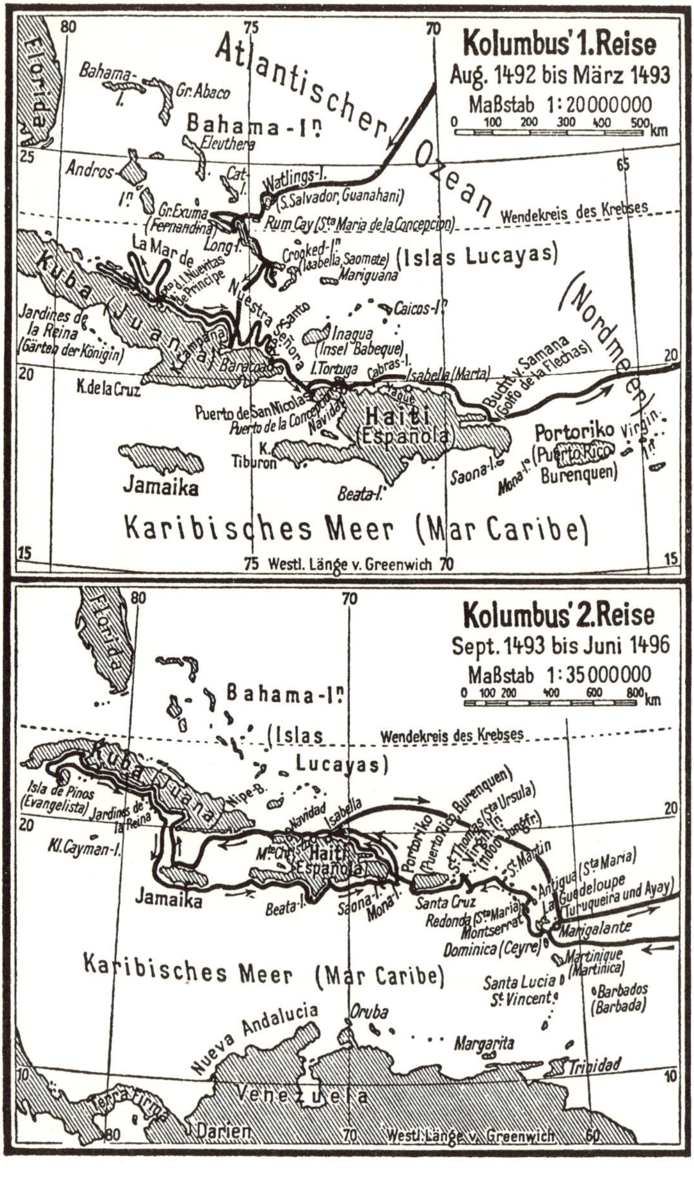


Die Reisen des Kolumbus

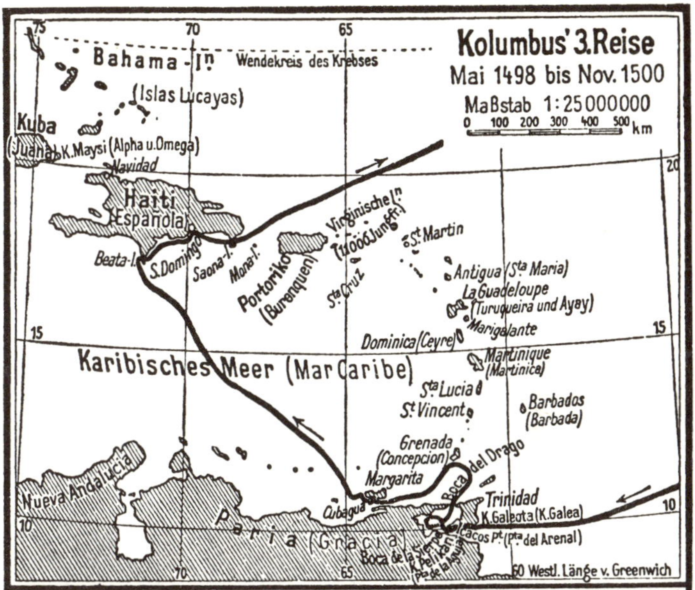
Kolumbus' 3. Reise
Mai 1498 bis Nov. 1500
Maßstab 1:25000000
0 100 200 300 400 500 km
Bahama-In.
Wendekreis des Krebses
(Islas Lucayas)
Kuba
(Juana)
K. Maysi (Alpha u. Omega)
Navidad
Haiti
(Española)
Beata-I.
S. Domingo
Saona-I.
Mona-I.
Portoriko
(Burenquen)
Virginische In.
(11000 Jungfr.)
St. Martin
Sta Cruz
Antigua (Sta Maria)
La Guadeloupe
(Turuqueira und Ayay)
Marigalante
Dominica (Ceyre)
Karibisches Meer (Mar Caribe)
Martinique
(Martinica)
Sta Lucia
St. Vincent
Barbados
(Barbada)
Grenada
(Concepcion)
Margarita
Boca del Drago
Trinidad
Nueva Andalucia
Cubagua
K. Galeota (K. Galea)
Paria (Gracia)
Boca de la Sierpe
K. Pelikan
Cacos Pt. (Pta del Arenal)
60 Westl. Länge v. Greenwich

Kolumbus' 4. Reise
Mai 1502 bis Nov. 1504
Maßstab 1:40000000
0 200 400 600 800 1000 km
Florida
Atlantischer Ozean
(Nordmeer)
Bahama-In.
(Islas Lucayas)
Wendekreis des Krebses
Kuba (Juana)
Trinidad
Yukatan (Maya)
Kl. Cayman-I.
Gärten der Königin
St. Anns (Sta Gloria)
Jamaika
Haiti (Española)
S. Domingo
Portoriko (Burenquen)
Virginische In.
St. Martin
Antigua (Sta Maria)
La Guadeloupe (Turuqueira u. Ayay)
Kleine Antillen
Dominica (Ceyre)
Martinique (Martinica)
Guanaja (Isla de Pinos)
Honduras
K. Gracias a Dios
Karibisches Meer (Mar Caribe)
Cariay
Puerto Bello (Belpuerto)
Fl. Belen
Terra firma
Darien
Südamerika
Trinidad
Stiller Ozean (Südmeer)
Veragua
Westl. Länge 70 v. Greenwich

und Mission waren erst nach der Entdeckung vorgesehen. Die Seeleute gingen barfuß, ließen sich den Bart wachsen und trugen ihre eigene Kleidung. Alle Begleiter des Kolumbus sind namentlich bekannt, weil die Lohnlisten erhalten sind. Daß die Mannschaft aus «Lumpenpack» bestanden habe, gehört zu den zahlreichen Kolumbus-Legenden. Immerhin: Vier begnadigte Sträflinge waren darunter.

Bemerkenswert sind Papiere, die Kolumbus mit sich führte. Zu ihnen gehört die Toscanelli-Karte des Atlantischen Ozeans, die von Lissabon bis nach China etwas mehr als 5000 Meilen berechnete. Das war eine Entfernung, die in sechzig Tagen bewältigt werden konnte. Freilich enthielt die Karte einen kapitalen Rechenfehler, indem sie die Distanz fast um die Breite des Stillen Ozeans zu kurz angab, dazu noch Inseln verzeichnete, die es gar nicht gab. Ohne diesen Irrtum hätte sich Kolumbus schwerlich auf den Weg gemacht.

Weiterhin hatte Kolumbus den Vertrag bei sich, den er mit den Katholischen Königen von Spanien, mit Ferdinand von Aragon und Isabella von Kastilien am 17. April in Santa Fé geschlossen hatte. Ferdinand und Isabella verliehen Kolumbus lebenslang die erbliche Würde eines Admirals in den zu entdeckenden und zu erobernden Ländern. Er werde dort Vizekönig und höchster Richter mit dem Recht, für jeden Gouverneursposten in den einzelnen Provinzen der Krone eine Vorschlagsliste mit drei Kandidaten vorlegen zu dürfen. Von allen Schätzen: Perlen, Juwelen, Gold, Silber, Gewürzen und sonstigen Exportgütern sollte ein Zehntel Kolumbus zufallen. Beträchtliche Privilegien!

Zum dritten besaß Kolumbus einen Reisepaß, ein königliches Empfehlungsschreiben. Es wendet sich an alle denkbaren Potentaten, deren mögliche Titel in barocker Vielfalt einzeln aufgeführt werden, und teilt ihnen mit, daß Kolumbus nach Indien gesandt werde zwecks Verbreitung des Wortes Gottes und des wahren Glaubens, sowie zu Nutz und Vorteil der Könige von Kastilien. Man möge ihm allzeit Schutz und Hilfe zuteil werden lassen. Die Könige würden dann, wenn einmal indische Seefahrer nach Spanien kämen, sich ebenso verhalten. Dieser Fall war indessen kaum zu erwarten.

Viertens schließlich gaben die Könige Kolumbus den sogenannten «Brief an den Großen Khan» mit. Gemeint ist der mongolische Kaiser von China, wie man ihn aus den Berichten von Marco Polo kannte, obschon die Tatarendynastie seit 1368 abgelöst war. In Spanien wußte man das nicht. Das Schreiben beginnt: «Dem Erlauchtesten Fürsten... unserem teuersten Freunde entbieten Ferdinand und Isabella, König und Königin von Kastilien usw. Glück und Gesundheit. Aus dem Munde vieler unserer Untertanen und anderer, die aus Euren Königreichen und Euren Gegenden zu uns gekommen sind, haben wir mit Freuden vernommen, von welch edler Gesinnung und bestem Willen Ihr uns und unserem Staate gegenüber beseelt seid und mit welch aufrichtigem Wunsche Ihr günstigen Nachrichten von uns entgegenseht. Aus diesem Grunde haben wir verfügt, unseren edlen Kapitän Christoph Colón mit Geschenken zu entsenden, durch den Ihr zugleich über unseres Staates Wohlbefinden erfahren werdet sowie über andere Dinge, ganz so als ob es von uns selbst berichtet würde. Wir bitten Euch, seinem Bericht Vertrauen zu schenken, was auch uns sehr angenehm wäre und uns zu Danke verpflichten würde. Gegeben in unserer Stadt zu Granada, am 30. April im Jahre des Herrn 1492. Ich der König – Ich die Königin – In dreifacher Ausfertigung, Coloma, der Sekretär». Ob die Fahrt des Kolumbus eine Eroberung oder ein Staatsbesuch sein würde, blieb somit klüglich offen. Man war auf alles gefaßt.

Über seine Reise führte Kolumbus ein Bordbuch. Später verglich er es mit den Commentarien Caesars «De Bello Gallico», doch angemessener wäre ein Vergleich mit Alexanders Ephemeriden gewesen, seinem Kriegstagebuch. Das Diario selbst ist verschollen, doch hat sich eine Abschrift erhalten, die der Bischof und Dominikaner Las Casas, ein Freund des Kolumbus, verfaßt hat. Das Vorwort schrieb Kolumbus auf den Kanarischen Inseln. Es beginnt «Im Namen unseres Herrn Jesus Christus» und ist ein Anschreiben an die Majestäten. Kolumbus blickt zurück auf die soeben vollendete Reconquista, die Vertreibung der Araber aus Granada und die Ausweisung aller Juden aus dem Reich. Um den Heiligen Glauben nun auch nach Indien zu bringen, sei Kolumbus ausgesandt worden, nachdem ihm beträchtliche Privilegien zugesichert worden seien. Kolumbus verspricht, ein exaktes Tagebuch zu führen, was er getan hat, und eine neue Seekarte anzufertigen, was er nicht getan hat. Dazu sei es unabdingbar, «daß ich den Schlaf meide und mich unablässig mit der Navigation befasse. All das wird mir große Mühe machen».

Die Mühen begannen mit dem defekten Steuerruder der Pinta und der Flucht vor den portugiesischen Karavellen. Wind und Wetter waren günstig, eine Luft wie im Lenz Andalusiens – nur die Nachtigallen fehlen, schreibt Kolumbus. Und dennoch: Die Leute verloren den Mut schon nach zwei Tagen. Bereits am 9. September bekennt Kolumbus, er trage ins Logbuch weniger Seemeilen ein, als tatsächlich zurückgelegt seien, und an dieser manipulierten doppelten Buchführung hielt er während der ganzen Reise fest, um die

Angst der Seeleute vor der Entfernung von der Heimat zu mindern und für den Fall einer verzögerten Ankunft noch ein Pensum an Seemeilen in petto zu haben. Sorgsam wurden alle Hoffnungszeichen registriert. Zunächst sah es schlecht aus. Am 11. September schwamm ein zerbrochener Mast auf den Wellen – das deutete auf Schiffbruch. Zwei Tage später bemerkte Kolumbus, daß die Kompaßnadel nicht mehr genau auf den Polarstern zeigte. Er mußte der Befürchtung entgegentreten, daß die Naturgesetze ihre Geltung verlören. Am 16. September jedoch sah man frisches Gras im Wasser. Man glaubte an Land in der Nähe, vom Seetang des Sargasso-Meeres wußte man noch nichts. Am 18. September wurden Vögel gesichtet, die nach Westen flogen. Vögel gaben immer wieder Hoffnung, einmal waren es Pelikane.

Am 25. September wähnte der Kapitän der Pinta, eine Küste zu erkennen, und forderte die Belohnung, die für die Entdeckung des Landes ausgesetzt war. Seine Mannschaft betete das «Gloria in excelsis Deo» im Chor, ebenso die Männer der Santa Maria, während die Leute der Niña auf die Masten und Wanten kletterten und glaubten, im Südwesten sei ein Küstenstreif zu erkennen. Kolumbus änderte den Kurs, aber das Land entpuppte sich als eine Wolkenbank.

Am 10. Oktober erklärten die Seeleute, die lange Reisedauer sei ihnen unerträglich. Kolumbus redete ihnen gut zu und versicherte, unter keinen Umständen umzukehren, bevor er mit Gottes Hilfe Indien erreicht habe. Die Beschwichtigung erhielt Nachdruck durch die Belohnung, die dem Entdecker der Küste ausgesetzt war: eine seidene Jacke vom Kapitän und ein lebenslanges Ruhegehalt vom König. Am elften weckten ein Sturmvogel, ein Schilfrohr und ein Dornbusch mit roten Früchten im Wasser neue Hoffnung, und die ganze Mannschaft betete die Vesperhymne an die Heilige Jungfrau, das «Salve Regina mundi, Mater amabilis, clamamus e profundis, tuere nos in undis». Am 12. erscholl endlich von der Pinta der Ruf «Tierra, tierra!» Pinzon löste einen Kanonenschuß. Der Rufer war der Matrose Rodrigo da Triana. Kolumbus selbst meinte daraufhin, am Abend zuvor selbst im Westen ein Licht erblickt zu haben; deswegen erhielt er, nicht der Matrose, später die Entdecker-Prämie.

Bei Tagesanbruch hatten die Seefahrer das Land erreicht, es war eine Insel der Bahama-Gruppe. Die Eingeborenen nannten sie Guanahani, Kolumbus taufte sie San Salvador. Welche Insel Kolumbus tatsächlich erreicht hat, ist nicht ganz klar. Denn die Bewohner wurden später auf die Antillen deportiert, britische Seeräuber siedelten sich an und brachten afrikanische Sklaven mit. 1718 wurden die Bahamas Kronkolonie; eine Insel, vermutlich das kolumbianische San Salvador, wurde von den Engländern zu Ehren eines ihrer Korsaren vorübergehend umbenannt in Watling's-Island. Dieser 1680 gestorbene Freibeuter hat sich einen Namen gemacht in der Geschichte Perus. Die National Geographic Society identifiziert jedoch die Insel Samana Cay mit Guanahani. Die Bahamas kamen 1940 unter die Kontrolle der Vereinigten Staaten, erhielten 1964 Autonomie und sind seit dem 10. Juli 1973 souverän. Doch zurück zur Entdeckung!

Kolumbus ging mit den beiden anderen Kapitänen und den Vertretern der Krone an Land, wo sich eine große Zahl von Eingeborenen versammelte, die staunend zusahen, wie die königliche Flagge entfaltet wurde zum Zeichen, daß die Insel nun zu Spanien gehöre. Diese Zeremonie der Besitzergreifung wiederholte Kolumbus später auf jeder Insel, bis es ihm zu lästig wurde und er erklärte, daß die Inbesitznahme einer einzigen Insel doch zugleich den Anspruch auf alle anderen begründe. Mehrfach ließ Kolumbus große Kreuze weithin sichtbar aufstellen.

Land und Leute werden im Bordbuch staunend beschrieben. Man trieb mit den Indios Handel, da sie alles Neue hochschätzten, insbesondere das, was man den Negern Westafrikas verquantelte: Glasperlen, Glöckchen und Pfennige. Die Indios gingen unbekleidet, trotz ihres Reichtums an Baumwolle, manche hatten bemalte Körper und trugen Federschmuck auf dem Kopf. Die Eingeborenen kannten keine Eisengeräte, doch trugen manche goldene Nasenringe. Am 6. November 1492 erwähnt Kolumbus zum ersten Male die befremdliche Sitte des Tabak-Rauchens. Das Wort «Tabak» stammt aus der Karibik.

Die Indios glaubten, die Spanier seien vom Himmel gekommen; Kolumbus wird nicht müde, das zu wiederholen. Später hat die alte, verbreitete Erwartung der «weißen, bärtigen Götter» bei Azteken wie Inkas den Conquistadoren den Sieg erleichtert. Die Indios begegneten Kolumbus friedfertig. Immer wieder unterstreicht er ihren sanften Charakter. Sie seien ehrlich und sauber und liebten ihre Nächsten wie sich selbst. Wiederholt betont er, wie freundlich seine Leute überall empfangen wurden; sorgsam achtete er darauf, daß jeder Übergriff unterblieb, obschon die Gier der Spanier, wie er klagt, nicht zu stillen war. Aus der Unterwürfigkeit der Indios schloß Kolumbus, sie dürften leicht zu bekehren sein, denn eine eigene Religion besäßen sie nicht. Entzückt beschreibt er immer wieder den Reichtum und die Schönheit der Natur, lobt die Pflanzen, die Vögel, den Wohlgeruch in der Luft und das Klima und beglückwünscht die Majestäten zu diesem Erwerb.

Mitunter deutet Kolumbus die Fügsamkeit der Indios als Feigheit. Ein Spanier schlüge hundert von ihnen in die Flucht. Kolumbus erklärte es für ein leichtes, alle Inselbewohner nach Kastilien zu schaffen oder sie an Ort und Stelle zu Sklaven zu machen – er warte auf Befehl. Das abermalige von ihm unterbreitete Angebot auf seiner zweiten Reise, Sklaven zu schicken, wurde durch Isabella von Kastilien abgelehnt, dennoch kamen damals Sklaventransporte nach Spanien.

Neben den guten Indios spricht Kolumbus aber auch von den bösen Indios, den Karaiben. Sie würden als Eroberer und Menschenfresser von den guten Indios gefürchtet. Unser Wort «Kannibale» stammt aus dem Spanischen und ist aus «Karaibe» verballhornt. Erst auf seinen späteren Reisen kam Kolumbus mit ihnen in Kontakt. Außerdem erwähnt er nach dem Hörensagen noch Menschen mit Hundsköpfen, Leute mit einem einzigen Auge und Staaten, die nur aus bogenschießenden Frauen bestehen, Amazonen. Diese Fabelwesen erinnern an den Alexanderroman, der hier Pate gestanden haben dürfte. Wenn der von Alexander besuchte Fernost zugleich der von Kolumbus entdeckte Fernwest war, mußte man das erwarten.

Kolumbus war zuversichtlich. Fest überzeugt, den Großen Khan von China in Kürze zu erreichen, kam er am 28. Oktober zur Insel Cuba, wo er den schönsten Ort seines Lebens erblickte. Den Namen Cuba oder Cybao deutete Kolumbus als *Cipango*, Japan. Es haperte nur mit dem von Marco Polo erwähnten Gold. «Gott helfe mir in seiner Barmherzigkeit, dieses Gold oder besser jene Goldminen zu finden» lesen wir zum 23. Dezember. Weihnachten erlitt die Santa Maria vor Haïti, von Kolumbus *Hispaniola* genannt, irreparabel Schiffbruch. Kolumbus ließ die Waren ans Ufer bringen und eine Festung anlegen.

Da die Pinta sich auf der Suche nach Gold eigenmächtig davongemacht hatte, besaß Kolumbus nur noch die Niña. Er ließ 39 Mann wohlversorgt in dem aus dem Holz der Santa Maria errichteten Fort zurück und begab sich am 4. Januar 1493 auf den Heimweg nach Spanien. Die ihm dabei zugestoßenen Widrigkeiten, «Machenschaften des Teufels», überstand Kolumbus und landete sicher am 6. März in Lissabon. Er wurde vom portugiesischen Königspaar empfangen und erreichte am 15. März, nach 32 Wochen den Ausgangshafen Palos. «Ich hoffe zu Gott», schreibt er im Bordbuch, «daß meine Tat zur höchsten Ehre der Christenheit gereichen und keine ihr ebenbürtige finden möge.»

Von Palos reiste Kolumbus zu Land weiter. In Sevilla zog er mit seinen Indios, mit bunten Papageien und Goldmasken als Triumphator ein, dabei sah ihn Las Casas, der spätere Kopist des Bordbuches, als kleiner Junge. Die ruhmreiche Reise ging weiter bis zu den Katholischen Majestäten nach Barcelona, wo er feierlich empfangen wurde – die Bürger und der Hof erwarteten ihn vor dem Tor – eine Sternstunde in seinem Leben.

## *Land im Okeanos*

Den meisten Entdeckungen und Erfindungen geht eine Vision voraus, eine Vorstellung, unscharf aber bestimmt, von dem, was zu entdecken, was zu erfinden sei. Aristoteles träumte vom Weberschiffchen, das ohne menschliches Zutun hin und her flitzt, Lukian beschrieb eine Reise auf den Mond, Alexander der Große erkundete angeblich in einer Taucherglocke den Meeresboden und ließ sich in einer von Vögeln gezogenen Sänfte in den Himmel tragen. Zu derartigen Phantasien der Antike, die in der Neuzeit wirklich wurden, zählt auch die Idee vom Land im Okeanos.

Die griechische Mythologie kannte zwei göttliche Entdecker: Dionysos, der nach Indien zog, später gefolgt von Alexander; und Herakles, der den Westen erkundete, als er die Äpfel der Hesperiden suchte. Die Hesperiden waren die Töchter des Abendsterns. Herakles mußte den Riesen Atlas im Atlas-Gebirge bitten, den Gang für ihn zu übernehmen; in der Zwischenzeit trug er den Himmel. So verband sich der Name Atlas früh mit dem des Okeanos. Okeanos war der Strom, der die bewohnte Welt umfloß, den man aus eigener Anschauung jedoch nur jenseits der Straße von Gibraltar kannte. Ihr antiker Name lautet die «Säulen des Herakles», diese finden sich im Wappen der spanischen Habsburger, darunter die Devise: *Plus ultra!* «Noch weiter!»

Der Gedanke, daß im westlichen Ozean Land liege, fand Ausdruck nicht nur im Hesperiden-Mythos, sondern ebenso in der Idee von den Inseln der Seligen, Elysium. Auf der elysischen Flur, so lesen wir in der Odyssee (IV 564ff), genießen die seligen Toten Ruhe. «Kein Schnee, kein Winterorkan, kein Regen durchnäßt sie, ewig wehn die Gesäusel des leise atmenden Zephyrs, welchen der Ozean sendet, die Menschen lieblich zu kühlen...» Dieses Wissen, so berichtet der Geograph Strabon (III 2, 13f), habe Homer von phönizischen Seefahrern erhalten. Das ist nicht auszuschließen. Die Karthager kannten die *Fortunatae Insulae* (Plinius VI 201ff), die mit den Kanarischen Inseln identifiziert werden.

Das Paradies im fernen Westen erscheint bei Platon dann im Atlantis-Mythos. Er spricht in seinen Dialogen «Timaios» und «Kritias» von einem Land jenseits der Säulen des Herakles, größer als Afrika und Asien zusammen; Atlantis sei der am besten verwaltete, schönste und reichste Staat der Welt gewesen, habe vor 9000 Jahren einen Krieg mit Ur-Athen geführt und sei dann in einer großen Flut untergegangen, eine Strafe des Zeus für den Übermut der Bewohner. Das Motiv vom strafenden Zorn Gottes ist uns bei Mohammed begegnet, der es der Sintflut-Sage entnahm. Es verbindet sich immer wieder mit Paradieses-Träumen. Strabon (II 3, 6) glaubte, der Atlantis-Mythos enthalte einen wahren Kern.

Neben der Idee vom Paradies im fernsten Westen gab es auch die Idee vom Paradies im äußersten Osten. Schon Strabon (II 5, 32) hielt die Inder für die glücklichsten aller Menschen, entweder schwimmen sie in Gold oder sie kennen überhaupt kein Edelmetall. In der Regel aber hat man Glück mit Reichtum assoziiert, so im Traum vom Garten Eden jenseits von Indien bei dem spätantiken Reisephilosophen Junior (Descriptio 6). Man säe nicht, man ernte nicht, alles gäbe es im Überfluß: Smaragde, Perlen, Hyazinthe, Karfunkel, Saphire und Gewürze. Bestätigt, ja überboten wurden diese Berichte dann von Marco Polo, dem *Messer* Milione. Seine Erzählungen haben Kolumbus fasziniert.

Die Vorstellungen vom Land des Glücks im äußersten Westen und im fernsten Osten wurden bereichert durch eine Zwischenlösung, durch die Vorstellung von den Antipoden, den Gegenfüßlern auf der Unterseite der Erde. Über sie fabulierte, wie Aelian (Varia Historia III 18) meldet, Theopomp, ein Schützling Alexanders des Großen. Theopomp erklärte Europa, Asien und Afrika zu riesigen Inseln im Weltmeer. Das eigentliche Festland liege jenseits, auf der anderen Seite des Okeanos, unermeßlich groß, voller Wunder aller Art. Gold und Silber seien dort billiger als Eisen bei uns. Seltsam, diese Vision vom Goldreichtum in Übersee, die lange kursierte, ehe sie bestätigt wurde!

Die These von den Antipoden setzt die Kugelgestalt der Erde voraus. Und sie gestattet die Annahme, daß man das Land im Osten auch auf dem Weg nach Westen erreichen könne – die Grundüberzeugung des Kolumbus. Diese schon im frühen 6. Jahrhundert v. Chr. von den Schülern des Pythagoras aufgestellte Behauptung, bei ihnen begründet mit der Idealgestalt der Kugel, wurde zum ersten Mal ausführlich behandelt von Aristoteles in seiner Schrift über den Himmel (297 b 24), der zugleich das erste Gradnetz entwarf und sich der Meinung anschloß, daß Indien jenseits der Säulen des Herakles auf dem Weg nach Westen über den Atlantik erreichbar sei, da das Meer im Osten und im Westen dasselbe sei. Die Lehre von der Erdkugel begegnet uns wieder bei Strabon (I 1). Dieser berichtet, daß der im 2. Jahrhundert v. Chr. lebende Universalgelehrte Krates aus Mallos in Pergamon zu Demonstrationszwecken einen Erdglobus konstruiert habe. Daran kritisiert Strabon (II 5, 10) lediglich, daß er zu klein gewesen sei, um geographisches Wissen zu vermitteln.

Die Kugeltheorie wiederholten Cicero (De re publica VI 20f) und Seneca (Naturales Quaestiones IV 11, 2), sie blieb bis zu Claudius Ptolemaeus in der Zeit Hadrians herrschende Ansicht der antiken Geographie. Die Scheibentheorie, das sogenannte ptolemäische Weltbild, hat Ptolemaeus nicht vertreten. Er beschrieb die Erde als Kugel, doch verrechnete er sich bei ihrem Umfang, den er wesentlich geringer einschätzte als der in Alexandria wirkende Eratosthenes um 200 v. Chr. Dieser hatte durch Vergleich des Einfallswinkels der Sonnenstrahlen in Alexandria und Assuan, 5000 Stadien südlich auf dem Wendekreis, den Erdumfang auf 250000 Stadien berechnet, auf etwa 40000 km – ein Resultat, das erst Ende des 17. Jahrhunderts von Jean Picard (1620–1682) auf knapp 41000 km verbessert wurde.

Im Mittelalter blieb die Kugeltheorie lebendig. Wir finden sie bei den viel gelesenen spätantiken Autoren Macrobius, Martianus Capella und Isidor von Sevilla. Macrobius (Somnium II 32ff) betrachtet im Anschluß an Cicero die bekannten Erdteile als Inseln im Okeanos und rechnet mit Bewohnern auf den uns unzugänglichen Kontinenten jenseits des Meeres. Er spricht von Menschen, die auf der Seite der Erdkugel schräg zu uns stehen, auf der Gegenseite gar verkehrt herum. Es sei nicht zu befürchten, daß die Gegenfüßler von der Erde herunterfallen könnten, denn unten sei, wo die Erde, und oben, wo der Himmel sei. Diese Leute atmeten dieselbe Luft wie wir; wenn bei ihnen die Sonne sinke, steige sie bei uns empor.

Die richtige Maßangabe des Eratosthenes hat sich im Bewußtsein nicht gehalten. Bestimmend blieb das Werk des Ptolemaeus, das dem frühen 15. Jahrhundert in lateinischer Übersetzung vorlag. Darin findet sich eine wesentlich geringere, von 250000 auf 180000 Stadien verminderte Umfangsberechnung, die eine Überquerbarkeit des Atlantiks möglich erscheinen ließ. Hätte Kolumbus die verläßlichen Maße des Eratosthenes zugrunde gelegt, so wäre er auf über zehntausend Seemeilen zwischen Kanaria und Japan gekommen, die versorgungstechnisch nicht zu meistern gewesen wären. Aber seine Fehlkalkulation kam seinem Schwung entgegen – hatte doch schon Seneca in der Zeit Neros künftigen Jahrhunderten gewaltige Entdeckungen verkündet: Jenseits des Okeanos warteten neue Welten, Thule sei nicht das letzte der Länder, so der Schlußchor im 2. Akt seiner Tragödie «Medea». Diese Aufforderungen fanden in der Aufbruchstimmung des 15. Jahrhunderts offene Ohren.

Bevor wir uns der Biographie des Kolumbus zuwenden, sind noch zwei Episoden über die transatlantischen Kontakte vor Kolumbus zu erwähnen. 1872 soll ein Sklave in der Provinz Paraïba an der brasilianischen Küste eine phönizische Inschrift entdeckt haben, die von der Landung eines Schiffes aus Sidon berichtet. Auf der Fahrt vom Roten Meer um Afrika herum sei das Schiff über den Atlantik abgetrieben worden. Die Umsegelung Afrikas durch phönizische Seeleute um 600 v. Chr. ist durch Herodot (IV 42) glaubhaft bezeugt, aber die nur in Kopie bekannt gewordene Inschrift, deren Original kein Forscher gesehen hat, ist sicher eine Fälschung aus der Umgebung von Kaiser Pedro II von Brasilien, der gerade eine Reise nach Palästina gemacht hatte. Akzeptabel hingegen ist die Nachricht eines Fundes karthagischer Münzen aus der Alexanderzeit auf den Azoren, die 1749 entdeckt wurden. Die Inseln vor der afrikanischen Westküste waren im Altertum bekannt.

Plausibel ist ebenfalls eine zweite Episode, nämlich die Entdeckung Europas durch die Amerikaner im 1. Jahrhundert v. Chr., gewissermaßen die – wenn auch unfreiwillige – Umkehr der Kolumbus-Expedition. Der ältere Plinius (II 170) überliefert, daß im Jahre 62 v. Chr. der Swebenkönig, also Ariovist, dem Proconsul der Gallia Narbonensis zwei Inder zum Geschenk gemacht habe. Diese Männer seien zum Handel auf See gegangen und durch Stürme an die Küste Germaniens getrieben worden. Plinius wollte damit beweisen, daß der Okeanos Eurasien im Nordosten umspült. Da die beiden als Inder bezeichneten Exoten aber kaum durch die Beringstraße an die germanische Küste gelangt sein können, liegt die Vermutung nahe, daß sie von Wind und Wogen verschlagen aus dem Westen gekommen sind, aus Grönland, oder gar als die ersten Indianer aus Amerika.

Die erste historisch gesicherte Fahrt über den Atlantik gelang den Wikingern. Sie sind uns bereits in der Vorgeschichte zur Magna Charta begegnet. Ausgehend von Dänemark und Skandinavien beherrschten sie mit ihren Drachenbooten die Meere. Ihr Einflußbereich reichte bis zum Kaspischen Meer, zum Pontus und ins Mittelmeer, doch befuhren sie in erster Linie Ost- und Nordsee. 874 besuchten norwegische Seefahrer zum ersten Mal das hundert Jahre zuvor von Iren entdeckte Island, besiedelten es und gründeten dort einen Freistaat, die älteste Republik im nachantiken Europa. Etwa hundert Jahre später mußte ein normannischer Raufbold, Erik der Rote, Norwegen verlassen. Er ging nach Island und konnte sich auch dort nicht halten. Darauf segelte er weiter nach dem von ihm so benannten Grönland, wo er 985 eine Siedlung gründete. Einer seiner Leute entdeckte, vom Winde verschlagen, im Südwesten die

Küste von Labrador. Davon erfuhr der Sohn Eriks des Roten, Leif Eriksson. Er stellte eine Mannschaft zusammen und segelte im Sommer 1001 an jene unbekannten Küsten. Den nördlichen Teil davon nannte er «Steinland», vermutlich Labrador, den mittleren «Waldland» wahrscheinlich Neufundland, und den südlichen «das gute Weinland», nach den dort wild wachsenden Beeren.

An der Nordspitze von Neufundland wurde 1960 von Helge Ingstad eine normannische Ansiedlung entdeckt. Damit fand die Tradition bei Adam von Bremen (IV 38) aus dem 11. Jahrhundert und in den späteren isländischen Sagas eine archäologische Bestätigung. Die Wikingersiedlung bestand nur kurze Zeit, doch gibt es Zeugnisse für eine Verbindung zwischen Grönland und Vinland bis ins 14. Jahrhundert. Dann geriet die Entdeckung der Wikinger in Vergessenheit – die Zeit war noch nicht reif für die mit Kolumbus dann einsetzende Entwicklung. Daß der Genuese von seinen Vorgängern überhaupt hätte wissen können, ist höchst unwahrscheinlich, denn die Identifizierung der von den Nordmännern entdeckten Küsten Amerikas gelang erst 1705 dem Dänen Thormod Torfaeus.

Die 1964 abgeschlossene Grabung Ingstads hatte kuriose Folgen. Zwei Tage vor Columbus-Day, der am 12. Oktober begangen wird, wurde 1965 in New Haven, Connecticut, die Ehre, Amerika entdeckt zu haben, dem katholischen Kolumbus abgesprochen und auf den Protoprotestanten Leif Erikson übertragen. Das hatte massive Straßendemonstrationen zur Folge. Die Italo-Amerikaner votierten für Kolumbus, die White Anglo Saxon Protestants (WASPs) für Leif Eriksson. Wie bei allen seriösen Konflikten haben beide Seiten in gewisser Weise Recht, aber eben nur in gewisser Weise, und weil man das nicht wahr haben will, schlägt man aufeinander ein.

## *Wer war Kolumbus?*

Christoph Kolumbus, italienisch Cristoforo Colombo, spanisch Cristobal Colón, wurde 1451 in Genua geboren. Die Theorien, daß seine Vorfahren Griechen, Engländer, Portugiesen, Spanier oder Juden gewesen seien, haben sich nicht halten lassen. Sein Vater war Wollweber und Schankwirt, demgemäß ist für die Söhne keine höhere Bildung zu erwarten. Dennoch beherrschte Kolumbus das Lateinische, damals noch als Geschäftssprache üblich, später bediente er sich des Portugiesisch-Spanischen.

Kolumbus war Autodidakt, er hat in seinen frühen Jahren viel gelesen. Das für sein Unternehmen wichtigste Werk war das 1410 verfaßte, 1483 gedruckte Buch «Imago Mundi», das «Bild der Welt». Es stammt von Petrus Alliacus (Pierre d'Ailly), einem der gelehrtesten Männer seiner Zeit. Er war Kanzler der Universität Paris und Kardinal und hat durch seinen Sentenzenkommentar zu Sprüchen der Kirchenväter auf Martin Luther gewirkt. Petrus Alliacus war es, der Kolumbus mit den antiken Vorstellungen von der Kugelgestalt der Erde vertraut gemacht hat. Indien, so heißt es, sei in wenigen Tagen über den Atlantik zu erreichen und gesegnet mit Gold und Silber, Perlen und Edelsteinen. Das Exemplar, das Kolumbus gelesen hat, blieb erhalten, und seine Randbemerkungen lassen erkennen, wie sein Wunsch gewachsen ist.

Nicht zu bezweifeln ist die persönliche Frömmigkeit des Kolumbus. Gebet und Fasten nahm er ernst, den von ihm entdeckten Orten in Amerika gab er religiöse Namen: Navidad, San Salvador, Santa Maria de la Concepcion, San Domingo. Die Entdeckung des Seeweges nach Indien sah er als eschatologischen Auftrag. Bis zum Weltende rechnete er mit noch 150 Jahren, und bis dahin mußte nach dem Missionsgebot «Gehet hin in alle Welt...» das Evangelium überall verkündet sein. Mit den Schätzen aus der Neuen Welt, schreibt er, seien die Majestäten nach drei Jahren imstande, die Türken aus Jerusalem zu vertreiben und den Berg Zion wieder aufzubauen. In seinem Testament bestimmte er eine Summe zur Befreiung des Heiligen Grabes. Die seltsame Verknüpfung von Goldgier und Glaubensinbrunst spricht auch aus dem vielzitierten Satz vom 7. Juli 1503: «Aus Gold sammelt man Schätze, und wer es hat, der macht damit alles, was er in der Welt nur will. Er kann selbst die armen Seelen ins Paradies bringen.» Diese auf den Ablaß zielende Ansicht hat dann wenig später den Protest von Martin Luther auf den Plan gerufen.

Der Knabe Kolumbus lernte das Handwerk seines Vaters, doch zog es ihn früh aufs Meer. Als Handelsreisender einer genuesischen Firma fuhr er 1474 oder 1475 in die Ägäis, nach der damals genuesischen Insel Chios. Später segelte er nach England, aber auch nach Madeira, um Zucker einzukaufen. 1483 befehligte Kolumbus zwei Schiffe auf dem Weg nach Guinea. Umstritten ist, ob er auch an Seeräuberei beteiligt war, sicher ist er nicht mit dem Seeräuber gleichen Namens identisch. Ungesichert ist die Überlieferung weiterer Jugendreisen, unter anderem eine nach Island. Dort soll er, so die Fama, von den normannischen Vinlandfahrten gehört und dadurch zu seinem Expeditionsplan angeregt worden sein.

Kolumbus bezog sein Wissen nicht von den Wikingern, sondern von Petrus Alliacus, aus den antiken Autoren und aus seinem Briefwechsel mit dem Florentiner Arzt und Geographen Paolo Toscanelli (1397–1482). Dieser hatte 1474 dem König von Portugal geschrieben, der Seeweg nach Ostasien, das, wie Marco Polo berichtet hatte, überreich sei an Gold und Silber, Juwelen und Gewürzen, sei am kürzesten über den Atlantik nach Westen. Toscanelli fügte jene falsche Berechnung bei, die dann auch Kolumbus in die Hand bekam und die der Grund für seine Hoffnung wurde. Die Karte Toscanellis ist verloren, läßt sich aber rekonstruieren, weil der Nürnberger Mathematiker Martin Behaim (1459–1507), der mit Kolumbus befreundet war, mit Hilfe dieser Karte 1492 den ersten Erdglobus der Neuzeit anfertigte. Er ist im Germanischen Nationalmuseum zu Nürnberg zu sehen.

Die Beziehungen zu Toscanelli fallen in die Zeit nach 1479. Damals lebte Kolumbus in Lissabon, wohin er auch seinen Bruder Bartolomeo holte. Den Blick auf den Atlantik öffnete ihm der Statthalter von Madeira, dessen Tochter Kolumbus um 1479 heiratete. Während seiner Seereisen reifte in ihm der Plan, das Experiment einer Fahrt über den Ozean zu riskieren. Es ist damals von verschiedenen Leuten erwogen worden, beispielshalber von dem Mathematiker Hieronymus Müntzer, der ohne Kenntnis von Kolumbus 1493 dem König von Portugal diesen Vorschlag ebenfalls unterbreitete. In dieselbe Zeit fallen die Versuche, von England, von Bristol aus die sagenhafte Insel *Brasille* im Atlantik zu finden. Sie erscheint auf frühen Seekarten, vielleicht inspiriert von der Legende des irischen Heiligen Brandanus aus dem 10. Jahrhundert, der eine Insel im Ozean besucht haben soll. In jedem Falle hat Jacob Burckhardt Recht, wenn er in seinen «Weltgeschichtlichen Betrachtungen» meint, «Amerika würde bald entdeckt worden sein, auch wenn Kolumbus in der Wiege gestorben wäre».

Für diese These spricht, daß wir uns im Zeitalter der Entdeckungen befinden. Die technischen Fortschritte in der Navigation und im Schiffsbau begünstigten den Aufschwung der christlichen Seefahrt, zunächst in Venedig und anderen oberitalienischen Städten, dann in Spanien und Portugal, insbesondere durch Heinrich den Seefahrer (1394–1460), der selbst zwar nie zur See gefahren ist, aber als Infant von Portugal die Entdeckungen förderte – auch Martin Behaim fuhr in seinem Geiste. Wenig später blühte dann die Seefahrt in England und den Niederlanden auf. Diese Unternehmungen haben innerhalb dreier Generationen den Erdball zur See erschlossen, und in dieser großen Riege von Seefahrern ist Kolumbus nur einer, wenn auch der größte Star. Seine Entdeckung hätte gewiß auch ein anderer gemacht, aber es hätte vermutlich noch gedauert, wenn wir bedenken, welche Beharrlichkeit erforderlich war, bis Kolumbus endlich aufbrechen konnte.

Den ersten Vorstoß unternahm Kolumbus 1484, als er seinen Plan dem König Johann II von Portugal vortrug. Dieser überwies das Projekt zur Prüfung einer Expertenkommission, sie lehnte ab. Darauf befragte der König seinen Kronrat, der riet ebenfalls ab. Einer der Gründe war, daß man gerade den Seeweg nach Indien um Afrika herum suchte. Kolumbus ging darauf nach Spanien, lernte den späteren Kapitän der Pinta kennen, fand auch einen fürstlichen Mäzen, dem aber die Majestäten von Kastilien in den Weg traten. 1486 stand Kolumbus zum ersten Mal vor den Katholischen Königen, wieder wurde eine Kommission, diesmal von der Universität von Salamanca, eingeschaltet; bis sie entschied, erhielt Kolumbus ein Gehalt vom König. 1488 wurden die Zahlungen eingestellt, abermals wandte sich Kolumbus nach Portugal. Dort aber hatte Bartolomeo Diaz soeben das Kap der Guten Hoffnung umrundet, so daß der Weg in Richtung Osten nach Indien offen schien. Die Atlantik-Route war nicht mehr gefragt. Enttäuscht kehrte Kolumbus nach Spanien zurück und schickte nun seinen Bruder Bartolomeo nach England, der dem König Heinrich VII den Reiseplan vorlegte. Die Ratgeber aber verspotteten Bartolomeo, worauf er sich zu König Karl VIII von Frankreich begab. Doch auch dieser sagte Nein.

Die Kommission der Katholischen Könige hatte noch immer nicht entschieden, Kolumbus nutzte die Zeit und studierte inzwischen die Schriften von Marco Polo, die Naturgeschichte des Plinius und anderes. 1490 schließlich kam die Ablehnung aus Salamanca. Es ging nicht um die Kugelgestalt der Erde, sondern um die mutmaßliche, von Kolumbus unterschätzte Länge des Seeweges. Zudem forderte der Krieg gegen die Mauren, die Vollendung der Reconquista alle Mittel des Staates. Nun beschloß Kolumbus, selbst nach Frankreich zu gehen und Karl VIII zu gewinnen. 1491 nahm er Abschied von dem Prior in La Rábida, dem ihm befreundeten Franziskaner und Beichtvater der Königin. Angesichts der von den Franziskanern betriebenen Heidenmission meldete sich der Prior bei Hofe, und er fand Gehör. Umgehend kam die Aufforderung, Kolumbus und der Prior sollten sich im Lager Santa Fé vor Granada der Königin vorstellen.

Wieder wurde eine Kommission eingeschaltet. Doch wieder war das Resultat das alte: Ablehnung. Jetzt bestieg Kolumbus sein Maultier und machte sich im unbeirrten Glauben an seinen Stern auf nach Frankreich. Vier Meilen hinter Santa Fé aber holte ihn ein Eilbote des Königs ein, Kolumbus möge unverzüglich umkehren. Was war geschehen? Was dem Beichtvater nicht gelungen war, das glückte dem Schatzmeister. Der Schatzmeister, mit dem Kolumbus sich angefreundet hatte, war vorstellig geworden und hatte der

Königin erklärt, welche Chance sie für sich, für Spanien, für die Christenheit verspiele; falls sie ablehne, werde er die Reise privat finanzieren. Jetzt gab Isabella nach.

Es ist gefabelt worden, die Königin habe ihre Kronjuwelen verpfändet – doch wurden die Geldforderungen von Kolumbus aus den erwarteten Steuern der Santa Hermandad beglichen, jenem Städtebund, der sich bei der Eroberung von Granada hervorgetan hatte. Am 2. Januar 1492 hatten die Mauren in Granada kapituliert – Kolumbus berichtet als Augenzeuge davon im Vorwort zu seinem Bordbuch, und so konnte man sich jetzt neuen Aufgaben zuwenden. Die Krone übernahm die Hälfte der Reisekosten, die andere Hälfte mußte sich Kolumbus aus privaten Krediten zusammenstückeln.

Nach dreimonatigen Verhandlungen wurde am 17. April der Vertrag von Santa Fé geschlossen, der Kolumbus in Stand setzte, seine Expedition zu unternehmen. Die von ihm geforderten, nicht eben bescheidenen Bedingungen wurden vom Königspaar anerkannt – Kolumbus nahm das kostbare Dokument zu seinen Reisepapieren, wir haben den Inhalt kennengelernt. Schwierig war die Anwerbung von Seeleuten – erst als Alonso Pinzon seine Bereitschaft zur Teilnahme erklärte, fanden sich Matrosen.

## *Das entdeckte Amerika*

Als die Tat des Kolumbus bekannt wurde, bewegte sie Europa. Am 3. Mai 1493 erließ Alexander VI, der lebensfrohe Borgia-Papst, eine Bulle, in der er sich nicht nur im Sinne des «Constitutum Constantini» als Westkaiser des Imperium Romanum, sondern als Herr der Welt aufspielt. Als Stellvertreter Gottes auf Erden belobigt er seinen geliebten Sohn Kolumbus und verleiht dessen Entdeckungen «vom Nordpol bis zum Südpol» feierlich der Kastilischen Krone. Der Papst verbindet diese «Schenkung» mit dem Missionsauftrag. Damit waren allerdings die Interessen der Portugiesen verletzt, so daß die beiden Königreiche am 7. Juni 1494 im Vertrag von Tordesillas ihre Einflußzonen in der Neuen Welt abgrenzten. Der Papst war daran nicht beteiligt, beeilte sich aber, den Text zu verkünden und zu besiegeln, so als ob er ihn diktiert hätte.

Nach seiner triumphalen Heimkehr hat Kolumbus noch drei weitere Reisen in die Neue Welt unternommen. Bei der zweiten führte er 17 Schiffe mit fast 1500 Mann, darunter mehrere Missionare und die Ausstattung für die erste Kirche in der Neuen Welt, gestiftet von Isabella. Ohne sein Wissen folgten ihm vier weitere Expeditionen. El Dorado, das Goldland, lockte. Kolumbus war nicht frei von Skrupeln, denn er ließ am 12. Juni 1494 seine gesamte Mannschaft antreten und schwören, daß Cuba China sei. Er glaubte – und in dieser Überzeugung starb er schließlich – Indien erreicht zu haben.

Die zweite Landung in Amerika zeitigte ein trauriges Zwischenergebnis: Das Fort, was er angelegt hatte, war niedergebrannt, alle Spanier erschlagen. Sie hatten sich einheimische Frauen zugelegt, und das verdroß die Indianer. Noch trauriger war, daß Kolumbus gegen den Willen der Könige mit dem Sklavenfang begann und vier Karavellen mit Indios nach Spanien sandte. Zur vorzeitigen Rückkehr wurde Kolumbus diesmal durch Krankheit seiner Leute genötigt.

Auf die dritte Reise 1498 bis 1500 nahm Kolumbus unter anderem 20 Goldgräber und 100 Soldaten mit, dazu 30 Christenfrauen und 50 Bauern mit Saatgut und Zuchtvieh. Eine Revolte gegen die Brüder des Kolumbus, die Führungspositionen erhalten hatten, führte zur Entsendung eines königlichen Kommissars, der den aller Rechte beraubten Kolumbus in Ketten nach Spanien brachte – eine Unstern-Stunde. Zuvor hatte Kolumbus den Majestäten berichtet, er habe an der Nordküste Südamerikas das von den Kirchenvätern beschriebene «irdische Paradies» gefunden! Tatsächlich beschreibt Isidor von Sevilla (Etymologiae XIV 3, 2) um 600 n. Chr. den im fernen Osten angenommenen Garten Eden ziemlich genauso wie Kolumbus die Küste von Venezuela.

Von den Königen wenigstens teilweise rehabilitiert, konnte Kolumbus 1502 bis 1504 seine vierte und letzte Reise unternehmen. Sie war reicher an Abenteuern aber ärmer an Ertrag als die Fahrten zuvor. Kolumbus wollte durch die karibischen Inseln nach China und Indien, ja die Welt umsegeln. Die Könige gaben ihm Briefe an Vasco da Gama mit, der sich auf seiner zweiten Indienreise um Afrika herum befand. Der eine auf der Ostroute, der andere auf der Westroute – sie konnten sich begegnen. Kolumbus tastete sich an der Landenge von Panama entlang, aber fand keine Durchfahrt. Er erlitt Schiffbruch, war auf die Hilfe der Indianer angewiesen, die sich aber weigerten, Nahrungsmittel zu liefern. Da rettete den Admiral eine Mondfinsternis. Kolumbus, der im Sternenhimmel ebenso zuhause war wie auf dem Weltmeer, wußte, daß eine Finsternis bevorstand, und drohte den Indianern mit einem Zeichen göttlichen Zorns. Tatsächlich verdunkelte sich der Mond, und die abergläubischen Indianer versorgten Kolumbus, bis Rettung kam.

Am 21. Mai 1506 ist Kolumbus in Valladolid einsam und verkannt gestorben. Seine letzten Jahre hatte er im aussichtslosen

Kampf um seine Privilegien und mit apokalyptischen Spekulationen verbracht. Wie dem Lebenden, so war dem Toten keine Ruhe beschert. Sein Sarg kam 1513 aus dem Franziskanerkloster von Valladolid in das Kloster Santa Maria de las Cuevas in Sevilla, wurde 1537 gemäß seinem Wunsch in den Dom von San Domingo auf Haïti verbracht; sodann, als die Insel französisch wurde, am 19. Januar 1795 in den Dom von Havanna überführt und 1899, nachdem die Spanier Cuba an die Vereinigten Staaten verloren hatten, wieder nach Sevilla.

So erlebte es Kolumbus auch nicht mehr, daß der neue Kontinent nicht nach ihm, sondern nach seinem Freund Amerigo Vespucci (1451–1512) benannt wurde. Dieser stammte aus Florenz, bereiste im Auftrag des Bankhauses der Medici Südamerika und schrieb am 10. März 1503 an den Chef der Firma, hier im Lande der Antipoden sei ein neuer Erdteil entdeckt worden. Der Bericht des Amerigo Vespucci «Mundus Novus» wurde 1504 zu Saint Dié in Lothringen gedruckt.

Am 25. April 1507 erschien die «Cosmographiae Introductio» des Mathematikers Martin Waldseemüller und des Philologen Matthias Ringmann. Die entscheidende Passage darin lautet, im Urtext lateinisch: «Nun aber sind diese drei Erdteile (Europa, Asien, Afrika) weit ausgedehnt und ein vierter wurde durch Americus Vesputius gefunden. Ich sehe nicht ein, warum man verbieten sollte, diesen Erdteil nach dem geistreichen Entdecker (*inventor*) Amerige, sozusagen Land des Americus oder einfach America zu benennen, nachdem Europa und Asia ihre Namen nach Frauen erhalten haben.» Der zunächst für Südamerika verwendete Name wurde 1538 durch den Kartographen Gerhard Kremer, genannt Mercator, auf ganz Amerika übertragen. Vielleicht ist es dem Althistoriker verstattet anzumerken, daß der Name *Amerigo* zurückgeht auf den Gotenkönig *Amalarich,* den Enkel Theoderichs des Großen.

## *Eine Sternstunde?*

Die Aufnahme der Entdeckung Amerikas unter die Sternstunden der Geschichte ist einem gewichtigen Einwand ausgesetzt. Kaum eine Tat hatte so viel Unheil zur Folge wie die des Kolumbus. Vor die traurige Aufgabe gestellt, die acht oder zehn größten Verbrechen der Menschheit zu benennen, müßte man drei den seemächtigen Europäern in Amerika zurechnen. Die Brutalität, mit der die spanischen Conquistatoren gegen die Indios in Mittelamerika vorgegangen sind, gehört zu den empörendsten Untaten der Vergangenheit: Abertausende abgeschlachtet, verstümmelt, gefoltert, lebendig verbrannt. Das wichtigste Werk dazu, die «Historia de las Indias» von Las Casas, war 1559 abgeschlossen, doch wurde die den Spaniern abträgliche Publikation bis 1876 verzögert.

Die zweite Untat ist die anschließende Einfuhr afrikanischer Sklaven, vornehmlich durch die Engländer – insgesamt wurden fast 10 Millionen Afrikaner verschleppt. Angesichts des Massensterbens der mißhandelten Indios hatte Las Casas 1517 die Verwendung ‹strapazierfähiger Neger› empfohlen – ein humanitär motivierter Ratschlag, der den Teufel mit dem Beelzebub austrieb. Das dritte Großverbrechen ist die Dezimierung und Marginalisierung der nordamerikanischen Indianer durch die weißen Siedler. Indianer erhielten Bürgerrechte in den Vereinigten Staaten 1924, in Kanada gar erst 1960. Sie galten als fremde Nation.

All diese Schandtaten soll man weder beschönigen noch verschweigen, aber soll man darum wünschen, Amerika hätte niemals entdeckt werden dürfen? Die Conquistadoren sind mit den Einheimischen nicht wesentlich anders verfahren als diese mit ihresgleichen umgegangen sind, und haben mit der Christianisierung wie allenthalben auch einen humanitären Fortschritt gebracht, nicht nur durch ihre caritativen Einrichtungen, sondern vor allem durch die Abstellung der Menschenopfer. Schauerlich sind die Berichte über die Azteken, die ihrem Sonnengott das noch zuckende Herz frisch geschlachteter Menschen darbrachten, und das nicht nur in Einzelfällen: In den letzten Zeiten von der Ankunft der Spanier sollen in Mexiko jährlich an die 20000 geopfert worden sein, eine Zahl, die vermutlich ebenso übertrieben ist, wie der Bericht über ein Beinhaus mit 136000 Schädeln. Doch die Größenordnung könnte zutreffen. Die Bilanz der Brutalität ist schwer zu ziehen.

*

In seinem aus tiefster Verzweiflung geschriebenen Brief vom 7. Juli 1503, der «Lettera rarissima» aus Jamaica an die Katholischen Könige erwähnt Kolumbus einen Traum: Eine heimliche Stimme habe ihn getröstet, indem sie ihm zuflüsterte: «Die Bande des ozeanischen Meeres, die mit so festen Ketten geschlossen waren, du hast sie geöffnet mit einem Schlüssel, den Gott dir gab.» Kolumbus glaubte sich von der heiligen Dreieinigkeit entsandt, um mit dem wahren Glauben die Verheißung des Propheten Jesaja (65, 17) zu verwirklichen, Gott werde ein «neues Heil und eine neue Erde erschaffen».

Dieser Traum enthielt eine Wahrheit, die sich erst in den folgenden Jahrhunderten offenbarte. Die Europäer haben die altamerikanischen Kulturen vernichtet. Sie brachten ihre eigene Zivilisation: die lateinische Schrift, das Metall, das Pferd, das Rad, die Technik überhaupt. Umgekehrt hat die Neue Welt der Alten die Tomate und den Tabak, den Kakao und die Schokolade, den Mais und vor allem die Kartoffel beschert, die in Europa den Hunger gebannt hat. Amerika bietet nun Abermillionen von Einwanderern aus Europa, Afrika und Asien Lebensmöglichkeiten, eröffnet schier unbegrenzte Möglichkeiten und hat in den Vereinigten Staaten ein Gemeinschaftsmodell gezeitigt, das an die Spitze der Völker getreten ist.

Die Entdeckung Amerikas durch Kolumbus ist das Ergebnis einer Vision und die Grundlage für eine solche. 1611 erschien die im Kerker geschriebene Utopie «Civitas Solis», der «Sonnenstaat» des kalabresischen Dominikaners Thomas Campanella (1568–1639). Dieser kühne Freidenker erzählt von einem Seemann aus Genua, der auf einer Insel im Ozean ein mustergültig eingerichtetes Gemeinwesen vorgefunden habe. Campanella deutete das Christentum ketzerisch als konkretisiertes Naturgesetz, als zeitbedingte Form zeitloser Humanität und sah durch Kolumbus und dessen Entdeckung einer neuen Welt seinen Glauben an das Ziel der Geschichte bestätigt: *ut omnes nationes in unam legem congregentur*. Zwar habe die Spanier nur die Gier nach Gold getrieben, aber sie seien dennoch Gottes blindes Werkzeug gewesen, der damit seinen höheren Zweck verfolgte, eben die «Vereinigung aller Nationen unter einem einzigen Gesetz».

## Literatur

W. H. Allen, Christopher Columbus 1451–1506. The Logbook of Christopher Columbus› First Voyage to America as Copied in brief by Bartholomew Las Casas, 1992

U. Bitterli, Die Entdeckung Amerikas. Von Kolumbus bis Alexander von Humboldt, 1991

T. Campanella, La cité du Soleil. Texte latin de l'édition de Paris 1637, établi, traduit et commenté par Roland Crahay, 1993

Christoph Columbus, Schiffstagebuch, aus dem Spanischen von Roland Erb, 1981

O. Dunn/J. E. Kelley (edd.), The Diario of Christopher Columbus› First Voyage to America 1492/1493, 1988

F. Felipe Fernandez-Armesto, Before Columbus, 1987

Richard Hennig, Terrae incognitae, I, 1944

W. Irving, Des Christoph Columbus Leben und Reisen, I–IV, 1828

E. G. Jacob, Christoph Columbus. Bordbuch, Briefe, Berichte, Dokumente, 1956
Gwyn Jones, The Norse Atlantic Saga, 1964 (Die Quellen in englischer Übersetzung mit Kommentar)
B. Keen, The Life of the Admiral Christopher Columbus by his Son Ferdinand, 1959
Inge Langenberg, Die Vinland-Fahrten, 1977
S. E. Morison, Christopher Columbus. Admiral of the Ocean Sea, 1942 (Morison hat die Schiffsreise nachvollzogen)
W. Prescott, Die Eroberung von Mexiko, 1843/1927
W. Reinhard, Geschichte der europäischen Expansion, Bd. II, 1985
E. Schmitt (Hrsg.), Dokumente zur Geschichte der europäischen Expansion, 1984ff. (Dort auch Vertrag zwischen dem spanischen König und Kolumbus sowie Augenzeugenberichte usw.)
P. E. Taviani, Christopher Columbus. The Grand Design, 1985
C. Verlinden, Kolumbus. Vision und Ausdauer, 1962
Jan Wilson, The Columbus Myth. Did men of Bristol reach America before Columbus?, 1991

*Die Abgeordneten im Deutschen Bundestag sind nur ihrem Gewissen unterworfen.*
Grundgesetz § 38

# 9.
# Luther auf dem Reichstag zu Worms

*18. April 1521*

Der Beginn der Neuzeit wird vielfach mit zwei Namen verbunden, mit dem von Kolumbus und dem von Luther. Beide waren ungewöhnlich starke Charaktere, die sich durch kein äußeres Hindernis beirren ließen, ihr inneres Anliegen auszuführen. Beide haben, jeder in seiner Weise, aus einer unerschütterlichen Grundüberzeugung heraus einen Weg aus der Enge des Mittelalters gesucht und gefunden, eine Bindung aufgelöst, die den Menschen zu eng wurde, Neuland entdeckt – der eine im ursprünglichen geographischen, der andere im übertragenen religiösen Sinn.

Kolumbus und Luther haben, unbeschadet ihrer Individualität, jeweils eine allgemeine Entwicklung befördert – streng genommen ohne zu wissen oder zu wollen, was sie tatsächlich erreicht haben. Kolumbus wußte nicht, daß er Amerika entdeckt hat, und Luther wollte nicht, daß die Kirche gespalten wird. Diese Schieflage zwischen subjektiver Absicht und objektivem Ergebnis bestätigt die alte Einsicht, daß auch die Großen der Geschichte im Dienste einer Macht stehen, die (vor-)letzten Endes dahin geführt hat, wo wir uns heute befinden.

Das Leben Luthers hat – so wie das des Kolumbus – mehr als eine einzige Sternstunde aufzuweisen. Keine aber erreicht an Spannung und Wirkung das Zusammentreffen von Mönch und Kaiser auf dem Reichstag zu Worms, auf dem der 20jährige, 1519 «erwählte römische Kaiser» Karl V gemeinsam mit den geistlichen und weltlichen Reichsständen die Leitlinien seiner Politik festlegte. Karls Wahl war keine Selbstverständlichkeit gewesen. Nach dem Tode Maximilians am 12. Januar 1519 war ein heftiger Streit um die Nachfolge entbrannt. Unter den Kandidaten erscheint auch Luthers Landesherr Friedrich der Weise von Sachsen, der angesehenste der Kurfürsten. Papst Leo X selbst hatte ihn für das hohe Amt vorgeschlagen. Zu den Gedankenspielen ungeschehener Geschichte gehört die

Frage, was wohl an Um- und Irrwegen der Reformation erspart geblieben wäre, hätte man Friedrich gekürt? Aber als Maximilians Enkel hatte Karl V, damals König in Spanien, die besseren Chancen; «Handsalben» genannte Bestechungsgelder in Höhe einer knappen Million Goldgulden für die Kurfürsten und ihre Räte, vorgestreckt vom Bankhaus Fugger, sicherten Karls Wahl am 28. Juni in der Frankfurter Bartholomäus-Kirche.

## *Der Mönch vor dem Kaiser*

Am Dienstag, den 2. April 1521, verließ ein *sachsisch Rollwegelin,* gezogen von drei Pferden, Wittenberg in Richtung Westen. Voran ritten der «kaiserliche Ehrenholdt» Kaspar Sturm mit dem Adlerwappen am Arm und sein Knecht. Sturm, bereits ein heimlicher Anhänger Luthers, holte den entpflichteten Augustiner-Eremiten und amtierenden Philosophieprofessor nebst einigen Freunden ab zum Reichstag nach Worms. Die Stände waren dort seit dem 28. Januar, dem Todes- und Namenstag Karls des Großen, unter dem Vorsitz des jungen Kaisers zusammengetreten. Melanchthon konnte Luther nicht begleiten, er mußte seine Lehrverpflichtung an der Universität erfüllen.

Die Kurfürsten hatten sich, da Karl V kein Deutscher war, in der Wahlkapitulation Kontrollrechte ausbedungen: Reichsämter seien mit Deutschen zu besetzen, Verhandlungssprache müsse Deutsch sein, Reichstage seien in Deutschland abzuhalten. Hinzu traten Bedingungen, die an die *Magna Charta* erinnern: Ohne Zustimmung der Kurfürsten dürfe kein Krieg begonnen, kein Bündnis geschlossen, keine Steuer erhoben werden. Der deutsche Reichstag besaß nicht dieselbe Autorität wie das englische Parlament, hatte aber gleichwohl ein gewichtiges Mitspracherecht in der hohen Politik, da der Kaiser die volle Regierungsgewalt nur in seinen Erblanden besaß. Karl regelte in Worms gemeinsam mit den Reichsständen eine Reihe strittiger Territorialhoheiten, in der Regel zugunsten seiner Verwandten und Freunde. Der Versuch, ein sogenanntes Reichsregiment, einen ständischen Kronrat zu schaffen, gelang nur halb; aber das Kammergericht wurde erneuert. Man setzte fest, welche Beiträge zu Reichskriegen zu leisten waren, denn die Türken drohten, und es stand ein Kampf mit Frankreich um Italien bevor. Dafür benötigte Karl überdies die Unterstützung des Papstes. Das war ein ungünstiges Omen für den Reformator, dessen Streit mit seinen Gegnern die deutsche Öffentlichkeit aufwühlte wie kein Ereignis je zuvor. Luther war das Thema des Tages.

Die außenpolitische Konstellation, verbunden mit Karls streng katholischer Erziehung, machte jede Hoffnung zunichte, daß Karl sich auf seiten Luthers stellen würde. Luthers eifrigster Widersacher, der Ingolstädter Theologe Johann Eck, hatte dem Kaiser nahegelegt, hier einzugreifen. Eck hatte in Rom die Drohbulle des Papstes und die nachfolgende Exkommunikation Luthers erwirkt. Üblicherweise folgte auf den Kirchenbann die Reichsacht, die den Betroffenen für vogelfrei erklärte, doch dazu bedurfte es einer Zustimmung des Reichstags. Der Kaiser besaß auf den Territorien der Reichsstände keine Polizeigewalt. Die curiale Partei wollte die Achterklärung in Abwesenheit Luthers durchführen lassen, aber die Stände forderten unter Verweis auf die Erregung des «gemeinen Mannes» ein Verhör. Hatte Karl bei seiner Wahl doch selbst geschworen, niemanden unverhört zu ächten. Um Luther nach Worms zu bekommen, hatte Karl ihm auf massiven Druck der Stände und nach einer Intervention des Erasmus von Rotterdam freies Geleit zugesichert. Die Einladung des Kaisers an Luther war von ausgesuchter Höflichkeit. Er wollte lediglich von dem «ehrsamen, lieben, andächtigen» Luther über dessen Lehre und Bücher «Erkundigungen empfangen». Luther nahm die Vorladung an, obschon Jan Hus 1415 in Konstanz trotz des freien Geleites verbrannt worden war, da man ihn zum Ketzer erklärt hatte und einem solchen gegenüber auch ein kaiserliches Versprechen nichts galt.

Luthers Reise quer durch Deutschland wurde zu einem Triumphzug. Die Universität Wittenberg verehrte ihm 20 Gulden Reisegeld, die Stadt stellte den Wagen. In Leipzig stiftete der Rat dem im Bann befindlichen Reisenden den Wein. In Naumburg lud ihn der Bürgermeister zu Tisch; ein Priester sandte ihm ein Bild von Savonarola, der 1498 als Ketzer in Florenz verbrannt worden war. Warnungen schlug Luther in den Wind: «Sollen sie ein Feuer machen, das zwischen Worms und Wittenberg bis an die Wolken reicht: ich werde dem Behemot in sein Maul zwischen die Zähne treten und Christus bekennen.» In Weimar war das Edikt von Kaiser Karl V angeschlagen, das Luthers Bücher verbot – ein bedenkliches Zeichen! Trotzdem schickte Herzog Johann Reisegeld. Luther predigte, das Volk bestaunte den Wundermann, der es mit Papst und Kaiser aufnahm. An der Grenze des Erfurter Gebietes erwarteten Luther 40 Reiter als Ehrengeleit, der Rektor der Universität hielt eine Ansprache auf Luther. Als Luther in der Augustinerkirche am Sonntag Quasimodogeniti predigte, wäre fast die überfüllte Empore zusammengebrochen. Die Universität gab ihm ein Festessen. Auch in Gotha predigte Luther; der Teufel, heißt es, riß vom Kirchengiebel Steine herab, aber niemand wurde verletzt.

In Eisenach erkrankte Luther und wurde zur Ader gelassen, so daß er fortan nicht mehr predigte. Der päpstliche Nuntius Aleander, neben Eck der entschiedenste Gegner Luthers, fürchtete, Luther hole Hus wieder aus der Hölle hervor, und kommentiert: «Steine und Bäume schreien in diesem Lande *Luther* und abermals *Luther*.» Neun Zehntel, so Aleander, erheben Luther zum Feldgeschrei, das restliche Zehntel ruft: Nieder mit dem römischen Hof! Man verkaufte Lutherbilder mit einem Heiligenschein. In Frankfurt war Luther wieder gesund. Er nahm Herberge im Gasthaus zum Strauß am Kornmarkt und war guter Dinge. «Großes Zutrinken, fröhliches Bechern und musikalische Ergötzlichkeiten, so daß Luther selbst auf heller Laute spielend alle Augen auf sich wendet, ein Orpheus in Tonsur und Kutte.»

Bevor er am 16. April morgens um zehn Uhr, nach dem Frühstück, Worms erreichte, bot ihm der Reichsritter Franz von Sickingen die Ebernburg als sichere Herberge an. Den Rat dazu gab der kaiserliche Beichtvater Glapion, er hoffte auf gütliche Einigung im Vorfeld. Luther traute dem Plan nicht, seine Lage war prekär. Selbst Friedrich der Weise warnte. Luthers Antwort: «Hus ist verbrannt worden, nicht aber die Wahrheit mit ihm. Ich will hinein, und wenn so viel Teufel auf mich zielten wie Ziegel auf den Dächern sind.» Luther zog ein, der Türmer stieß ins Horn, das Volk stand Spalier. Er bezog Quartier im Johanniterhof, wo ihn zweitausend Menschen bejubelten. Am folgenden Morgen, am 17. April, erschien der Erbmarschall und lud Luther auf vier Uhr in den Bischofshof, um vor Kaiser und Reich Rede und Antwort zu stehen.

Zur bestimmten Stunde wurde Luther vom Erbmarschall und vom Reichsherold Sturm abgeholt. Das Gedränge auf den Straßen war so groß, daß die drei nur auf Umwegen in die bischöfliche Pfalz gelangen konnten. Bevor Luther in den Saal hinaufgerufen wurde, soll ihm nach späterer Überlieferung der alte Landsknecht Jörg von Frundsberg zugeraunt haben: «Mönchlein, Mönchlein, du gehst einen schweren Gang.» Luther hatte seine Sympathisanten unter den Versammelten. Der Gesandte der Reichsstadt Frankfurt schrieb: «Der Mönch macht viel Arbeit. Ein Teil möchte ihn ans Kreuz schlagen, und ich fürchte, er wird ihnen schwerlich entrinnen. Nur ist zu besorgen, daß er am dritten Tage wieder auferstehe.»

Als Luther einen alten Bekannten, den Augsburger Humanisten Peutinger, begrüßte, bedeutete man ihm, er habe nur auf Fragen zu antworten. Der Kaiser beeindruckte ihn wenig. Später sagte Luther: «Er saß wie ein unschuldiges Lämmlein zwischen Säuen und Hunden.» Unter den spanischen Granden in Worms befand sich beiläufig auch Fernando Colón, der Sohn des Kolumbus. Verhört wurde Luther durch den Trierer Offizial, der ebenfalls, wie Luthers alter Gegner, Eck hieß. Er hatte in Trier Luthers Schriften verbrannt. Die erste Frage lautete, ob Luther die vor ihm ausgebreiteten Bücher als die seinen anerkenne. Die Titel wurden laut verlesen. Die wichtigsten Schriften darunter waren: «An den christlichen Adel deutscher Nation von des christlichen Standes Besserung» aus dem Sommer 1520, und lateinisch «Von der babylonischen Gefangenschaft der Kirche».

In diesen Schriften forderte Luther, noch aus katholischer Sicht, Reformen. Die Kirche habe sich seit über hundert Jahren selbst zu bessern versucht, aber ohne Erfolg, also solle jetzt die weltliche Gewalt die Sache in die Hand nehmen. Nachdem in England, Frankreich, Spanien und Norditalien die Regierungen sich der Reform angenommen hatten, richtet sich Luther nun mit den *Gravamina nationis Germanicae,* mit den Beschwerden der deutschen Nation gegen den römischen Hof an den Adel, an ein erhofftes Nationalkonzil. Dem Papst wird das Recht abgesprochen, allein Konzilien einzuberufen, hatte das doch in der Frühzeit seit Constantin stets der Kaiser getan.

Die Heilige Schrift stehe gemäß der «evangelischen Freiheit» jedem Gläubigen zu Gebot, das Interpretationsmonopol des Papstes lehnte Luther ab. Die rechtlichen und finanziellen Privilegien Roms in Deutschland verwarf Luther. Klostergelübde, Ohrenbeichte und Zölibat seien aufzuheben, Heiligenverehrung und Wallfahrten abzuschaffen. Luther bestritt die kirchliche Lehre von den Sakramenten und forderte, die Lehren von Jan Hus erneut zu prüfen. Das Abendmahl in beiderlei Gestalt, also den Laienkelch, habe Hus zu recht eingeführt. Ketzer möge man mit Gründen, nicht mit Feuer überwinden. Luther bekämpfte die Auswüchse des Frühkapitalismus, teilweise etwas weltfremd, wenn er ein Zinsverbot wünschte, und bestand auf einer Reform von Schulen und Universitäten im humanistischen Geiste. Latein, Griechisch und Hebräisch sollten gelehrt werden, Mathematik und Geschichte. Auch seien Mädchenschulen einzurichten.

Die von Eck ihm vorgelegten Bücher bestätigte Luther als die seinen. Auf die Frage, ob er zurücknehme, was die Schriften an ketzerischen Gedanken enthielten, antwortete Luther ausweichend. Er bat um Bedenkzeit, möglicherweise hatten ihm das seine Berater nahegelegt. Er begründete dies lateinisch und deutsch. Der Offizial warnte Luther, er möge nicht den Erdkreis aufstacheln und so viele Seelen gefährden. Der Kaiser beriet sich und gewährte dann 24 Stunden. Die Gegenseite erblickte darin Rechtsschikane und

Verschleppungsversuch – nicht ganz zu Unrecht, denn die Zeit arbeitete für Luther. Er wollte nicht «zu steifsinnig» erscheinen. In der Zwischenzeit kamen zahlreiche Besucher, die ihm Mut zusprachen, insbesondere auf die Reichsritter Franz von Sickingen und Ulrich von Hutten konnte er sich verlassen.

Als Luther am zweiten Tag, dem 18. April, abgeholt wurde, war der Andrang noch größer. Zwei Stunden mußte Luther warten, bis er vorgeführt wurde. Es war dunkel geworden, man zündete Fackeln an. Der Offizial Eck wiederholte seine Frage, ob Luther bereit sei, zu widerrufen. Weniger ängstlich als am Vortage, sprach Luther mit gebeugtem Knie, aber unerschrocken lateinisch und deutsch. Er teilte seine Schriften in drei Gruppen ein. Die erste behandle Glaube und Sitte und werde selbst von seinen Widersachern anerkannt, ihnen zuliebe halte er an diesen Schriften fest. Die zweite Gruppe wende sich gegen die Geldgier des Papstes. Widerriefe er, so öffne er diesem unchristlichen Wesen nicht allein die Fenster, sondern auch die Türe. Die dritte Gruppe seien Polemiken gegen einzelne Vertreter des Papsttums, gemeint sind vornehmlich die Ablaßprediger um Tetzel. Hier, so gesteht Luther, sei er mitunter heftiger gewesen, als einem Christen anstehe. Daher nehme er sich im Ton zurück, nicht in der Sache. Wenn er jedoch mit Bibelzeugnissen widerlegt werde, so werde er als erster seine Bücher mit Füßen treten und ins Feuer werfen. Dies sage er nicht zur Belehrung der Anwesenden, sondern weil er sich dem Dienst, den er «seinem Deutschland» schuldig sei, nicht entziehen wolle – so sein lateinisches Facit.

Als Eck die Einheit der Kirche betonte, erwiderte Luther, daß es über Gottes Wort viele Meinungen gebe und geben müsse. Eck erklärte das für Wahnsinn, zumal das die vom Konstanzer Konzil verurteilten Sätze wieder aufleben lasse. Luther vertrete wieder die Irrtümer der Waldenser, des John Wiclif und des Jan Hus und verurteile damit sich selbst. Nun verlangte der Kaiser ein Bekenntnis, und Luther erklärte in einer Rede «ohne Hörner und Zähne», auch Konzilien könnten irren. Darauf Eck: «Laß dein Gewissen fahren Martinus, du bist im Irrtum.»

Luther aber gab nicht nach. Sein Schlußwort lautete: *Nisi convictus fuero* – wenn ich nicht überzeugt werde – *testimoniis scripturarum* – durch Zeugnisse aus den Heiligen Schriften – *aut ratione evidenti* – oder durch einleuchtende Vernunftgründe – *nam neque papae neque concilio solis credo* – denn weder dem Papst noch irgendwelchen Konzilsbeschlüssen allein glaube ich – *cum constet eos errasse saepius* – da feststeht, daß sie öfters geirrt haben – *et sibi ipsis contradixisse* – und sich gegenseitig widersprochen – *vinc-*

*tus sum scripturis a me adductis* – fühle ich mich gebunden durch die von mir angeführten Schriftworte – *et capta conscientia in verbis Dei* – und gefangen im Gewissen durch Gottes Wort – *revocare neque possum neque volo* – kann und will ich nicht widerrufen – *cum contra conscientiam agere* – denn gegen das Gewissen handeln ist weder sicher noch integer – *neque tutum neque integrum.*

Luther sprach lateinisch, doch sodann der letzte Satz ist deutsch. Er lautet: «Gott helfe mir. Amen.» Die ausführlichere Fassung: «Hier stehe ich, ich kann nicht anders. Gott helfe mir, Amen» ist durch die Reformationsgeschichte Leopold von Rankes zum geflügelten Wort erhoben worden, ist aber nicht authentisch. Es findet sich in der Lutherausgabe von 1546, geht zurück auf ein undatierbares Flugblatt aus Wittenberg, das schließt: «Hie stehe ich» und ist erwachsen aus dem ebenfalls ungesicherten Schlußwort *dixi* – ich habe gesprochen.

Die Reaktion im gedrängt vollen Saal war «ein groß Geschrei». Der Kaiser ging und erklärte, er habe genug. Es war sieben Uhr geworden. Eine jubelnde Menge umfing den Reformator und geleitete ihn in sein Quartier. Ein Augenzeuge spricht von fünftausend Menschen, «welsch und teutsch». Als Luther die Herberge betrat, warf er die Arme in die Luft und rief: «Ich bin hindurch, ich bin hindurch!» Die spanischen Reiter freilich riefen: «Al fuego! – ins Feuer mit ihm!» Friedrich der Weise äußerte sich teils bewundernd, teils besorgt; Herzog Erich von Braunschweig schickte Luther eine silberne Kanne mit Einbecker Bier in den Johanniterhof; Landgraf Philipp von Hessen reichte Luther die Hand und sprach: «Habt Ihr recht, Herr Doktor, so helf Euch Gott.»

Der Kaiser setzte in der Nacht eigenhändig und ohne Ratgeber ein Schriftstück *in lingua Borgognona,* in burgundischer, das heißt französischer Sprache auf, in dem er sich gleichsam für seine Haltung in der Luther-Sache entschuldigt. Karl erinnert an seine allerchristlichsten Vorfahren in der «edlen deutschen Nation», in Spanien, Österreich und Burgund, die stets den katholischen Glauben verteidigt hätten. An allem, was in und seit Konstanz geschehen sei, wolle er darum auch selbst festhalten, denn es sei sicher, daß ein einzelner Bruder irrt, wenn er die ganze Christenheit gegen sich habe. Das was über tausend Jahre getan und geglaubt worden sei, könne nicht falsch sein. Luther möge sein freies Geleit haben, danach aber sei er als verstockter Ketzer zu betrachten und behandeln. Diese Erklärung wurde am 19. April verlesen. Viele, die sie hörten, wurden dabei «bleich wie der Tod».

Während in Stadt und Land ein Krieg mit Flugblättern zwischen Lutherfreunden und Luthergegnern tobte, suchten die Gemäßigten unter den Reichstagsteilnehmern, Luther doch noch Zugeständnisse abzuringen. Im kleineren Kreise verhandelte man weiter, während der Kaiser das freie Geleit ein ums andere Mal verlängerte. Einmal war Luther nahe daran, ein Vermittlungsangebot anzunehmen, das ihm der badische Kanzler vorlegte. Luthers Anhänger bangten um seine Standfestigkeit. Schließlich war klar, daß Luther alle Vergleichsvorschläge ablehnte, die auf den Schriftbeweis verzichteten. Das war der Punkt. Karls Räte fanden es an der Zeit, «den Hund zurückzuschicken». Offizial Eck eröffnete Luther am Abend des 25. April, er habe Worms zu verlassen und genieße noch 21 Tage freies Geleit.

Friedrich der Weise mußte nun fürchten, wenn Luther wieder in Wittenberg wäre, ein kaiserliches Auslieferungsbegehren zu erhalten. Daher wurde mit ihm der Scheinüberfall an der Wartburg verabredet. Am 26. April nahm Luther Abschied von Worms. Zwanzig Reiter und der Reichsherold geleiteten ihn. In Friedberg in der Wetterau vollendete Luther seine Rechtfertigungsschreiben an den Kaiser auf Latein, an die Kurfürsten auf Deutsch. Darin bekräftigte Luther seine Weigerung und begründet das ausführlicher: Er könne die in seinen Schriften angeführten Bibelworte nicht anfechten, seine *conscientia* sei *conclusa*, das heißt sein Gewissen sei durch das *verbum Dei* gleichsam geschlossen, gegen besseres Wissen – *citra meliorem eruditionem* – könne er nichts behaupten, nicht widerrufen. Über Grünberg, Hersfeld und Berka kam Luther nach Eisenach, überall begeistert empfangen. Als er seine Verwandten in Möhra besuchen wollte, erfolgte am 4. Mai der Überfall, dessen Ziele Luthers Freunde nicht kannten. Luther wurde auf die Wartburg in Schutzhaft entführt und vertauschte die Kutte mit dem Ritterrock. Jetzt war er der Junker Jörg.

Die Kunde von Luthers Verschwinden löste landesweit Bestürzung aus. Albrecht Dürer befand sich auf seiner Niederländischen Reise und führte in seinem Tagebuch bittere Klagen. Am 17. Mai 1521 notierte er in Antwerpen: Er habe gehört, daß man Martin Luther bei Eisenach verräterisch gefangen hätte. «Alsbald waren zehn Reiter da, die führten verräterisch den verkauften frommen, mit dem heiligen Geist erleuchteten Mann hinweg, der da war ein Bekenner des wahren christlichen Glaubens. Lebt er noch oder haben sie ihn gemördert, das ich nicht weiß, so hat er das gelitten um der christlichen Wahrheit willen, um daß er gestraft hat das unchristliche Papsttum.» Dürer klagt über die Beschwernisse durch die Bettelmönche und den Römischen Stuhl: So wie einst Jerusalem zerstört wurde, müsse es auch Rom widerfahren. Er bittet Gott, Luther in den Himmel aufzunehmen, da niemand klarer geschrieben habe als er seit 140 Jahren, das heißt seit John Wiclif. «O Gott, ist Luther tot, wer wird uns hinfort das heilige Evangelium so klar vortragen?» Gott möge einen neuen Luther senden und einen solchen erhofft sich Dürer in Erasmus von Rotterdam. Und wenn sie auch ihn umbringen, möge er das Martyrium auf sich nehmen. Aber Gottes Gericht sei nahe.

In Worms war inzwischen die Reichsacht über Luther verhängt worden. Der Text trägt das Datum vom 8. Mai, damals wurde er aufgesetzt, nicht aber beschlossen. Der Kaiser wartete damit bis zum letzten Tag der Versammlung am 25. Mai, als Friedrich der Weise und die Mehrzahl der Teilnehmer den Reichstag bereits verlassen hatten. Der Kaiser fürchtete, Luthers Irrlehre könne die ganze deutsche Nation und schließlich alle anderen Völker dem wahren Glauben entfremden. Er nannte Luther einen «Teufel in der Mönchskutte», widersprach seinen «unzähligen, in einer stinkenden Pfütze versammelten Bosheiten» und untersagte kraft Acht und Aberacht allen Untertanen, Luther «zu hausen, zu atzen und zu tränken, gebot ihn zu verhaften und auszuliefern, seine Anhänger zu fangen und zu enteignen», alle Schriften Luthers seien zu verbrennen und die Buchdrucker kirchlicher Zensur zu unterwerfen. Dies sei die einhellige Meinung der Reichsstände. Das Edikt wurde bekanntgegeben, Friedrich der Weise aber hat es ignoriert.

Luther befand sich inzwischen auf der Wartburg in Sicherheit. Korrespondenz und Publikationen wurden bald wieder aufgenommen. Anekdoten haben die Zeit der Einsiedelei ausgeschmückt. Unter den Grimmschen Sagen befindet sich die Erzählung, wie der Teufel den Reformator in seiner Stube beschlichen habe. Darauf habe Luther mit dem Tintenfaß nach ihm geworfen, und diesen Tintenfleck habe man noch Jahrzehnte lang den Besuchern gezeigt. Diese Geschichte ist die dramatische Ausgestaltung eines Wortes Luthers: Er habe auf der Wartburg, wo er nicht predigen konnte, den Teufel mit Tinte bekämpft.

Die große Tat war die Bibelübersetzung, die wie kein anderes Buch die Entwicklung der hochdeutschen Sprache bestimmt hat. Zwar werden vor Luther nicht weniger als 18 Gesamtübersetzungen der Bibel ins Deutsche gezählt, aber an philologischer Genauigkeit und literarischem Glanz reicht keine auch nur entfernt an die Lutherbibel heran. Am 21. September 1522 lag das Neue Testament deutsch vor. Es erlebte in den folgenden zwölf Jahren 85 Ausgaben. Luther blieb auf der Wartburg, bis er hörte, daß die Reformation in Wittenberg ohne ihn weitergegangen und in Bilderstürmerei umgeschlagen sei. Er kehrte zurück, um den Eifer zu dämpfen. Dies gelang. Doch soll uns der Fortgang zunächst nicht beschäftigen. Wie war es zu Luthers Vorladung nach Worms gekommen?

## *Der Ablaß-Streit*

Jede Orthodoxie hat als Ketzerei begonnen. Auch das Christentum, es entstand als Protestreaktion gegen das pharisäische Judentum, wie die Predigt Jesu in den Evangelien bezeugt. Nach seinem Tode setzte der Streit um die rechte Lehre unmittelbar ein, zunächst zwischen Petrus und Paulus in Antiochia (Galater 2, 11), sodann zwischen den vier urchristlichen Parteien in Korinth. Im vierten Jahrhundert etablierte Constantin die Reichskirche, neben der Augustinus 88 Häresien verzeichnet. Viele Ketzereien wandten sich strenggläubig gegen die Verweltlichung der Großkirche, begannen als asketische Bewegung und wurden später in Einzelfällen von der Kirche akzeptiert, so nach einigem Zögern die Franziskaner und die Jesuiten.

Mit den Waldensern im 12. Jahrhundert beginnt die Reihe der bibelstrengen Häresien, der Luther von seinen Gegnern ohne Umschweife zugerechnet wurde. Im 14. Jahrhundert predigte John Wiclif in England gegen die Mißstände in der Kirche und nahm die wichtigsten Forderungen Luthers vorweg. Seine Schriften beeinflußten Jan Hus in Prag und die Hussiten, die nach dem Feuertod des böhmischen Reformators 1415 militant vorgingen. Die Kirche selbst suchte auf den großen Reformkonzilien von Pisa (1409), Konstanz (1414–1418) und Basel (1431–1443) durch Beseitigung der gegen sie erhobenen Gravamina sich an Haupt und Gliedern zu erneuern, doch blieb dies bei Erfolgen in Äußerlichkeiten. Zu den führenden Köpfen der innerkatholischen Erneuerung zählte Petrus Alliacus, dessen geographische Schriften entscheidenden Einfluß auf Kolumbus hatten.

Der Begriff der «Vorreformatoren» wurde geprägt im Blick auf den Reformator. Luther, am 10. November 1483 geboren als Sohn eines Thüringer Bergmannes, hatte nach dem Besuch der Lateinschule in Mansfeld, Magdeburg und Eisenach in Erfurt Jurisprudenz studiert, trat aber am 17. Juli 1505 ins «Schwarze Kloster» der Augustiner-Eremiten ein und erhielt durch Vermittlung seines Ordensprovinzials Staupitz 1508 einen Lehrstuhl für Philosophie an der 1502 gegründeten Universität Wittenberg. Im folgenden Jahr erwarb er auch die Lehrbefugnis in Theologie. 1510/1511 pilgerte er nach Rom, wo ein frommer Mann nicht nach antiken Ruinen sah, sondern nach heilsträchtigen Reliquien: Dort lagen die Gebeine von 3000 unschuldigen Kindlein, elf Stacheln der Dornenkrone, der Stein, mit dem Stephanus getötet wurde, einige Zweige vom brennenden Dornbusch, der Strick, mit dem Judas sich erhängt hatte, und einer der dreißig Silberlinge des Judaslohnes. Wer letzteren mit Andacht betrachtete, erhielt 14000 Jahre Ablaß. Nach seiner Rückkehr 1512 erwarb Luther den theologischen Doktorgrad, übernahm die biblische Professur und wurde 1516 Stadtprediger in Wittenberg, während die letzte große Ablaßkampagne in vollem Gang war.

Der Begriff «Ablaß» übersetzt das lateinische Wort *indulgentia* und steht im Zusammenhang mit der kirchlichen Bußordnung. Diese geht zurück auf die von Jesus wie zuvor von Johannes erhobene Forderung: «Tut Buße, denn das Himmelreich ist nahe herbeigekommen» (Matthäus 4, 17). Sinn der Mahnung war, durch geistige und tätige Reue die eigenen Sünden zu mindern, die beim Jüngsten Gericht den Menschen zum Verhängnis werden könnten. Die Alte Kirche, zumal die Iren und die iroschottische Mission, hat strenge Bußübungen verhängt: Beten, Fasten, Wachen, Almosen geben, Wallfahrten und Kasteiungen aller Art. Zu den härtesten Strafen zählte, eine Nacht mit einer Leiche im Bett zu verbringen.

Im hohen Mittelalter verbreitete sich im christlichen Europa die Vorstellung vom Fegefeuer, vom *purgatorium*. Sie wird zurückgeführt auf das Wort des Apostels Paulus im 1. Korintherbrief (3, 13), beim Jüngsten Gericht würden die Taten der Lehrer einer Feuerprobe unterzogen. Daraus entwickelte sich die Idee einer Läuterung der Seelen nach dem Tode, vor dem Gericht, gewissermaßen einer Vorwegnahme der Strafe. Als dergestalt läuterungsfähig wurden dann solche Sünden betrachtet, die durch Bußübung schon auf Erden hätten wiedergutgemacht werden müssen; sogenannte zeitliche Sündenstrafen würden im Fegefeuer nachgebüßt.

Die Kirche schrieb sich das Recht zu, den Büßer durch den Ablaß von der Sündenstrafe, und durch die Absolution von der Sündenschuld zu befreien. Sie akzeptierte als Satisfaktion dafür in zunehmendem Umfang Stiftungen aller Art, mit denen sich die Gläubigen ihr Seelenheil zu erkaufen meinten. Ohne diese Vorstellung hätte weder die Armenpflege noch die Kirchenkunst des Mittelalters eine materielle Basis besessen. Die Macht der Sündenvergebung leitete die Kirche aus der Idee ab, einen unendlichen Schatz überverdienstlicher Werke zu besitzen. Die Heiligen und Märtyrer hätten mehr geleistet, als zum Eintritt ins Himmelreich erforderlich gewesen wäre, und diesen Überschuß an Gnadengut verteile die Kirche nun an die bußfertigen Sünder, und zwar, je nach Gegenleistung, wohl dosiert bemessen nach Zeit: Eine bestimmte Anzahl von Tagen im Fegefeuer wurden dem Büßer erlassen, durch eine *indulgentia plenaria* des Papstes sogar die gesamte Zeit im Fegefeuer. Die Ablaßpredigt beschrieb diese Buße als den leichtesten und «sichersten Weg» (*via facilior, via securior*) zur Ewigen Seligkeit, oder wie Luther in seiner 27. These es wiedergibt: «Sobald das Geld im Kasten klingt, die Seele in den Himmel springt.» Wir erinnern uns an das Wort des Kolumbus über die Macht des Goldes, die sich bis ins Jenseits erstrecke, weil man mit ihm die Seelen aus dem Fegefeuer freikaufen könne.

Seit dem Jahre 1476 verkündete der Heilige Vater, auch Verstorbenen könne man einen solchen Ablaß zuwenden und sie aus dem Fegefeuer befreien. So ist Martin Luther 1511 bei seinem Rombesuch die 28 Stufen der sogenannten Pilatus-Treppe im Lateran betend auf den Knien hinaufgerutscht, um seinen Großvater aus dem Fegefeuer zu erlösen, doch seien ihm, oben angelangt, Zweifel aufgestiegen, ob das alles stimme. Die Bereitschaft zu tätiger Buße war namentlich in Deutschland sehr verbreitet. Ungeheure Summen wurden gezahlt, um die wirklichen oder vermeintlichen Sünden der Vergangenheit auszugleichen, und diese titanische teutonische Bußfertigkeit wurde von geschäftstüchtigen Moralpredigern weidlich ausgenutzt – bis dann der Umschlag erfolgte.

Organisiert wurde der Ablaß in sogenannten Ablaßkampagnen, der Begriff erinnert an einen Feldzug, besser an einen Beutezug. Das Recht, einen Ablaß auszuschreiben, lag beim Papst, er wurde von sich aus oder auf Antrag tätig. Zur Durchführung mußte der Landesherr zustimmen. Stets lag ein bestimmter Anlaß vor, weswegen man Geld benötigte. Krieg gegen die Türken in Ungarn und gegen die Russen in Livland, Neubau von Kirchen oder abgebrannten Städten. Alle zwei bis drei Jahre wurde ein neuer Ablaß ausgeschrieben. Das aufblühende Druckergewerbe publizierte die erforderlichen Flugblätter und Werbeschriften. Predigende Bettelmönche zogen dann von Stadt zu Stadt, verkauften Ablaßbriefe und teilten, nach Abzug der Spesen, den Erlös zwischen dem Verwendungszweck, dem Kaiser und dem Papst, der stets ein Drittel, später die Hälfte der Summe für seinen eigenen Tresor beanspruchte.

Die ersten Ablaßkampagnen erbrachten viele Hunderttausende von Gulden, doch zeigt sich eine abflauende Tendenz, eine Ablaßmüdigkeit. Um ihr entgegenzuwirken, hat die Kirche bei jeder neuen Kampagne die Geltung der alten Ablaßquittungen außer Kraft gesetzt. Wer also wähnte, sich bereits aus dem Fegefeuer freigekauft zu haben, wurde beim nächstfolgenden Ablaß abermals zur Kasse gebeten.

In der Zeit vor Luthers Thesenanschlag stehen zwei scheinbar unvereinbare sozialpsychologische Befunde einander gegenüber. Es ist auf der einen Seite eine ungebrochen breite Bereitschaft im Volk, für seine Sünden zu zahlen. Wenn Tetzel in Jüterbog nicht einen solchen Zulauf gehabt hätte, dann hätte Luther vermutlich nichts unternommen. Auf der anderen Seite aber steht sein Protest in einer langen Folge von Unmutsäußerungen sowohl beim gemeinen Mann als auch beim Stand der Gebildeten. Wir hören davon, daß Frauen ohne Wissen und gegen den Willen ihrer Männer die sauer verdienten Taler in den Ablaßkasten warfen, wir hören von Lästerreden gegen Papst und Klerus in den Wirtshäusern, von einem Pfaffenhaß zumal in den von Rom weiter entfernten Gebieten. Begründete Zweifel wurden erhoben, ob das gesammelte Geld tatsächlich für den guten Zweck verwendet würde oder nicht doch an bestimmten Fingern kleben bliebe.

Zu den prominenten Kritikern des Ablaß-Unwesens vor Luther gehörte Sebastian Brant aus Straßburg, der in seinem «Narrenschiff» von 1494 beschreibt, welchem Gespött der Ablaß ausgesetzt sei, ebenso die Verfasser der antiklerikalen «Dunkelmännerbriefe» von 1515/1517, sowie die Humanisten Konrad Celtis und Erasmus von Rotterdam, dessen «Lob der Torheit» von 1510 den Ablaßschacher geißelte. Öffentlich geäußerte Bedenken in Würzburg, Nürnberg und Konstanz und fiskalische Besorgnis von Landesherren wandten sich gegen den Abfluß dieser Gelder über die Alpen und verwehrten den Ablaßkrämern den Zutritt auf ihr Gebiet. Wir haben es im Zusammenhang mit der Magna Charta gesehen, wie sich England viel früher und entschieden erfolgreicher gegen die päpstlichen Geldeintreiber gewehrt hat.

## *Tetzel und die Thesen*

Die unmittelbare Vorgeschichte des Tetzel-Ablasses war die Vakanz des Erzstiftes Mainz. 1514 wählte das Domkapitel als neuen Erzbischof den geborenen Markgrafen von Brandenburg, Albrecht, der bereits Erzbischof von Magdeburg war. Ein Grund für die Wahl war, daß Albrecht den Mainzern versprach, das Palliengeld, das heißt die binnen dreier Monate an den Papst zu zahlende Anerkennungsgebühr nicht aus der Diözese herauszupressen. Albrecht hatte das Geld zwar auch nicht, besaß aber Kredit bei den Fuggern in Augsburg. Diese liehen ihm 30000 Gulden gegen die Zusicherung einer Gewinnbeteiligung von 50% bei der nächsten Ablaßkampagne. Diese war bereits angelaufen. Papst Leo X hatte zur Vorbereitung des Türkenkrieges einen Kirchenzehnten eingefordert und bot zur Finanzierung der Peterskirche einen Gnadenerlaß an.

Erzbischof Albrecht übernahm den Vertrieb des letzteren für seine Lande, um nebenbei seine Schulden bei den Fuggern zu begleichen.

Der Papst übertrug die Ablaßpredigt den Franziskanern. Diese weigerten sich 1516, zugunsten der «römischen Pracht» eine solche «Schinderei» durchzuführen. An ihrer Stelle gewann Albrecht den Dominikaner Johann Tetzel mit seinen Kommissaren, der für 300 Gulden monatlich das Geschäft machte. Alle Reizmittel wurden eingesetzt: Hielt der Ablaßverkäufer seinen Einzug, dann läuteten alle Glocken, dann zogen ihm Prozessionen mit Fahnen, Kreuzen und Monstranzen entgegen, dann sangen die Chöre und die Prediger malten die Qualen der im Fegefeuer schmorenden Seelen mit allen Farben geistlicher Rhetorik aus, um das unverhoffte Gnadengeschenk des Papstes den Käufern attraktiv zu machen.

Die Agitation Tetzels rief Luthers Widerwillen hervor. Der Streit um den Thesenanschlag an der Tür der Schloßkirche zu Wittenberg am 31. Oktober, dem Vorabend des Allerheiligenfestes, hat in den sechziger Jahren die deutsche Öffentlichkeit bewegt. Es ging um die Frage, ob die Thesen tatsächlich aushingen oder nicht vielmehr durch Boten verschickt wurden. Letzteres ist gesichert, ersteres hätte dem Brauch entsprochen – vermutlich fand beides statt. Wozu der Streit? Wenn unsere Medien ein Interesse an der Geschichte der ferneren Vergangenheit entwickeln, darf man mit einiger Zuversicht voraussagen, daß es sich entweder um eine abstruse Theorie handelt oder um ein herzlich bedeutungsloses Ereignis. Ein solches liegt hier vor. Ich selber finde es reizvoller, mich mit dem Inhalt der Thesen zu befassen als mit dem Problem, ob Luther einen Hammer benutzt hat oder nicht. Gewirkt hat der Inhalt – und der schlug ein wie ein Blitz. Die Thesen wurden abgeschrieben, verdeutscht, gedruckt und binnen zweier Wochen in ganz Deutschland gelesen.

Gleich der erste Satz verrät den Geist des Ganzen: «Da unser Herr und Meister Jesus Christus spricht: Tut Buße!, so wollte er, daß das ganze Leben der Gläubigen eine Buße sei.» Im folgenden erklärt Luther, der Papst könne nur Strafen erlassen, die er selbst verhängt habe (5), über das Fegefeuer habe er keine Gewalt (10), noch viel weniger über die Entscheidungen Gottes im Weltgericht (21). Luther bestreitet, daß Gott die vom Papst verhängten Kirchenstrafen nachträglich im Fegefeuer abbüßen lasse (11; 22). Gott ist doch nicht der Büttel des Papstes! Das Volk wird betrogen, wenn ihm gegen Geld die Seligkeit versprochen wird (24; 27). Luther empört sich, wenn die Ablaßprediger erklären, wer zahle, könne sich auch von dem Verbrechen freikaufen, die Mutter Gottes vergewaltigt zu haben (75). Heilsgewißheit ist nicht einmal durch das Gefühl der Reue zu erreichen, denn wer weiß, ob es echt ist (30)? Ist es echt, so wird man auch ohne Ablaß selig (36). Wichtiger als Ablaßzahlung wäre echte Barmherzigkeit (42f), nur wer Reichtum im Überfluß hat, mag Ablaß zahlen (46).

Luther unterstellt, daß der Papst vom Mißbrauch des Ablaßwesens nicht unterrichtet sei, geschweige ihn begünstige. Man muß die Christen lehren, schreibt Luther: Wenn der Papst vom Treiben der Ablaßprediger wüßte, wollte er lieber den Petersdom zu Asche verbrennen als ihn aus Haut, Fleisch und Knochen seiner Schafe zu erbauen (50). Hundertmal wertvoller als eine Predigt über den Ablaß (55) sei eine Predigt über das Evangelium, dies sei der wahre Schatz der Kirche (62). Luther wendet sich noch nicht gegen den Ablaß als solchen, aber bekämpft dessen Mißbrauch (69f), dieser bringe Papst und Kirche in Verruf, denn die Laien frügen zu Recht: Wenn der Papst die Seelen aus dem Fegefeuer befreien kann, weshalb tut er das nicht aus christlicher Nächstenliebe (82)? Oder: Wenn jemand die Seele eines Toten freigekauft hat, für den Messen gelesen werden, sind diese doch nicht mehr nötig und die Stiftung für die Totenmesse könnte von der Kirche zurückgezahlt werden (83). Oder: Warum baut der Papst, der doch reicher ist als jeder Crassus, seinen Petersdom nicht mit seinem eigenen Geld (86)? Oder: Handelt der Papst christlich, wenn er, um neue Bußurkunden zu verkaufen, die alten außer Kraft setzt (89)? Abschließend bekräftigt Luther nochmals, daß sein Einwand sich weniger gegen die Ausbeutung der Gläubigen richte als gegen das ungedeckte Heilsversprechen. Heilsgewißheit sei nur durch Nachfolge Christi zu gewinnen (94f).

Luthers Motive waren durch und durch religiöser Natur. Seine quälende Frage: «Wie bekomme ich einen gnädigen Gott?» erwuchs aus einem Heilsverlangen, das sich auch in der Volksfrömmigkeit seiner Zeit bisweilen überdeutlich Ausdruck verschaffte. Asketisches Leben und unermüdliches Studium brachten Luther zu der Überzeugung, daß der Weg zum Seelenheil *sola fide,* allein durch den Glauben, *sola gratia,* allein durch die Gnade, *sola scriptura,* allein durch die Heilige Schrift zu erreichen sei, weder durch Sakramente noch durch Werke, am wenigsten in der Art der Ablaßzahlungen.

Die Disputation, zu der Luther im Vorspruch zu seinen Thesen nach Wittenberg geladen hatte, kam nicht zustande. Statt dessen verbreitete sich der Text neben der Kunde von dem Kritiker und polarisierte die Öffentlichkeit. Am 30. Mai 1518 sandte Luther eine Erläuterung seiner Thesen an den Papst, doch bestätigte dieser seine bisherige Ablaßlehre. Einer Vorladung nach Rom zu folgen, verbot Friedrich, doch konnte sich Luther einem Verhör durch den

Kardinal Cajetan in Augsburg nicht entziehen. Aus Furcht, verhaftet zu werden, floh Luther nach Wittenberg zurück. Er plante, nach Frankreich ins Exil zu gehen. Während er am 1. Dezember 1518 mit seinen Freunden beim Abschiedsmahl saß, erschien ein Bote des Fürsten, der ihm Schutz versprach.

Nochmals wandte sich Luther an den Papst, aber in Rom wurden Luthers Schriften verbrannt, ebenso in Löwen (8. Okt. 1520), Köln und Mainz. Man forderte den Tod des Ketzers aus Thüringen, in dem man einen neuen Hus erblickte. Schärfster Gegner Luthers war der Ingolstädter Theologe Johann Eck, der am 15. Juni 1520 die Androhung des Kirchenbannes gegen Luther erwirkte. Deren Publikation bewog Luther zum Bruch, er verbrannte die Drohbulle am 10. Dezember und wurde am 3. Januar 1521 in den Bann getan. Jeder Ort, an dem sich Luther aufhielt, verfiel dem Interdikt. Eine solche Maßnahme des Papstes ist uns im Zusammenhang mit der Magna Charta bei Johann Ohneland begegnet. Der Papst schrieb an den Kaiser, er möge den Bann in die Acht verwandeln, das Schwert sei nötiger gegen Ketzer als gegen Heiden. Karl hatte soeben in Spanien die Rechte der Inquisition wiederhergestellt und wäre wohl auch bereit gewesen, das Urteil auszusprechen. Aber Friedrich der Weise verhinderte eine Verhaftung Luthers und überwies die Entscheidung an den Reichstag zu Worms.

Was Luther dort widerfuhr, haben wir gehört. Der Fortgang der Reformationsgeschichte kann uns hier nicht beschäftigen. Die religiösen Spannungen wurden überlagert durch soziale und politische Auseinandersetzungen. Im Ritterkrieg des Franz von Sickingen 1522–1523 und im Bauernkrieg unter Florian Geyer und seinesgleichen 1524–1525 kamen gesellschaftliche Unzuträglichkeiten zum Ausbruch. Nachdem die radikalapokalyptisch-sozialrevolutionäre Richtung der Wiedertäufer und Bilderstürmer im wesentlichen überwunden war, teilte sich die evangelische Bewegung in einen lutherischen und einen zwinglianischen, später calvinistischen Flügel und behauptete sich auf den Reichstagen zu Speyer 1529 und Augsburg 1530. Im Schmalkaldischen Krieg 1546–1547 siegte Karl V mit seinen spanischen Truppen zwar über die protestantischen Landesfürsten, konnte aber die Rückkehr zum katholischen Glauben nicht erzwingen. Im Augsburger Religionsfrieden von 1555 wurde das Nebeneinander der Konfessionen festgeschrieben, während die aufgerüttelte katholische Kirche auf dem Konzil von Trient 1545 bis 1563 gewissermaßen die Reformation nachholte und sich diejenige Verfassung gab, mit der sie in die Neuzeit eintrat.

Das Ablaßwesen hat die innerkirchliche Kritik überstanden. 1998 verkündete Papst Johannes Paul II für das Jubeljahr 2000 einen großen Sünden-Ablaß für Lebende wie Tote. Unter den Leistungen dafür erscheint der Verzicht auf Alkohol, Nikotin und Sexualität.

## *Von der Reformation zur Aufklärung*

Am 18. April 1521 sind in Worms zwei Welten aufeinandergeprallt: Karl V und Martin Luther, der Kaiser aus Burgund und der Gelehrte aus Thüringen, der Vertreter der alten Ordnung und der Vorkämpfer einer neuen Freiheit. Beide beriefen sich auf anerkannte Prinzipien: Karl auf die Geschichte von Kirche und Reich, Luther auf das Wort Gottes und die Stimme des Gewissens; beide handelten im guten Glauben an ein höheres Recht. Der Grundsatzstreit ist in Worms nicht entschieden worden – er wurde nur offenbar und hat sodann im Jahrhundert der Glaubenskriege ungeheure Opfer gekostet. Wie jede Sternstunde, so hat auch diese ihre dunkle Seite.

Vergleichen wir Licht und Schatten, so treten wir in eine Kontroverse ein, die schon die Zeitgenossen geführt haben. Ablehnende Stimmen vernehmen wir nicht nur aus konservativ katholischem Munde, sondern ebenso vom radikalen Flügel der Reformation, von niemandem schärfer als von dem Erweckungsprediger Thomas Müntzer drei Jahre nach der *historia Wormatiensis,* dem Reichstag. 1524 redete er Luther an: «Daß du zu Worms vor dem Reich gestanden bist, Dank sei dem deutschen Adel, dem du das Maul so wohl bestrichen und Honig gegeben hast, denn er wähnte nicht anders, du würdest ihm mit deinem Predigen böhmische Gedanken machen, Klöster und Stifte, welche du jetzt den Fürsten verheißt (wie die Hussiten es vorgemacht haben). Wenn du zu Worms gewankt hättest, wärest du eher vom Adel erstochen als losgegeben worden.» Müntzer hat nicht ganz Unrecht. Luther hatte in Worms nicht nur die Straße, sondern auch den halben Saal auf seiner Seite. Müntzer bezichtigt Luther der Schalkheit und erklärt, Luther habe seine Entführung auf die Wartburg selbst eingefädelt. Dann wird er grob: «Schlafe sanft, liebes Fleisch! Ich röche dich lieber gebraten in deinem Trotz durch Gottes Grimm in der Röhre oder im Topf beim Feuer; denn in deinem eigenen Sündlein gekocht, sollte dich der Teufel fressen. Du bist Eselsfleisch, du würdest langsam gar und ein zähes Gericht werden deinen Milchmäulern.»

Müntzers abschätzige Meinung verkörpert nur eine Minderheit. In der deutschen Öffentlichkeit hat Luthers Haltung in Worms ungeheures Aufsehen erregt. Wäre er nach dem Thesenanschlag 1517 zurückgeschreckt und, wie er plante, nach Frankreich geflohen, so hätte der Reformbestrebung der Kopf gefehlt, als der sich

Luther in Worms bewies. Die Bewegung wäre vermutlich diffus verlaufen. Insgesamt war sie in ihrer Zielrichtung ebenso in den Zeitstrom eingebettet wie die Fahrt des Kolumbus in die Ära der Entdeckungen. Luther selbst wußte dies, er schrieb am 23. August 1520 an Spalatin: werde er ausgelöscht, so stünden viele andere auf. Der Schrei nach Reform war weit verbreitet; von Aleander wurde das Wort kolportiert, er werde veranlassen, daß die Deutschen, die doch dem Papst am wenigsten zahlten, im blutigen Bürgerkrieg untergingen, sollten sie es wagen, das Joch der Sklaverei abzuschütteln, so Luther am 3. Februar 1521. Hier überschätzte sich der Nuntius: An einem Aufstand in Deutschland konnte dem Kaiser nicht gelegen sein. Auch in Spanien von Empörung bedroht, brauchte er Frieden in Deutschland und den guten Willen der Reichsstände, schon um seine Kriege zu finanzieren und seine Schulden zu begleichen. Die Kirchenreform war einfach fällig, durch oder gegen den Kaiser, mit oder ohne Nationalkonzil. Dazu ein Schlaglicht aus Hessen: Als Philipp der Großmütige 1526 die Reformation in seinem Land einführte, war ein großer Teil der Pfarrer und Beamten bereits von sich aus zum neuen Glauben übergetreten, und die Auflösung der Klöster befand sich in vollem Gang. Allenthalben bröckelten die Monopole des römischen Stuhles.

Luthers Leistung liegt nicht in der Begründung einer neuen Orthodoxie, eher in der erneuerten Innerlichkeit beider Konfessionen und sicher im erfolgreichen Protest gegen die in Rom institutionalisierte Verwaltung der religiösen Wahrheit überhaupt. Er reüssierte im Zuge einer großen europäischen Emanzipationsbewegung, die vom Humanismus zur Aufklärung führt. Die im Mittelalter von Adel und Geistlichkeit eingenommenen Leitpositionen wurden nach und nach abgegeben an das durch Bildung und Gewerbe ausgewiesene Bürgertum. Anstelle der Burgen und Klöster blühten die Städte auf, selbst die Lage auf dem Lande hatte sich verändert – der Bauer sei «witzig» geworden, heißt es. Die Reformation gegen den Humanismus auszuspielen, jene als Rückfall ins Mittelalter, diesen als Fortschritt in die Neuzeit anzusprechen, ist ganz schief. Beide Bewegungen sind Facetten derselben Entwicklung – hin zu einer neuen Geistesfreiheit.

Die Haltung Luthers grenzte mitunter an Starrsinn und ist für ihre Glaubensinbrunst und ihren Wahrheitsfanatismus getadelt worden. Für die Wirkung, die Luther auf seine Zeitgenossen ausgeübt hat, ist aber gerade diese Unbedingtheit, diese Kompromißlosigkeit entscheidend gewesen. Die Einsicht in die unhaltbaren Zustände hatten viele; aber den Willen, sie zu ändern, besaß und bezeugte Luther. An Vermittlungsbereitschaft hat es dann ja nicht gefehlt, wenn wir an Melanchthon erinnern. Der Gang der Geschichte orientiert sich an Eckpunkten, die ihrerseits nicht auf der Fluchtlinie liegen.

Luther selbst hat sich in die allgemeine Entwicklung durchaus eingeordnet. So gewiß er mit dem bevorstehenden Weltgericht rechnete – nicht anders als Jesus, Mohammed und Kolumbus – und dies aus dem Tiefstand der geistlichen Dinge herleitete, so klar sah er den Fortschritt der weltlichen Sachen in seinem Jahrhundert: Die Kultur sei emporgestiegen mit Bauen und Kleiden, Essen und Trinken, Handel und Seefahrt, mit Künsten und Wissenschaft, Erfindungen und Technik, Sprachen und Weisheit. *Nunc emergunt ingenia* – kluge Köpfe tauchen auf; *omnia ad summum pervenerunt* – alles erreicht nun seinen Gipfel, «ich schweige von neuen Erfindungen wie Buchdruck und Geschütz». Luther benutzt die seit der Renaissance übliche Lichtmetaphorik: «Es bricht ein Licht hervor, und geht ein Tag auf, er sei wie er wolle, das mag nicht anders sein: Es ist vordem solcher Witz, Vernunft und Verstand in der Christenheit nicht gewesen in weltlichen und leiblichen Sachen.» So in der Predigt zum zweiten Advent 1522.

*

In seiner Vorlesung über die Philosophie der Geschichte eröffnet Hegel das Zeitalter der Aufklärung mit dem Namen Luthers. Grundsatz der Aufklärung sei die Herrschaft der Vernunft und der Ausschluß aller Autorität. Der Reformator habe «die geistige Freiheit und die konkrete Versöhnung erworben», er habe «siegreich festgestellt: was die ewige Bestimmung des Menschen sei, müsse in ihm selbst vorgehen». Hier sind Einschränkungen erforderlich. Hat doch Luther die Vernunft eine Hure genannt, im Prinzip *sola scriptura* die Autorität der Heiligen Schrift verankert und die menschliche Freiheit angesichts der Verführbarkeit zum Bösen bestritten! Gleichwohl ist Hegel damit nicht widerlegt. Denn was Luther subjektiv gedacht hat, bleibt zurück hinter dem, was er objektiv erreicht hat: Die Autorität der katholischen Kirche in geistlichen und geistigen Dingen hat er gebrochen und damit den Weg frei gemacht, den die Selbstdenker der Aufklärung nach ihm beschritten haben.

Doch dies nicht allein. Luther hat mit seinem Protest dem Christentum neues Leben eingehaucht und eine Form des Glaubens begründet, die den Fortgang der Geschichte geprägt hat. Was daneben die deutsche Sprache, die europäische Musik ihm verdankt, übergehe ich ebenso wie die Bedeutung des evangelischen Pfarrhauses für die Heranbildung der intellektuellen Elite. Die Reformation hat Strukturen aufgebrochen und Anstöße gegeben, die auch der katholischen Kirche zugute gekommen sind – jedenfalls folgt sie in ihrer Theologie in vielen Punkten dem evangelischen Vorbild, mitunter in erheblichem Abstand. Am Reformationstag 1999 feierten Protestanten und Katholiken in Augsburg und im Berliner Dom gemeinsam eine Annäherung im Streit über die Rechtfertigungslehre, auch Rom bekennt sich nun – ohne die Formel zu verwenden – zum Prinzip *sola fide.*

Über das Christentum hinaus wirkte Luthers Eintreten für die Gewissensfreiheit. Sie ist auf allen Gebieten zu fordern, auf religiösem wie politischem und ist zu Recht im Grundgesetz der Bundesrepublik verankert: Mögen sich unsere Abgeordneten öfter an den Paragraphen 38 erinnern, der sie allein ihrem Gewissen unterwirft!

### Literatur


H. Böhmer, Luthers Romfahrt, 1914

W. Borth, Die Luthersache (Causa Lutheri) 1517–1524. Die Anfänge der Reformation als Frage von Politik und Recht, 1970

K. Brandi, Kaiser Karl V. Werden und Schicksal einer Persönlichkeit und eines Weltreiches, 1937/1961

Ders., Die deutsche Reformation, 1927

M. Brecht, Martin Luther. Sein Weg zur Reformation 1483–1521, 1981

V. Ebersbach, Begegnungen der Weltgeschichte, 1994

P. Fabisch und E. Iserloh (Hgg.), Dokumente zur Causa Lutheri (1517–1521). Bd. I–II, 1988/1991

J. Haller, Die Ursachen der Reformation (1917). In: Ders., Reden und Aufsätze zur Geschichte und Politik, 1941, S. 148ff

E. Iserloh, Luther zwischen Reform und Reformation. Der Thesenanschlag fand nicht statt, 1966/1968

M. Luther, Werke. Kritische Gesamtausgabe, Weimar, 1899ff (WA)

Luthers Werke in Auswahl, hg. von O. Clemen I, 1950

H. A. Oberman (Hg.), Die Kirche im Zeitalter der Reformation , 1981 (Quellensammlung)

H. Rabe, Reich und Glaubensspaltung. Deutschland 1500–1600, 1989

L. v. Ranke, Deutsche Geschichte im Zeitalter der Reformation, 1839–1847/1957

F. Reuter (Hg.), Der Reichstag zu Worms von 1521. Reichspolitik und Luthersache, 1971

W. E. Winterhager, Ablaßkritik als Indikator historischen Wandels vor 1517. In: Archiv für Reformationsgeschichte, 90, 1999, S. 6ff

*Das edelste Vorrecht der menschlichen Natur ist, sich selbst zu bestimmen.*

Schiller

# 10.
# Die Unabhängigkeitserklärung der Vereinigten Staaten

## *4. Juli 1776*

«Überall im Studium mag man mit den Anfängen beginnen, nur bei der Geschichte nicht.» Diese Warnung begründete Jacob Burckhardt in seinen «Weltgeschichtlichen Betrachtungen» (1868 S. 5) damit, daß die vermeintlichen Anfänge meist «bloße Konstruktionen» seien, «wie wir besonders bei Gelegenheit des Staates sehen werden». Burckhardt dachte hier einerseits an die modernen Staaten, deren Ursprünge sich im Nebel der Vorzeit verlieren, andererseits an die antiken Staaten, deren Entstehungsgeschichten in den Mythos gehören: so Theseus als Gründer der Demokratie Athens, Lykurg als Stifter des spartanischen Kosmos, Romulus als Erbauer und Numa als Gesetzgeber Roms. Vielleicht dachte Burckhardt auch an die Schweiz, da der Rütlischwur am Mittwoch vor Martini 1307 – oder gar im August 1291 – eine romantische Sage ist.

So wenig gegen die Regel von den dunklen Anfängen einzuwenden ist, so wenig sind die Ausnahmen zu bestreiten. Zu ihnen zählt die Gründung der Vereinigten Staaten von Amerika am 4. Juli, seither Staatsfeiertag, im Jahre 1776. Sie fand im vollen Lichte der Zeitzeugen statt; und wenn mitunter von einem Gründungsmythos gesprochen wird, so ist das Mythische nicht das Unhistorische, sondern das Überhistorische, das zeitlos Gültige am Geschehen. Die Gründerväter wollten mehr, als die Zahl der Staaten um einen weiteren bereichern. Sie rechtfertigten ihre Trennung vom Mutterland mit einem Rückgriff auf das göttliche Naturrecht und appellierten an die Menschheit. Sie formulierten Grundsätze politischer Selbstbestimmung, die universale Gültigkeit in Anspruch nahmen.

## *Der Sprung in die Freiheit*

«Gestern ist die wichtigste Frage entschieden worden, die je in Amerika verhandelt wurde, und eine größere ist vielleicht nie oder wird nie wieder unter Menschen entschieden werden.» Mit diesen Worten berichtete John Adams, der Abgeordnete von Massachusetts, am 3. Juli 1776 seiner Frau Abigail über die in Philadelphia beschlossene Unabhängigkeitserklärung. In jenem Jahr nahm das Schicksal Amerikas eine Wendung. Die Kette riß, mit der die Siedler der dreizehn Kolonien an die Krone von England gefesselt waren. Sie hatten ihre Heimat verlassen, um in der Neuen Welt ein neues Leben zu beginnen, um aus der Enge Europas die Freiheit der unbegrenzten Möglichkeiten zu erfahren und sahen sich nun an ein Gängelband gelegt, das ihre Bewegung in zunehmendem Maße beschränkte. Der wachsende Wille zur politischen Mündigkeit empfand dies als unerträglich, die Nabelschnur mußte zerschnitten werden.

Nachdem die Spannung zum Zerreißen gestiegen war, erschien am 10. Januar 1776 die Schrift «Common Sense» von Thomas Paine. Dieser erst ein gutes Jahr in Amerika lebende Engländer war ein glühender Verfechter der Aufklärung, der Freiheit und der Menschenrechte. «Wir haben es in der Hand, die Welt von neuem zu beginnen», schreibt er, und in der Tat vollzog sich damals ein Start auf neuer Basis. Paine griff die Monarchie in fulminanter Rhetorik an und forderte kompromißlos die Lösung aus den Klauen des britischen Löwen. Sein Pamphlet goß Öl ins Feuer und wurde begeistert aufgenommen.

Der in Philadelphia tagende Kontinentalkongreß der dreizehn Kolonien forderte deren Vertretungen (*assemblies*) auf, republikanische Verfassungen auszuarbeiten und Regierungen einzusetzen, so wie dies North Carolina bereits im Mai 1775 getan hatte. In diesem Geiste statuierte die Provinzialversammlung Virginias am 12. Juni die *Virginia Bill of Rights,* einen Katalog von Grundrechten, der Allgemeingültigkeit beanspruchte: Freiheit und Gleichheit aller Bürger, Religions- und Pressefreiheit, Garantie eines ordentlichen Gerichtsverfahrens bei einer Strafklage usw. Die vorgesehene Höchstgrenze der Vermögensbildung ging nicht durch, der liberale Kapitalismus behauptete sich und formulierte Bürgerrechte, nicht Menschenrechte. Freiheit galt nicht für die schwarzen Sklaven, Gleichheit nicht für Indianer und Frauen. Die Forderung von Freiheit und Gleichheit besagt lediglich, daß es keine privilegierten Adligen und keine abhängigen Hörigen geben solle – aber auch das war im Sinne der Zeit schon ein beträchtlicher Fortschritt.

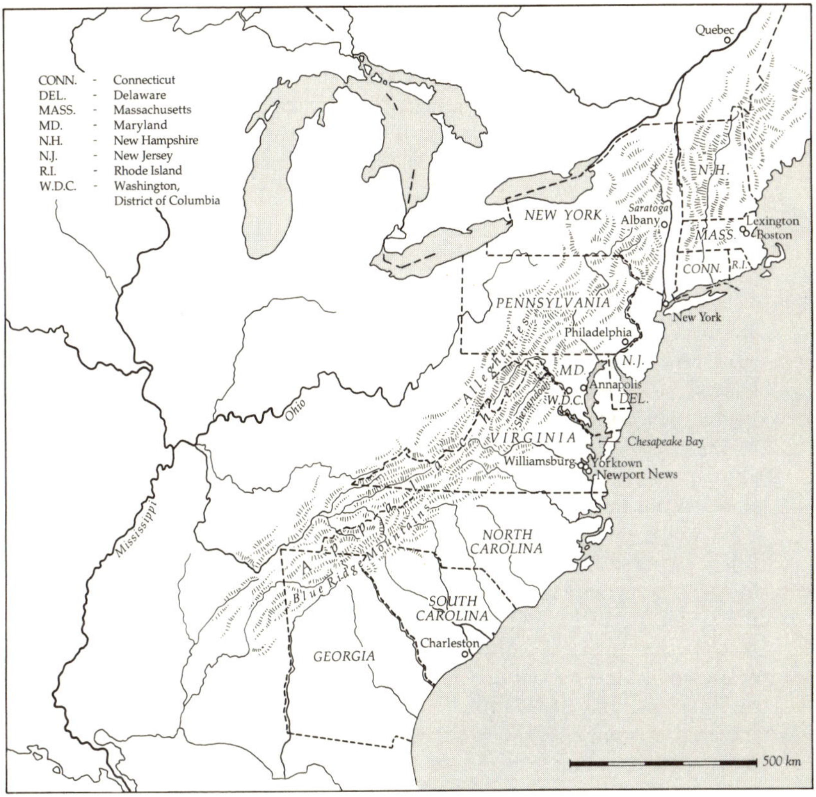


Das Jahr 1776 war für die Entstehung der Einzelverfassungen entscheidend. Es gab Divergenzen im Tempo, in der Intention und in der Initiative. Manche Kolonien arbeiteten schneller, andere zögerlicher, die einen handelten auf eigene Faust, die anderen plädierten für eine einheitliche Regelung in allen Kolonien oder wenigstens für Orientierung an einer Musterverfassung. Doch spielte sich dies ein. Der Begriff *colony* verschwand zugunsten des Begriffs *state*, aus den *United colonies of North America* wurden die *United states of America.*

Das Erfordernis einer von England unabhängigen Union stand außer Frage, angesichts der Kriegslage mußten die Kolonisten militärisch handlungsfähig und politisch bündnisfähig sein. Am 7. Juni lag dem Kontinentalkongreß der Entwurf einer Unabhängigkeitserklärung vor. Er wurde beraten und am 2. Juli im Prinzip gutgeheißen. Am folgenden Tage schrieb der schon genannte John Adams an seine Frau: an eine Versöhnung mit England sei nicht mehr zu denken. Der 2. Juli werde der denkwürdigste Tag Amerikas, der Wendepunkt seiner Geschichte sein. Künftige Generationen würden ihn als Fest der Rettung begehen mit feierlichen Dankgottesdiensten, prunkvollen Paraden, Spiel- und Sportwettkämpfen, Salutschüssen und Glockenläuten, Freudenfeuern und Brillantfeuerwerk von einem Ende des Kontinents zum anderen – und dies in alle Ewigkeit.

Adams irrte nicht in der Sache, nur im Datum, er feierte zwei Tage zu früh. Denn der karge Text vom 2. Juli befriedigte nicht und wurde ersetzt durch eine vollere Fassung, die am 4. Juli angenommen wurde. Der Text stammt im wesentlichen von Thomas Jefferson, dem dritten der drei großen Namen der Revolution neben Benjamin Franklin und George Washington. Jefferson (1743–1826) stammt aus Virginia, wo er als wohlhabender Pflanzer und Rechtsanwalt wirkte. Seine Schriften und Briefe atmen den Geist von Rationalität und Humanität, von Aufklärung und Toleranz. Wer sie liest, wird ein besserer Mensch. 1769 wurde Jefferson Mitglied der Assembly. Als die Spannung im Verhältnis zu England stieg, organisierte er als amerikanischer Patriot den Widerstand der Kolonien und formulierte 1774 eine vielgelesene Übersicht der Rechte von Britisch Amerika, «A summary view of the rights of British America». 1775 wurde er in den Kontinentalkongreß gewählt, der ihm die Formulierung der Unabhängigkeitserklärung anvertraute.

Der am 4. Juli verabschiedete Text wurde am 9. Juli in dem wöchentlich zweimal erscheinenden «Pennsylvanischen Staatsboten» auf deutsch publiziert. Damals gab es sechs deutsche Zeitschriften in Pennsylvanien. Übersetzer und Drucker war ein Henrich Miller, geborener Möller, der sich in den Freiheitskampf eingereiht hatte. Überhaupt haben sich die Amerikaner deutscher Herkunft mit besonderem Eifer für die Lösung von England eingesetzt. Sie waren mit 8% in der Bevölkerung, aber mit 12% in der Armee vertreten. Von Millers Text haben zwei Exemplare überlebt, eines befindet sich seit 1994 im Deutschen Historischen Museum zu Berlin. Ich gebe ihn in originaler Orthographie und Interpunktion, füge in Klammern jedoch einige Erklärungen hinzu:

«Im Congreß, den 4ten July, 1776,
EINE ERKLÄRUNG,
durch die Repräsentanten der
VEREINIGTEN STAATEN VON AMERICA,
im General-Congreß versammlet.

Wenn es im Lauf menschlicher Begebenheiten für ein Volk nöthig wird die Politischen Bande, wodurch es mit einem andern verknüpft gewesen, zu trennen, und unter den Mächten der Erden eine abgesonderte und gleiche Stelle einzunehmen, wozu selbiges die Gesetze der Natur und des Gottes der Natur berechtigen, so erfordern Anstand und Achtung in die Meinungen des menschlichen Geschlechts, daß es die Ursachen anzeige, wodurch es zur Trennung getrieben wird.

(Nun folgt ein Rückgriff auf die «Gesetze der Natur»:) Wir halten diese Wahrheiten für ausgemacht, daß alle Menschen gleich erschaffen worden, daß sie von ihrem Schöpfer mit gewissen unveräusserlichen Rechten begabt worden, worunter sind Leben, Freyheit und das Bestreben nach Glückseligkeit. (Jefferson ersetzte das in der Vorlage geschützte Streben nach Eigentum durch die Formel *pursuit of happiness,* wohl wissend, daß Reichtum Weniger zum Fluch für Viele werden kann.)

Daß zur Versicherung dieser Rechte Regierungen unter den Menschen eingeführt worden sind, welche ihre gerechte Gewalt von der Einwilligung derer die regiert werden, herleiten; daß sobald einige (eine) Regierungsform diesen Endzwecken verderblich wird, es das Recht des Volks ist sie zu verändern oder abzuschaffen, und eine neue Regierung einzusetzen, die auf solche Grundsätze gegründet, und deren Macht und Gewalt solchergestalt gebildet wird, als ihnen zur Erhaltung ihrer Sicherheit und Glückseligkeit am schicklichsten zu seyn dünket. (Hier bedient sich Jefferson der Idee von Gesellschaftsvertrag.) Zwar gebietet Klugheit, daß von langer Zeit her eingeführte Regierungen nicht um seichter und vergänglicher Ursachen willen verändert werden sollen; und demnach hat die Erfahrung von jeher gezeigt, daß Menschen, so lang das Uebel noch zu ertragen ist, lieber leiden und dulden wollen, als sich durch Umstoßung solcher Regierungsformen, zu denen sie gewöhnt sind, selbst Recht und Hülfe verschaffen. Wenn aber eine lange Reihe von Mißhandlungen und gewaltsamen Eingriffen, auf einen und eben den Gegenstand unabläßig gerichtet, einen Anschlag an den Tag legt sie unter unumschränkte Herrschaft (*absolute despotism*) zu bringen, so ist es ihr Recht, ja ihre Pflicht, solche Regierung abzuwerfen, und sich für ihre künftige Sicherheit neue Gewähren (*guards*) zu verschaffen.

Dis war die Weise, wie die Colonien ihre Leiden geduldig ertrugen; und so ist jetzt die Nothwendigkeit beschaffen, welche sie zwinget ihre vorigen Regierungs-Systeme zu verändern. Die Geschichte des jetzigen Königs von Großbritannien (gemeint ist Georg III aus dem Hause Hannover, das seit 1714 regierte) ist eine

Geschichte von wiederholten Ungerechtigkeiten und gewaltsamen Eingriffen, welche alle die Errichtung einer absoluten Tyranney über diese Staaten zum geraden Endzweck haben. Dis zu beweisen, wollen wir der unpartheyischen Welt (*candid world*) folgende Facta vorlegen:

Er hat seine Einstimmung zu den heilsamsten und zum Oeffentlichen Wohl nöthigsten Gesetzen versagt.

Er hat seinen Guvernörs (das heißt den vom König ernannten Statthaltern der Kolonien) verboten, Gesetze von unverzüglicher und dringender Wichtigkeit heraus zu geben, es sey dann, daß sie so lange keine Kraft haben solten, bis seine Einstimmung erhalten würde; und wenn ihre Kraft und Gültigkeit so aufgeschoben war, hat er solche gänzlich aus der Acht gelassen.

Er hat sich geweigert andere Gesetze zu bekräftigen zur Bequemlichkeit grosser Districte von Leuten, wofern diese Leute das Recht der Repräsentation in der Gesetzgebung nicht fahren lassen wolten, ein Recht, das ihnen unschätzbar, und nur Tyrannen fürchterlich ist.

Er hat Gesetzgebende Körper (gemeint: Provinzialkonvente, *assemblies*) an ungewöhnlichen, unbequemen und von der Niederlage ihrer öffentlichen Archiven entfernten Plätzen zusammen berufen, zu dem einzigen Zweck, um sie so lange zu plagen, bis sie sich zu seinen Maaßregeln bequemen würden.

Er hat die Häuser der Repräsentanten (in den einzelnen Kolonien) zu widerholten malen aufgehoben, dafür, daß sie mit männlicher Standhaftigkeit seinen gewaltsamen Eingriffen auf die Rechten des Volks widerstanden haben.

Er hat, nach solchen Aufhebungen, sich eine lange Zeit widersetzt, daß andere erwählt werden solten; wodurch die Gesetzgebende Gewalt, die keiner Vernichtung fähig ist, zum Volk überhaupt wiederum zur Ausübung zurück gekehrt ist; mittlerweile daß der Staat allen äusserlichen Gefahren und innerlichen Zerrüttungen unterworfen blieb.

Er hat die Bevölkerung dieser Staaten zu verhindern gesucht; zu dem Zweck hat er die Gesetze zur Naturalisation der Ausländer gehindert; andere, zur Beförderung ihrer Auswanderung hieher, hat er sich geweigert heraus zu geben, und hat die Bedingungen für neue Anweisungen von Ländereyen erhöhet (das heißt den Landerwerb erschwert).

Er ist der Verwaltung der Gerechtigkeit verhinderlich gewesen, indem er seine Einstimmung zu Gesetzen versagt hat, um Gerichtliche Gewalt einzusetzen.

Er hat Richter von seinem Willen allein abhängig gemacht, in

Absicht auf die Besitzung ihrer Aemter, und den Belauf (das heißt die Höhe) und die Zahlung ihrer Gehalte.

Er hat eine Menge neuer Aemter errichtet, und einen Schwarm von Beamten hieher geschickt, um unsere Leute zu plagen, und das Mark ihres Vermögens zu verzehren.

Er hat unter uns in Friedenszeiten Stehende Armeen gehalten, ohne die Einstimmung unserer Gesetzgebungen.

Er hat sich bemühet die Kriegsmacht von der Bürgerlichen Macht unabhängig zu machen, ja über selbige zu erhöhen.

Er hat sich mit andern (mit dem Londoner Parlament) zusammen gethan, uns einer Gerichtsbarkeit, die unserer Landsverfassung ganz fremd ist, und die unsere Gesetze nicht erkennen, zu unterwerfen; indem er seine Einstimmung zu ihren Acten angemaßter Gesetzgebung ertheilt hat, nämlich:

Um grosse Haufen von bewaffneten Truppen bey uns einzulegen:

Um solche durch ein Schein-Verhör vor Bestrafung zu schützen für einigerley Mordthaten, die sie an den Einwohnern dieser Staaten begehen würden:

Um unsere Handlung (unseren Handel) mit allen Theilen der Welt abzuschneiden:

Um Taxen auf uns zu legen, ohne unsere Einwilligung:

Um uns in vielen Fällen der Wohlthat eines Verhörs durch eine Jury zu berauben:

Um uns über See zu führen, für angegebene Verbrechen gerichtet zu werden:

Um das freye System Englischer Gesetze in einer benachbarten Provinz (gemeint Quebec) abzuschaffen, eine willkührliche Regierung darin einzusetzen, und deren Grenzen auszudehnen, um selbige zu gleicher Zeit zu einem Exempel sowohl als auch zu einem geschickten Werkzeug zu machen, dieselbe absolute Regierung in diese Colonien einzuführen:

Um unsere Freyheitsbriefe (Gründungsurkunden, *charters*) uns zu entziehen, unsere kostbarsten Gesetze abzuschaffen, und die Form unserer Regierungen von Grund aus zu verändern:

Um unsere eigenen Gesetzgebungen aufzuheben, und sich selbst (für zuständig) zu erklären, als wenn sie (die Londoner Parlamentarier) mit voller Macht versehen wären, uns in allen Fällen Gesetze vorzuschreiben.

Er hat die Regierung allhier niedergelegt, indem er uns ausser seinem Schutz erklärt hat, und gegen uns Krieg führet. (Jefferson verweist auf den seit 1775 bestehenden Kriegszustand.)

Er hat unsere Seen geplündert, unsere Küsten verheeret, unsere Städte verbrannt, und unser Volk ums Leben gebracht.

Er ist, zu dieser Zeit, beschäftigt mit Herübersendung grosser Armeen von fremden Mieth-Soldaten (dazu später mehr), um die Werke des Todes, der Zerstörung und Tyranney zu vollführen, die bereits mit solchen Umständen von Grausamkeit und Treulosigkeit angefangen worden, welche selbst in den barbarischsten Zeiten ihres Gleichen nicht finden, und dem Haupt einer gesitteten Nation gänzlich unanständig (unwürdig) sind.

Er hat unsere auf der hohen See gefangene Mitbürger gezwungen die Waffen gegen ihr Land zu tragen, um die Henker ihrer Freunde und Brüder zu werden, oder von ihren Händen den Tod zu erhalten.

Er hat unter uns häusliche Empörungen und Aufstände erregt, und gestrebt über unsere Grenz-Einwohner die unbarmherzigen wilden Indianer zu bringen, deren bekannter Gebrauch den Krieg zu führen ist, ohne Unterschied von Alter, Geschlecht und Stand, alles niederzumetzeln.

Auf jeder Stufe dieser Drangsalen haben wir in den demüthigsten Ausdrücken um Hülfe und Erleichterung geflehet: Unsere widerholten Bittschriften sind nur durch widerholte Beleidigungen beantwortet worden. Ein Fürst, dessen Character so sehr jedes einen Tyrannen unterscheidendes (kennzeichnendes) Merkmaal trägt, ist unfähig, der Regierer eines freyen Volks zu seyn.

Auch haben wir es nicht an unserer Achtsamkeit gegen unsere Brittischen Brüder ermangeln lassen (Jefferson wendet sich an das Londoner Parlament, das mehrheitlich auf Seiten des Königs stand, beziehungsweise dessen Mehrheit die Haltung Georgs bestimmte): Wir haben ihnen von Zeit zu Zeit Warnung ertheilt von (vor) den Versuchen ihrer Gesetzgebung eine unverantwortliche Gerichtsbarkeit über uns auszudehnen. Wir haben (ihnen) die Umstände unserer Auswanderung und unserer Niederlassung allhier zu Gemüthe geführt. Wir haben uns zu ihrer angebornen Gerechtigkeit und Großmuth gewandt, und sie bey den Banden unserer gemeinschaftlichen Verwandschaft beschworen, diese gewaltsamen Eingriffe zu mißbilligen, welche unsere Verknüpfung und unsern Verkehr mit einander unvermeidlich unterbrechen würden. Auch sie sind gegen die Stimme der Gerechtigkeit und Blutsfreundschaft taub gewesen. Wir müssen uns derohalben die Nothwendigkeit gefallen lassen, welche unsere Trennung ankündigt, und sie, wie der Rest des menschlichen Geschlechts, im Krieg für Feinde, im Frieden für Freunde, halten.

Indem derohalben Wir, die Repräsentanten der *Vereinigten Staaten von America,* im General-Congreß versammlet, uns wegen der Redlichkeit unserer Gesinnungen auf den allerhöchsten Richter der Welt (das heißt auf Gott) berufen, so Verkündigen wir hiemit feyerlich, und Erklären, im Namen und aus Macht der guten Leute dieser Colonien, Daß diese Vereinigten Colonien *Freye und unabhängige Staaten* sind, und von Rechtswegen seyn sollten; daß sie von aller Pflicht und Treuergebenheit gegen die Brittische Krone frey – und losgesprochen sind, und daß alle Politische Verbindung zwischen ihnen und dem Staat von Großbrittannien hiemit gänzlich aufgehoben ist, und aufgehoben seyn soll; und daß als Freye und Unabhängige Staaten sie volle Macht und Gewalt haben, Krieg zu führen, Frieden zu machen, Allianzen zu schliessen, Handlung zu errichten (Kommerz zu treiben), und alles und jedes andere zu thun, was Unabhängigen Staaten von Rechtswegen zukömmt. Und zur Behauptung und Unterstützung dieser Erklärung verpfänden wir, mit vestem Vertrauen auf den Schutz der Göttlichen Vorsehung, uns unter einander unser Leben, unser Vermögen und unser geheiligtes Ehrenwort.

Unterzeichnet auf Befehl und im Namen des Congresses,

John Hancock, Präsident.

Bescheinigt,

Carl Thomson, Secretär»

Diese Erklärung wurde an die Kolonialparlamente versandt, sowie an die Offiziere, zur Verlesung vor den Truppen.

Einen Absatz in Jeffersons Entwurf hat der Unionskongreß indessen gestrichen: die flammende Anklage gegen Georg III, daß er den Sklavenhandel unterstütze. Jefferson wie Franklin waren entschiedene Gegner der Sklaverei, konnten sich damit jedoch nicht gegen die Interessen der Pflanzer in den Südstaaten durchsetzen. Jefferson freilich hatte auch ein persönliches Motiv: Lange Jahre über hatte er eine farbige Geliebte, Sally Hemings. In diesem Punkte waren die Gründer dem Zeitgeist weit voraus. Doch auch die *Declaration of Independence* war ein Wegweiser in die Zukunft. Um die Entstehung und Wirkung dieses Dokuments zu verstehen, ist ein Blick auf die Vorgeschichte erforderlich. Sie reicht zurück bis auf Columbus und zeigt, wie aus Engländern Amerikaner wurden.

## *Engländer werden Amerikaner*

Die Entdeckung Amerikas durch Kolumbus hatte eine Völkerwanderung ausgelöst. Spanier und Portugiesen eroberten und besiedelten Mittel- und Südamerika, Franzosen und Engländer besetzten Kanada, während das Gebiet der späteren Vereinigten Staaten, ausgehend von Virginia, seit 1606 in englische Hände geriet.

Epoche machte die Ankunft der Pilgerväter 1620 auf der Mayflower in Massachusetts. Innerhalb der englischen Kirche, die Heinrich VIII im Jahre 1535 vom Papst gelöst und damit der Reformation zugeführt hatte, war der Calvinismus erstarkt. Die auf «Reinigung» des Glaubens von katholischen Elementen bedachten Puritaner vertraten die Idee einer «Kirche von unten» auf der Basis presbyterianischer Selbstbestimmung. Damit gerieten sie in Gegensatz zur *Highchurch*, der Kirche von England, an deren Spitze der König stand. Das war «Kirche von oben». Als Jakob I die «Tausendstimmige Bittschrift» ablehnte, entschieden sich die Pilgerväter, nach Amerika auszuwandern. Am 21. November 1620 schlossen die 41 Männer, noch auf See, den *Mayflower Compact*. Sehen wir davon ab, daß die Unterzeichneten getreue Untertanen des englischen Königs bleiben wollten, vollzogen sie gleichsam eine Staatsgründung durch Gesellschaftsvertrag auf naturrechtlicher Basis. Sie beschlossen, in der zu gründenden Kolonie eine bürgerliche politische Gemeinschaft (*civil body politick*) zu bilden, gerechte und gleiche Gesetze, Bestimmungen und Ämter zu schaffen, wie sie zeitgemäß und gedeihlich für die Kolonie sein würden und denen sie Gehorsam zu leisten versprachen. Es ging den Pilgervätern somit darum, unter der königlichen Schirmherrschaft in demokratischer Selbstbestimmung ein Gemeinwesen zu gründen, wie es der Ehre Gottes und dem gemeinsamen Besten angemessen wäre. Das in dieser Urkunde zum Ausdruck kommende Selbstbewußtsein ist kennzeichnend für die Geisteshaltung der meisten Auswanderer, die in der Neuen Welt religiöse und politische Freiheit, Gerechtigkeit und Wohlstand suchten, unabhängig von allen Vorgaben und Vorrechten in *Old England*. Seit der Mayflower ist Amerika die klassische Zuflucht ungerecht Verfolgter und könnte, wie das antike Rom, als *asylum totius mundi*, als «Freistatt für alle Welt» bezeichnet werden.

Staatsrechtlich unterstanden die Kolonien dem Souverän des Mutterlandes, dem englischen König. Dies ergibt sich aus dem Begriff. Lateinisch *colonia* ist abgeleitet von *colere* – pflegen, bebauen; *colonus* ist der Landmann, der Siedler, später dann der Aussiedler. Als *colonia* bezeichnete das römische Recht eine abhängige Tochterstadt. Mit wachsender Entfernung von Rom wurde die Verwaltung durch die Zentrale schwieriger, so daß die Kolonien ihre inneren Belange selbst regelten. Sie erhielten ihren Namen gewöhnlich nach dem Gründer: *Colonia Julia, Colonia Claudia, Colonia Agrippina* – das römische Köln am Rhein. Entsprechend hieß Virginia nach der «jungfräulichen» Königin Elisabeth, Carolina nach Charles IX von Frankreich, Georgia nach

Georg II usw. Die Siedler der römischen Kolonien waren und blieben Vollbürger der Mutterstadt, konnten dort ihre politischen Rechte ausüben und empfingen von dort ihre Magistrate.

Dementsprechend entsandte der englische König jeweils einen Gouverneur, der höchste zivile und militärische Autorität war, der Krone und dem Parlament verantwortlich. Er beließ den Kolonisten so viel Selbstbestimmung, wie ihm für die Interessen des Königreiches tunlich schien, doch war hier von Anfang an Zündstoff verborgen. Neben den Kronkolonien (*royal colonies*) New Hampshire, Massachusetts, New York, New Jersey, Virginia, den Carolinas und Georgia gab es noch zwei weitere Typen: Privatkolonien (*proprietary colonies*), die der König einem Kolonisator überlassen hatte, der seinerseits den Gouverneur bestimmen konnte, so Pennsylvanien, Maryland und Delaware; und *charter colonies,* die aufgrund königlichen Privilegs ihren Gouverneur selbst küren konnten, so Connecticut und Rhode Island. Auch dies folgte römischem Vorbild: die überseeischen Kolonien genossen Selbstverwaltung, die der englische König hingegen weiteren Kolonien nicht gewährte.

Der vom Anbeginn schwelende Konflikt zwischen Mutterland und Kolonie wurde zunächst durch äußere Bedrohungen überdeckt. Dies waren dauerhafte Spannungen zu den Indianern, die sich der Landnahme widersetzten, und die Rivalitäten zwischen den Kolonialmächten, namentlich zwischen England und Frankreich. Wie in Indien und Afrika so haderten diese beiden Mächte auch in Nordamerika. Die Indianer nutzten dies aber nicht im eigenen Interesse, sondern ließen sich von den Europäern für deren Belange gewinnen. So kämpften die Huronen für die Franzosen, die Irokesen für die Briten. Das Milieu dieser Auseinandersetzungen hat James Fenimore Cooper 1823 in seinen «Lederstrumpf-Erzählungen» meisterhaft wiedergegeben.

Entscheidend für die weitere Entwicklung wurde der Siebenjährige Krieg 1756 bis 1763, den man als einen ‹Nullten› Weltkrieg bezeichnen könnte, da er sich auf vier Kontinenten abspielte. Österreich, das Friedrich dem Großen Schlesien wieder abnehmen wollte, verbündete sich mit Frankreich; England hingegen unterstützte das protestantische Preußen, das als Vorkämpfer der Aufklärung gegen den politischen Katholizismus betrachtet wurde. Das Resultat in Europa war die Anerkennung des zur Großmacht aufgestiegenen Preußen, das Ergebnis in Übersee war ein Sieg der Briten über die Franzosen in Indien, Afrika und Nordamerika. Kanada wurde englische Kolonie, zehntausend Mann britischer Truppen wurden in Amerika stationiert.

Mit dem Frieden von Paris am 10. Februar 1763 war auch in Nordamerika außenpolitisch Ruhe eingekehrt, doch brachen nun innenpolitische Fronten auf. Die enormen Kriegskosten suchte London auf die Kolonien umzulegen. Dies geschah über Zölle. Der ökonomische Grundgedanke des neuzeitlichen Kolonialismus war stets, neben dem Siedlungsraum, der Tausch von Rohstoffen aus Übersee gegen Fertigwaren und Luxusgüter aus Europa. Dieser Handel wurde durch Monopole festgeschrieben. Die Kolonien mußten ihre Rohstoffe an England verkaufen, auch wenn sie anderwärts höhere Erlöse erzielt hätten; sie mußten die Fertigwaren aus England beziehen, auch wenn sie diese andernorts billiger bekommen konnten. Diese Zwangswirtschaft drosselte die Entwicklung der Manufaktur und des Städtewesens in Amerika. Mehr als neun Zehntel der Kolonisten lebten auf dem Lande, aber die Städte wuchsen.

In dem eingangs zitierten Brief von John Adams an Abigail nennt dieser als Beginn des Konflikts mit dem Mutterland die *Writs of Assistance* von 1761, das erweiterte Recht der Briten, Haussuchungen durchzuführen. Dieser Akt des Mißtrauens empörte die Kolonisten, sie fühlten sich an die kurze Leine gelegt. Nachdem drei Jahre später England den Kolonien verboten hatte, einerseits Gold und Silber einzuführen und andererseits Papiergeld zu drucken (*currency act*), folgte am 22. März 1765 das berüchtigte Stempelsteuergesetz (*stamp act*). Es verfügte, daß alle rechtsgültigen Papiere eine besteuerte Stempelmarke tragen müßten: Urkunden, Zeitungen, Bücher, Formulare, Flugblätter, Zeugnisse, Testamente, ja auch Spielkarten und Würfel, bei denen es um Geldgewinne ging. Allgemeine Empörung in Amerika war die Folge. Im Oktober versammelte sich in New York ein Kontinentalkongreß der Vertreter aus den dreizehn Kolonien. Er setzte eine Beschwerde nach London auf und organisierte einen breiten Widerstand. Träger der Volkswut waren die *mobs,* radikalisierte Banden. Stempelpapiere wurden verbrannt, die Buden der Steuereinnehmer zerstört, der Handel mit England geriet ins Stocken, weil keine Warenlisten mehr geführt werden konnten.

Die Rebellen beschworen Natur- und Menschenrecht, ihre Parole hieß: *no taxation without representation,* keine Besteuerung ohne Mitsprache. Diese Forderung stand, peinlich genug, in der besten englischen Tradition seit der Magna Charta; nur protestierte diesmal nicht das Parlament gegen den König, sondern die Kolonie gegen Parlament und König gemeinsam. In der Kolonialpolitik standen sie zusammen, doch war ihre Lage kniffligу. London befand sich in einer doppelten Verlegenheit. Zum einen war die Stempelsteuer im Augenblick nicht zu erzwingen, zum anderen hatte man daheim mit der demokratischen Opposition gegen Georg III zu tun. Sie gruppierte sich um den populären Publizisten und Demagogen John Wilkes, dessen politische Pamphlete die Massen mobilisierten. Es entstanden Unruhen von revolutionärer Sprengkraft, Sympathien für die Kolonisten wurden laut.

In dieser Situation trat ein Mann auf die Bühne der Geschichte, der Mit- und Nachwelt fasziniert hat: Benjamin Franklin (1706 bis 1790). Er hat als Diplomat neben Thomas Jefferson, dem Denker, und George Washington, dem Feldherrn, die amerikanische Revolution zum Siege geführt. Franklin ist der Prototyp des amerikanischen *Selfmademan,* der alles sich selbst, seiner Leistung, seiner Haltung verdankt. Als Knabe arbeitete er in Boston mit seinem Vater als Seifensieder, wurde dann Buchdrucker, las jedes Buch, das ihm in die Finger fiel, und schrieb Zeitungsartikel. Als Siebzehnjähriger suchte er sein Glück in New York und Philadelphia, wo er den Statthalter kennenlernte, arbeitete dann als Drucker in London. Mit zwanzig Jahren kehrte er nach Philadelphia zurück, begründete eine eigene Druckerei, die Papiergeld herstellte, gab eine Zeitung und einen Almanach heraus und glänzte durch seine dem Geiste der Aufklärung verpflichteten Beiträge. Nebenher studierte er Physik, erkannte die Elektrizität der Gewitterwolken und erfand den Blitzableiter. Daraufhin wurde er Mitglied der Royal Society in London und Doktor der Universitäten Oxford und Edinburgh. In Philadelphia organisierte er den Nachtwächterdienst und die Feuerwehr, er gründete eine öffentliche Bibliothek und eine philosophische Gesellschaft, reformierte das Schulwesen, um die Knaben und Mädchen in Englisch, Latein, Griechisch und Mathematik zu unterweisen, und legte den Grundstein für eine Universität nach europäischem Muster.

1753 wurde Franklin Vize-Generalpostmeister aller britischen Kolonien in Amerika. Damit begann seine Rolle in der überregionalen Politik. Als während des Siebenjährigen Krieges die Kolonien von den durch Frankreich bewaffneten Indianern heimgesucht wurden, entwarf Franklin einen ersten Unionsplan. Abgeordnete aus sechs besonders bedrohten Kolonien versammelten sich 1754 in Albany und beschlossen auf Vorschlag Franklins, dem Londoner Parlament eine Gesetzesvorlage zu unterbreiten, die eine Zentralregierung zum Ziele hatte. Sie sollte aus einem durch die Krone ernannten Generalpräsidenten und einer Volksvertretung bestehen, beschickt durch zwei bis sieben Deputierte aus jeder Kolonie, je nach Steueraufkommen. Diese Zentralregierung sollte Militärhoheit besitzen, Krieg und Frieden entscheiden, Verträge schließen, neue Kolonien anlegen, Gesetze erlassen, Beamte ernennen und Steuern erheben dürfen. Alle Bestimmungen sollten der Krone zur Bestätigung vorgelegt werden.

Dieser Unionsplan von Albany wurde von London verworfen, obschon er eine Lösung der Kolonien vom Mutterland vermutlich verhindert oder wenigstens in der Form gemildert hätte. Aber König und Parlament fürchteten ein *imperium in imperio*; abschreckendes Beispiel war das zersplitterte Deutschland, und sie mochten auf die Handelsmonopole nicht verzichten. Daher standen sie einer Bewaffnung der Kolonisten reserviert gegenüber. Konnten diese sich selbst verteidigen, so verlor London den moralischen Anspruch auf Steuern und Gewinne aus den Kolonien. Dennoch konnte der Gouverneur im Kampf gegen die Franzosen Provinzialmiliz nicht entbehren. Franklin zeichnete sich damals als Oberst seines aus 1200 Mann bestehenden Regiments von Philadelphia aus. Das Kriegsministerium in London jedoch verfügte die Auflösung des Bürgerheeres.

Noch während der Krieg andauerte, erhob sich in Pennsylvanien ein innerer Zwist. Die in England lebenden Nachkommen von William Penn, dem Eigentümer der Provinz, zahlten für ihre riesigen Besitzungen keine Steuern. Das war in der Kriegsnot ein Ärgernis, da diese Ländereien doch Schutz durch die von den Kolonisten gestellte Miliz und die von ihnen unterhaltenen Linientruppen genossen. Franklin erhob gegen das Steuerprivileg Einspruch. 1757 bis 1762 vertrat er als Mitglied der Generalversammlung (*assembly*) von Pennsylvanien die Interessen seiner Kolonie gegenüber den Erben Penns in London. Nach harten Verhandlungen setzte Franklin durch, daß auch die Penns einen angemessenen Teil der Kriegskosten übernehmen mußten. Während dieser Jahre war er in London zugleich Geschäftsträger der Provinzen Massachusetts, Maryland und Georgia.

1765 kam es dann zum Streit um die Stempelakte. Franklin wurde vor das neugewählte Parlament zitiert und dort über die Stimmung in den Kolonien befragt. Er berichtete von der Empörung über die Währungsakte, die Stempelsteuer und die Aufhebung der Schwurgerichte. Seine Antwort war so deutlich und sein Ansehen so groß, daß die Stempelsteuer aufgehoben und der Konflikt nach vier Monaten beigelegt wurde. Im Anschluß bereiste Franklin Holland, Deutschland und Frankreich, wo er als Gelehrter gefeiert wurde.

Während London durch revolutionäre Umtriebe geschüttelt wurde – John Wilkes und die anonymen Junius-Briefe attackierten den König und seine Minister, weil die normannische Junker-Aristokratie die angelsächsischen Freiheiten mißachtete, brach der Konflikt mit den Kolonien wieder auf. Das Parlament hatte zwar die Stempelakte zurückgenommen, sein Besteuerungsrecht aber grundsätzlich unterstrichen. 1767 verordnete es die *Townshend-Duties*: Einfuhrzölle auf Papier, Farben, Glas, Blei und Tee. Das empörte die Kolonisten. Sie waren wohl bereit, sich an den Kosten der Staatsführung zu beteiligen, wollten dies aber gemäß eigenem Beschluß ihrer *assemblies* tun, nicht auf Befehl. Diesen Willen bekräftigten sie duch einen nachhaltigen Boykott der englischen Großhändler in Amerika, die nun auf ihren besteuerten Waren sitzen blieben. Es kam 1770 zu Ausschreitungen, bei denen Kolonisten von britischen Soldaten getötet wurden. Die Stimmung gegen England erreichte einen Grad, der es London geraten erscheinen ließ, abermals nachzugeben. Wiederum wollte man aber das Prinzip festhalten und beließ am 10. Mai 1773 die Einfuhrgebühr wenigstens auf Tee bestehen.

In den Museen dieser Welt habe ich allerlei Curiosa bestaunt. In Boston jedoch sah ich am 24. März 1985 Exponate (richtiger: *Exposita*), wie sie scheinbar sinnloser nicht zu denken sind: eine Vitrine inmitten der Old South Church, gefüllt mit schwarzen Blätterkrümeln. Ich dachte zuerst an ein modernes ‹Kunstwerk›, doch nein – es waren Reste der *Boston Tea Party* vom 16. Dezember 1773. Diese Episode hat trotz all ihrer dramatischen Komik den Stein ins Rollen gebracht. Im Hafen von Boston waren drei Schiffe mit Tee aus Britisch Ostindien angekommen. Der Magistrat ersuchte die Kapitäne der Teeschiffe, ihre Ladung nicht an Land zu bringen. Darauf beschwerten sich die Kaufleute der Ostindischen Kompanie beim Statthalter, und dieser befahl, die Fracht trotzdem zu löschen. Es war eine Kraftprobe, wie selbstbewußte Regierungen sie mitunter lieben. Daraufhin erschien eine Gruppe Bostoner Bürger als Indianer verkleidet auf dem Schiff *Dartmouth*, sie warfen 342 Kisten mit Tee ins Wasser.

Die Stimmung in der Stadt ließ das erwarten. Die Bürger von Boston lagen traditionell im Streit mit ihren Gouverneuren; geschürt wurde er durch Franklin, der sich in London Briefe des Statthalters von Massachusetts und dessen Stellvertreters mit antiamerikanischer Tendenz verschafft und diese ohne deren Wissen und Willen in Amerika veröffentlicht hatte. Die Assembly der Provinz bat daraufhin das Ministerium, die beiden belasteten Beamten abzulösen. Die Sache kam in den geheimen Rat des Königs, und dabei wurden harte Worte gegen Franklin und die widersetzlichen Kolonisten erhoben. Die Stimmen wurden bekannt, und das gesamte freisinnige Europa nahm Stellung für Franklin, der gegen das positive Recht der Krone mit Vernunftgründen und Moralgrundsätzen argumentierte: Amerikas Freiheit wurde aus dem Naturrecht abgeleitet. Dem Geheimen Rat aber gefiel das nicht – Franklin wurde seines Amtes als Postmeister entsetzt.

In diesem Geiste reagierte nun auch das Parlament, als die *Boston Tea Party* gemeldet wurde. Das war Rebellion. Es forderte Bezahlung des Tees und Auslieferung des Rädelsführers, dem der Strang drohte. Doch konnte der entwischen. Um der Forderung Nachdruck zu verleihen, beschloß das Parlament, den Hafen von Boston für jeglichen Warenverkehr zu sperren und entsandte vier Kriegsschiffe und vier Regimenter. Neuer Statthalter wurde ein General, der Kriegsrecht verhängte und die Assembly auflöste. Diese berief nun einen Kontinentalkongreß aller Kolonien nach Philadelphia, der am 5. September 1774 zusammentrat. Hier entzündete sich ein publizistisches Feuerwerk von Manifesten, Artikeln und Briefen an alle Welt, in denen die Rechte der Kolonisten aus der angelsächsischen Tradition und der aufgeklärten Vernunft bewiesen wurden. Unter anderen wurde ein Katalog von Menschenrechten aufgestellt, der dann zwei Jahre später nur leicht verändert in die Einleitung der Unabhängigkeitserklärung aufgenommen wurde.

Das Echo blieb nicht aus, die Mehrheit des englischen Volkes und des gebildeten Europa stellte sich auf die Seite der Kolonien. Das aber imponierte weder dem König noch seinem Parlament. Am 1. Februar 1775 legte der ältere Pitt, der im Siebenjährigen Krieg Friedrich den Großen unterstützt und Englands Seemacht aufgebaut hatte, dem Oberhaus ein von Franklin inspiriertes Versöhnungsangebot vor, dem sich die führenden Köpfe der Opposition anschlossen, unter ihnen Edmund Burke und Charles Fox. Sie hielten den Anspruch der Kolonien auf Selbstverwaltung für grundsätzlich berechtigt und glaubten, durch dessen Anerkennung die Einheit wahren zu können. Doch dazu war es zu spät.

Antibritische Provokationen hatte es schon bei der Parlamentseröffnung im Oktober 1774 gegeben. Amerikanische Patrioten hatten die Thronrede verbrannt und die englische Fahne durch eine nationale ersetzt. Als nun der neue Gouverneur seine Strafaktionen durchführte, griffen die Amerikaner zu Tätlichkeiten. In Massachusetts hatte sich eine neue Assembly gebildet, es wurden Truppen aufgestellt, beide unter der Führung des reichen Kaufmanns John Hancock, der später die Unabhängigkeitserklärung unterzeichnete. Am 19. April 1775 kam es zu einem ersten Treffen bei Lexington, bei dem einige hundert Engländer fielen. Damit war das Kriegsbeil ausgegraben. Während England 10000 Mann Verstärkung über den Atlantik sandte, tagte seit dem 10. Mai zu Philadelphia wiederum ein Kontinentalkongreß; er beschloß ein Bundesheer aufzustellen. Zum Oberkommandierenden wurde am 15. Juni 1775 George Washington ernannt, und schon tags darauf, bevor noch Washington bei der Armee eingetroffen war, gelang den Kolonialmilizen ein weiterer Erfolg: Bei Bunker Hill vor Boston fügten sie den Engländern schweren Schaden zu. Das gab den Insurgenten Auftrieb. Am 17. März 1776 mußten die englischen Truppen auf Abzug aus Boston kapitulieren.

In George Washington (1732–1799) begegnet uns die zweite Leitfigur der amerikanischen Freiheitsbewegung. Anders als Benjamin Franklin entstammt er einer wohlhabenden Familie, sein Vater war Tabakpflanzer in Virginia. Washington erlernte die Feldmesserei, arbeitete dann auf seinem Gut Mount Vernon und wurde durch Erbschaft, Heirat und Bodenspekulation reich. Er ging zum Militär und zeichnete sich 1755 während des Siebenjährigen Krieges auf Seiten Englands aus. 1759 wählte man ihn in die Gesetzgebende Versammlung von Virginia, wo er zu den entschiedenen Verfechtern einer England gegenüber selbständigen Politik zählte. 1774 wurde er Deputierter auf dem Kontinentalkonvent in Philadelphia, dem auch Franklin angehörte, seit er im Mai 1775 aus Europa zurückgekehrt war. Schon im Juli legte er dem Kongreß den Entwurf für eine Konföderation vor, die er um so vorbehaltloser propagierte, als er die Stimmung in Europa auf seiner Seite wußte. Besonders hoch schlug die Begeisterung in Frankreich, einerseits aus einer vorrevolutionären Freiheitsbegeisterung heraus, andererseits aus dem Wunsch nach Revanche für den verlorenen Siebenjährigen Krieg. Frankreichs Haß auf England kam den Amerikanern zugute. Damit waren die Weichen für das Schicksalsjahr 1776 gestellt: Amerika war englisch geprägt, dort aber waren aus Engländern Amerikaner geworden.

## *Die Entscheidung im Felde*

Die ersten Siege der Kolonisten über die englische Invasionsarmee waren einerseits die Folge der einmütigen Absicht einer Lösung aus der Kolonialherrschaft, andererseits die Voraussetzung für das Gelingen eben dieser Absicht. Die *Declaration of Independence* erwies sich als Sternstunde durch den Erfolg dieser Tat, und der war keinesfalls von Anbeginn gewiß. Drei Probleme waren vorher zu lösen: zum ersten der militärische Triumph über die britischen Truppen, und das war die Aufgabe von Washington; zum zweiten die Anerkennung des neuen Staates als Staat in Europa, das war die Leistung Franklins; zum dritten der Ausgleich zwischen den Interessen der Einzelstaaten und denen der Union als ganzer, das war das Ziel von Jefferson.

Den wechselvollen Gang der Kriegszüge im einzelnen zu verfolgen, ist an dieser Stelle nicht sinnvoll. Das Grundsätzliche ist entscheidend: Auf amerikanischer Seite findet sich die höhere Kampfmoral und der reichere Nachschub, auf britischer Seite dagegen ist die bessere militärische Schulung und die modernere Bewaffnung hervorzuheben. Hier kämpfte eine ungeschulte aber hoch motivierte Bürgermiliz, dort ein wohlgerüstetes und gedrilltes Berufsheer.

Ein finsteres Kapitel in diesem Kriege war der Einsatz großer Kontingente von «fremden Mieth-Soldaten», wie es in der Unabhängigkeitserklärung heißt. Es handelt sich um Söldner, die Georg III aus Deutschland, namentlich aus Württemberg und Hessen bezog. Subsidienverträge, wie man den Soldatenhandel offiziell benannte, waren vom 17. bis ins frühe 19. Jahrhundert allgemein üblich. Die Seemacht England hatte Bedarf an Landtruppen zumal in dem auch daheim unpopulären Krieg gegen die eigenen Kolonisten, während die deutschen Fürsten das englische Geld lockte. Insbesondere die Landgrafen von Hessen-Kassel machten damit Geschäfte. Ihre Untertanen, die teils angeworben, teils ausgehoben, teils gepreßt wurden, fochten auf allen Kriegsschauplätzen, mitunter sogar für gegeneinanderstehende Mächte. Am 15. Januar 1776 schloß Hessen einen Vertrag mit England, in dessen Gefolge etwa 17000 Mann nach Amerika verfrachtet wurden. Bereits die Zeitgenossen haben diese Unsitte gebrandmarkt, so Schiller in seinem Drama «Kabale und Liebe» und Mirabeau in seiner Schrift «Avis aux Hessois». Makaber war, daß der Landgraf für jeden Gefallenen eine Entschädigung erhielt, so daß man ihm ein Interesse am Tode seiner Landeskinder unterstellen konnte.

Ein dramatisches Einzelschicksal ist das von Johann Gottfried Seume, dem 1783 die Flucht gelang; ein vorzügliches Jugendbuch zu dem Thema ist das zu Unrecht vergessene «Vergessene Helden» von Franz Treller, 1892. Er schildert mit erstaunlicher Detailkenntnis das Schicksal eines «Mieth-Soldaten» aus Kassel, der sich in den Staaten für die Sache der Siedler entschied. Die Sympathien standen in Deutschland auf amerikanischer Seite, in hohen Stellungen kämpften unter Washington Friedrich Wilhelm Baron von Steuben, Generalmajor und Generalinspektor des amerikanischen Heeres sowie die Generäle Johann Baron von Kalb und Peter Mühlenberg. Mühlenberg war ein streitbarer lutherischer Pfarrer.

Am Ende seiner Abschiedspredigt im Shenandoah-Valley ertönte ein Trommelwirbel. Er warf sein Priestergewand ab und stand vor seiner Gemeinde in Offiziersuniform. Spontan meldeten sich 300 Freiwillige, die er dem Unionsheer zuführte.

Die wirksamste Unterstützung fand der Unabhängigkeitskrieg in Frankreich, wo seit Ende 1776 Franklin wieder die amerikanischen Interessen vertrat. Franklin wurde dort von der fortschrittlichen Intelligenz geradezu vergöttert. Nachdem Washington mehrere empfindliche Rückschläge – Verlust von Rhode Island, New York, Philadelphia und Charleston – durch seinen Sieg bei Saratoga am 17. Oktober 1777 ausgeglichen hatte, war Paris zu einem förmlichen Bündnis bereit; am 8. Februar 1778 wurden die Vereinigten Staaten anerkannt und erhielten militärische Unterstützung, obschon damit zugleich der Kriegszustand mit England erneuert wurde.

Den entschiedensten Enthusiasmus entfaltete der junge Marquis de Lafayette. Auf eigene Rechnung rüstete er eine Fregatte aus und erschien mit einer handverlesenen Mannschaft im Frühjahr vor Washington. Dieser empfahl dem Kongreß, Lafayette zum Generalmajor zu ernennen. Mit wechselndem Glück, aber unermüdlicher Energie wirkte er für die Freiheit der Amerikaner, bis er dann 1789 seine Rolle in der Französischen Revolution übernahm, wo er am 11. Juli nach amerikanischem Muster einen Entwurf der Menschenrechte vorlegte. Sein höchst bewegtes Leben – Flucht vor den Republikanern, Rückkehr nach Amerika, Kerkerhaft in Olmütz, Agitation gegen Napoleon, abermals in Amerika, Kommandant der Pariser Nationalgarde, Gründer des Vereins für Menschenrechte – endete 1834 in Paris.

Das Ende des Krieges kam in Sicht, als es Washington mit seinem amerikanisch-französischen Heer gelang, die Engländer zu Land und zur See in Yorktown nördlich von Newport News an der Chesapeake-Bay einzuschließen. Damals kämpften Deutsche unter amerikanischer, französischer und unter englischer Flagge. Am 19. Oktober 1781 mußte der englische General Cornwallis aufgeben. Die Offiziere wurden, wie üblich, auf Ehrenwort entlassen, 7000 Mann gefangengenommen. Yorktown ist heute ein Freilicht-Museum, ebenso wie das benachbarte Williamsburg, höchst pittoresk, die Bewohner posieren in historischen Kostümen.

Nach der Schreckensbotschaft aus Yorktown zweifelte London am Sieg über die Kolonien. Die Geschäftsleute drängten auf Frieden, den Georg III am 30. November 1782 gewähren mußte. Der Abschluß verzögerte sich jedoch bis zum 3. September 1789. Unter den drei amerikanischen Unterhändlern in Versailles fand sich wiederum Benjamin Franklin. Die Union wurde als Staat anerkannt, ihre Ausdehnung nach Norden durch Britisch Kanada begrenzt, nach Westen hingegen offen gelassen. Nach der endgültigen Lösung von England verließen etwa hunderttausend königstreue Loyalisten Amerika, sie wurden enteignet, später jedoch entschädigt.

### *Staatenbund oder Bundesstaat?*

Während der Kriegszeit stand auch das innere Ringen um die Verfassung der Union nicht still. Der Streit ging um die Verteilung der Rechte zwischen den Einzelstaaten und dem Gesamtstaat. Die auch «Republikaner» genannten Demokraten, an ihrer Spitze Thomas Jefferson, plädierten für eine weitgehende Autonomie der Einzelstaaten, die eigentlich Zentralisten zu nennenden Föderalisten unter Georg Washington, Alexander Hamilton und James Madison für eine starke Zentralgewalt. In Parenthese sei vermerkt, daß die Partei der Föderalisten sich zu Beginn des 19. Jahrhunderts auflöste, während die Partei Jeffersons sich spaltete in die heutigen Demokraten und Republikaner. Doch zurück nach Philadelphia!

Die im Anschluß an die Unabhängigkeitserklärung geführten Debatten erzielten erst am 15. November 1777 ein Ergebnis: die Konföderationsartikel der *Delegates of the United States of America in Congress assembled.* Danach war der für alle Zeiten geschlossene Bund zuständig für Krieg und Frieden, Bündnis- und Handelsverträge, Maße und Gewichte, Münz- und Papiergeld und das Postwesen. Steuern blieben den Einzelstaaten vorbehalten, diese verpflichteten sich zu Abgaben entsprechend dem Wert des vermessenen Landes. Für Streitfälle zwischen Union und Einzelstaaten wurden Ad-Hoc-Kommissionen vorgesehen. Den Kanadiern wurde der Beitritt zu gleichen Rechten angeboten, doch entwickelten sich dort seit der Quebec-Akte von 1774 andere Interessen. Das Manko der Konföderationsartikel war die Schwäche der Zentrale und die ungeregelte Vertretung der Einzelstaaten. Die großen Staaten Virginia, Massachusetts und Pennsylvania wollten sich von den kleinen nicht majorisieren lassen, diese aber bestanden auf Gleichberechtigung.

Ebenso umstritten war, wem das Indianerland im Westen der Kolonien zufallen solle. Schließlich einigte man sich darauf, daß der Kongreß dort neue Staaten einrichten dürfe. Die schachbrettartige Landkarte der Vereinigten Staaten verrät die Künstlichkeit der jüngeren Grenzen. Am 1. März 1781 feierte man diesen Erfolg in Philadelphia mit dreizehn Salutschüssen und großem Feuerwerk.

In die fünf Jahre nach dem Frieden von 1783 fällt die Entwicklung der Union vom Staatenbund zum Bundesstaat. George Washington betonte, daß nur durch eine starke Spitze die Union den europäischen Mächten ökonomisch und militärisch standhalten könne. Am 11. September 1786 trat ein Konvent in Annapolis zusammen, der dem Kongreß die Bestellung eines verfassunggebenden Ausschusses vorschlug. Dieser trat am 25. Mai 1787 in Philadelphia zusammen und erarbeitete eine Konstitution, die am 17. September vom Kongreß gutgeheißen wurde und am 13. September 1788 von der Mehrzahl der Staaten anerkannt war.

Die *Constitution of the United States* vom 17. Sept. 1787 ist die erste demokratische Staatsverfassung der Neuzeit und als solche richtunggebend geworden für alle späteren. Wenn das Wort «Demokratie» oder «demokratisch» in dem Text nirgendwo vorkommt, so hängt das vermutlich damit zusammen, daß der Begriff Demokratie oft gleichgesetzt wurde mit einer Herrschaft des Mobs. So haben schon Cicero und die römischen Republikaner die attische Demokratie gesehen. Die amerikanische Verfassung bezeichnet die Staatsform der Einzelstaaten daher als «republikanisch» und verstand sich auch selber so. Die römische Republik wurde als Mischverfassung aus demokratischen, aristokratischen und monarchischen Elementen betrachtet, indem das Volk, der demokratische Faktor, als Wahlkörperschaft fungierte, die gewählten Beamten als Exekutive die monarchische Gewalt darstellten und der aus gewesenen Magistraten zusammengesetzte Senat das aristokratische Prinzip darstellte; er hatte im wesentlichen Kontrollrechte.

Diesem Modell kommt die amerikanische Verfassung sehr nahe. So wie in Athen und Rom erscheint als Souverän das Volk: *We the people of the United States.* Das Volk besteht aus den Bürgern; nicht aus allen Einwohnern, sondern aus den Inhabern des Bürgerrechtes in einem der dreizehn Staaten. Ausgeschlossen blieben jene Gruppen, die weder Steuern zahlten noch Wehrdienst leisteten: die Frauen, die Sklaven und die als fremde Nation eingestuften Indianer. Nur letztere werden eigens erwähnt. Die befreiten Sklaven erhielten Bürgerrecht 1870, das Wahlrecht für Frauen wurde 1920 eingeführt, für Indianer bundesweit 1924.

Die Staatsordnung beruht auf dem Prinzip der Gewaltenteilung, ähnlich wie wir es aus Sparta und Rom kennen und wie es von Montesquieu für die Moderne gefordert wurde. Die Legislative liegt beim Kongreß, die Exekutive beim Präsidenten und die Judikative beim *Supreme Court,* dessen Richter vom Präsidenten ernannt werden und amtieren, solange sie sich nichts zuschulden kommen lassen, *during good behaviour.* Wird der Präsident angeklagt, so präsidiert der *Chief Justice,* der oberste Richter am *Supreme Court.*

Der Kongreß gliedert sich in zwei Kammern, den Senat und das Repräsentantenhaus. Beide sind an der Gesetzgebung beteiligt, aber unterschiedlich zusammengesetzt. Der Senat besteht aus je zwei Senatoren jedes Einzelstaates und verkörpert damit die Länderkammer, das föderative Prinzip. Das Repräsentantenhaus vertritt das Gesamtvolk der Union und wird von den Einzelstaaten nach Bevölkerungszahl gestaffelt beschickt. Streit gab es zwischen den Nord- und den Südstaaten um die Berücksichtigung der Sklaven, er endete in dem Kompromiß, daß drei Fünftel der Sklaven zur Zahl der Freien hinzugerechnet werden sollten, wenn die Zahl der Repräsentanten festgestellt wurde.

Der Kongreß solle sich wenigstens einmal im Jahr, am ersten Montag im Dezember, versammeln, über den Ort verlautet nichts. Zuständig ist der Kongreß für Krieg und Frieden, Heer und Marine, für die Außenpolitik einschließlich der Verhandlung mit den Indianern. Hinzu treten Münzen, Maße und Gewichte, Postwesen und Straßenbau, Förderung der Wissenschaft, Organisation des Rechtswesens. Die Verfassung garantiert die Rechte der Habeas-Corpus-Akte, die aus der Magna Charta stammen: keine Verhaftung ohne Gericht, und bestimmt: kein Bürger wird geächtet, kein rückwirkendes ex post facto-Gesetz erlassen. Zölle sind Bundesangelegenheit, Freihandel ist zu fördern.

Der Präsident amtiert vier Jahre, wird von Wahlmännern aus den Einzelstaaten gekürt, jeweils entsprechend der Zahl der Senatoren und Repräsentanten, jeder Staat hat eine Stimme. Präsident wird, wer die meisten Staaten hinter sich hat, Vizepräsident hingegen, wer die meisten Wahlmänner auf sich vereint. Der Vizepräsident ist Vorsitzender des Senates, der Präsident der des Repräsentantenhauses. Er ist Oberstkommandierender der Streitkräfte und schließt Verträge gemäß Zweidrittelmehrheit des Senats. Über die Aufnahme neuer Staaten entscheidet der Kongreß, er garantiert allen Einzelstaaten eine republikanische Ordnung gegen äußere wie innere Bedrohung. Kongreßmitglieder dürfen keine Staatsämter ausüben, Staatsbeamte nicht nach ihrer Religion befragt werden.

Die ersten beiden Zusatzartikel von 1791 sichern Grundrechte: Religionsfreiheit, Redefreiheit, Pressefreiheit, Versammlungsfreiheit und Beschwerderecht. Damit die Bürgermiliz intakt bleibe, dürfe jedermann Waffen besitzen und tragen. Alle Funktionen, die nicht ausdrücklich der Union zugewiesen sind, bleiben bei den Einzelstaaten. Um künftigen Streit zu mindern, wurde die Möglichkeit einer Verfassungsänderung eingebaut, die Gründungssituation gewissermaßen fortgeschrieben.

Als erster Präsident amtierte seit dem 4. Februar 1789 George Washington, 1793 wurde die nach ihm benannte Hauptstadt gegründet. Ihm folgten John Adams (1797–1801), Thomas Jefferson (1801–1809) und James Madison (1809–1817). Damit endet die Periode der amerikanischen Revolutionäre.

## *Zwei Revolutionen*

Im Jahr 1789, als die Amerikanische Revolution abgeschlossen war, begann die Revolution in Paris. Beide Vorgänge werden gern miteinander verglichen, und man fragt wohl, welche die wichtigere, bisweilen auch: welche die sympathischere war. Sechzehntausend Köpfe unter der Guillotine und ein Bonaparte am Ende disqualifizieren die Frage nach der Sympathie. Die Frage der Bedeutsamkeit erscheint dann in der Form kontrafaktischer Überlegungen: ob der amerikanische Unabhängigkeitskrieg auch ohne französische Hilfe gelungen, ob die Französische Revolution auch ohne die Vorgänge in Amerika ausgebrochen wäre. Beide Fragen sind vermutlich zu bejahen. Washington hätte es ohne Lafayette schwerer gehabt, aber die staatliche Verselbständigung der amerikanischen Kolonien wäre durch König und Parlament nicht aufzuhalten gewesen. Denkbar wäre, zumal 1754 nach dem Unionsplan von Albany, eine kanadische Lösung: Hätte London eingelenkt, so war die britische Krone als symbolische Klammer der beiden Staaten durchaus auf Dauer denkbar. Freilich hätte dies mehr erfordert als politische Vernunft bei Georg III, denn die militante Rivalität der beiden Anrainer des Atlantik währte ja bis ins 19. Jahrhundert. Im Krieg von 1812 landeten die Briten in Amerika und brannten 1814 Washington nieder.

Wenn wir uns ebenfalls eine Französische Revolution ohne amerikanischen Einfluß vorstellen können, so sollten wir diesen doch nicht unterschätzen. Die Anteilnahme an der Rebellion der Kolonisten, die Bewunderung für ihren Freiheitskampf schlug in Frankreich hohe Wellen. Franklin, Jefferson und Thomas Paine verbrachten viele Jahre in Paris und wirkten dort für Aufklärung und Revolution. Der von den Amerikanern getragene «Quäkerhut» wurde Modeartikel und Freiheitssymbol. Hunderte von französischen Soldaten, Dutzende von Intellektuellen um Lafayette gingen als Veteranen der amerikanischen Revolution in Paris auf die Straße. Und die ideologische Basis der Revolution, die Idee der

Menschenrechte, ist den Franzosen von den Amerikanern ausformuliert ins Haus geliefert worden.

Beide Revolutionen hängen eng zusammen und haben in der Vorgeschichte der Menschenrechte eine gemeinsame Wurzel. Das ist die in der Aufklärung wieder einmal entdeckte Antike. Es ist erstaunlich, in welchem Umfang Amerikaner und Franzosen auf antike Autoren zurückgegriffen, antike Namen und Einrichtungen wiederbelebt haben. Benjamin Franklin nennt in seinem Testament als kostbarstes Requisit an letzter Stelle seinen «guten Spazierstock von wildem Apfelholz mit dem goldnen, artig gearbeiteten Knopf in der Gestalt eines Freiheitshutes». Diesen Stock vermachte Franklin seinem Freunde George Washington. Der Freiheitshut, die Kopfbedeckung der Marianne, 1792 den in Marseille befreiten Galeerensträflingen aufgesetzt, ist die phrygische Mütze, die in Rom bei der Freilassung von Sklaven verwendet wurde und die Brutus, der Tyrannenmörder, als politisches Emblem auf seine Münzen setzte. Sie ziert auch den Silberdollar; seine Umschrift ist lateinisch: *e pluribus unum* – aus vielen wurde eines. Wenn den heutigen Besuchern des Capitol in Washington erklärt wird, die Figur auf der Kuppel sei ein Indianer, so ist das vielleicht politisch korrekt, sicher aber historisch unrichtig, denn die Gestalt ist eine antikisierende Libertas.

Antike Reminiszenzen begegnen in Frankreich wie in Amerika allenthalben. Die Worte Demokratie und Republik, Senat und Capitol, und dann: Säulen über Säulen. Franklin bewunderte das Imperium Romanum als toleranten Vielvölkerstaat und unterschrieb seine anonymen Schriften *Historicus* oder *Agricola*. Jefferson kopierte in seiner Villa Rustica auf Monticello das Leben des Cato Censorius. Washington trug den Cincinnatus-Orden, benannt nach dem altrömischen *dictator*, der den Pflug verließ, um das Vaterland zu retten: *Omnia relinquit servare rem publicam* lautet die Umschrift. James Madison und Alexander Hamilton schrieben in den «Federalist Papers»: «Der Amphiktionen-Rat lieferte eine lehrreiche Entsprechung zur gegenwärtigen Konföderation Amerikas. Der Achäische Bund bietet uns wertvolle Lehren.» Zu diesen zählte die wandernde Hauptstadt in den ersten Jahren der Union, die Livius (XXXVIII 30, 1) für die Achäer bezeugt. Bei Polybios (VI 10) findet sich zudem das Konzept eines Gleichgewichtes der Kräfte, *checks and balances*, bei Strabon (XIV 3, 3) das Beispiel eines Bundesstaates mit gestaffelter Anzahl von Repräsentanten, so in der Beschreibung des lykischen Bundes. Als es um das Wappentier der *United States* ging, schlug Franklin den *turkey*, den in den ostamerikanischen Wäldern heimischen Truthahn vor. Das fand keine Gegenliebe. Es mußte der Adler Juppiters sein – wenn auch der nationale *Bald Eagle,* der mit dem weißen Kopf.

*

Die Antike war die Geburtshelferin der Moderne. Wie in Kunst, Literatur, Wissenschaft so auch in der Politik. Die griechischen und römischen Autoren waren den Gebildeten der Aufklärung vertraut und haben schon die Lehrmeister der Gründerväter inspiriert: einen Locke, einen Montesquieu, einen Rousseau. Aus diesen Quellen schöpfte ebenso Immanuel Kant, dessen Plädoyer für eine republikanische Verfassung an den Vorgang in Amerika denken läßt, wenn er 1784 gegen den Anspruch des absolutistischen Gottesgnadentums und die christlich verbrämte Tradition aufruft zum «Ausgang des Menschen aus seiner selbstverschuldeten Unmündigkeit», wenn er auffordert, selbst zu denken, selbst zu entscheiden, von der «Vernunft in allen Stücken öffentlich Gebrauch zu machen». Der Geist der Freiheit breite sich aus, wofern die Menschen nur den Mut zur Freiheit aufbringen. Franklin, Jefferson und Washington haben mit ihren Leuten vor den Augen der Welt diesen Mut aufgebracht, und darum war die Entfaltung des Sternenbanners am 4. Juli 1776 eine Sternstunde.

Literatur

W. P. Adams, Republikanische Verfassung und bürgerliche Freiheit. Die Verfassungen und politischen Ideen der amerikanischen Revolution, 1973
Ders., Die USA vor 1900, 2000
Angela und Willi Paul Adams, Die Entstehung der Vereinigten Staaten und ihrer Verfassung. Dokumente (1754–1791), 1995
C. Becker, The Declaration of Independence, 1922
A. B. Faust, The German Element in the United States, I/II, 1909
B. Franklin, Kleine Schriften meist in der Manier des Zuschauers, nebst seinem Leben I/II, 1794
C. J. Friedrich/Robert G. McCloskey (edd.): From the Declaration of Independence to the Constitution. The Roots of American Constitutionalism, 1954 (Sammlung der wichtigsten Quellentexte)
R. M. Gummere (gesprochen: Gammerie), The American Colonial Mind and the Classical Tradition, 1963
Th. Jefferson, Writings, 1984
W. S. Randall, George Washington, 1997
H.-Chr. Schröder, Die amerikanische Revolution. Eine Einführung, 1982
M. I. Urofsky (ed.), Documents of American Constitutional and Legal History I. From Settlement through Reconstruction, 1989

*Wenn nicht geschieht, was wir wollen,*
*so geschieht, was besser ist.*
Franz von Sales

## 11.
## Die Öffnung Japans im Vertrag von Kanagawa

*31. März 1854*

In der Deutung der Weltgeschichte konkurrieren zwei Grundmodelle miteinander, die sich mit zwei Namen verbinden: mit dem Namen von Georg Friedrich Wilhelm Hegel (1770–1831) und dem von Oswald Spengler (1880–1936). Keiner von beiden hat das von ihm vertretene Schema erfunden, doch darf man sie als die in Deutschland bekanntesten Verfechter des jeweiligen Denkmusters bezeichnen. Der Name Hegel steht für eine universalhistorische Konzeption, die geprägt ist durch die Begriffe Einheit und Fortschritt. Die Weltgeschichte erscheint als ein in sich geschlossener Entwicklungsprozeß, in dem sich, gefördert durch die zunehmende Zivilisation, die politische Freiheit entfaltet. Der Name Spengler hingegen ist verknüpft mit einer Geschichtsphilosophie, die das Nebeneinander wesentlich selbständiger Kulturen betont und deren Aufstieg, Blüte und Niedergang beschreibt.

Beide Theorien gehen aus von der europäischen Geschichte, die man in zwei Phasen gliedern kann: einerseits in die Antike, die zur Zeit des Augustus einen durchaus modernen Eindruck erweckt, und andererseits in die von den Barbaren der Völkerwanderungszeit errichtete mittelalterliche Welt, deren Modernität noch immer im Wachsen begriffen ist und den «Untergang des Abendlandes» einstweilen auf sich warten läßt. Weder Hegel noch Spengler ist es gelungen, die außereuropäischen Kulturen gleichberechtigt in ihr Schema einzupassen, denn sie fügen sich in keines ganz, halb jedoch in das eine wie in das andere. Die außereuropäischen, zumal die asiatischen Kulturen haben ihre Eigenart entfaltet und höchste künstlerische wie geistige Leistungen vorgelegt, sind aber zuletzt in den Sog der europäisch-amerikanischen Zivilisation geraten, deren Errungenschaften von ihren Nutznießern als Fortschritt empfunden werden.

*Japan zur Zeit von Perry*

Dieser Vorgang der Akkulturation, der Kulturangleichung bestätigt eine alte Erfahrung. Die Ethnologen sprechen vom «kulturellen Gefälle», das heißt von der unterschiedlichen Dynamik der Kulturen, wodurch die weiterentwickelten Völker ihren Nachbarn als Lehrmeister entgegentreten. Die bekanntesten Fälle sind Entstehung und Ausbreitung von Städtewesen und Schrift in der frühen Hochkultur Mesopotamiens, sodann die Hellenisierung der antiken Ökumene, wo griechische Sprache und Schrift, griechische Münzen und Tempel von benachbarten Völkern übernommen oder nachgeahmt wurden. Entsprechend gibt es eine Turkisierung im Osmanenreich, eine Russifizierung unter und seit den Zaren und, ausgehend von China, eine Sinisierung in Ostasien, aus der unter anderem die japanische Kultur erwachsen ist. China bedeutet für Japan etwa so viel wie die Antike für Europa.

Seit dem 16. Jahrhundert ist dann jene Europäisierung der Welt im Gang, die bis heute im Vormarsch ist und wesentlich von ihrerseits europäisierten Ländern, vorab Nordamerika, ausgeht. In diesem universalhistorischen Prozeß hat Japan insofern eine Sonderstellung, als es sich am längsten und stärksten gegen die Europäisierung gewehrt hat, nun aber, seitdem es diese Abwehr aufgegeben hat, erfolgreicher als jedes andere Land an der Modernisierung weltweit beteiligt ist. Der Umschlag von der traditionellen zur modernen Periode, der Sprung aus dem Mittelalter in die Neuzeit ist das Thema der folgenden Zeilen, zentriert um die Expedition des amerikanischen Admirals Perry 1852 bis 1854.

## *Die ersten Europäer in Fernost*

Im Jahre 1542, fünfzig Jahre nach der Ankunft von Columbus in Amerika, entdeckte der Portugiese Mendez Pinto Japan. Schon Kolumbus hatte ja gewähnt, als er Weihnachten 1492 auf Cuba landete, Cipangu erreicht zu haben, das «Land der aufgehenden Sonne», wie die Chinesen es nannten. Er hatte darüber bei Marco Polo gelesen, der 1298 die erste Kunde von Japan nach Europa brachte. Der Venezianer beschreibt den Goldreichtum der Insel, den zweimaligen vergeblichen Eroberungsversuch durch die Mongolen 1274 und 1281 und die fehlende Handelsverbindung zwischen Japan und dem Festland. Der Irrtum des Columbus klärte sich auf, als die Landenge von Panama durchquert war und dem staunenden Betrachter der unendliche Spiegel des «Südmeeres», des Stillen Ozeans vor Augen lag. Dies geschah am 29. September 1513, als Vasco Nuñez de Balboa (1475–1517), das von Columbus nicht entdeckte Goldland, das salomonische Ophir suchte. Stefan Zweig hat dies als Sternstunde beschrieben, ohne zu verschweigen, daß jener Konquistador unterwegs seinen Bluthunden gefesselte Indios zum Fraß vorwarf.

Der Entdecker Japans, Mendez Pinto, der seine Reiseabenteuer in der Autobiographie «Peregrinacam» beschrieben hat, war über den Indischen Ozean nach Ostasien gelangt. In seinem Gefolge erschienen 1549 portugiesische Jesuiten im südlichen Japan und missionierten mit beträchtlichem Erfolg. Dies wurde möglich durch die Offenheit der asiatischen Religionen, die ähnlich den antiken Kulten keinen Anspruch auf Alleingeltung erhoben, so wie Judentum, Christentum und Islam dies tun. So hatten sich neben der altjapanischen Naturverehrung des Shintoismus die buddhistische Erlösungslehre und der konfuzianische Pflichtenkanon ausgebreitet. Demgemäß erhob sich auch gegen die ersten Missionare kein Widerstand, zumal man mit den Ankömmlingen Handel trieb und von ihnen lernte. Unmittelbar nach der Ankunft der Europäer errichteten die Japaner eine Fabrik für Arkebusen (eine bestimmte Art von Flinten). Auch die Mission hatte Erfolg, selbst hohe Adlige traten zum Christentum über. Sie schickten eine Gesandtschaft an den Papst, die 1585 Rom erreichte. Als sie 1590 wieder in Nagasaki im Südwesten Japans landete, hatte der zum ersten Male auflodernde Fremdenhaß, geweckt durch törichte Drohungen eines spanischen Kapitäns, eine Christenverfolgung ausgelöst, in deren Verlauf drei portugiesische, sechs spanische und siebzehn japanische Christen gekreuzigt wurden.

Dieses Drama beruht nicht allein auf dem Versuch der Japaner, ihre asiatische, durch die chinesische Kultur und die buddhistische Religion geprägte Identität zu wahren und gegen den europäischen Einfluß abzuschirmen, sondern ebenso auf dem beschämenden Gegensatz der christlichen Europäer untereinander. In Japan herrschte Zwist zwischen portugiesischen Jesuiten und spanischen Franziskanern und Feindschaft zwischen Katholiken und Protestanten, der die Meere weltweit verunsicherte. Der von Papst Alexander VI im Jahre 1494 abgesegnete Vertrag von Tordesillas hatte die atlantisch-pazifische Hemisphäre aufgeteilt in einen spanischen und einen portugiesischen Zuständigkeitsbereich. Dabei waren die protestantischen Seemächte England und Holland übergangen worden. Die Folge war ein dauerhafter Kaperkrieg zwischen den protestantischen und den katholischen Freibeutern auf allen Meeren. In Japan agierten seit dem späten 16. Jahrhundert Engländer und Holländer gegen Portugiesen und Spanier, und letztere zogen den Kürzeren.

Das Jahr 1600 bedeutet indes auch für die eigene japanische Geschichte eine Wende. Am 21. Oktober besiegte der mächtigste Mann im Lande, der Reichsfeldherr Tokugawa Jeyasu (1542–1616), seinen letzten bedrohlichen Rivalen und einigte das Reich. Der Kaiser, *Tenno* – «Sohn der Sonne» oder *Mikado* – «erhabene Pforte» tituliert, hatte schon seit 400 Jahren seine Macht verloren an den Generalissimus, *Shogun* genannt: Er ist der Mann, der «die Barbaren züchtigt». Der Kaiser führte fortan ein Schattendasein als eine Art ‹shintoistischer Papst›. Er hatte nur noch kultische und zeremonielle Aufgaben und verblieb in Kyoto, während die Regierung nach Edo oder Jeddo, dem heutigen Tokyo verlegt wurde. Wenn in der Literatur vom Kaiser die Rede ist, dann kann, je nach Zusammenhang, sowohl der Tenno, der Zeremonialkaiser in Kyoto, als auch der faktisch regierende Shogun in Tokyo gemeint sein.

Japan unterstand seit 1600 dem Shogunat der Tokugawa, der seitdem mächtigsten Familie. Sie beherrschte mit ihren Verwandten das Land. Die Konstellation erinnert an die allmächtigen Heermeister der Spätantike, an die Hausmeier im fränkischen Merowingerreich und an Mussolini und Franco mit ihren Schattenkönigen. Japan wurde ein zentralistischer Feudalstaat unter einer streng hierarchischen Verwaltung, die sich auf den Schwertadel, die Daimyo und die Samurai stützte – vergleichbar mit Fürsten und Rittern. Diesen waren Handel und Gewerbe verboten, doch verloren sie ihre kriegerische Übung in einer 250jährigen Friedenszeit. Das Land wurde einer rigorosen Kontrolle unterworfen; die arbeitende Bevölkerung lebte in einer unauflösbaren sozialen und politischen Abhängigkeit. Die scharf geschiedenen Stände der Krieger, Bauern, Handwerker, Kaufleute und Unreinen (*Eta*) waren gemäß den fünf Universalpflichten der zwischenmenschlichen Beziehungen geregelt, die Konfuzius aufgestellt hatte: die zwischen Herrschern und Untertanen, zwischen Eltern und Kindern, zwischen Mann und Frau, unter Geschwistern und unter Freunden. Jeder Japaner war Herr und Sklave zugleich – außer dem Kaiser ganz oben und den Kindern ganz unten. Höchste Tugend war Disziplin. Nach den Berichten von Reisenden war die Sozialordnung stabil und die Leute schienen zufrieden.

Die mit den Portugiesen so verheißungsvoll begonnenen Kontakte zwischen Japan und Europa hatten in der Folgezeit eine höchst wechselvolle, an dramatischen Episoden reiche Geschichte. Auf Seiten der Europäer bestand ein gleichbleibendes, ja wachsendes Interesse an einer Handelsverbindung, auf Seiten Japans hingegen wechselten ängstliche Neugier mit Perioden hermetischer Abgrenzung und Einigelung, wie sie in der Weltgeschichte kaum irgendwann und irgendwo wiederzufinden sind. Seit dem Testament von Jeyasu waren Fremde unerwünscht und vogelfrei (Gongen Sama). Die Tokugawa-Shogune und die herrschende Klasse waren an Technik, Astronomie und Medizin aus Europa interessiert, nicht aber an europäischem Gedankengut, ja sie fürchteten dieses mehr als sie jene schätzte. Der Grund hierfür war die durchaus begreifliche Besorgnis, daß durch den Einfluß westlicher Zivilisation die kulturelle Eigenart, das soziale Gefüge und nicht zuletzt die politische Herrschaft der Feudalaristokratie bedroht würde. Vergegenwärtigen wir uns den rasanten Aufstieg Japans seit dem späten 19. Jahrhundert zu einer wirtschaftlichen und militärischen Weltmacht, so begreifen wir einerseits die Bedenken des Shogun, andererseits die verborgene Dynamik des intellektuellen und industriellen Potentials der Insel, das auf Entwicklung drängte.

## *Holländer auf Deshima*

Nach den Portugiesen gelang es den Holländern, einen Fuß in die Türe zu setzen. Im Sommer 1598 verließen fünf Schiffe der soeben gegründeten Ostindischen Maatschappy Texel in Richtung Westen. Auf dem Admiralsschiff befand sich ein englischer Lotse namens William Adams. Er erzählt, wie auf den Schiffen Krankheiten ausbrachen, an denen mehrere Seeleute einschließlich des Admirals starben. In der Magellanstraße zwischen Chile und Feuerland mußten die Holländer überwintern und verloren weitere Leute durch Hunger. Im Pazifik dezimierten Stürme und Piraten die Flotte, nur das Schiff von Adams kam durch und landete am 11. April 1600 an der japanischen Küste bei Hiroshima. Ein Fürst nahm die Fremden auf – es waren ihrer noch fünf dienstfähig. Portugiesische Jesuiten jedoch denunzierten die Holländer als Seeräuber, diese wurden ins Gefängnis geworfen und erwarteten ihr Todesurteil. Die Sache kam schließlich vor den Shogun, Adams erhielt eine Audienz und wurde wider Erwarten gnädig aufgenommen. Die Ladung wurde gelöscht, das Schiff aber konfisziert. Die Holländer erhielten eine Staatspension und Ausreiseverbot. Keiner hat das Land wieder verlassen können. Adams blieb am Hof, baute Schiffe für den Shogun und stieg in seiner Achtung.

Die Spanier und Portugiesen verloren die Gunst des Hofes im Zuge der erwähnten Christenverfolgung. Adams aber, der seine Stellung bei Hofe mit der eines englischen Lords vergleicht, gelang es 1609, nach dem Eintreffen zweier holländischer Schiffe vom Shogun die Erlaubnis zu erwirken, daß in jedem Jahre ein oder zwei

Handelsschiffe landen dürften. Vergebens versuchte Adams, in die Heimat zurückzukehren, wo er eine Frau und zwei Kinder zurückgelassen hatte, nur sein Bericht vom 22. Oktober 1611 gelangte dorthin und wurde 1625 von Samuel Purchas publiziert, einem für seine Sammlung von Reiseberichten berühmten Pfarrer, Rektor von St. Martin's, Lutgate, London.

Im Bemühen um die Gunst der Japaner gerieten die Katholiken ins Hintertreffen. 1614 wurde das Christentum verboten. Die Spanier durften seit 1624 keinen Handel mehr treiben, die Portugiesen erhielten nach einem großen Aufstand der japanischen und europäischen Katholiken Südjapans gegen den Shogun 1639 Landesverbot. Diese Rebellion war deswegen so bedrohlich, weil der Süden inzwischen Feuerwaffen besaß. Der Sieg über die Erhebung ist holländischen Kanonen zu danken, mit denen die Mynhers den Shogun freundlich stimmten. Trotzdem wurde den Holländern der Aufenthalt auf dem Festland verboten, sie mußten 1641 ihre Faktorei auf die kleine künstliche Insel Deshima vor Nagasaki beschränken, wo sie schikanöser Kontrolle und entwürdigenden Lebensbedingungen unterworfen waren.

Das Inselchen maß 82 mal 236 Schritte, war durch eine gesperrte Brücke mit dem Festland verbunden und von einem doppelten Palisadenzaun umgeben. Die auf Deshima zugelassenen sieben Holländer lebten in Holzhäusern, die von Engelbrecht Kämpfer, der als Arzt von 1690 bis 1692 dort weilte, als Ziegenställe beschrieben werden. Es gab ein Gärtchen mit Bäumen und die Badestube für alle. Zu ihrer Bedienung hielten die Holländer sich schwarze Sklaven – eine in Japan verpönte Sitte –, wurden aber kontrolliert durch japanisches Wachpersonal und eingeschüchtert durch den Anblick eines Blutplatzes, wo Schmuggler geköpft wurden. Dic Holländer lebten mit ihren Dolmetschern in einer Art Dauerquarantäne, konnten die Insel nicht verlassen und wurden, wenn es doch einmal sein mußte, einer Leibesvisitation unterzogen. Sie erfuhren nichts von außerhalb und durften ihren christlichen Glauben nicht zu erkennen geben: Gottesdienst, Gebet, Gesang, Sonntagsruhe und der Besitz von Kreuzen und Bibeln war untersagt. Sie lasen und spielten Karten. Frauen waren nicht zugelassen, doch konnte man sich Freudenmädchen bestellen, Bordelle waren in Japan respektabel.

Alljährlich mußten die Holländer einmal nach Tokyo vor den Shogun kommen, bei der Audienz auf allen Vieren auf ihn zu kriechen, Stirn auf den Boden, einen Dank für seine Gnade stammeln und rückwärts wieder zurückrobben. Sodann hatten sie zur Belustigung des Hofes, der nicht selbst tanzte, sondern «tanzen ließ», zu hüpfen, zu singen, alle möglichen «Affenpossen» aufzuführen, wie Kämpfer erzählt. Einmal im Jahr kam ein Schiff aus Batavia aus Holländisch Java mit Neuigkeiten und Handelsgut. Wichtigster Exportartikel war Kupfer, der Gewinn für die Holländer war enorm. Etwa 250 Jahre lang lief der Verkehr Japans mit der Außenwelt in dieser Form ab.

Die Abschottung des Landes (sakoku) begann nach dem Aufstand der Katholiken und machte Japan zu einem totalitären Staat, der alle Lebensbereiche kontrollierte und dirigierte und jede Kritik, jeden fremden Einfluß kriminalisierte. Japan baute keine hochseetüchtigen Schiffe, nur chinesische und holländische Segler durften, streng überwacht, landen, und das allein in Nagasaki. 1636 wurde japanischen Untertanen das Reisen ins Ausland untersagt; gelangten sie außer Landes, so durften sie nie wieder in die Heimat zurückkehren, gemäß einem Edikt von 1637 stand darauf die Todesstrafe. Dasselbe drohte jemandem, der einen Brief aus dem Ausland brachte. Wurden japanische Schiffbrüchige von fremden Schiffen aufgenommen, so erwartete auch sie nach der Heimkehr ein Todesurteil. Eingeschlossen in die Todesdrohung waren jeweils die Verwandten des Delinquenten und seine Fürsprecher. Kein Japaner durfte einem «südlichen Barbaren» die Landessprache oder die Schrift beibringen. Fremde, die japanischen Boden betraten, hatten nach dem Gesetz lebenslängliche Haft zu befürchten. All dies war mehr als Theorie.

Das Christentum und die Bücher christlicher Autoren blieben verboten. Um sich dessen zu versichern, führte die Regierung die Zeremonie des Bildertretens ein. Sie erinnert an die decianische Christenverfolgung, bei der alle Angehörigen des römischen Imperiums gegen Quittung vor einem Kaiserbild zu opfern hatten. In Japan mußte alljährlich Ende Januar die Bevölkerung nach Listen antreten und jeder, groß wie klein, auf ein getriebenes Kupferblech mit der Darstellung Jesu oder Marias treten. Darüber wurde Protokoll geführt. Die Trampelprozedur dauerte vier Tage. Wer sich weigerte und sich damit als Christ zu erkennen gab, verfiel dem Henker. Engelbrecht Kämpfer berichtet das aus der Umgebung von Nagasaki; japanische Darstellungen des Vorgangs und originale Blechbilder haben sich erhalten. Das christliche Bekenntnis wurde erst 1873 zugelassen.

In der Folgezeit unternahmen die seefahrenden Völker einen Versuch nach dem anderen, mit Japan ins Geschäft zu kommen. Zusätzliche Motive waren die Rettung und Heimführung von Schiffbrüchigen und später, im Zeitalter der Dampfschiffe, das Aufnehmen von Kohlen. Jeden derartigen Annäherungsversuch wiesen die Japaner ab. 1673 standen die Engländer vor verschlossenen Türen. Aus der Zeit Karls II von England (1685) ist ein Gespräch zwischen englischen Seefahrern und japanischen Würdenträgern überliefert, das kein Ergebnis brachte. 1791 wurde ein englisches Schiff mit sibirischem Pelzwerk abgewiesen, 1803 wiederholte sich das. 1808 erschien die englische Fregatte Phaëton in Nagasaki, forderte Proviant und drohte, widrigenfalls den Hafen zu bombardieren. Der japanische Gouverneur gab nach. Er übertrat das Gesetz, um den Hafen zu retten, und beging in der folgenden Nacht Harakiri.

Erfolglos blieben ebenso die Bemühungen der Russen. 1792 brachte ein russischer Segler japanische, an die sibirische Küste verschlagene Schiffbrüchige zurück, sie wurden nicht wieder ins Land gelassen. Im gleichen Jahre führte der russische Leutnant Laxmann ergebnislos Verhandlungen mit den Japanern. 1804 landete ein russisches Staatsschiff unter dem baltischen Admiral Krusenstern mit einem vom Zaren beauftragten Gesandten in Nagasaki, er wurde ebenso höflich wie unmißverständlich abgewiesen. Darauf überfielen russische Seesoldaten 1807 die Kurilen und drohten mit einer Invasion. 1811 gelang es den Japanern, den in ihren Gewässern operierenden russischen Kapitän und Kartographen Golownin gefangenzunehmen. Wir haben dessen Bericht, der trotz aller Beschwernisse den Charakter der Japaner in günstiges Licht stellt. «Was müssen wir von diesem zahlreichen, begabten und fleißigen Volk erwarten, das zu allem fähig und sehr geneigt ist, alles Fremde nachzumachen?» Falls ein Herrscher wie Peter der Große einmal in Japan regierte, so zöge europäische Technik ein.

Einen letzten Anlauf unternahmen die Russen 1852 mit der Fregatte Pallas unter Graf Putjatin, auf der sich auch Iwan Gontscharow, der Autor des Sofahelden «Oblomow», befand und diese Reise beschrieb. Das aufregendste unter den aufregenden Abenteuern war ein Tsunami, ein Seebeben, als plötzlich das Wasser verschwand und die Schiffe auf dem Meeresgrund festsaßen, bevor die Flutwelle zurückkehrte und entsprechende Turbulenz erzeugte. Auch diesmal wurden die Fremden nicht vorgelassen. Die besten Aussichten besaßen die Holländer, ihre devote Bitte um Handel wurde 1844 gleichwohl formvollendet zurückgewiesen.

Nach dieser Serie von Mißerfolgen der Portugiesen, Spanier, Holländer, Engländer und Russen versuchten die Amerikaner ihr Glück – und ihnen gelang es. Freilich ging dem Erfolg die unvermeidliche Serie von Fehlschlägen voraus. 1837 wollte ein amerikanisches Kauffahrteischiff japanische Schiffbrüchige zurückbringen, wurde aber mit Kanonenschüssen zur Umkehr genötigt. 1846 erschien ein amerikanisches Regierungsschiff vor Tokyo, es wurde von 400 Wachbooten umringt und mit der Begründung zurückgeschickt: «Jedes Volk hat das Recht, seine Angelegenheiten in der ihm gemäßen Weise zu regeln.» Drei Jahre später indes gelang es einem amerikanischen Geschwader, sechzehn schiffbrüchige Amerikaner in Nagasaki an Bord zu nehmen. War das kein Signal? Die zivilisierte Welt hoffte, daß Japan sich internationalen Gepflogenheiten anschließen würde. Dies schaffte Perry.

## *Kommodore Perry*

Matthew Calbraith Perry wurde 1794 in Rhode Island geboren. Er trat in die Kriegsmarine der Vereinigten Staaten ein und kämpfte 1812 bis 1814 im Krieg gegen England, als die Vereinigten Staaten Kanada zu erobern versuchten. 1837 zum Kapitän ernannt, kommandierte Perry den ersten amerikanischen Kriegsdampfer und führte 1843 ein Geschwader nach Afrika, um den Sklavenhandel zu unterbinden. 1846 unterstand ihm die kleine amerikanische Flotte im Golf von Mexiko, nachdem die USA im Namen der Freiheit Texas und die Gebiete von Florida bis San Francisco annektiert hatten. Mit der Gewinnung von Kalifornien, wo 1848 tatsächlich Eldorado entdeckt und das Gold in Klumpen gefunden wurde – auch das eine Zweig'sche Sternstunde – richtete sich die Aufmerksamkeit der Amerikaner auf den Pazifik und seine Anrainer. Handelspartner, freier Walfischfang und Kohle für die Dampfschiffe waren gefragt. Alles konnte Japan bieten, aber verweigerte es und lag als breite Barriere auf dem Wege nach Ostasien.

Dies wurde als Herausforderung empfunden, die nicht nur für Perry unerträglich war. Seit den vierziger Jahren mehrten sich die Stimmen in den Staaten, die eine «Normalisierung» im Verhältnis zu Japan verlangten. Als humanitärer Hebel diente der Schutz von Schiffbrüchigen, als politisches Argument die Angst, den Russen könne die Öffnung Japans gelingen. Anträge kamen vor den Kongreß, die erwähnten Mißerfolge entmutigten die Öffentlichkeit nicht. Eine regelreche Pressekampagne setzte die Regierung unter Druck, die von der Feudalaristokratie über Japan verhängte Isolation aufzubrechen. Manchmal hat man den Eindruck: Die «Presse» hat ihren Namen verdient.

Die wirtschaftlichen und politischen Interessen im Drang nach Westen wurden genährt von jenem amerikanischen Sendungsbewußtsein, das den Völkern Freiheit, Aufklärung und Selbstbestimmung bringen sollte. Die Menschheit solle eine Familie werden, das sei die gottgewollte Bestimmung Amerikas, und dazu müsse man in Asien Fuß fassen. *Our Manifest Destiny* – «Unsere unbestreitbare Mission» – so John O'Sullivan 1839 – sei es, der Welt Vernunft, Fortschritt und Frieden zu bescheren, und diese Aufgabe wurde mitunter durch eine Berichterstattung über Japan verbunden, die nur als Greuelpropaganda bezeichnet werden kann.

Von dieser Fortschrittsideologie war auch Perry durchdrungen. Er glaubte, daß die Russen und Amerikaner ihre Macht so lange ausdehnen würden, bis sich der «Angelsachse und der Kosak» gegenüberstünden: hier die Kämpfer für Freiheit, dort die Knechte der Despotie. Dann komme es zur letzten großen Schlacht in der Geschichte der Menschheit, und zwar unvermeidlich – also müßten die Positionen so früh wie möglich abgesteckt werden. Das aber hieß: Amerika müsse vor den Russen in Japan sein. Diese Befürchtungen waren nicht unbegründet. Rußland hatte im 17. Jahrhundert Sibirien, im 18. Jahrhundert Alaska annektiert, hatte sich an der Küste Kalifoniens festgesetzt und wäre wohl auch in Japan eingedrungen, wäre Graf Putjatin ebenso resolut vorgegangen, wie Perry dies zu tun entschlossen war. Perry studierte sorgsam die lange Geschichte der Annäherungsversuche der Seemächte und konstatierte die dabei gemachten Fehler: Anmaßung und Gewalttaten der Europäer, aber auch die in seinen Augen servile Duckmäuserei, wie sie die Holländer auf Deshima übten, schienen ihm die Ursache für die Mißerfolge zu sein. Trotz den beiden gescheiterten Unternehmen überzeugte Perry seine Regierung, daß man nochmals eine Expedition losschicken müsse, denn an eine Abschließung Japans auf alle Ewigkeit glaubte niemand. Irgendwann mußte sie enden – warum nicht jetzt?

Perry erhielt ein hochoffizielles Schreiben des Präsidenten Fillmore an den Shogun, worin um die Herstellung freundschaftlicher Beziehungen gebeten wurde. Japan solle den amerikanischen Händlern und Walfischfängern einen Hafen öffnen und sich für die schlechte Behandlung amerikanischer Schiffbrüchiger entschuldigen. Derartiges werde Amerika hinfort nicht hinnehmen. Der Präsident genehmigte die erwünschte Flotte von zwölf Schiffen und stattete Perry am 24. März 1852 mit dem Ehrentitel Kommodore, das heißt Vizeadmiral, und mit außerordentlichen Vollmachten aus.

Zahlreiche Gesuche von Wissenschaftlern und Literaten, die Reise zu begleiten, wurden abgeschlagen. Besonders schmerzlich traf dies den vielleicht größten Japanexperten der Zeit, den Arzt und Naturforscher Philipp Franz von Siebold (1796–1866). Er diente als Sanitätsoffizier auf holländischen Schiffen, kam 1823 nach Deshima, heiratete eine Japanerin, mit der er in Nagasaki wohnte, und wurde 1826 als gefeierte Koryphäe von den kaiserlichen Leibärzten an den Hof nach Tokyo geholt. Da er sich von dem Bibliothekar eine Landkarte von Japan hatte verehren lassen, wurde er 1829 eingekerkert und des Landes verwiesen. Nagahide, ein Schüler Siebolds, zählte zur wachsenden Opposition der Intellektuellen gegen die Abschirmungspolitik. Er wurde verhaftet, zu lebenslangem Kerker verurteilt, entkam, wurde wieder gefangen und beging Harakiri. Siebold war dem Kommodore suspekt, er beargwöhnte ihn als Spion Rußlands und versagte ihm die Teilnahme an der Expedition. Nur ausgewählte Journalisten und Maler, unter ihnen der Deutsche Wilhelm Heine, durften mit. Der Kommodore hielt militärische Disziplin und Verzicht auf jedes Nebeninteresse für unabdingbar, Korrespondenz und Tagebuchaufzeichnungen unterlagen der Kontrolle durch die Admiralität. Die weltpolitische Lage begünstigte Perrys Unternehmen, denn die Aufmerksamkeit der eifersüchtigen Großmächte Europas wurde durch den Krimkrieg abgelenkt.

Die Präsidentschaft von Fillmore stand vor ihrem Ende, sie lief im März 1853 aus. Perry zweifelte, ob seine Ostasienpolitik eine Neuwahl überdauern würde. Ein Wahlsieg der Demokraten konnte ihn die Epauletten kosten. Darum stach er voreilig in See. Am 4. Dezember 1852 verließ er auf der «Mississippi» Annapolis in der Cheasapeake-Bay, zunächst mit dreihundert Mann auf zwei Schiffen. Die übrigen, die noch nicht seetüchtig waren, sollten folgen. Die Fahrt ging nach Osten, über den Atlantik. In Funchal auf Madeira wurden Kohlen geladen, vorbei an den Kanaren ging es nach Sankt Helena, wo Heine das verwahrloste, verwüstete Haus Napoleons beschrieb. Am 24. Januar 1853 umrundete Perry das Kap der Guten Hoffnung und kaufte zwölf Ochsen und achtzehn Schafe. Die nächsten Stationen waren Mauritius, Singapur, Hongkong – die zurückgebliebenen Schiffe stießen eines nach dem anderen hinzu. So gelangte Perry nach Schanghai, wo der Taiping-Aufstand tobte.

Die Lage in China war der in Japan insofern ähnlich, als auch hier einheimische und fremde Kräfte einander gegenüberstanden. Die Situation war aber komplizierter, da das Kaiserhaus, die Mandschu-Dynastie, eigentlich selbst aus tatarischen Fremdherrschern bestand, die sich als Erben der konfuzianischen Tradition ausgaben. Offener als Japan gegenüber der seit 1600 bestehenden Mission der Jesuiten und liberaler gegenüber den russischen Kaufleuten, die seit 1689 zugelassen waren, setzte sich China dem europäischen Einfluß aus. England holte Tee und brachte aus Indien Opium; die chinesische Regierung suchte die Opiumeinfuhr durch eine Folge von

Edikten (1729, 1796, 1814, 1815) zu verhindern und verfeuerte im Juni 1839 zwanzigtausend von den Engländern eingeschmuggelte Kisten Rauschgift in Kanton. Das hatte den Opium-Krieg zur Folge: Unverzüglich schickte die Regierung der Queen Victoria Kanonenboote, besetzte Hongkong, erzwang am 29. August 1842 eine Kriegsentschädigung und die Genehmigung unbegrenzter Opiumgeschäfte. In den folgenden Jahren verzehnfachte sich der Opium-Import. Dies wurde in Japan bekannt und bestätigte die Einsicht, daß die Barbaren aus Europa nichts als Geld kennen und alles fürs Geld tun. Gewinnstreben erschien den Japanern verächtlich. Die amerikanische Diplomatie nutzte später diese Drogenaffäre, um den Japanern Angst vor England einzujagen.

Freihandelsverträge schloß China daraufhin ebenso mit Frankreich und den USA. Dagegen richtete sich der 1850 ausgebrochene Taiping-Aufstand. Er wurde geführt von einem angeblichen Nachkommen der altchinesischen Ming-Dynastie, der konfuzianische und christliche Ideale vertrat. Dieser «große Friedensfürst» verfolgte nationalistische und sozialrevolutionäre Ziele. Das «Himmlische Reich des allgemeinen Friedens» wurde ausgerufen, Privateigentum aufgehoben und die Gleichberechtigung der Frauen verkündet. Der Kaiser in Peking war machtlos. Perry sah das Chaos und empfahl seiner Regierung die Annexion Formosas, während die Russen Nordchina in Besitz nahmen. Die Taiping-Rebellen besetzten 1853 Nanking, wurden aber schließlich mit englischer Hilfe vom Kaiser geschlagen. Perry ließ ein Schiff zum Schutz der amerikanischen Händler in Schanghai zurück.

Am 26. Mai 1853 erreichte Perry mit vier Schiffen die dem Shogun botmäßigen Ryukyu-Inseln (auch Liukiu – oder Luchu-Inseln) im äußersten Süden Japans. Die Würdenträger begrüßten die Amerikaner mit Geschenken, diese aber wiesen alle Gaben zurück, um sich nicht zu verpflichten. Geschenke erzeugen Abhängigkeit. Der Kommodore ging an Land und schickte eine Expedition ins Innere, um nach Kohle zu forschen und auf dem höchsten Berg die amerikanische Flagge zu hissen. Die Einwohner wichen vor den Fremden aus und weigerten sich, diesen ein Haus am Ufer zu überlassen. Perry okkupierte eines, das Mißtrauen der Einheimischen unterband jeden Gedankenaustausch. Frauen versteckten sich. Perry ließ die Inseln kartographisch aufnehmen, ständig umlauert von Spionen, wie er meinte. Seinem Versuch, vom Regenten im Palast förmlich empfangen zu werden, setzte dieser gewaltlosen Widerstand entgegen. Perry aber ließ die «rundmäuligen Kanonen Salutschüsse spucken», zelebrierte am Land eine Parade, und unter den Klängen von «Hail Columbia» marschierte die Mannschaft mit Tschingdarassa-Bumm zum Palast, der Kommodore in einer Sänfte vorweg. Der Regent empfing den Fremden notgedrungen höflich, aber in großer Verlegenheit, und dieser genoß seinen Triumph über ein «Regierungssystem, das Treu und Glauben nicht kannte».

Mit dieser Begegnung begann ein beispielloser Nervenkrieg, der sich bis zum schließlichen Vertrag über zehn Monate hinzog. Perry bestand darauf, als Abgesandter des amerikanischen Präsidenten betrachtet und behandelt zu werden. Den japanischen Behörden aber war der Umgang mit Fremden offiziell untersagt und persönlich unangenehm. Um sie zum Nachgeben zu bewegen, entfaltete Perry ein Imponiergehabe, das mitunter an Psycho-Terror grenzte. Dennoch sah Perry auf korrektes Verhalten seiner Leute. Jeder gewaltsame Übergriff, jeder Disziplinverstoß wurde peinlich vermieden oder förmlich geahndet, aber auch jedes Mittel der theatralischen Demonstration zur Einschüchterung der Japaner ward konsequent eingesetzt. Er wollte die Japaner mit ihren eigenen Mitteln schlagen: Zähigkeit und zeremoniellem Pomp.

Am 9. Juni verließ das Geschwader, bestehend aus zwei gewaltigen Fregatten und zwei Schaluppen, die Inselgruppe Ryukyu, und am 8. Juli 1853 lag es vor der Bucht von Tokyo. Alle Warnungen durch die kaiserlichen Wachschiffe, alle Umkehrbefehle ignorierte Perry, er machte seine Batterien klar zum Gefecht. Was er in Tokyo auslöste, erfuhr er viel später: Die Stadt geriet in Panik. Die Japaner, die seit dem Mongoleneinfall von 1281 keinen Feind mehr im Land gesehen hatten, fürchteten um Leib und Leben. Mütter flohen mit ihren schreienden Kindern, die Männer brachten ihre Habe in Sicherheit, die Tempelglocken läuteten Sturm, und Feuerwehren traten in Bereitschaft. Wohl wissend, daß sie dem Amerikaner nichts entgegenzusetzen hatte, bot die Regierung Verhandlungen an. Endlich! Perry aber war mit dem Rang seiner Verhandlungspartner nicht zufrieden, bis der Vizegouverneur von Uraga erschien, mit dem Perry aber auch nicht persönlich verhandelte, sondern dem er durch einen Leutnant mitteilen ließ, er, Perry, habe dem Kaiser einen Brief des amerikanischen Präsidenten zu überreichen und bitte um eine Audienz. Der Japaner erklärte, mit Fremden verhandele man bloß in Nagasaki fern im Süden, Perry möge sich dorthin begeben. Der lehnte ab.

Am Folgetag erschien der Gouverneur persönlich und wiederholte die Aufforderung an die Amerikaner, nach Nagasaki umzukehren. Perry sprach auch mit diesem Würdenträger nicht selbst, teilte aber mit, notfalls käme er auch ohne Erlaubnis an Land. Inzwischen ließ er gegen den Protest der Japaner die Bucht kartographisch vermessen. Als japanisches Militär erschien, pflanzten die Amerikaner die Bajonette auf die Musketen und donnerten einen Warnschuß in die Luft, darauf zogen sich die Japaner zurück.

Nun wurden die Verhandlungen fortgeführt, von beiden Seiten mit großer Zähigkeit in der Sache, aber ausgesuchter Höflichkeit und viel Whisky mit Zucker. Die Japaner interessierten sich für die Kanonen und die Dampfmaschinen. Schließlich kam die Nachricht vom Shogun, ein Prinz werde den Brief am 14. Juli in Empfang nehmen. Die Japaner errichteten am Ufer einen luxuriösen Pavillon zum Empfang der unerwünschten Gäste. Und diese erschienen in Parade. An ihrer Spitze marschierten Pauken und Trompeten, die den Yankee-Doodle spielten. Es folgten hundert Marinesoldaten, schwer bewaffnet, die Flagge der Staaten und der Schiffe, zwei Schiffsjungen mit dem Schreiben des Präsidenten unter einer Scharlachdecke in einer Art Bundeslade aus Rosenholz mit goldenen Beschlägen. Dahinter Perry in Gala mit allen Orden und Ehrenzeichen, flankiert von zwei riesigen, martialisch gerüsteten Negern, dann die Offiziere in Sonntagsuniform und zweihundert weitere Marinesoldaten, gestiefelt und gespornt im Gleichschritt. In einer langen Zeremonie von großem Gepränge vollzog sich die Übergabe; sicherheitshalber in Schußweite der geladenen Zweiunddreißigpfünder. Tausende von Japanern bestaunten die «fremden Teufel», nachdem Perry die von den Japanern aufgestellten Sichtblenden hatte entfernen lassen. Nach dem Festakt erklärte der Kommodore, er fahre jetzt nach Ryukyu zurück und käme, um die Antwort des Kaisers entgegenzunehmen, im nächsten Frühjahr wieder, allerdings nicht mit vier Schiffen, sondern mit seiner ganzen Flotte und großer Geduld. So der regierungsamtliche Bericht. Nach japanischen Aufzeichnungen drohte Perry mit Krieg.

In Tokyo hat Perrys Erscheinen auch bei Hofe eine Krise ausgelöst. Die offenkundige Demütigung des Shogun, «der die Barbaren (eben nicht mehr) züchtigt», führte in eine Ratlosigkeit. Den Großen wurde, wie es heißt, gestattet, offen ihre Meinungen zu äußern, doch gingen diese so weit auseinander, daß es kein Bild ergab. Kriegs- und Friedenspartei standen einander gegenüber. Die Kriegspartei fürchtete bei einer Öffnung des Landes hellsichtig das Ende der japanischen Feudalordnung; die kleinere Friedenspartei dagegen erkannte richtig die Unmöglichkeit, die Öffnung wirksam zu verweigern. Eine zeitgenössische japanische Quelle schätzte die öffentliche Meinung folgendermaßen: Von zehn Samurai in verantwortlicher Position seien drei für sofortige Öffnung, zwei für Aufschub, drei seien bereit, der offenen Gewalt zu weichen und zwei würden kämpfen bis zum letzten. Über diese Uneinigkeit stürzte die Regierung. Den Shogun selbst erlöste sein Tod am 27. Juli 1853 aus dem Dilemma.

Perry dampfte wieder gen Süden, um den Japanern eine Denkpause zu gönnen und um Kohlen aufzunehmen. In Ryukyu ertrotzte er die Anlage eines Kohlendepots, einer Telegraphenstation, eines kleinen Hospitals, eines Friedhofs und die Abhaltung eines Marktes. Wie gewöhnlich, gestalteten sich die Beziehungen zur Bevölkerung angenehm, sobald die Behörden ihren Widerstand gegen die Fremden aufgaben. Perry setzte wiederum einen zeremoniellen Empfang beim Landesfürsten durch. Den Winter 1853/54 über verbrachte der Kommodore an der chinesischen Küste, in der europäischen Kolonie von Macao, während seine Schiffskanonen die Magazine der amerikanischen Kaufleute von Kanton vor den Taiping-Rebellen schützten. Unterdessen sammelte sich seine Flotte wieder, sie belief sich auf vier Fregatten, drei Kriegsschaluppen und drei Transporter mit 250 Kanonen und 1600 Mann. Über die holzbewehrten Küstenbatterien der Japaner und ihre kleinkalibrige Artillerie berichten die amerikanischen Beobachter nur mit Verachtung. An ein Gefecht von gleich zu gleich konnte und wollte niemand denken. Man wollte ja Freundschaft schließen. Daher wurden vor dem zweiten Besuch in Tokyo Staatsgeschenke verladen: eine Mini-Eisenbahn mit Schienen, Buchdruckerpressen, Hochdruckpumpen, Dresch-, Spinn- und Nähmaschinen, Webstühle und tragbare Feldbacköfen.

Als Perry zum zweiten Besuch nach Tokyo aufbrach, erreichte ihn die Nachricht, der Shogun sei gestorben, die Trauerzeremonien hätten begonnen, Perry möge seinen Reiseplan zurückstellen. Dieser hielt das für erneute Obstruktion und dampfte los, zumal man wieder russische und französische Schiffe auf dem Weg nach Japan wußte. Für den Fall weiterer Verweigerung wollte er die Ryukyu-Inseln unter amerikanischen Schutz (*limited authority*) stellen. Auf Gewalt verzichte er, solange er nicht durch Unfreundlichkeit provoziert würde. Am 11. Februar lag das Geschwader wieder in der Bucht von Tokyo. Die Abgesandten des Shogun bedeuteten dem Kommodore in vollendeter Höflichkeit, daß eine Verhandlung zu Lande nur an einem von Tokyo weit entfernten Ort stattfinden könne. Um diesen wurde lange gefeilscht; Perry drohte, die Hauptstadt selbst anzusteuern, ein für die Japaner entsetzlicher Gedanke. Gegen alle Proteste ließ Perry die Ankergründe der Bucht ausloten, während sich die Verhandlungen hinzogen.

Am 22. Februar feierten die Amerikaner den Geburtstag von George Washington mit einer mittleren Kanonade, wozu sie die Japaner einluden, die immer noch nicht mürbe waren. Um hier nachzuhelfen, kündigte Perry die Ankunft weiterer Kriegsschiffe aus Amerika an und verlegte seinen Ankerplatz in die Sichtnähe von Tokyo. Der Kommodore bestand auf seiner Forderung, wenigstens vor den Toren der Hauptstadt und nur mit kaiserlichen Prinzen zu konferieren; er nahm den Vorwurf der starrsinnigen Arroganz auf sich, um die Japaner demonstrativ in die Knie zu zwingen. Endlich einigte man sich auf einen Ort bei Kanagawa, zwischen dem Fischerdorf Yokohama und Tokyo, am Westufer der Bucht. Die Japaner errichteten dort einen hölzernen Kiosk für das Ritual des Notentauschs, während das Geschwader in Schlachtlinie Stellung bezog, Breitseite der brütenden Batterien gegen die Küste.

Am 8. März sollte die kaiserliche Antwort vorliegen. Perry inszenierte wiederum eine Schau mit allem verfügbaren militärischen Pomp und erschien in Parade-Uniform, geleitet von einer mit blitzenden Bajonetten bewaffneten Ehrengarde von 500 Mann unter Kanonendonner. Der Shogun versprach in seinem Schreiben die Lieferung von Kohle und Lebensmitteln, Hilfe für Schiffbrüchige, für die es seit dem Edikt vom 4. April 1825 kein Pardon mehr gab, und den Ausbau eines Handelshafens, wofür er fünf Jahre veranschlagte. Perry forderte jedoch sofortige Öffnung und einen regelrechten Handelsvertrag, so wie ein solcher seit 1844 mit China bestand, anderenfalls hole er Verstärkung aus Amerika. Nach japanischen Quellen drohte er mit unverzüglichem Angriff von hundert Kriegsschiffen – die Amerika tatsächlich gar nicht besaß. Die Japaner hielten Perry zugute, daß er bei einer Erfolglosigkeit seines Auftrags in Amerika Selbstmord begehen müßte.

Während die Anwort des Kaisers erwartet wurde, erfolgte die Übergabe der Geschenke in einem eigens dafür errichteten Bau. Die Amerikaner legten an Land einen Telegraphen an, der die Japaner erstaunen ließ. Noch mehr begeisterte diese jedoch die funktionsfähig installierte Liliputbahn, auf der die Hofschranzen im Kreise herumfahren konnten. Die Bevölkerung konnte unterdes von ihren eigenen Behörden nicht mehr zurückgehalten werden, sie erschien und studierte die Schiffe und alles Fremde mit größter Neugier. Perry bemerkte, die Japaner seien ein «sehr imitativ und adaptiv veranlagtes Volk», das fremdes Kulturgut leicht zu übernehmen verspräche, wenn es nur gestattet würde. In den gebildeten Schichten ahnte er einen ungewöhnlichen Lernwillen. «Unzweifelhaft sind die Japaner ein sehr wißbegieriges Volk, das jede Gelegenheit, seine intellektuelle und moralische Sphäre auszudehnen, mit Freuden wahrnehmen würde.» Aber die Beamten schirmten es von fremden Einflüssen ab und wurden dabei selbst von einem ausgeklügelten Spitzelsystem überwacht. Umgekehrt verharrte das Volk den Fremden gegenüber reserviert. Diese durften sich nur innerhalb einer Viermeilenzone bewegen, keine Tiere töten und keine Siedlung betreten.

Die Japaner versuchten nun, den unvermeidlich gewordenen Handel so weit wie möglich zu begrenzen und so lange wie möglich hinauszuzögern, ihn überhaupt auf den Hafen von Nagasaki zu beschränken. Perry forderte hingegen die sofortige Öffnung von drei Häfen, einen im Norden, einen im Süden und einen in der Nähe von Tokyo auf der Hauptinsel Honshu. Nachdem über den Nordhafen Hakodate Einigkeit erzielt war, nahmen die Amerikaner die Gegengeschenke der Japaner an. Sie werden als kunstvoll und gefällig, aber ziemlich wertlos beschrieben. Ein kaiserliches Geschenk umfaßte als Zugabe immer etwas Reis, getrockneten Fisch und einen kleinen Hund. Bei dieser Zeremonie wurden Sumo-Ringer den Amerikanern vorgeführt, die sich an den Fleischkolossen weniger ergötzten als die Japaner an den Matrosen-Songs.

Mit unbeirrter Zielstrebigkeit und Strömen von Champagner erreichte Perry sodann die Öffnung des durch Berge vom Hinterland abgeschnittenen, bedeutungslosen Hafens von Shimoda südwestlich von Tokyo und die Anerkennung seines Anspruchs auf den Hafen von Napha auf den Ryukyu-Inseln. Man legte fest, in welchem Umkreis sich die Amerikaner frei bewegen durften, doch einen amerikanischen Konsul in Shimoda wollten die Japaner zunächst nicht dulden. Perry erklärte, dann würde er eben ein Kriegsschiff mit einem Konsul vor der Küste verankern. Angstvoll suchten die Japaner zu verhindern, daß die amerikanischen Residenten ihre Frauen mitbrächten. Perry tröstete sie: das täten nur wenige.

Am 31. März 1854 schließlich schlug die große Stunde. Perry unterzeichnete in dem Pavillon bei Kanagawa den auf Japanisch, Chinesisch, Holländisch und Englisch abgefaßten Vertrag, der Friede und Freundschaft zwischen den USA und Japan vorsah, den Zugang zu den genannten Häfen festschrieb und den Handel regelte. Weitergehende Privilegien, die Japan irgend einem anderen Staate einräumen würde, sollten ebenso für die USA gelten: das ist die zuvor von den Engländern in Asien geforderte Meistbegünstigungsklausel. Perry wußte, daß sofort nach Bekanntwerden des Abkommens die übrigen Handelsnationen ähnliche Verträge mit Japan abschließen würden, und daraus sollte den USA kein Schaden erwachsen. Es gab einen Paragraphen, der den Umgang mit Schiffbrüchigen humanisierte; in Notfällen sollten amerikanische Schiffe überall landen dürfen. Nach 18 Monaten könne ein amerikanischer Konsul ernannt werden. Das war offenbar der heikelste Punkt, über ihn war am längsten verhandelt worden. Ein Festessen beschloß die Zeremonie. Der Kommentar: Es schmeckte scheußlich.

Nach dem Vertragsabschluß von Kanagawa begab sich der Kommodore nach Shimoda, vermaß den Hafen und hatte einigen Ärger mit den örtlichen Behörden, die ihr Mißbehagen über die Fremden durch phantasievolle Schikanen zum Ausdruck brachten. Anschließend fuhr Perry in den Norden, in den für die Walfänger wichtigen Hafen Hakodate, um auch dort den Leuten den «schuldigen Respekt» vor den Amerikanern einzuflößen. Abermals leisteten die Amtsträger Widerstand und motivierten das mit dem Verlust ihres Ansehens, wenn sie sich den Fremden beugten. Immer wieder war es die Ehre und das Selbstwertgefühl, das durch Konzessionen an die Barbaren gemindert schien. Perry drohte mit «ernsten Konsequenzen»; diese aber erübrigten sich. Perry setzte sich durch und bemerkte als Nebenergebnisse seiner Mission, daß die Japaner die Todesstrafe für Ausreisewillige aussetzten, heimkehrende Schiffbrüchige wieder aufnahmen und sofort begannen, amerikanische Schiffe nachzubauen.

Im Anschluß an den Besuch in Hakodate lobt der Expeditionsbericht den Fleiß, die Wißbegier und das Geschick der Japaner. «Die japanischen Handwerker sind so gut wie irgendwelche auf der Welt, und wenn die Erfindungsgabe dieses Volkes sich freier entwickeln könnte, würde es bald die ersten Nationen eingeholt haben.» Nur die exklusive Politik ihrer Regierung stünde der Wißbegier und dem Lerneifer im Wege. «Wenn sie erst einmal die Methoden der zivilisierten Welt kennengelernt haben, werden sie mächtige Konkurrenten.» Bewundert wurde ebenso die japanische Malerei; man verglich sie mit der frühgriechischen Vasenkunst und der Hand Dürers. So zukunftweisend wie das Wort über die Wirtschaft war auch die Bemerkung über das Interesse der Japaner an den Geschützen der Amerikaner. Diese gestatteten in aller Liberalität, ihre Waffen zu bewundern. «Die Japaner lieben das Kriegswesen und gaben sich Mühe, das Kriegsgerät zu studieren, das die Amerikaner in ihren Augen so furchtbar machte. Es war, als fühlten sie bereits die Notwendigkeit, für ihre neuen Verbindungen mit der Außenwelt gerüstet zu sein. Kein Volk würde bessere Soldaten abgeben.»

Die Bestimmungen des Vertrages traten sofort in Kraft, obschon sich die Japaner mit der Ratifizierung Zeit ließen bis zum 21. Februar 1855, mit der Verkündung gar bis zum 22. Juni. Bevor Perry Japan verließ, nahm er als Geschenk noch einen Granitblock an Bord, der für den Bau des Washington-Obelisken auf der Mall bestimmt war. Am 12. Januar 1855 erreichte der Kommodore New

York, wo er, gesundheitlich angeschlagen, drei Jahre später verstarb. Das Echo auf seinen Erfolg war nach dem Regierungswechsel schwach.

## *Siegen durch Nachgeben*

Der Vertrag von Kanagawa war das erste internationale Abkommen, das Japan überhaupt unterzeichnet hat. War bisher Japans Verbindung mit der Außenwelt beschränkt auf den streng kontrollierten und limitierten Handel der Chinesen und Holländer in Nagasaki fern im Süden, so hatte Perry es nun durch seine Kanonenboot-Diplomatie erreicht, europäischen und amerikanischen Waren und Gedanken Eingang ins Land der aufgehenden Sonne zu verschaffen und den Japanern eine technisch-zivilisatorische Zukunft zu eröffnen. Sie würden, das war sein Kalkül, den Verlockungen der westlichen Errungenschaften nicht widerstehen, sobald sie diese näher kennengelernt hätten, und die Politik der geschlossenen Türen aufgeben. Dies war schließlich schon der Wunsch der Opposition. Der Vertrag von Kanagawa sollte eine Bresche in die Mauer der Selbsteingrenzung schlagen, und dies geschah. Perry und seine Leute waren vom Sieg des Liberalismus überzeugt, sie hofften auf Fortschritt, Freiheit und Aufklärung und begrüßten Japan als die jüngste Schwester im Kreise der Handelsnationen, der die älteren helfen sollten, bis sie «aus eigener Kraft stramm und aufrecht gehen» könne. «Welch weite Aussichten bieten sich nicht diesem interessanten Land», heißt es im Expeditionsbericht.

Der durch Perry eröffnete Weg Japans in die Moderne verlief nicht glatt. Zunächst freilich erfüllte sich seine Prognose, daß Japan so wie den USA auch anderen Nationen Handel gestatten würde. Auch sie kamen mit Kanonenbooten. So folgten weitere Verträge, noch 1854 mit Großbritannien, 1855 mit dem Zaren, 1856 mit Holland, 1861 mit Frankreich und Preußen. Der seit 1856 in Shimoda residierende amerikanische Konsul Harris konnte bereits im folgenden Jahr nach Tokyo umziehen. Seine Reise durchs Land entzückte ihn durch die Naturschönheiten und die Sauberkeit der Dörfer, die weder Elend noch Überfluß erkennen ließen. Die Bevölkerung wirkte heiter und fleißig. Harris notierte: «Goldenes Zeitalter», und sein Mitarbeiter fürchtete die mit der Zivilisation einziehenden «tödlichen Laster» der westlichen Völker. Der Konsul verhieß den Japanern, die Dampfschiffe würden die Völker zu einer einzigen Familie machen. Eine britische und eine französische Vertretung folgten 1859. Ein Hafen nach dem anderen öffnete sich den Händlern aus Europa und Amerika. Der Wortführer der Öffnung auf japanischer Seite, Premierminister Hotta, erhoffte von einer Übernahme westlicher Technik den Aufstieg Japans zur friedenbringenden Weltmacht und die Anerkennung der Überlegenheit der Japaner durch die Barbaren auf dem ganzen Erdball.

Die Ankunft der Fremden zeitigte zunächst üble Folgen. Die von den Amerikanern eingeschleppte Cholera forderte 1858 mehr als 200000 Tote. Der Handel führte zum Abfluß von Waren und zu einer Teuerung, da die Japaner mit dem Geld und den Gütern der Europäer wenig anzufangen wußten. Fatal war der Autoritätsschwund des Shogunats, das seine Ohnmacht gegenüber den verachteten Barbaren nicht verbergen konnte. Nicht nur die Haltung gegenüber den Ankömmlingen, sondern auch die gegenüber der eigenen Regierung spaltete das Land. Verdiente sie noch Respekt, wenn sie die uralten Traditionen des Landes verriet?

Dies verneinten die Ronin, die «Gehilfen des Himmels», eine fundamentalistische Bewegung, der die Ehre des Landes über dem Wert des eigenen Lebens stand. Sie ertrugen die Arroganz der Fremden nicht, die den Boden Japans entweihten, und verübten Serien von Terrorakten im Namen des geheiligten Gongen Sama-Gesetzes von 1616, das Ausländer für vogelfrei erklärte. «Vernichtung der haarigen Halbtiere, Vertreibung der stinkenden Hunde und Ziegenböcke», hieß die Losung. Aus Furcht vor Repressalien der Seemächte verfolgte das Shogunat die Attentäter; die Vornehmen unter ihnen wurden zum Harakiri gezwungen, der sie indes zu Märtyrern erhob. Der Ritualselbstmord hatte Konjunktur.

Der Shogun saß in der Klemme zwischen den Schiffskanonen der Seemächte und den Dolchen der Nationalisten. Diese setzten nun auf den Tenno in Kyoto, der als höchste Autorität im Lande die Verträge mit den Fremden ja noch nicht unterzeichnet hatte. Seit Jahrhunderten dem Tagesgeschehen entrückt, kehrte er nun mit einer Proklamation zur «nationalen Wiedergeburt» in die Politik zurück. In großer Zeremonie bestimmte er den 25. Juni 1863 zum «Tag der Vertreibung der Barbaren». Tokyo und Kanagawa wurden von Fremden «gesäubert», doch hielten sich diese in Yokohama. Dem Shogun fehlte der Wille, dem Tenno fehlte die Macht, um das Land wieder abzuschließen; beide machten einander Konzessionen, die darauf hinausliefen, den Fremden keine weiteren Zugeständnisse zu machen. Dies erbitterte die Fürsten von Satsuma und Choshu im Westen. Sie nahmen fremde Schiffe unter Feuer. Daraufhin beschoß am 15. August 1863 ein englisches Geschwader die Hafenstadt Kagoshima, von der wenig übrig blieb. Weitere Kämpfe führten zu Beschießungen durch Engländer, Holländer, Franzosen und Amerikaner und einer Flottendemonstration in der Bucht von Tokyo. Jetzt gab die kaiserliche Partei nach und ratifizierte am 22. November 1865 die vom Shogunat abgeschlossenen und längst realisierten Handelsverträge. Shogun Keiki hatte dem Tenno mit Harakiri gedroht, falls er sich länger weigerte.

In der Patt-Situation zwischen Shogun und Tenno griff der Fürst von Choshu zu den Waffen. Seit der Demütigung durch die Engländer zum Kurswechsel entschlossen, suchte er sich der Person des Tenno zu bemächtigen. Das mißlang, doch besiegte er 1866, gemeinsam mit dem Fürsten von Satsuma, die Truppen des Shogun Keiki, der damit ausgespielt hatte. Der junge, seit 1867 amtierende Tenno Mutsuhito akzeptierte die Politik des Shogun, enthob diesen aber am 3. Januar 1868 seines Amtes.

Das Shogunat hatte bei der Abwehr der Barbaren versagt und das Land geöffnet. Der Tenno und die Fürsten des Westens hatten sich den Fremden und dem Shogun zugleich widersetzt, erkannten dann aber ebenfalls, daß die Abschließung nicht wiederherzustellen war und traten die Flucht nach vorne an. Der Tenno verlegte seine Residenz nach Edo, das in Tokyo umbenannt wurde; er hob am 8. März 1868 das fremdenfeindliche Gongen Sama-Gesetz auf und eröffnete den Fortschrittskurs der Meiji-Zeit. Der Programmname Meiji (gesprochen Mehdschi) – «erleuchtete Regierung» orientierte sich begrifflich wie sachlich an der europäischen Aufklärung.

Der Sieg der westlichen Waffen und der Bericht einer japanischen Kommission, die 1862 Europa und Amerika bereist und in London die dritte Weltausstellung besucht hatte, überwanden den Widerstand gegen die Modernisierung. Als deren Wegbereiter wirkte paradoxer Weise die seit dem 18. Jahrhundert lebendige, namentlich durch den gelehrten Norinaga Motoori (1730–1801) vertretene altjapanische Opposition gegen die Tokugawa, die altkaiserliche Partei des Tenno. Im selben Sinne wirkte der Philosoph Yukichi Fukuzawa (1835–1901). Wissenschaft und Wirtschaft blühten auf. Im Bürgerkrieg hatte das Bankhaus Mitsui auf seiten des Tenno als Geldgeber eine Rolle gespielt. Dieses alte Familienunternehmen entwickelte sich rasch zum mächtigsten Finanzkonzern des neuen Japan. Der Tenno zog von Kyoto nach Edo, 1869 umbenannt in Tokyo – «östliche Hauptstadt». Am 6. April 1868 leistete der Tenno einen Eid auf die neue Politik. Es folgten durchgreifende Reformen im europäisch-amerikanischen Sinne, wobei nach dem deutsch-französischen Krieg 1870/71 das preußische Vorbild eine beträchtliche Bedeutung gewann, insbesondere für die Verfassung der konstitutionellen Monarchie vom 11. Februar 1889.

Während die Feudalaristokratie durch Staatspensionen abgefunden wurde und die Modernisierung rasch fortschritt, kam es zu außenpolitischen Triumphen: Sieg über China und Gewinnung von Formosa 1895, Sieg über Rußland 1904, Annexion von Korea und der südlichen Mandschurei 1910. Diesen Siegen folgte 1937 der größenwahnsinnige Versuch, eine faschistisch organisierte ostasiatisch-pazifische Großmacht aufzubauen. Sie brach nach Hiroshima und Nagasaki 1945 zusammen. Wieder waren es die Amerikaner, die mit Hilfe ihrer überlegenen Waffentechnik Japans Stellung in der Weltpolitik bestimmten. Sie hatten den Weg mit Kanonenbooten eröffnet und setzten ihm mit Atombomben ein Ziel. Beides hätte sich vermeiden lassen, wären die Japaner politisch klüger gewesen: das erste Mal etwas freisinniger, das zweite Mal etwas bescheidener. Fraglos waren auch die Kanonen Perrys und die Atombomben Roosevelts entbehrlich, hätte man etwas mehr Geduld gehabt.

*

«Siegen durch Nachgeben» – diese Devise des aus Japan stammenden Kampfsports Jiu-Jitsu – «die sanfte Kunst» gilt mitunter auch im öffentlichen Leben. Die Japaner haben dazugelernt, indem sie ihren politischen Eigensinn aufgegeben, sich ganz dem zivilisatorischen Fortschritt verschrieben und es geschafft haben, die stärkste Wirtschaftsnation nach den USA zu werden. Wenn sie den 1854 begonnenen Modernisierungsprozeß für wichtiger erachtet haben als die unveränderte Bewahrung ihrer kulturellen Eigenart, so beantwortet dies exemplarisch unsere eingangs gestellte Frage nach: Kreislauf der Kulturen oder Fortschritt der Zivilisation? Beides lief fünftausend Jahre lang nebeneinander her. Die Kulturen kamen und verschwanden, aber der Fortschritt von Technik, Wissenschaft und Zivilisation ging voran – über alle kulturellen, politischen und moralischen Katastrophen hinweg. Dieser Prozeß wird, allen fundamentalistischen und regionalistischen Rückfällen zum Trotz, das vor uns liegende Jahrtausend bestimmen.

Am 31. März 1854 stießen Japan und die USA aufeinander, die traditionellste und die modernste Macht der damaligen Welt, die geschlossene Gesellschaft und die offene Gesellschaft im Sinne von Karl Popper. Gleichgeartet war bei beiden Völkern ihr Nationalstolz, um nicht zu sagen: ihre anmaßende Überheblichkeit gegenüber dem Rest der Welt. Höchst ungleich aber waren ihre Kräfte. Die Japaner waren klug genug, das einzusehen; die Amerikaner gesittet genug, auf rohe Gewalt zu verzichten. Perry wirkte als Geburtshelfer des modernen Japan, eine Geburt durch Kaiserschnitt, ein Kaiserschnitt ohne Betäubung. Das Land der aufgehenden Sonne klinkte sich ein in den allgemeinen Fortschrittsprozeß – jedem Berliner vor Augen geführt durch das phantastische Sony-Hochhaus am Potsdamer Platz –, und dieses Einklinken war der vom Kommodore Perry durchgesetzte Vertrag von Kanagawa – eine Sternstunde der Geschichte.

Literatur


P. Akamatsu, Meiji 1868. Revolution and Counter-Revolution in Japan, 1972

G. M. Beckmann/H. S. Quigley, The Making of the Meiji Constitution. The Oligarchs and the Constitutional Development of Japan 1868–1891, 1957

M. S. J. Cooper (ed.), The Southern Barbarians. The First Europeans in Japan, 1971

W. Genschorek, Im Land der aufgehenden Sonne. Das Leben des Japanforschers Philipp Franz von Siebold, 1988

D. Croissant/L. Ledderose (Hgg.), Japan und Europa 1543–1929, Ausstellungskatalog, Berlin 1993

Siegmund Günther, Die Erschließung Japans, 1905

J. W. Hall (ed.), The Cambridge History of Japan, 1989ff

F. L. Hawks (ed.), Narrative of the Expedition of an American Squadron to the China Seas and Japan, I–III, 1856/1967

Wilhelm Heine, Reise um die Erde nach Japan an Bord der Expeditions-Escadre unter Commodore M.C. Perry, in den Jahren 1853, 1854 und 1855 unternommen im Auftrag der Regierung der Vereinigten Staaten, 1856

(M. C. Perry), Die Erschließung Japans. Erinnerungen des Admirals Perry von der Fahrt der amerikanischen Flotte 1853/54, bearbeitet von A. Wirth u. A. Dirr, 1910

A. Piper, Japans Weg von der Feudalgesellschaft zum Industriestaat, 1976

J. G. Roberts, Black Ships and Rising Sun, the Opening of Japan to the West, 1971

Gertrude C. Schwebell (Hg.), Die Geburt des modernen Japan in Augenzeugenberichten, 1970 (hervorragend!)

Toru Yuge, Der Untergang des Japanischen Imperiums. In: A. Demandt (Hg.), Das Ende der Weltreiche. Von den Persern bis zur Sowjetunion, 1997, S. 129ff

*Alle Beweise für die Vorzüge einer ausländischen Regierung sind, obschon oft überzeugend, ebenso nutzlos wie Beweise für den Vorzug von künstlichen Zähnen, silbernen Luftröhren und patentierten Holzbeinen vor den Naturprodukten.*

Shaw

## 12. Gandhis Salzmarsch

*6. April 1930*

Die weltpolitische Entwicklung im 19. Jahrhundert ist durch fünf Tendenzen gekennzeichnet. Es ist zum ersten die Industrialisierung. In Europa und Amerika und ausgehend von dort entstehen Eisenbahnen, Telegraphen und Fabriken. Der Verkehr verdichtet sich, die Produktion steigt sprunghaft. Verbunden damit ist zum zweiten ein beschleunigtes Wachstum der Weltbevölkerung. Sie hat sich von 1750 bis 1900 auf über anderthalb Milliarden mehr als verdoppelt. Neben der Industrialisierung und dem Bevölkerungswachstum ist zum dritten eine Tendenz zur Liberalisierung erkennbar, die der Privatinitiative Raum schafft. Industrialisierung und Liberalisierung sind die Voraussetzungen für den Kapitalismus, der zu einem neuen, wenn auch höchst ungleich verteilten Wohlstand führt.

Innenpolitisch beobachten wir zum vierten das Entstehen nationaler und demokratischer Bewegungen. Der Stolz auf die Leistungen in Technik und Wissenschaft schlug um in ein Nationalbewußtsein und in die Forderung nach Beteiligung an der Politik. Die Vorrechte des absolutistischen Gottesgnadentums der Dynastien und die Feudalordnung verloren an Bedeutung zugunsten der Volksrechte eines aufstrebenden Bürgertums, das Mitsprache und Vertretung verlangte und dies in Verfassungen festlegte. Die kapitalistische, profitorientierte Konkurrenzwirtschaft begünstigte den Nationalismus, da sie vom Staat Schutz und Hilfe für ihr Expansionsbedürfnis erwartete.

Die Ausdehnung europäischer Großmächte seit dem Zeitalter der Entdeckungen im 15. Jahrhundert endete außenpolitisch im

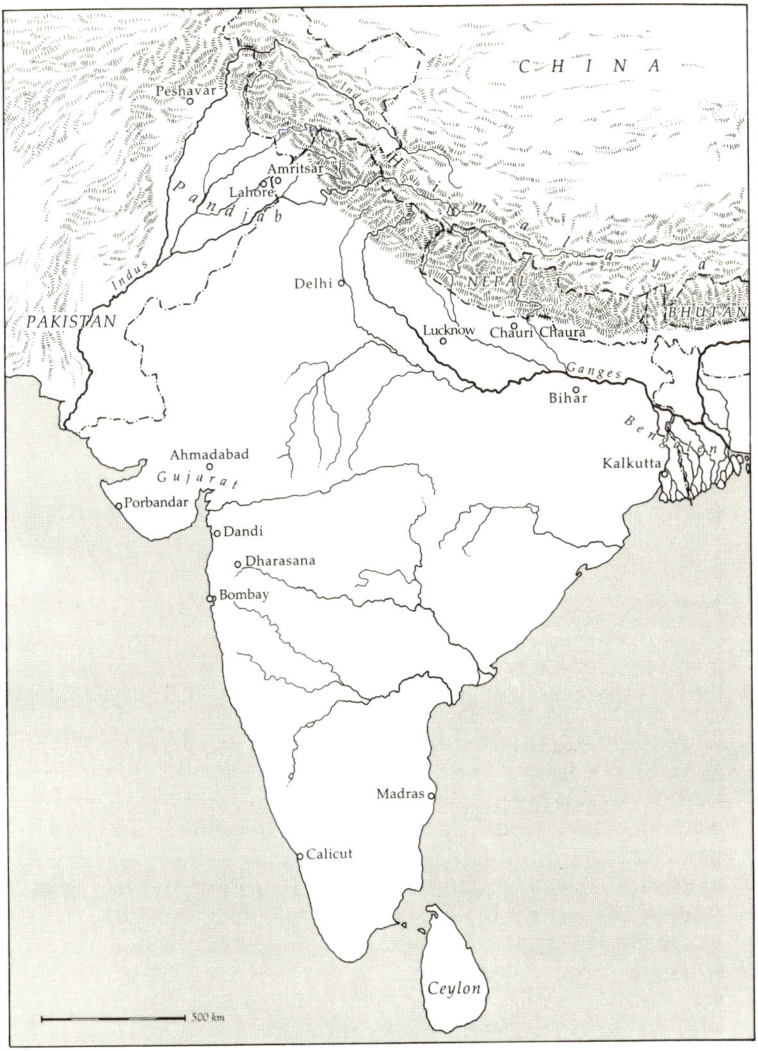


Indien zur Zeit Gandhis

Bestreben, die Erde aufzuteilen wie einen großen Kuchen, von dem jeder das größte und beste Stück haben will. Diese fünfte, als Imperialismus bezeichnete Bewegung führte unvermeidlich zur Konfrontation der Mächte untereinander, eklatant zuerst in Übersee während des Siebenjährigen Krieges im 18. Jahrhundert. Aus dem im 19. Jahrhundert fortgesetzten Wettstreit um Weltgeltung und Weltmacht entstand der Erste Weltkrieg. Er aber endete nicht damit, daß dem Sieger die Weltherrschaft zufiel, sondern damit, daß die siegreichen Kolonialmächte auseinanderbrachen.

Dieser Prozeß bereitete sich schon im späten 19. Jahrhundert vor. Die Lösung Amerikas aus der Kolonialherrschaft Englands, Spaniens und Portugals war eine Angelegenheit unter Europäern beiderseits des Atlantik. Das erste nichteuropäische Land, das sich gegen die Kolonialherren erhob, war dann Indien, ein Land uralter Kultur, dessen Selbstwertgefühl nicht hinter dem der Europäer zurückstand. Als Vater der Freiheit feiern die Inder Mahatma Gandhi, unter dessen zahlreichen Aktionen gegen die Engländer der Salzmarsch das höchste Aufsehen erregt hat.

## *Der Marsch*

Hören wir den Namen Gandhi, so sehen wir vor uns seinen unverwechselbaren Kopf: klein und kugelförmig, mit Stoppelhaaren und hervortretender Schläfenader, große Ohren, lange Nase, auf der eine billige Brille sitzt, so wie Bertolt Brecht sie trug, ein Schnurrbart und ein lächelnder, zahnlucketer Mund. Erscheint er uns in ganzer Gestalt, so schreitet er, leicht vornübergebeugt in Sandalen, mit großen Schritten voran, den weißen Baumwollmantel (indisch *dupattaa*) über der linken Schulter, in der Rechten einen Wanderknüppel. So sah ihn Winston Churchill, als er über den «halbnackten Fakir» spottete; so stand er seinem Lieblingsschüler Pandit Nehru (30. Juni 1951) vor Augen, wenn er sich an den Mahatma erinnerte; so sehen die ihn vor sich, die den hochdekorierten Film von 1983 kennen. Es ist Mahatma Gandhi auf dem Salzmarsch, jener großen Protestaktion aus dem März und April 1930, als Gandhi das britische Kolonialregime in Indien vor der Weltöffentlichkeit an den Pranger stellte.

Seit dem Jahre 1928 gärte Indien. Der nationalindische Kongreß forderte von London den Dominion-Status, das heißt die Autonomie unter britischer Krone, wie ihn damals Kanada, Südafrika, Australien und andere ehemaligen Kolonien hatten. London zögerte, Streiks und Terrorakte folgten, Massenverhaftungen änderten nichts. Nun verlangte der Kongreß unter Nehru die volle Selbständigkeit und verhieß den totalen Boykott. Dessen Organisation erwartete man von Gandhi.

Dieser schrieb an den Vizekönig und annoncierte gewaltlose Einzelaktionen, die in jenem Salzmarsch kulminierten. Zu den von Gandhi und seinen Anhängern als besonders drückend empfundenen Dingen gehörte neben den Pachtsteuern, der Geheimpolizei (*Criminal Investigation Department*) und den Militärausgaben das Salzmonopol der Briten. Um hier ein Zeichen zu setzen, rief Gandhi über die ihm verfügbaren Presseorgane, eine indische und eine englische Zeitung, zu einer Massenveranstaltung auf. Am 12. März sollte es losgehen von Ahmedabad in Nordwest-Indien südwärts an die Küste über 240 Meilen nach Dandi. Man wollte früh morgens und in der Abendkühle marschieren, mittags und nachts bei einem Dorf rasten, im Freien schlafen und die einfachste Kost zu sich nehmen; die Dörfer wurden um Hilfe gebeten und sollten über ihre wirtschaftliche Lage Auskunft erteilen.

Unter den Augen der Weltpresse brach der Zug auf. Gandhi demonstrierte seine asketischen Ideale, indem er Teilnehmer tadelte, die sich auf dem Schienenweg mit frischer Milch und Gemüse versorgten, schwierige Strecken mit Autos fuhren oder nachts sich mit Petroleumlampen vorleuchten ließen. Eine Gruppe von Freiwilligen marschierte vorweg, um Gandhis Ankunft vorzubereiten, ihn selbst begleiteten anfangs 78 Männer, als Repräsentanten der indischen Provinzen, alte und junge, Hindus und Moslems, Christen und Unberührbare. Das ganze war als Pilgerzug inszeniert, für viele beschwerlich, aber Gandhi immer voran in seiner robusten Gesundheit.

In jedem Dorf hielt er eine Ansprache, indem er seinen Kampf für die Millionen von Armen im Lande unter den Schutz Gottes stellte, zugleich die Ideale des Landlebens verherrlichte, Selbstversorgung, Sauberkeit, Schutz der heiligen Kühe und Verzicht auf Alkohol forderte. Er bat nicht um Geld, aber rief auf zu innerer Umkehr und zum passiven Widerstand gegen die englischen Ausbeuter. Während des Marsches gab Gandhi den begleitenden Reportern Interviews und schrieb auch selbst Artikel. Er verfaßte eine Resolution gegen das Salzmonopol, die der allindische Kongreß übernahm. Gandhi proklamierte für die Zeit nach dem Salzmarsch eine Kampagne zivilen Ungehorsams, die am 6. April beginnen sollte.

Dieser Tag genoß in der Geschichte der indischen Unabhängigkeitsbewegung eine traurige Berühmtheit. Während des Ersten Weltkrieges hatte die Britische Regierung Ausnahmegesetze erlassen, um zu verhindern, daß Englands Kampf gegen Deutschland von den Indern zum Kampf gegen England genutzt würde. Die Hoffnung, daß diese Beschränkungen nach dem Versailler Friedensvertrag aufgehoben würden, erfüllte sich aber nicht – im Gegenteil. Die sogenannte Rowlatt-Akte schrieb die Kontrollschikanen fort. Sie untersagte unter anderem «Zusammenrottung» und erlaubte Einkerkerung ohne Verhör. Hatte London die Magna Charta vergessen?

Dagegen hatte Gandhi für den 6. April 1919 einen Volkstrauertag ausgerufen, der weitgehend Beachtung fand. An solchen Tagen legte die Bevölkerung die Arbeit nieder, die Basare wurden geschlossen, man betete und fastete. Gandhi selbst war damals in Madras, propagierte private Salzgewinnung und verkaufte verbotene Bücher. Zwei Tage später wurde er verhaftet. Zu den anschließenden Streikmaßnahmen gehörte eine Versammlung in Amritsar, die von General Dyer am 13. April zusammengeschossen wurde, es gab knapp 400 Tote, über tausend Verletzte. Der General kam mit einer Rüge davon, das britische Oberhaus lobte den tapferen Verteidiger der Regierung. Diese Reaktion verbitterte die Inder noch mehr als das Blutbad.

Unverhoffte Unterstützung brachte dem geplanten Salzmarsch Gandhis die Verhaftung eines seiner engsten Mitarbeiter. Sofort schlossen in Ahmedabad alle Schulen und Theater, die von Hindus betriebenen Werkstätten und Geschäfte sowie die einheimische Verwaltung. Eine Protestversammlung von mehreren Tausenden verurteilte den Übergriff der Regierung. Die Erregung spiegelte sich im Zulauf zu Gandhis Wanderkolonne. Sie wuchs wie eine Lawine. In manchen Orten versammelten sich Zehntausende, um ihn zu sehen und zu hören, man sah in ihm ein höheres Wesen, einen indischen Messias. Er wurde mit Jesus verglichen, das Schicksal Jerusalems erwartete man für die britische Regierung, in Ahmedabad stieg die Zahl der verkauften Bibeln sprunghaft in die Höhe. Moslems indessen zeigten sich nur wenige, und unter den Hindus gab es Unwillen wegen der Beteiligung von Unberührbaren, die Gandhi protegierte. Mit beträchtlichem Erfolg rief Gandhi die indischen, von den Engländern eingesetzten Bürgermeister auf, ihr Amt niederzulegen. Die Autorität der Regierung wankte wahrnehmbar, allenthalben entstanden Ashrams, im Geiste Gandhis lebende Gemeindezentren.

Am Abend des 5. April erreichte Gandhi die Küste in Dandi. Am nächsten Morgen, dem 6. April stieg er ins Meer, griff eine Hand voll Salz und hielt sie hoch zum Zeichen, das Monopol gebrochen zu haben. Gruppen von Anhängern bauten Salzpfannen auf, füllten sie mit Seewasser und siedeten Salz. Tausende von Schaulustigen stellten sich ein, es herrschte Volksfeststimmung.

Eine Woche nach dem Ende des Salzmarsches wurde Nehru, der daran teilgenommen hatte, als Präsident des Kongresses verhaftet. Gandhi lehnte es ab, seine Nachfolge anzutreten, kündigte aber dem Vizekönig Irvin in Delhi an, wenn die Gefängnistore sich nicht öffneten, werde er auf die beiden größten Salzfabriken losmarschieren. Irvin fürchtete weniger eine erneute Verhaftung Gandhis als dessen Hungerstreik, die ihm die Krone des Martyriums für die Freiheit Indiens einbringen könnte. Die Gewaltfreiheit, die Gandhi predigte, unterstrich er durch nichts wirksamer als durch Gewalt gegen sich selbst: durch körperliche Strapazen und immer wieder durch Fasten. Der Gouverneur Sykes in Bombay sah in dem schonenden Umgang mit Gandhi ein Zeichen von Schwäche, ebenso die «Times» und der «Daily Telegraph», aber Irvin wußte um die Sympathien, die Gandhi auch bei vielen englandfreundlichen Indern genoß, und diese wollte er nicht den Radikalen zutreiben. «Gandhi im Gefängnis hätte die Regierung wehrlos gemacht wie eine Schlange, die eine Ratte verschluckt hat.» Das Dilemma war: ließ die Regierung Gandhi machen, so untergrub dieser ihr Ansehen; setzte sie ihn fest, so gab es einen landesweiten Aufschrei.

Die Lage verschärfte sich durch Massendemonstrationen in mehreren Städten mit Opfern auf beiden Seiten. Irvin geriet unter Druck durch Erfolge der Freiheitsbewegung in Peshawar: Um nicht tatenlos als Totengräber der Kronkolonie dazustehen, nahm er Gandhi in der Nacht vom 4. auf den 5. Mai in Gewahrsam. Gandhi sprach in solchen Fällen vom «Hotel seiner Majestät». Landesweite Streiks und Proteste folgten. Inder in hohen britischen Positionen kündigten den Dienst. Schließlich gab es in Gujarat über tausend Amtsverzichte. Straßenkämpfe brachen aus, da Gandhis Gewaltlosigkeit öfter bewundert als nachgeahmt wurde.

Dennoch kam es zu einem spektakulären Akt von Gandhis Lehre, durch Leiden zu siegen. Nachdem die Regierung natürliche Salzlager außerhalb ihrer Kontrolle hatte zerstören lassen, um ihren Siedereien den Absatz zu sichern, marschierte am 21. Mai 1930 eine Gruppe von 3000 Demonstranten auf die Salzfabrik von Dharasana zu. Die Polizei prügelte mit ihren Bambusknüppeln vor Tausenden von Zuschauern und wachsamen Journalisten eine Reihe der unbewaffneten Leute nach der anderen gnadenlos nieder, es gab 300 Verletzte. Weitere Aktionen folgten bis zum Einbruch des Monsuns.

Der publizistische Erfolg der Salzkampagne war enorm. Die Demonstranten hatten ja nicht die Absicht, die Salzvorräte zu plündern, sondern wollten nur der Welt die Brutalität der Briten vor Augen führen, und das gelang auf der ganzen Linie. Berichte und

Bilder gingen um die Welt. Besonders laut war das Echo in den USA, wo die indische Unabhängigkeitsbewegung mit Sympathie begrüßt wurde. Erinnerte man sich doch des eigenen Kampfes gegen die Kolonialherren in London! Zugleich hoffte man auf das Ende der britischen Handelsmonopole, die mit dem Kolonialstatus fallen mußten. Aber auch englische Reporter um den Missionar Charles Freer Andrews stellten sich auf Gandhis Seite. Glühende Verehrer der Geschäftswelt von Bombay unterstützten seine Sache finanziell. Der Gouverneur dementierte die Reportagen ohne Erfolg. Der Auftakt zu einer Massenbewegung der *Civil Disobedience* war gegeben.

Der Vizekönig reagierte mit der Ordinance Crackdown: die Bewegung niederschlagen! Am 15. November 1930 waren Indiens Gefängnisse mit über 30000 politischen Häftlingen überfüllt, davon über 27000 Hindus, über 1000 Moslems und über 2000 Jugendliche unter 17 Jahren. Die Zahl der vor- und nachher Verhafteten ging in die Hunderttausende. Das hatte einen ungeheuren Solidarisierungseffekt zur Folge. In einem Kolonialgefängnis gesessen zu haben, wurde zu einem Adelsprädikat. Die Wahlbeteiligung zum Nationalkongreß 1934 verdoppelte sich. In den Augen der Kolonialmacht illegal, gewann er doch den Rang einer Volksvertretung.

Im Jahr nach dem Salzmarsch stand Gandhi auf dem Höhepunkt seines politischen Einflusses. Er war die populärste Figur Indiens. Die Knüppelei vor dem Salzwerk in Dharasana löste eine Welle der Sympathie für die Inder aus. Der Vizekönig Lord Irvin ließ Gandhi frei und empfing ihn am 17. Februar 1931 zu einem langen Gespräch. Diese Begegnung kommentierte Churchill als «Übelkeit erregendes und erniedrigendes Schaustück» für die Würde der Britischen Weltmacht. Es kam zu einem Vertrag: Das Salzmonopol fiel, die Gefangenen wurden befreit, Gandhi erhielt eine Einladung zur Konferenz am Runden Tisch in London. Hier landete er am 12. September 1931. Man verhandelte über das Verhältnis der Religionen in Indien. Die Moslems bestanden auf Minderheitenschutz und eigenen Wahllisten. Gandhi dagegen forderte Gleichberechtigung aller Inder, ohne Ansehen ihrer Religion. Damit drang er nicht durch.

Auf dem Heimweg fuhr er durch Europa, besuchte in der Schweiz Romain Rolland, seinen zweiten Biographen, und wurde von Mussolini als Staatsgast empfangen. Der «König von Indien» und Gegner Englands wurde in Italien gefeiert. Der Faschismus beeindruckte Gandhi, doch das Säbelrasseln kommentierte er mit Unbehagen. Acht Tage nach seiner Ankunft in Bombay, wo ihn die Massen erwarteten, setzte die Regierung Gandhi wieder hinter

Schloß und Riegel, wo auch Nehru und andere Kongreßpolitiker wieder saßen. Nach einem Jahr wurde er entlassen, kurz darauf abermals eingebuchtet. Er begann zu fasten und wurde nach einer Woche freigestellt.

Die Hauptsorge Gandhis in den frühen dreißiger Jahren galt den Parias, den 50 Millionen «Unberührbaren». Diese kastenlosen *outcasts* durften keine Schule, keine Spitäler, keine Tempel betreten und keinen Dorfbrunnen benutzen, schon ihr Schatten machte unrein. Gandhi sah in dieser Einrichtung den größten Schandfleck des Hinduismus, eher solle dieser untergehen, als die Unberührbarkeit fortdauern. Das Problem war, daß die Kastenlosen einen Interessenvertreter hatten, der ihnen Minderheitenschutz erkämpfen wollte. Damit aber waren sie als Gruppe anerkannt und verewigt – und dagegen protestierte Gandhi. Es gab Wahlen, die Unberührbaren sollten eigene Listen erhalten. Darauf kündigte Gandhi ein Fasten zum Tode an. Sein Gewissen lasse ihm keine Wahl. Dieses «epische Fasten» im Namen Gottes erzwang unmittelbar vor dem Verhungern ein Nachgeben der Gegenseite. Gandhi gründete eine Zeitschrift «Harijan», «Kinder Gottes», so nannte er die Parias, und wanderte mit einer Blechbüchse für sie bettelnd durch die Lande. Der Erfolg blieb jedoch aus, 1934 zog sich Gandhi aus der Politik zurück.

## *Engländer in Indien*

Wie waren die Engländer nach Indien gekommen? Sie segelten auf den Spuren der Spanier und Portugiesen, wie nach Amerika, so nach Asien. Vasco da Gama, der große portugiesische Seefahrer, hatte am 18. November 1497 im Auftrag des Königs Manuel von Portugal mit drei Schiffen das Kap der Guten Hoffnung umrundet und war am 25. Mai 1498 in Calicut an der südwestlichen Küste Indiens gelandet. Die Portugiesen setzten sich nördlich davon in Bombay und an anderen Orten fest, ihnen folgten die Holländer, Franzosen und Engländer. Während im Inneren die Nachkommen Tschingis Khans das Reich der moslemischen Großmoguln errichteten und unter Akbar (1556–1605) eine kulturelle Blüte entfalteten, privilegierte Königin Elisabeth I von England die *East Indian Company* mit einem Handelsmonopol. Diese mit staatlichen Hoheitsrechten ausgestattete Gesellschaft gewann durch diplomatische, ökonomische und militärische Mittel langsam an Einfluß, dem sich die Franzosen ohne Erfolg widersetzten. Lord Clive (1725–1775) besiegte sie während des Siebenjährigen Krieges 1757 und begründete die Herrschaft Englands über Bengalen und Ostindien. Erster Generalgouverneur war Warren Hastings (1732–1818). Beiden Männern hat Thomas Babington Macaulay 1840/41 meisterhafte biographische Essays gewidmet. Er bemäntelt die Ausbeutung nicht, verschweigt nicht die brutalen Ausfälle, so gegen die Rohillas, aber ein Ruhmesblatt der Briten darf nicht verschwiegen werden: die Abschaffung der bei den Hindus üblichen, durch Strabon (XV 1, 62) seit den Zeiten Alexanders des Großen bezeugten Witwenverbrennung.

Im 19. Jahrhundert konsolidierte sich die britische Herrschaft über Indien. Zum ersten Male war das Land politisch geeint. Die noch unsicheren Gebiete wurden unterworfen, die Grenzen nach Süden bis an die Küste, nach Nordwesten bis über das Fünfstromland ausgedehnt. In Afghanistan kam es seit 1840 zu schweren, für die Briten verlustreichen Kämpfen; sie endeten in einem Teilungsvertrag mit Rußland und der Errichtung eines Pufferstaates, der völlig von England abhängig war. In Indien bauten die Briten ein Eisenbahn- und Telegraphennetz aus, exportierten Rohstoffe nach England und Opium nach China und bezogen über die Grundsteuer und das Salzmonopol beträchtliche Einnahmen. Indien galt mit Grund als das kostbarste Juwel in der Krone der Queen Victoria, die 1876 den Titel einer Kaiserin von Indien annahm.

Es gelang den Briten, einen beträchtlichen Teil der indischen Intelligenz für die englische Kultur zu gewinnen. Thomas Macaulay förderte als Sekretär im Indischen Amt die Anglisierung des Bildungswesens: Schulen und Universitäten entstanden, zahlreiche Studenten aus Indien gingen nach London, Oxford oder Cambridge. Dabei wurden sie zugleich mit den Idealen der europäischen Aufklärung vertraut, und dies förderte ihr Nationalbewußtsein, das schließlich auch Gandhi ergriff.

1857 kam es zu einem Aufstand der indischen Soldaten, die sich mit der entmachteten Oberschicht verbanden. Doch wurde er von den Briten mit Hilfe der erst kurz zuvor unterworfenen Sikhs vom oberen Indus blutig niedergeschlagen. Anschließend wurde der Generalgouverneur zum Vizekönig erhoben, die alte Residenz der Mogulzeit Delhi im Häuserkampf von den Briten erobert. Doch regte sich nun auch die Gegenbewegung. Am 28. Dezember 1885 versammelte sich zum ersten Mal in Bombay der indische Nationalkongreß, eine Jahresversammlung der indischen Honoratioren, die dem wachsenden Willen zur Unabhängigkeit Ausdruck verliehen. Die entschiedenen Gegner Englands waren zunächst in der Minderheit, doch änderte sich die Lage mit dem Ende des Ersten Weltkriegs, so wie in den Kolonien allgemein so auch in Indien. Der

Einsatz kolonialer Truppen durch Frankreich und England gegen Deutschland stärkte das Selbstbewußtsein in den Kolonien. Waren die Europäer nicht mehr imstande, sich allein zu behaupten, dann mußten sie die, auf deren Hilfe sie angewiesen waren, als gleichberechtigt anerkennen. Dies fiel den Engländern im Falle Afghanistans, das 1919 selbständig wurde, leichter als im Falle Indiens. Auch Gandhi verlor im Ersten Weltkrieg den Glauben, sein Land könne, mit Verständnis behandelt, seine Zukunft im Rahmen des Empire finden, und erhob die Abschüttelung des britischen Jochs zu seinem Programm.

## *Die große Seele*

Gandhi, der den Beinamen Mahatma – «die große Seele» trägt und als *Bapu* – Vater bezeichnet wurde, ist am 2. Oktober 1869 in Porbandar an der nordwestindischen Küste zwischen Indusmündung und Bombay geboren. Sein Vater war Minister eines kleinen, den Briten ergebenen Fürsten in Gujarat und gehörte der Kaste der Gewerbetreibenden an, die unter den Kasten der Brahmanen und der Krieger, aber über den Kasten der Tagelöhner rangierte. Gandhi empfand sich stets als überzeugter Hindu, auch wenn er mit bestimmten Auffassungen seiner Religion brach. Vorbildlich war und blieb für ihn das Beten und Fasten seiner Mutter.

Nach einem Studium der Rechte in London 1888 bis 1891 arbeitete Gandhi als Anwalt in Bombay und wurde 1893 von seiner Kanzlei nach Südafrika geschickt. Hier in Südafrika erlebte Gandhi sein Damaskus, das aus dem Juristen einen Politiker machte. Nicht wissend, daß die zahlreichen Inder im Lande jedweder Position als Farbige den diskriminierenden Apartheids-Gesetzen unterlagen, sah sich Gandhi in seiner Menschenwürde verletzt. Zu Recht. Der Begriff «Farbiger» erledigt sich doch selbst – ist Weiß etwa keine Farbe?

Während die moslemischen Inder noch eine gewisse Achtung genossen, wurden die Hindus, die überwiegend als Kontraktarbeiter tätig waren, unterschiedslos als Kulis disqualifiziert. Gandhi bekam dies zu spüren, als er mit der Bahn von Durban nach Pretoria fahren wollte, ein Erster-Klasse-Billet löste, das nur für Weiße zulässig war und auf halber Strecke von einem Polizisten samt Gepäck auf den Bahnsteig gesetzt wurde. Dem Rausschmiß, wie der Film das zeigt, widerspricht Gandhis eigener Bericht. Gleichwohl bezog Gandhi auf dieser Reise seine ersten Prügel, als ihm der Schaffner einer Postkutsche einen unzumutbaren Sitzplatz auf dem Fußbrett anwies. Schon in Durban hatte Gandhi einen Konflikt ausgetragen, als er sich weigerte, im Gerichtssaal seinen Turban abzunehmen, den ein Moslem tragen durfte. Diese wie alle anderen Episoden gab Gandhi sofort an die Presse und erzielte rasch Publizität.

Neben seiner Anwaltstätigkeit studierte Gandhi die Lebensbedingungen der Inder in Pretoria und ganz Natal. Er gründete eine Gesellschaft, die sich um die indischen Einwohner kümmern sollte, brachte eine Zeitung «Indian Opinion» heraus, und schrieb Presseartikel. Als die gesetzgebende Versammlung der Republik das Wahlrecht für Inder abschaffen wollte, protestierte Gandhi und hatte Erfolg. Als Anwalt, der er dann zwanzig Jahre lang war, genoß Gandhi Ansehen wegen der zahlreichen Vergleiche, die er zuwege brachte. Zugleich setzte er sich mit den verschiedensten Religionen auseinander, mit christlichen, moslemischen, parsischen und nicht zuletzt altindischen Lehren. Den stärksten Eindruck erweckte in ihm das Christentum von Leo Tolstois Buch «Das Himmelreich Gottes ist in Euch».

1896 ging Gandhi mit seiner Familie für einige Zeit nach Indien und berichtete der Presse über die schlimme Lage der Inder unter den Europäern in Natal. Dies wurde dort bekannt, und als Gandhi gemeinsam mit 800 Indern wieder in Durban landen wollte, empfing ihn der weiße Mob und mißhandelte ihn. Man glaubte, er überschwemme Natal mit billigen indischen Kulis, deren Einwanderung damals gesetzlich unbeschränkt statthaft war. Die dramatischen Szenen des 13. Januar 1897 hat Gandhi lebendig beschrieben. Die Polizei schützte ihn mit List, war aber gegen die aufgebrachte Menge hilflos.

In einen außenpolitischen Konflikt wurde Gandhi 1899 während des Burenkrieges gezogen. Die in Südafrika ansässigen Buren holländischen Ursprungs hatten sich vor den nachrückenden Engländern nach Norden ausgedehnt und dort die Republik Transvaal gegründet. Diamanten- und Goldfunde lockten daraufhin Tausende von Fremden, überwiegend aus England, nach Transvaal, die hier jetzt Bürgerrechte beanspruchten. London stützte dies, schon weil Lord Kitchener die Kap-Kairo-Linie plante. Englische Freibeuter drangen ein, und so kam es zum Krieg. Die Sympathien der Inder waren zunächst auf Seiten der Buren. Auch Gandhi selbst ließ erkennen, daß diese die gerechte Sache vertraten. Pragmatische Erwägungen aber stimmten ihn um. Die Inder sollten den Briten ihre Herrenallüren verzeihen und durch Kriegsdienste ihre Achtung erringen. Diese reagierten höchst mißtrauisch. Sie mochten den Indern zwar keine Waffen anvertrauen, akzeptierten aber eine indische Sanitätskolonne. Die Buren verloren. Zu den von den Engländern ersonnenen Repressalien gehörte die Einrichtung von *Concentration Camps* für die gefangenen Frauen und Kinder der Buren. Die Sterblichkeit in diesen Lagern war so hoch, daß die Buren die Waffen niederlegten.

Im Jahre 1906 wiederholte Gandhi seinen Dienst als Sanitätsoffizier. Der damals ausgebrochene Zulu-Aufstand führte zu einer Strafexpedition nach einer Steuerverweigerung, bei der ein Weißer getötet worden war. Dies war gemäß Gandhis Bericht eher eine Menschenjagd als ein Krieg. Nur die Inder waren bereit, die Zulus zu pflegen, die von den Briten zur Auspeitschung verurteilt und dabei schwer verwundet worden waren. Die Kraft zu dieser Tätigkeit verband Gandhi mit seinem damals abgelegten Keuschheitsgelübde. Mit dreizehn Jahren war er verheiratet worden, hatte der Fleischeslust in einem Ausmaß gefrönt, die ihn später beschämte, und bekehrte sich nun zur Enthaltsamkeit, der einzig menschenwürdigen Haltung gegenüber der Sinnenlust, wie er meinte. Dieser Zug erinnert an den heiligen Augustinus.

Der Kriegsdienst der Inder als Sanitäter verbesserte ihre Position nicht. Nachdem die Engländer die Burenrepublik in eine Kolonie verwandelt hatten, suchten sie die Unterlegenen zu versöhnen, indem sie Buren in leitende Stellungen übernahmen. Zu ihnen zählte General Smuts. Mit ihm bekam Gandhi zu tun, als 1907 angeordnet wurde, daß die Inder Pässe mit Fingerabdruck mit sich führen müßten. Alle zehn Finger mußten abgedrückt werden. Gandhi protestierte gegen diese Diskriminierung und kam ins Gefängnis. Smuts wollte auf die Zwangsvorschrift verzichten, falls Gandhi sich selbst freiwillig mit Fingerabdruck registrieren ließ. Er tat dies, wurde freigelassen und daraufhin von einem moslemischen Inder, der ihm dies nicht verzieh, zusammengeschlagen. Nun erneuerte Gandhi seinen Widerstand. In einer Protestversammlung verbrannten die Inder ihre Pässe. Abermals wanderte Gandhi hinter Schloß und Riegel. «Endlich habe ich Zeit zum Beten!» schrieb er.

Nach seiner Entlassung im Sommer 1909 fuhr Gandhi nach London, um sich für eine Verbesserung der Lage der Inder einzusetzen. Er hatte jedoch keinen Erfolg, denn unmittelbar vor seiner Ankunft war ein britischer Beamter durch einen indischen Extremisten getötet worden. So kehrte er im November nach Südafrika zurück. Die Frucht dieser Reise ist Gandhis kulturkritische Schrift «Hind Swaradj», englisch «Indian Home Rule» von 1910. Auf dem Rückentitel steht: *No rights reserved*. Es handelt sich um eine Abrechnung mit der modernen Zivilisation, die in ihrer Radikalität ihresgleichen sucht. Hauptvorwurf: Die Zivilisation ist reiner Materialismus ohne spirituelle Tiefe. Sie zielt allein auf körperliches Wohlbefinden und ruiniert dabei die Gesundheit der Seele. Die Vermehrung der äußeren Güter zehrt an der Religion, an der Moral, an der Selbstbeherrschung, die sich über die physischen Bedürfnisse erheben soll und allein dadurch ihre innere Freiheit gewinnen kann.

Im einzelnen verurteilt Gandhi die modernen Verkehrsmittel: Flugzeug, Dampfschiff, Eisenbahn – ja sogar unverzeihlicherweise das Fahrrad. Alle Eile sei von Übel und betäube die Besinnung. Die Maschinen rauben dem Menschen die Arbeit, genauer die Handarbeit, die zum Lebensglück unerläßlich ist. Die Maschine will bedient werden, wer sie bedient, unterwirft sich ihr, sie fasziniert die Menschen bis zur Besessenheit. Die Industrie macht die Reichen reicher, die Armen ärmer. Die Technik entwickelt Destruktionspotentiale, mit denen die Menschen sich wie Motten töten. So schreibt Gandhi 1909.

Das moderne Gerichtswesen lebt vom Hader und vom Neid, von Habsucht und Rechthaberei und nährt diese Eigenschaften in den Menschen, um selbst davon zu profitieren. Als Anwalt wußte Gandhi, wovon er sprach. Die moderne Medizin kuriert die Folgen ungesunder Lebensweise, die meisten Krankheiten sind Zivilisationserscheinungen. Das moderne Bildungswesen erzieht Spezialisten aber keine Menschen. Zumal die technischen, mathematischen und physikalischen Wissenschaften trainieren zwar die Gehirne, aber stärken nicht den Charakter, worauf es allein ankommt.

Die Großstädte sind Pestbeulen des sozialen Elends – was würde Gandhi über Bombay und Kalkutta heute sagen, die größten Slums der Erde? Menschenwürdig lebt man allein auf dem Dorf, so unabhängig wie möglich. Gandhi predigt Selbstversorgung. Sein Talisman ist das Spinnrad, Symbol der von ihm in Gang gesetzten Bewegung der Heimarbeit. Es ziert heute die Flagge Indiens. Gandhi schwärmt für die alte indische Lebensart, die der in Europa vor der Industrialisierung durchaus ähnlich gewesen sei. Das Übel am Kolonialismus sei nicht die Anwesenheit der Engländer, sondern die Verbreitung der Zivilisation, mit deren Hilfe Gewalt ausgeübt werde, weil sie selbst Gewalt ausübe, nämlich über ihre Träger, die Kolonialherren.

Wir erkennen hier die Denkfigur des «Zauberlehrlings», der die hilfreichen Geister, die er rief, nicht mehr los wurde. Gandhi dämonisiert die Maschine als Teufelswerk und verflucht die Zivilisation, ähnlich wie das vor ihm Diogenes in der Tonne, der heilige Franziskus und Rousseau getan haben. Gandhi beruft sich ausschließlich auf westliche Zivilisationskritiker, auf Tolstoi, Ruskin, Thoreau und Emerson, in denen er Gesinnungsgenossen findet. Daher fehlt seiner Argumentation der Ost-West-Gegensatz. Eine Befreiung von der Herrschaft Englands, die nicht zugleich die Befreiung von der modernen Zivilisation ist, ändert nichts am Elend Indiens. Zwischen Industrienationen gebe es günstigsten Falls einen Waffenstillstand und gegenseitige Abschreckung.

Nach Natal zurückgekehrt, änderte Gandhi sein Leben entsprechend seinem neuen Ideal. Er gab seine Anwaltspraxis auf und zog mit seinen Getreuen aufs Land. Dort gründete er die «Tolstoi-Farm», eine Kommune, indisch *ashram,* für die ihm sein deutscher Freund Hermann Kallenbach 1910, im Todesjahr Tolstois, Land zur Verfügung stellte. Das Tagewerk bestand aus Gebet und Arbeit, man denkt an das benediktinische *ora et labora.* Allerdings hören wir, anders als in den Benediktinerklöstern, nichts von Kultur, nichts von Kunst, von Musik, von Literatur oder Wissenschaft. Die Ashramiten erhielten denselben niedrigen Lohn, auch die Drucker, soweit sie sich darauf einließen. Gandhi hat den ländlichen Lebensstil schon zuvor einmal und ebenso später in Indien praktiziert. In einem feierlichen Gelübde verzichtete er 1912 auf jedes Privateigentum. Im folgenden Jahr wurde die hinduistische Form der Eheschließung für ungültig erklärt und die Grenze zu Transvaal geschlossen. Gandhi veranstaltete mit 2000 Anhängern einen Protestmarsch. Dreimal wurde er festgenommen. Das war sein letzter Auftritt in Südafrika.

Nach dem Ausbruch des Ersten Weltkriegs ging Gandhi zurück nach Indien. Trotz der verbreiteten Stimmung, nun schlüge die Stunde der Freiheit, bot Gandhi sich den Briten als Sanitäter an. Er hatte bisher nie grundsätzlich gegen das Kolonialregime protestiert und fühlte sich abermals verpflichtet, Loyalität zu üben. Doch dazu kam es nicht. Er erwies sich als dienstuntauglich. Gandhi kehrte über London nach Indien zurück und gründete in seiner Heimat Gujarat wieder ein Ashram, das als Muster der künftigen Gesellschaft dienen sollte. Bevor er sich in die indische Politik stürzte, bereiste er das Land. Dabei hatte er ein Erlebnis, das seine Politik England gegenüber umkehrte.

Im Dezember 1916 besuchte Gandhi den Kongreß in Lucknow im Ganges-Tal. Dort bat ihn ein Bauer, nach Bihar an den Fuß des Himalaya zu kommen, wo die englischen Grundherren die Inder bedrückten. Gandhis Terminkalender war voll, aber der Bauer ließ nicht locker. Wochenlang wich er ihm nicht von der Seite, bis Gandhi eine Reise nach Kalkutta unternehmen mußte und bei der Gelegenheit Bihar zu besuchen versprach. Dies geschah 1917. Die dortigen Landbesitzer hatten die Pächter verpflichtet, als Pacht

Indigo abzuliefern. Das aber wurde seit kurzem von der Badischen Anilin- und Sodafabrik in Ludwigshafen synthetisch hergestellt, woraufhin die Indigopflanzen nicht mehr rentabel waren. Die Grundherren verlangten nun den Gegenwert in bar, zu dessen Zahlung die Bauern nicht verpflichtet waren und den viele nicht aufbringen konnten. Sie wandten sich an ihre Advokaten, die Grundherren jedoch dingten Meuchelmörder. Als Gandhi sich kundig machen wollte, stieß er mit der Arroganz der Kolonialjustiz zusammen. Die Bauern scharten sich um ihn, Gandhi wurde von der Polizei zum Verlassen der Provinz aufgefordert, widersprach und kam vor Gericht. Angeklagt wegen Widersetzlichkeit, berief er sich auf sein Gewissen und erwartete die gebührende Strafe. Die Advokaten der Bauern baten jetzt, dem Bapu ins Gefängnis folgen zu dürfen. Nun gab die Staatsseite nach – ein erster Sieg des gewaltlosen Widerstands.

Gandhi hielt die Presse auf dem laufenden, das machte ihn gefährlich. Viermal bat der stellvertretende Gouverneur Gandhi um eine Unterredung, während die Lage der Bauern untersucht wurde. Das zog sich fast ein ganzes Jahr hin. Am Ende lag das Unrecht der Landlords am Tage. Um die Situation der Bauern zu bessern, holte Gandhi – trotz «Hind Swaradj» – Lehrer und Ärzte: Was die Briten hätten tun sollen, tat er. Wozu also die Briten? Sie konnten gehen.

Aber nicht nur den Engländern, sondern den Reichen überhaupt trat er entgegen. In Ahmedabad streikten die Textilarbeiter. Gandhi machte ihnen Mut, sie hatten Recht. Als sie mürbe zu werden drohten, weil sie nichts mehr zu essen hatten, verkündete Gandhi, er werde aus Solidarität mit ihnen hungern, bis sie sich mit ihrem Streik durchgesetzt hätten. Dies war sein erstes politisches Fasten. Aus persönlichen und religiösen Gründen hatte Gandhi zuvor oft gehungert. Jetzt teilte er den Fabrikbesitzern mit, sein Fasten richtete sich keineswegs gegen sie, sondern nur gegen ihre fehlende Gesprächsbereitschaft. So gaben sie drei Tage später nach und verhandelten.

Gandhi übte passiven Widerstand. Ihn kennen wir schon aus dem klassischen Altertum. Die Athenerinnen unter Lysistrata verweigerten sich ihren Männern, wenn auch nur bei Aristophanes, um sie zum Frieden mit Sparta zu zwingen. Die römische Plebs wanderte aus, so Livius (II 32), weil die Senatoren ihr politische Rechte vorenthielten. Die Juden blockierten Pontius Pilatus in seinem Palast zu Caesarea, so Flavius Josephus (Antiquitates XVIII 3, 1), damit er die Kaiserstandarten aus Jerusalem entferne.

Das Fasten Gandhis gehört zu den orientalischen Kampfmitteln, die sich politisch gegen einen anderen, physisch aber gegen sich selbst richten. Ein beleidigter Japaner konnte durch Harakiri seinen Beleidiger ehrlos machen. Im Buddhismus gab es die Tradition des Protestes durch Selbstverbrennung. Aus der Geschichte der Hindus kennen wir Hungerstreiks und Sitzstreiks als Verkehrssperre. Sie stehen im Zusammenhang mit der hinduistischen Auffassung von Askese, die magische Kräfte, selbst Gewalt über Götter verleihen soll. Gandhi hat dreizehn Mal in Konfliktsituationen öffentlich gefastet. Dabei hat er stets aufs energischste bestritten, einen Gegner erpressen zu wollen. Denn das wäre doch eine Form von Gewalt gewesen. Gandhi fastete, um einem Appell an das Gewissen Nachdruck zu verleihen: entweder um stellvertretend für Vergehen anderer zu büßen und sie damit zu beschämen und zu bessern, oder aber um einen Gegner auf den Weg der Wahrheit zurückzuführen, ihm die Einsicht in die Berechtigung einer Forderung Gandhis zu vermitteln. «Gegen einen Tyrannen kann man nicht fasten», meinte Gandhi, aber gegen jemanden, der ein Gewissen hat. «Ich kann gegen meinen Vater fasten, damit er ein Laster aufgibt; aber nicht, damit er mir eine Erbschaft überschreibt.» Nach Gandhis Vorbild wurde das Protesthungern so populär, daß er 1938 erklärte, das sei zur Plage geworden.

Mit dem Ende des Ersten Weltkrieges wandte sich Gandhi gegen die britische Herrschaft in Indien. Da die Ausnahmegesetze in Kraft blieben, rief er zum Generalstreik auf, der dann doch nicht gewaltlos verlief, so daß sich Gandhi eines «himalayagroßen Irrtums» bezichtigte und sich ein dreitägiges Bußfasten auferlegte. Nach dem Blutbad von Amritsar forderte Gandhi landesweit auf, die Zusammenarbeit mit den Briten zu verweigern. Das hieß: Titel und Orden zurückgeben, Ämter und Aufgaben niederlegen, Schulen und Geschäfte boykottieren. Im Februar 1922 kam es in Chauri Chaura an der Grenze zu Nepal zu einer Brandstiftung, bei der 22 Polizisten umkamen. Gandhi fastete, aber mußte vor Gericht erscheinen, wo er seine angebliche Schuld eingestand und für sich die Höchststrafe beantragte. Er kam ins Gefängnis, wurde gesundheitshalber vorzeitig entlassen, aber zog sich dann für mehrere Jahre aus der Politik zurück. Das war seine erste Kampagne.

## *Der Weg in die Freiheit*

Gandhis zweite Widerstandsaktion rund um den Salzmarsch endete 1934 mit seinem Austritt aus dem Kongreß. Er lebte die folgenden Jahre in einem Ashram Zentralindiens. Als am 3. September 1939 England Hitler den Krieg erklärte und sich als Hüter der schwachen

Völker und der Demokratie darstellte, erwartete der Kongreß, daß auch Indien die Freiheit erhielte, und bot für diesen Fall seinen Kriegseintritt auf Seiten Englands an. Der Vizekönig aber meinte, dazu sei Indien schon als Kolonie verpflichtet und lehnte ab. Daraufhin traten die Kongreßminister zurück und übertrugen die Führung dem Bapu. Dieser verkündete die dritte Kampagne bürgerlichen Ungehorsams gegen den Krieg. Seine Aufforderung an die Engländer hieß seit 1942 *Quit India!* Verlaßt Indien! Gandhis Friedensappelle verpufften. Schon im September 1939 hatte Gandhi Hitler um Frieden gebeten. Danach wandte er sich an die Alliierten und beschuldigte sie, in der Wahl ihrer Vernichtungsmittel Hitler noch zu übertreffen. Er dachte wohl an den Bombenkrieg.

Am 9. August 1942 wurden Gandhi und die gesamte Kongreßführung festgenommen. Darauf brach ein Massenaufstand aus, wie es Indien seit 1857 nicht erlebt hatte. Eisenbahngleise wurden aufgerissen, Telegraphenleitungen zerschnitten, Polizisten angegriffen. Es gab Tote. Gandhi schämte sich, wurde aber von den Briten für die Unruhen verantwortlich gemacht. Um seine Unschuld zu beglaubigen, fastete Gandhi 21 Tage. London aber blieb hart. Zu den *hardlinern* gegenüber Gandhi gehörte Englands letzter großer Imperialist Churchill. Er hatte für Gandhi bloß Spott und Verachtung übrig und sah in dem Fasten nur Bluff und einen Appell an die Sentimentalität der Öffentlichkeit. Er, Churchill, werde sich aber nicht erpressen lassen, möge Gandhi verhungern! «Gandhismus und alles was dahinter steht, werden wir packen und zermalmen!» Churchill setzte Militär ein und schlug den Aufstand in Indien nieder.

«Gandhi verendet in britischem Militärgewahrsam» – eine solche Schlagzeile hätte dem Gouverneur in Delhi eine Gänsehaut über den Rücken gejagt. Er mahnte Churchill zur Milde. 252 Telegramme wurden während der Fastenzeit mit der Regierung gewechselt, täglich mehr als deren vier. Die Briten wurden nervös. Zeitweilig umstanden neun Ärzte den «halbnackten Fakir». Über die Presse wurde strengste Zensur verhängt. Man bot Gandhis Freilassung unter gewissen Auflagen an. Gandhi weigerte sich. Unterdes verschied unter seinen Augen erst sein Sekretär, dann seine Frau. Roosevelt intervenierte zugunsten Gandhis, er wurde schließlich aus Gesundheitsgründen entlassen. Das war seine letzte Haft. Alles in allem hat er 2338 Tage hinter Gittern verbracht.

Als nach Kriegsende die Labour-Party unter Attlee an die Regierung kam, beschloß sie, Indien in die Freiheit zu entlassen. Der Führer der Moslems Jinnah setzte aber bei den Briten die Planung eines Moslemstaates durch, das in Pandschab und Bengalen geteilte

Pakistan. Jinnah wollte die Herrschaft der Engländer nicht mit der Herrschaft der Hindus vertauschen, und diese Befürchtung war nicht ganz unbegründet, da der Kongreß sich überwiegend aus Hindus zusammensetzte. Gandhi leistete erbitterten Widerstand gegen die Trennung. So wie er die Unberührbaren nicht als Gruppe gelten lassen wollte, sondern sie als Inder wie alle anderen ansah, so betrachtete er ebenfalls die Moslems als Inder wie alle anderen. Lebenslang hatte er sich um die Aussöhnung der beiden Religionen bemüht. Jinnah verkündete eine «direkte Aktion», die zu furchtbaren Blutbädern führte, namentlich in Kalkutta. Gandhi begab sich dorthin und predigte Frieden in den Wind. Am 3. Juni 1947 verkündete Attlee die Teilung, die Moslems und der Kongreß stimmten zu. An den Feiern zur Unabhängigkeit am 15. August nahm Gandhi nicht teil: Er fastete und betete. Für ihn war das keine Sternstunde. Neue blutige Unruhen bewogen ihn, ein Fasten zum Tode anzukünden. Das wirkte. Er ging nach Delhi, doch abermals begann der religiöse Massenmord. Wiederum protestierte der Bapu mit Hunger. Ein Scheinfriede bewahrte ihn vor dem selbstgewählten Ende.

Am 30. Januar 1948 wurde Gandhi von einem Attentäter erschossen. Ein Aufschrei ging durch die Welt. *The light has gone out of our lives,* klagte Pandit Nehru – die Lichtmetapher kennen wir von Alexander, Augustus und Jesus. Man glaubte, der Mörder müsse ein Moslem gewesen sein, es war aber ein Hindu der Brahmanenkaste, der in Gandhi einen Verräter des Hinduismus sah. Dies war er in der Tat, so wie Jesus ein Verräter des Judentums; Luther ein Verräter des Katholizismus; Franklin, Jefferson und Washington Verräter Großbritanniens waren. Der Tod Gandhis freilich kam, wenn man den Zynismus verzeiht, seinem Ruhm und seiner Sache in dreifachem Sinne zugute. Zum ersten wurde aus dem Heiligen zu Lebzeiten ein Märtyrer im Tode – der Prediger gegen die Gewalt zum Opfer der Gewalt – wie Sokrates, wie Jesus zuvor, wie Martin Luther King hernach. Kann man eine Lehre überzeugender beglaubigen als durch den ungerechten Tod?

Zum anderen diskreditierte die Untat den fundamentalistischen Hinduismus. Er verlor für lange Zeit jedes Ansehen. Wurde Pakistan zu einem betont moslemischen Staat mit einer Neigung zum Fundamentalismus, so wurde aus Indien kein Hindustan, sondern ein säkularer Staat mit Religionsfreiheit, so wie Gandhi das wünschte. Leben heute doch in Indien neben den Hindus fast ebenso viele Moslems wie in der islamischen Republik Pakistan, nämlich um 120 Millionen.

Zum dritten befreite der Tod Gandhis seinen «Kronprinzen» Pandit Nehru als Staatspräsidenten Indiens vor der ätzenden Zivilisationskritik des Bapu. Nehru, ein aufgeklärter Sozialist und entschiedener Vertreter eines umfassenden Modernisierungskonzepts, nahm die damit verbundene Landflucht und die Slums in Kauf. Er förderte die Zivilisation und die Industrie, allerdings auch die Rüstung. Das Militärbudget spricht der Armut im Lande Hohn. Mit einem Atomkrieg zwischen Indien und Pakistan ist noch immer zu rechnen – Gandhis Lehre vom Gewaltverzicht hat den Weg in die Herzen der Inder noch nicht gefunden.

## *Die Gewalt der Gewaltlosigkeit*

Während seiner Kerkerhaft in den Jahren 1922 bis 1924 hat Gandhi die Erinnerungen an seine frühen und mittleren Jahre einem Mitgefangenen diktiert. Diese Autobiographie stellte er unter den Titel «Die Geschichte meiner Versuche mit der Wahrheit». Mit dieser Formulierung bezeugt er, daß es ihm in seinem Leben und Leiden um die Gewinnung von Wahrheit ging, daß er die Wahrheit nicht als ein Ziel ansah, das auf einem bestimmten Weg, auf einer Stufenleiter erreichbar ist, sondern als Ergebnis von Experimenten erscheint – von Experimenten, die er an sich selber vornahm, wobei er sich allerdings nicht als Einzelwesen ansah, das auch in der Einsamkeit seine Selbsterfahrung hätte machen können. Vielmehr fanden diese Versuche in der Öffentlichkeit und mit der Öffentlichkeit statt und dienten einem einzigen Zweck: dem zwanglosen, gewaltfreien Zusammenleben von Menschen und Völkern.

Gandhi hat für sein Lebensziel zwei Begriffe gewählt, zum einen das Sanskrit-Wort *ahimsa,* Nicht-Verletzen, das Unterlassen von Gewalt gegenüber Lebenden, und *satyagraha,* ein Sanskrit-Neologismus. Es stammt aus einem von Gandhi veranstalteten Preisausschreiben und wird übersetzt mit «Festigkeit in der Wahrheit», auch mit «Willenskraft» oder «Seelenstärke», die über Körperkraft triumphiert, meint also die Gewalt der Gewaltlosigkeit. Das ist keine Paradoxie. Denn es ging Gandhi keinesfalls um die bloße Abwesenheit von Gewalt, also Gewaltlosigkeit pur, sondern um die Gewaltlosigkeit, die sich der manifesten Gewalt entgegensetzt und sich ihr überlegen zeigt. Sinngerecht wäre allenfalls die doppelte Paradoxie: Gewaltlosigkeit ist insofern Gewalt, als sie der Gewalt entgegentritt, sie überwindet und damit beseitigt. Die für diese kämpferische Gewaltlosigkeit erforderliche Seelenstärke erwächst aus der Gewalt gegen uns selbst. Übersetzt in die Terminologie der stoischen Philosophie ist die Selbstbeherrschung, die Herrschaft des Hegemonikon, des seelischen Leitvermögens, mit dem wir unsere spontanen Regungen zähmen und lenken, vor allem den Unwillen über andere, die Verärgerung, die Rachsucht. Unabdingbar dafür ist die Bereitschaft zum Leiden, die Verachtung des Schmerzes, die Fähigkeit zur Ausdauer, zur Geduld.

Die Experimente Gandhis mit der Wahrheit begannen in Südafrika. Dort hat er sich mit verschiedenen Glaubensrichtungen auseinandergesetzt, die ihn gelehrt haben, wie er sein Hindutum verstehen sollte und wie jeder andere die Religion verstehen sollte, der er angehört. Es kommt nicht darauf an, welcher Religion jemand angehört, sondern darauf, was er aus ihr macht. Gandhi war überzeugt davon, daß der Kern jeder Religion der Glaube an Gott ist, wie immer man ihn nennt. Wenn er mitunter Gott mit der Wahrheit, ja die Wahrheit mit Gott gleichsetzte, so zielt dies auf das Unverfügbare in beiden Begriffen. Insofern enthalten sie eine Macht, der wir uns beugen müssen. Wahrheit ist das, was uns einleuchtet, ob wir wollen oder nicht; das uns überzeugt, was immer wir zuvor gemeint haben mögen. Gandhi vertritt hier die Haltung des Sokrates gegenüber den Sophisten. Meinten die Sophisten, der Mensch sei das Maß aller Dinge, so erklärte Sokrates, Gott sei aller Dinge Maß, und betonte damit, daß es nicht in unserer Macht steht, die Dinge so wahrzunehmen, wie wir sie gerne hätten. Gewiß können wir irren, in dem, was wir wahrgenommen zu haben meinen, und verfälschen, was wir wahrgenommen zu haben behaupten – aber die Wörter Irrtum und Falschheit wären sinnlos, wenn die Wörter Wahrheit und Richtigkeit inhaltslos wären.

So wie Gott für Gandhi allen Religionen gemeinsam ist, so ist allen Menschen gemeinsam auch die Menschlichkeit als oberste Verhaltensregel. In reinster Form fand er sie in der Bergpredigt des Matthäus-Evangeliums. Das Gebot der Feindesliebe ist die Forderung nach Gewaltverzicht; dem Bedürftigen helfen, dem Sünder verzeihen, das Leid auf sich nehmen, die Schuld bei sich selber suchen, Böses mit Gutem vergelten, den Geringsten als seinesgleichen achten – all das finden wir wie bei Jesus so bei Gandhi in Wort und Tat. Gandhi lernte das Christentum nicht von Konquistadoren und Kolonialherren, sondern unterschied sorgsam zwischen der reinen Botschaft und der unsauberen Ausführung. Wenn er Jesus für den Orient in Anspruch nahm und dem Okzident die Leugnung seiner Lehre vorhielt, schlägt Stolz durch – freilich auch Übereinstimmung darin, daß es wichtiger wäre, Menschen zu bessern als Staaten zu ordnen, da dies doch jenem folgen müsse.

Der Historiker kann nicht umhin, anzumerken, daß auch Gandhi seine Prinzipien mitunter verletzt hat, wenn er Nützlichkeitserwägungen den Vorrang gab, so in der Frage des Wehrdienstes. Auch haben seine gelegentlichen Rückfälle in hinduistischen Fundamentalismus bizarre oder skurrile Züge, so seine Bedenken beim Kampf der Bauern gegen die Heuschrecken, sein wiederholter Wunsch nach Heiligung aller Kühe, oder seine Skrupel, ob er wie auf Kuhmilch nicht auch auf Ziegenmilch verzichten müsse, zu der ihm die Ärzte nach längerem Fasten rieten. Daß er gleichwohl unter humanitären Prämissen selbst den Hinduismus kritisieren konnte, bewies er eindrucksvoll in seinem Kampf für die Achtung der Parias. Die Ausgrenzung der Unberührbaren erklärte er öffentlich und wiederholt zum Schandfleck der Hindus, auch wenn er zuweilen die Armen mit der Aussicht tröstete, in einer höheren Kaste wiedergeboren zu werden.

*

In seinem Dialog «Gorgias» behandelt Platon unter anderem das Verhältnis zwischen Gut und Schlecht einerseits und Recht und Unrecht andererseits. Gegen die Meinung, das Beste sei die schrankenlose Macht des Tyrannen und das Übelste der körperliche Schmerz seines Opfers, vertritt Sokrates die Ansicht, besser sei es Unrecht zu erleiden, als Unrecht zu tun (469 C; 473 A). Diese Haltung, die er dann selbst im Tode besiegelt hat, ist vielleicht nicht von jedem zu verlangen, verdient gewiß aber unsere Bewunderung. Denn nur sie vermindert das Unrecht auf der Welt. Und daß es sich vermindern läßt, verbürgen Beispiele für Leidensbereitschaft zugunsten der guten Sache, unter denen Gandhi hervorsticht.

Gandhi war ein Meister der Selbstlosigkeit, die Inkarnation der Friedfertigkeit, ein Charismatiker. Seine Ziele fanden Anklang bei Millionen, seine Mittel wurden von Millionen bewundert. Und diese Bewunderung verdient er. Er selbst legte auf die rechte Wahl seiner Mittel mehr Wert als auf die Überzeugungskraft seiner fernen Ziele. Er wußte: Oft genug entheiligen die Mittel den Zweck. Sein Ziel war das friedliche Miteinander, das verständnisvolle Füreinander. Diesem Ziel diente sein Wirken. Nicht nur der Salzmarsch, Gandhis Leben war von Anfang bis zum Ende eine Sternstunde der Weltgeschichte.

LITERATUR

Charles Freer Andrews (Hg.), Mahatma Gandhi's Ideas, 1929
Judith M. Brown, Gandhi and Civil Disobedience. The Mahatma in Indian Politics 1928–1934, 1977
Louis Fischer, The Life of Mahatma Gandhi, 1950
Mahatma Gandhi, Mein Leben, herausgegeben von Charles Freer Andrews, übertragen von H. Reisiger, 1930
Vanamali Gunturu, Mahatma Gandhi, Leben und Werk, 1999
J. Lütt, Gandhis Fasten als politische Waffe, in: Internationales Asienforum 14, 1983, S. 381 ff
Ders., Mahatma Gandhis Kritik an der modernen Zivilisation, in: Saeculum 37, 1986, S. 96 ff
Ders., The Light has Gone out of our Lives. Die Ermordung Mahatma Gandhis am 30. Januar 1948, in: A. Demandt (Hg.), Das Attentat in der Geschichte, 1996, S. 393 f
Th. B. Macaulay, Lord Clive and Warren Hastings, 1876
B. Porter, Die Transformation des British Empire, in: A. Demandt (Hg.), Das Ende der Weltreiche, 1997, S. 155 ff
H. Rau, Mahatma Gandhi mit Selbstzeugnissen und Bilddokumenten, 1970
D. Rothermund, Mahatma Gandhi – Charisma als Erfahrung und Eigenschaft, in: W. Nippel (Hg.), Virtuosen der Macht. Herrschaft und Charisma von Perikles bis Mao, 2000, S. 192 ff
O. Wolff, Mahatma Gandhi, Politik und Gewaltlosigkeit, 1963

*Vom Rechte, das mit uns geboren ist,*
*von dem ist leider! nie die Frage.*
Mephisto

# 13.
# Die allgemeine Erklärung der Menschenrechte

## *10. Dezember 1948*

«Zwei Dinge», schreibt Kant in seiner «Kritik der praktischen Vernunft» von 1788, «erfüllen das Gemüt mit immer neuer und zunehmender Bewunderung und Ehrfurcht, je öfter und anhaltender sich das Nachdenken damit beschäftigt: der bestirnte Himmel über mir und das moralische Gesetz in mir.» Ich zögere. Die Sterne über uns, gewiß, so sie nicht die Dunstglocke über unseren Städten verbirgt. Aber die Moral in uns? Ist unser moralisches Organ nicht der Zeigefinger?

Von Sternen kann man nicht sprechen, ohne an den Himmel zu denken. Der aber ist nicht für uns gemacht. Und dennoch haben seit frühesten Zeiten die Menschen ihn als den Ort des ewigen Glücks und die Sterne als Wegweiser dorthin betrachtet. Kann man sich aber den wünschenswertesten Zustand der menschlichen Gesellschaft anders vorstellen als unter der Herrschaft und im Schutz des moralischen Gesetzes? Was ist denn dieser Himmel auf Erden anderes als ein Miteinander und Füreinander, ein Leben der Menschen und Völker in Frieden, Freiheit und Freundschaft?

Nennen wir Sternstunden solche Ereignisse, die uns einen Schritt weiter in dieser Richtung führen oder aber einen Ausblick auf dieses Ziel gewähren, so zeigt sich das Dilemma, daß jeder praktische Gewinn an Weltbürgertum mit Kosten verbunden ist und jeder theoretische Wegweiser auf Weltbürgertum Wirksamkeit vermissen läßt. Haben nicht die Friedensreiche unvertretbare Opfer erfordert, die Friedensrufer ungehört in der Wüste gepredigt? Bevor wir hier Bilanz ziehen, sollten wir uns den letzten umfassenden Entwurf einer Rahmenordnung für den Weltfrieden ansehen, die Verkündung der Menschenrechte durch die Generalversammlung der Vereinten Nationen am 10. Dezember 1948.

## *Die Proklamation*

Das Echo auf die Verkündung der Menschenrechte beruht auf dem Ansehen der Vereinten Nationen. Sie verdanken ihre Existenz dem Letzten Weltkrieg und lösten förmlich im April 1946 den Völkerbund ab. Dieser war im Ersten Weltkrieg entstanden. Am 8. Januar 1918 hatte der amerikanische Präsident Wilson den Vorschlag für eine Friedensordnung nach dem absehbaren Kriegsende gemacht. Die von ihm formulierten «Vierzehn Punkte» liefen auf einen Zusammenschluß der Völker hinaus, die sich gegenseitig Unabhängigkeit und Unverletzlichkeit garantieren sollten, so daß ein erneuter Weltkrieg unmöglich würde.

Am 14. Februar 1919 beschloß die Pariser Friedenskonferenz die Bildung eines solchen Völkerbundes, seine Satzung wurde Teil des Versailler Vertrags. Da dieser von den USA abgelehnt wurde, traten sie auch dem Völkerbund nicht bei. Primär ging es diesem um die Durchführung der territorialpolitischen Friedensbestimmungen, er bemühte sich sekundär in der Flüchtlingshilfe und im Minderheitenschutz um Menschenrechte. 1926 trat Deutschland unter Stresemann bei, doch gelang es dem Bund nicht, die Aufrüstung der Achsenmächte und Japans zu verhindern.

Die Entstehung der Vereinten Nationen geht wiederum auf einen Vorschlag Amerikas zurück. Am 6. Januar 1941 forderte Präsident Roosevelt im Hinblick auf eine künftige weltweite Friedenssicherung vier Freiheiten: Freiheit der Rede und Freiheit der Religion, die durch die nationalen Regierungen zu gewährleisten seien; Freiheit von Not und Freiheit von Furcht, die durch internationale Abkommen zu sichern wären. Auf diesen vier Menschenrechten baute die Atlantik-Charta auf, die Roosevelt und Churchill am 14. August 1941 unterzeichneten. Sie fügt sich allerdings ebensowenig glatt in die internationale Politik ein wie Wilsons Punkte zuvor. Die Atlantik-Charta forderte Verzicht auf Annexionen, Selbstbestimmung der Völker über ihre Staatsform, freien Zugang zu den Rohstoffen (!) und die Entwaffnung der aggressiven Staaten.

Zukunftsträchtig war die Forderung der Atlantik-Charta nach dem Aufbau eines Sicherheitssystems. Sie führte zum «Washingtoner Pakt», vom 1. November 1942, in dem sich 26 Gegner der Achsenmächte zu *United Nations* zusammenfanden. 1944 wurde in Dumbarton Oaks bei Washington eine Satzung entworfen, und am 26. Juni 1945 verabschiedeten 51 Kriegsgegner Deutschlands die Charta der Vereinten Nationen. Die Sowjetunion, Polen, Tschechoslowakei, Jugoslawien, Südafrika und Saudi-Arabien enthielten sich der Stimme. Die «Feindstaatenklausel» besagte, daß die für alle

Nationen geforderten Rechte den Ländern Deutschland und Japan nicht zugestanden werden sollten. Gleichwohl verstanden sich die Vereinten Nationen als Hüter einer Weltordnung, in der die am 10. Dezember 1948 verkündeten Menschenrechte allgemein gelten sollten. Die 30 Artikel besagen verkürzt folgendes:

1. «Alle Menschen sind frei und gleich an Würde und Rechten geboren. Sie sind mit Vernunft und Gewissen begabt und sollen einander im Geiste der Brüderlichkeit begegnen.»
2. Die Menschenrechte gelten ohne Unterschied von Rasse, Farbe, Geschlecht, Sprache, Religion, politischer oder sonstiger Überzeugung, nationaler oder sozialer Herkunft.
3. «Jeder hat das Recht auf Leben, Freiheit und Sicherheit der Person.»
4. Sklaverei ist unzulässig.
5. Folter oder erniedrigende Behandlung sind verboten.
6. Jeder ist überall rechtsfähig.
7. Vor dem Gesetz sind alle gleich, Diskriminierung ist rechtswidrig.
8. Jeder hat Anspruch auf Rechtsbeistand.
9. «Niemand darf willkürlich festgenommen, in Haft gehalten oder des Landes verwiesen werden.»
10. Jeder Angeklagte kann ein Gericht beanspruchen.
11. Als schuldig darf nur gelten, wem eine Straftat in ordentlichem Verfahren nachgewiesen wurde. Niemand darf aufgrund eines nachträglich erlassenen Gesetzes verurteilt werden.
12. Willkürliche Eingriffe in die Privatsphäre sind unerlaubt.
13. Jeder genießt Freizügigkeit im eigenen Lande, darf jedes Land nach Belieben verlassen und in sein eigenes zurückkehren.
14. Jeder darf in anderen Ländern Asyl beantragen.
15. «Jedermann hat Anspruch auf eine Staatsangehörigkeit. Niemandem darf seine Staatsangehörigkeit willkürlich entzogen noch ihm das Recht versagt werden, seine Staatsangehörigkeit zu wechseln.»
16. Die Ehegatten sind gleichberechtigt. Scheidung ist möglich. Als Ehehindernis gilt nur der Wille eines der künftigen Ehegatten.
17. Privateigentum ist statthaft, willkürliche Enteignung unzulässig.
18. «Jedermann hat das Recht auf Gedanken-, Gewissens- und Religionsfreiheit.»
19. Jeder darf seine Meinung äußern, sich Informationen «durch Mittel jeder Art» beschaffen und solche verbreiten ohne Rücksicht auf Grenzen.

20. Es besteht «Versammlungs- und Vereinigungsfreiheit zu friedlichen Zwecken. Niemand darf gezwungen werden, einer Vereinigung anzugehören».
21. Jeder hat ein Recht auf politische Mitwirkung und auf Zugang zu öffentlichen Ämtern. Grundlage der Staatsgewalt ist der Wille des Volkes, verwirklicht durch regelmäßige, echte, allgemeine, gleiche und geheime Wahlen.
22. Jeder hat ein Recht auf soziale Sicherheit und die «freie Entwicklung seiner Persönlichkeit», einschließlich der dazu erforderlichen Voraussetzungen.
23. Jeder hat ein «Recht auf Arbeit, auf freie Berufswahl, auf angemessene und befriedigende Arbeitsbedingungen sowie auf Schutz gegen Arbeitslosigkeit». Jeder hat das Recht auf «günstige Entlohnung».
24. Jeder hat ein Recht auf Freizeit.
25. Jeder hat das Recht auf einen «angemessenen Lebensstandard». Mütter und Kinder, ehelich wie außerehelich genießen besonderen Schutz.
26. Jeder hat das Recht auf Bildung. Elementarunterricht ist kostenlos und obligatorisch. Schulen und Universitäten müssen die Vereinten Nationen zur Aufrechterhaltung des Friedens unterstützen.
27. Teilnahme an Kultur, Kunst und Wissenschaft steht jedem frei, geistiges Eigentum ist anzuerkennen.
28. Jeder hat Anspruch auf eine Ordnung, in der diese Menschenrechte gelten.
29. Jeder hat soziale Pflichten. Seine Rechte enden da, wo die anderer beginnen oder wo Moral, öffentliche Ordnung und Gemeinwohl einer demokratischen Gesellschaft berührt sind.
30. Diese Artikel dürfen nicht gegen ihren Geist ausgelegt werden.

Der Vorspruch zu dieser Proklamation benennt die Grundüberzeugung, die hinter ihr steht: daß die Menschheit eine Familie sei, deren Angehörige Menschenwürde und gleiche und unveräußerliche Rechte auf Freiheit, Gerechtigkeit und Frieden besitzen, daß diese Menschenrechte durch Akte von Barbarei – gemeint sind vorrangig deutsche und japanische Brutalitäten – das Gewissen der Menschheit tief verletzt worden seien, daß Anlaß zum Aufstand gegen Tyrannei zu vermeiden wäre, Völkerfreundschaft und Gleichberechtigung von Mann und Frau herzustellen und sozialer Fortschritt für bessere Lebensbedingungen anzustreben sei.

Die Proklamation richtet sich an Staaten. Nur Staaten können Menschenrechte gewähren, nur Staaten können Menschenrechte verletzen. Den Staatsmännern stellt die Präambel ein «gemeinsames Ideal» vor Augen, wie weit auch immer die Wirklichkeit dahinter zurückbleiben mag. Damit sind, wenn auch behutsam, die Schwierigkeiten eingeräumt, die sich einer Umsetzung der Wünsche entgegenstellen mußten. Diese Hindernisse beruhen zunächst einmal auf wirtschaftlichen Gegebenheiten. Ein Menschenrecht auf akzeptable Entlohnung, auf kostenlosen Schulunterricht und auf ärztliche Versorgung setzt einen zivilisatorischen Standard voraus, der in weitesten Teilen der Erde einfach fehlt. Wer verletzt das Menschenrecht, wenn diese Bedingungen in einem Land nicht erfüllt sind, sei es, weil es zu arm ist, sei es, weil der Reichtum sich zu ungleich verteilt, sei es, weil die Regierung Panzer und Kanonen bevorzugt? Selbst das reichste Land der Welt kann die Forderung nicht erfüllen, jedem Bürger die für die freie Entfaltung seiner Persönlichkeit erforderlichen Mittel an die Hand zu geben. Immerhin dürfte sich ein Konsens über die Wünschbarkeit, diesen Menschenrechten zu genügen, erzielen lassen.

Gravierender sind die im Katalog zurückgestuften Interessen der Staaten und der Widerspruch zwischen einzelnen Menschenrechten. Das mit allen Mitteln mögliche Beschaffen und Verbreiten von Informationen legalisiert die Spionage und ignoriert den Persönlichkeitsschutz. Das Recht auf Eigentum kann als Erlaubnis zu unbegrenzter Bereicherung verstanden werden und auf Kosten der Wohlfahrt anderer gehen.

Das größte Problem aber liegt in der Geschichtlichkeit des Menschenbildes, das den Menschenrechten zugrunde liegt. Wir verstehen den Menschen primär als Individuum und sichern ihn als solches gegen Beeinträchtigung. Andere Kulturen aber betrachten den Menschen primär als Angehörigen einer Gruppe, die dem Einzelnen eine dienende Rolle zuweist: Die Frau dient dem Mann, der Mann dem Fürsten, der Fürst dem König und dieser dem religiösen Gesetz, das Toleranz und Liberalität als westliches Gift verabscheut und nichts von freier Entfaltung der Persönlichkeit, Auflösbarkeit der Ehe und Religionsfreiheit wissen will, weil dies die Eigenart der Kultur, ihre kollektive Identität bedroht. Derartige Gedankengänge nennen wir fundamentalistisch, denn sie gründen sich auf einen gruppenspezifischen Normenkomplex, der selbst nicht mehr begründungsbedürftig erscheint.

Dieser Berufung auf einen anderen Wertekanon kann man bloß geschichtsphilosophisch begegnen. Denn die europäische Freiheitsidee hat sich selbst gegen soziale, nationale und religiöse Gruppenzwänge durchsetzen müssen: gegen die feudalaristokratische Gesellschaft, gegen die religiösen und konfessionellen Gewalten und zuletzt gegen den nationalen Totalitarismus und seine Parole: «Du bist nichts, dein Volk ist alles!» Dies wurde als Rückfall empfunden und wird, wo es noch gilt, zu Recht als Rückständigkeit gedeutet. Nur über die Erwartung, daß weltweit die individuelle Freiheit über Zwänge zur kollektiven Identität von Gruppen siegen wird, lassen sich die Menschenrechte allgemein fordern.

Ein letztes Manko der Proklamation liegt darin, daß nur zaghaft darauf hingewiesen wird, daß den Menschenrechten auch Menschenpflichten gegenüberstehen. Man fordert vom Staat ein «Recht auf Arbeit», das von diesem doch niemandem verwehrt wird, während sehr viel eher von denen eine «Pflicht zur Arbeit» gefordert werden müßte, die von ihm unterhalten werden. Ebenso hätte man Menschenpflichten von Reichen gegenüber Armen, Gesunden gegenüber Kranken, Starken gegenüber Schwachen formulieren können – eine Thematik, die nicht die Obrigkeit, sondern den Bürger betrifft.

## *Geltendes und Höheres Recht*

Hinter dem Konzept der Menschenrechte steht der Gedanke vom Recht auf zwei Ebenen. Auf der unteren Ebene liegt das positive Recht, das sind die Satzungen und Bestimmungen, die sich aus dem entweder freiwilligen oder erzwungenen Einvernehmen einer Gesellschaft herleiten: Die Erlasse und Gesetze des jeweiligen Staates, das grundsätzlich veränderbare, von Volk zu Volk, von Zeit zu Zeit unterschiedliche, jeweils geltende und einklagbare Recht, mitunter erweitert um die Gebote der Religion und der Sitte der jeweiligen Gesellschaft.

Auf der oberen Ebene der Verhaltensnormen, auf der die Menschenrechte angesiedelt sind, liegt ein Regelsystem, das als Moral oder Ethik bezeichnet wird und als göttliches Recht, als Vernunft- oder Naturrecht unverfügbar und unveränderlich für alle Menschen einsehbar gedacht ist. Es bedarf der durch die Vereinten Nationen vorgenommenen Kodifizierung eigentlich nicht, denn es ist allen Vernunftwesen eingeboren und allen vernehmlich, die auf die Stimme ihres Gewissens zu hören bereit sind. Es dient als Richtschnur für das Verhalten in den Fällen, die durch Gesetz und Sitte nicht geregelt sind und als Meßlatte für die Beurteilung des positiven Rechtes. Gute Gesetze entsprechen dem Vernunftrecht und verwirklichen die Gerechtigkeit, schlechte Gesetze dienen bloß dem jeweiligen Machthaber oder dem herrschenden System und stehen dem Vernunftrecht entgegen.

Diese Idee vom doppelten Recht ist antik und fand ihre eindrucksvollste Darstellung in einem Drama des Sophokles aus dem Jahre 441 vor Christus. Antigone ist entschlossen, den Leichnam ihres Bruders zu begraben, obschon der Stadtherr das aus Staatsräson verboten hat, weil der Tote als Landesfeind gestorben ist. Das Recht des Verstorbenen auf ein Grab und die Pflicht des Angehörigen, ihm ein solches zu gewähren, ist für Sophokles göttliches Gebot und kann durch menschliche Willkür – wie auch immer sie begründet sein mag – nicht aufgehoben werden.

Der Glaube an ein unverfügbares göttliches Recht findet sich in den religiösen Vorstellungen der Griechen seit homerischer Zeit. Bei dem Dichter Hesiod ist Zeus, der Vater von Göttern und Menschen, der höchste Hüter des Rechts. Er schützt auch den Fremden, den Gast, der keine Bürgerrechte genießt. Dike und Themis, die als Frauengestalten gedachten Personifikationen von Recht und Satzung, thronen zu beiden Seiten des Götterkönigs. Eunomia, das gute Gesetz, und Eirene, der Friede, sind seine Töchter. In der Zeit nach der ionischen Aufklärung wird anstelle der Gottheit die Natur als Garant von Menschenrechten angesehen, so bei Euripides, dem Tragiker: «Achte die Gleichheit! Sie verbindet Freund mit Freund, Stadt mit Stadt, Bundesgenossen mit ihresgleichen, Gleichheit kommt den Menschen von Natur aus zu.»

Seit dem 4. Jahrhundert v. Chr. vertraten die auf Sokrates zurückgehenden Schulen die Idee einer über allem positiven Recht stehenden höheren Gerechtigkeit. Insbesondere war es die Philosophenschule der Stoa, die eine allgemeine Brüderlichkeit unter den Menschen predigte und die Ideale der Philanthropie und des Kosmopolitismus verkündete. Cicero (*De legibus II*) unterschied das *ius civile,* das bürgerliche Recht, wie es in den Gesetzen niedergelegt ist, und das *ius naturale,* das sich als Gefühl für Billigkeit und Zumutbarkeit, für Anstand und Rücksicht aus der individuellen Selbstprüfung des Vernunftwesens ergibt. Cicero vergleicht die Evidenz des Naturrechts mit derjenigen der Geometrie: Beides ergibt sich nicht aus der äußeren, sondern aus der inneren Erfahrung. Die Regeln der Geometrie sind als richtig erkennbar, auch wenn es in der Wirklichkeit nirgends eine völlig gerade Linie, einen exakt runden Kreis gibt. Das Beispiel Ciceros für die Überzeugungskraft des Naturrechts ist die Vergewaltigung der Lukrezia: wer nicht erkennt, daß dies ein Verstoß gegen das *ius naturale* war, disqualifiziert sich selbst, er solidarisiert sich mit dem Tyrannen und verdient Gegengewalt.

Cicero thematisiert neben den Rechten auch die Pflichten. Hier stellt er eine Hierarchie auf: über den Pflichten gegenüber dem

Freund steht die Pflicht gegenüber der Allgemeinheit. Über der Pflicht gegenüber der Staatsgewalt steht die Pflicht gegenüber der Menschheit. Cicero übersetzte das griechische Wort *philanthrōpia* mit *humanitas* und schuf damit jenen Begriff, der dem Gedanken von Menschenrechten zugrunde liegt. Humanität bezeichnet keinen Tatbestand der Erfahrung, sondern das Eingeständnis, daß der Mensch als einziges Lebewesen auf Erden hinter seiner Bestimmung zurückbleibt – abgesehen von Ausnahmen wie Sokrates, Jesus und Gandhi.

Cicero schrieb in seiner Abhandlung über die Menschenpflichten: «Wenn die Natur gebietet, daß der Mensch auf seinen Mitmenschen Rücksicht nimmt, und zwar ohne Ansehen der Person: so muß gemäß derselben Natur der Nutzen aller Menschen ein gemeinsamer sein. Und wenn das so ist, gilt für uns alle ein und dasselbe Gesetz der Natur; und wenn wiederum dieses letztere gilt, dann verbietet uns dieses Gesetz eindeutig, einem anderen Menschen wehe zu tun. – Absurd ist nämlich, was einige Philosophen behaupten: natürlich würden sie, um einen Vorteil zu erlangen, ihrem Vater oder Bruder nichts wegnehmen, aber hinsichtlich der übrigen Mitbürger stehe es anders. Diese Philosophen bestreiten also, daß es so etwas wie eine Rechtsgemeinschaft oder eine Gemeinschaft des Nutzens zwischen den Bürgern eines Staates gibt – eine Behauptung, die jede staatliche Gemeinschaft über den Haufen wirft. Absurd aber auch das, was eine andere Gruppe von Philosophen behauptet: Rücksicht auf alle Mitbürger ja, nicht aber auf Ausländer. Diese Philosophen zerstören die Gemeinschaft des Menschengeschlechts (*dirimunt communem humani generis societatem*). Damit aber bestreiten sie die Tugenden der Wohltätigkeit, Großzügigkeit, der Güte, der Gerechtigkeit von Grund aus; und Leute, die das tun, müssen auch als Frevler gegen die unsterblichen Götter betrachtet werden. Denn sie wollen die Gemeinschaft beseitigen, die von den Göttern zwischen allen Menschen eingerichtet worden ist.» So Cicero in «De officiis» (III 27f); eine Schrift, die Friedrich der Große ins Deutsche übersetzen ließ.

Ciceros Bekenntnis zu kosmopolitischen Menschenrechten und Menschenpflichten wurde aufgegriffen durch Seneca in der Zeit Neros um 60 n. Chr. In dessen 95. Brief an Lucilius heißt es: «Wie sollen wir mit anderen Menschen umgehen? Welche Vorschriften sollen wir erlassen? Daß wir kein Menschenblut vergießen? Das wäre doch zu wenig: jemandem nicht schaden, dem wir nützen sollen. Höchst löblich ist es, wenn Menschen einander mit Nachsicht begegnen. Müssen wir eigens vorschreiben, daß man einem Schiffbrüchigen die Hand reichen, einem Irrenden den Weg zeigen, mit einem Hungernden sein Brot teilen soll? Wir sind alle Glieder eines einzigen großen Körpers. Die Natur hat uns zu Verwandten gemacht, sie hat uns wechselseitige Liebe eingeflößt und uns gesellig gemacht. Sie hat festgelegt, was gerecht und billig ist. Ihrem Willen gemäß ist es schlimmer, Schaden zu stiften als Schaden zu leiden. Jener Vers sei immer gegenwärtig: Ein Mensch bin ich, nichts Menschliches ist mir fremd: *Homo sum, humani nihil a me alienum puto* (Terenz). Wir sind zur Gemeinschaft geboren, *in commune nati sumus*. Unsere Gesellschaft gleicht einem Gewölbe, es stürzt zusammen, wenn du auch nur einen der Steine, die sich gegenseitig stützen, herausbrichst.»

Senecas Bekenntnis zur Weltgesellschaft wurde von Kaiser Marc Aurel in seinen «Selbstbetrachtungen» aufgegriffen. Er verglich die Menschheit mit dem Organ eines Körpers: Jeder möge seine Aufgaben erfüllen, wie die Augen und die Füße das tun, und ebensowenig wie diese eine Gegengabe erwarten, etwa Dankbarkeit und Treue (IX 42). «Wir sind zur Zusammenarbeit geboren wie Füße und Hände, wie obere und untere Augenlider und die beiden Reihen unserer Zähne» (II 1). Eindrucksvoll ist auch sein Vergleich der Weltgesellschaft mit einem Baum. Wer seinem Nächsten auch nur zürnt, der gleicht einem abgebrochenen Ast, der nun nicht mehr zu dem Baum als ganzem gehört (XI 8).

Die römischen Rechtsgelehrten, namentlich Ulpianus (um 222 n. Chr.) haben in den Digesten (I 1) drei Rechtsebenen unterschieden: *ius naturale, ius gentium* und *ius civile*. Als Naturrecht bezeichneten sie den Anspruch auf Leben, der auch Tieren zustehe. Die Tiere auf der Erde, im Wasser und in der Luft hätten das Recht, in Freiheit zu leben und sich zu vermehren. Gemäß dem Naturrecht gebe es auch keine Sklaven, alle Menschen würden als Freie geboren. Sklaverei sei erst durch das *ius gentium* in die Welt gekommen. Die Übersetzung mit «Völkerrecht» ist insofern irreführend, als es nicht um Rechtsbeziehungen zwischen Staaten geht, sondern um Rechtsanschauungen, die bei allen Völkern übereinstimmen, während als *ius civile* das positive, zum Beispiel das geltende römische Recht bezeichnet wird. Das Prinzip der Gerechtigkeit definiert Ulpian: *honeste vivere* – anständig leben, *alterum non laedere* – den anderen nicht schädigen, *suum cuique tribuere* – jedem das Seine gewähren (Digesten I 1, 10).

Dem mittelalterlichen Denken lag die Vorstellung von angeborenen Rechten eines jeden Menschen fern. Universale Geltung sprach man der Erbsünde und dem Erlösungsbedürfnis zu, als Weg dorthin wurde der Glaube an Jesus Christus und der Gehorsam gegenüber der Kirche betrachtet. Die Gleichheit wurzelt in der Sünde, die Freiheit in der Entscheidung zwischen Satan und Gott. Menschenrechte sind aus dem Neuen Testament nicht abzuleiten, wird doch das irdische Leid in der Nachfolge Christi durch himmlische Freuden mehr als aufgewogen. Die in der Bergpredigt erhobenen Forderungen der Nächsten- ja der Feindesliebe sind Menschenpflichten. Sie machten, würden sie befolgt, Menschenrechte überflüssig. Da dies aber nicht geschah, konnte Leo Tolstoi gegenüber Gandhi von den «pseudo-christlichen Völkern» Europas reden.

Nichtsdestoweniger bezeugen Dokumente wie die Magna Charta ein Rechtsbewußtsein, das sich gegen die bestehende Staatsordnung wendet und insofern Zeugnis ablegt für ein Billigkeitsdenken, wie es Cicero als Basis für eine Kritik an bestehendem Recht behauptet hat. Seit der Humanistenzeit werden dann die antiken Autoren in wachsendem Umfang zu Kronzeugen für die Reformbedürftigkeit des Rechtswesens herangezogen. Schon der Begriff Humanismus, der zwar erst aus dem 19. Jahrhundert stammt, aber auf italienisch *umanista* um 1500 zurückgeht, erklärt sich daraus, daß bei den antiken Autoren weniger das typisch Griechische und das eigentümlich Römische geschätzt wird als das Allgemeinmenschliche, die Humanität.

In der Aufklärung gewann der Rückgriff auf die antike Naturrechtslehre grundlegende Bedeutung für die Vorstellung von menschenwürdiger Gesellschaftsordnung. Schon seit dem 16. Jahrhundert wird die These von der Volkssouveränität vertreten (Johannes Althusius), zwischen gerechten und ungerechten Kriegen unterschieden (Hugo Grotius), Glaubensfreiheit gefordert (John Locke) und die Idee vom Gesellschaftsvertrag ausgeführt (Jean-Jacques Rousseau). Als Vorstufen zur Charta der Menschenrechte finden wir die *Habeas Corpus*-Akte von 1679, die sich gegen Willkür im Strafrecht wandte, die *Bill of Rights* von 1689, die dem Londoner Parlament Mitsprache in der Politik sicherte, die *Virginia Declaration of Rights,* 1776 von George Mason im Geiste von John Locke entworfen und vorbildlich geworden für alle späteren Grundrechtskataloge, zunächst für die *Declaration of Independence* von 1776 und die zehn *amendments* zur Verfassung der Vereinigten Staaten von 1789 und die Erklärung der Menschen- und Bürgerrechte in der Französischen Revolution, die *Déclaration des droits de l'homme et du citoyen* vom 3. September 1791. Sie ist weithin inhaltsgleich mit der Erklärung von 1948.

Bevor wir uns der Frage nach den praktischen Erfolgsaussichten der Menschenrechtsbewegung zuwenden, müssen wir in Betracht ziehen, daß sie auch theoretisch bestritten worden sind. Seit der griechischen Frühzeit gibt es Stimmen, die jedes höhere Recht als Illusion zu erweisen suchen.

## *Menschenrechte – eine Fata Morgana?*

Die Annahme eines höheren Rechtes, das in der Vernunft, im Willen Gottes oder in der Natur verankert gedacht ist, wurde im 5. Jahrhundert v. Chr. von Vertretern der Sophistik bestritten. Auch sie beriefen sich auf die Natur, machten aber keinen Unterschied zwischen dem Tierreich und dem Menschenleben. Sie fanden überall dasselbe Verhaltensmuster: jeder nutzt nach Kräften seinen eigenen Vorteil und bemäntelt das, wenn es denn sein muß, mit schönen Begriffen wie Gemeinwohl oder Gerechtigkeit. Bei genauerem Hinsehen gibt es nur ein einziges Recht, das Recht des Stärkeren.

Der älteste Text, der dieses Thema behandelt, ist der Melier-Dialog im Geschichtswerk des Thukydides (V 84ff). Im Sommer 416 v. Chr. fuhren die Athener mit 38 Schiffen und über 3000 Kriegern zur Insel Melos in der südlichen Ägäis. Die Melier waren eine Kolonie Spartas und hatten sich, als Dorier wie jene, nicht bereitgefunden, sich den Athenern zu unterwerfen. Angesichts der Übermacht Athens zur See hatte Melos indes Neutralität gewahrt. Nun also erschienen die Athener vor der Stadt, griffen aber nicht sofort an, sondern erklärten sich zu Verhandlungen bereit. Die Ratsherren und Vornehmen der Melier nahmen das Angebot an, weigerten sich aber, öffentlich vor dem Volk zu diskutieren. Dies monierten die Athener, während die Melier beanstandeten, daß die Athener mit Übermacht erschienen seien, mithin als Richter in eigener Sache aufträten, und den Meliern nur die Wahl ließen zwischen Unterwerfung und ungleichem Krieg.

Die Athener behaupteten nun, sie hätten die beste Absicht, sie wollten mit den Meliern über ihre Rettung reden. Sie selbst seien nicht an einer Zerstörung der Stadt, sondern an deren Eintritt in den attischen Seebund interessiert. Auf «rechtliche», das heißt ideologische Argumente solle man tunlichst verzichten. Sie, die Athener, wollten nicht ihren Führungsanspruch als Sieger über Persien geltend machen, die Melier sollten nicht bestreiten, daß sie innerlich auf Seiten Spartas stünden. Derartige Rechtsgründe seien nur unter gleichen Bedingungen triftig, jetzt aber seien sie die Stärkeren, und für die Schwächeren sei es ein Gebot der Klugheit, sich zu unterwerfen.

Dagegen meinten die Melier, es gebe zwar im Augenblick keinen Zweifel über die ungleiche Lage, aber es sei doch kurzsichtig für die

Athener, im Stolz auf ihre Macht die Billigkeit hintanzusetzen, denn auch sie selbst könnten einmal in die Lage kommen, aus der Position des Schwächeren argumentieren zu müssen. Wenn sie jetzt ihre Stärke mißbrauchten und dann schließlich doch unterlägen, sei die Rache an den Athenern um so schlimmer. Also läge eine Schonung von Melos auch im weiterblickenden Interesse Athens.

Die Athener entgegneten, darauf könne man es ankommen lassen, das Ende ihrer Herrschaft sei nicht in Sicht. Es wäre zum Vorteil beider Parteien, wenn die Melier sich unterwürfen.

Die Melier machten nun geltend, das wäre doch ein sehr ungleicher Vorteil, wenn die Athener zu den Herren der Melier, sie aber zu Sklaven der Athener würden. Sie boten abermals Frieden und Neutralität an.

Dem setzten die Athener entgegen, ihre sonstigen Untertanen würden dies als Schwäche auslegen. Wenn Melos als gleichberechtigte Macht von Athen respektiert würde, gäbe das ein schlechtes Beispiel für die aufsässigen Inseln, die unter Athens Herrschaft stünden. Sie verlören dann alle Furcht vor Athen.

Die Melier nahmen den Beispielcharakter auf, meinten aber umgekehrt, es könne sich doch keine Stadt mehr sicher fühlen, wenn Athen andere, neue Untertanen brauche, um die alten zu sichern.

Die Athener widersprachen: die Landmächte entschlössen sich nur zögernd zum Kampf, und die Seestädte befänden sich sowieso fast ausnahmslos in ihrer Gewalt. Darum brauchten sie auch Melos.

Darauf antworteten die Melier, wenn die Athener für ihre Herrschaft kämpften, dann müßten sie selbst doch wenigstens für ihre Freiheit kämpfen dürfen. Und wenn sie schon schwächer seien, so setzten sie ihre Hoffnung auf die Hilfe der Götter, die einen solchen Rechtsbruch der Stärkeren nicht ungestraft ließen.

An dieser Stelle der Diskussion argumentierten die Athener nun als aufgeklärte Vertreter der sophistischen Machtlehre. Die göttliche Vergeltung erschien ihnen als der reine Aberglaube. Religiös motivierte Ethik war für sie ein veralteter Bewußtseinsstand. Beachtung verdiene nur das Naturgesetz des universalen Egoismus. «Wir glauben, daß die Götter – wenn es solche gibt – jedenfalls aber die Menschen, einem unentrinnbaren Zwang der Natur unterstehen. Und der besagt, daß jedes Wesen seine Macht so weit ausdehnt, wie es nur kann. Der Starke befiehlt, der Schwache gehorcht. Dieses Gesetz haben nicht wir gegeben, weil es uns zur Zeit nützt, auch nicht als erste angewandt. Wir finden es in der Welt vor, übernehmen es aus der Vergangenheit, gehorchen ihm und geben es weiter an die Zukunft. Ewige Zeiten wird es gelten, und wenn andere sich in unserer Lage befinden, handeln sie genauso. Selbst ihr, Männer aus Melos, tätet nichts anderes, nichts besseres, wenn ihr nur könntet.»

Die Athener vertraten eine Situationsethik und gaben das zu, in der überlegenen Position begreiflich. Bereits zu Beginn des Krieges läßt Thukydides die Gesandten Athens in Sparta ihre Herrschaft so rechtfertigen: Aus Furcht vor den Persern wurde sie begründet; aufrechterhalten wird sie, weil sie rühmlich und nützlich nun auch für Athen ist. Würde sie aufgegeben, so wäre die Rache der Bundesgenossen zu fürchten. Es sei natürlich, daß die Schwachen den Starken gehorchen, und wenn diese ihre Herrschaft maßvoll ausübten, so könne man mehr nicht verlangen.

Die Athener bekräftigten ihr gutes Gewissen, indem sie erklärten, es sei nicht unehrenhaft für Melos, sich einer so großen Macht wie Athen anzuschließen. Der richtige Weg in der Politik sei, sich Ebenbürtigen gegenüber zu behaupten, Stärkeren nachzugeben und Schwächere zu schonen. Und letzteres wollten sie mit ihrem Dialog erreichen. Falls die Melier halsstarrig blieben, sähen sie sich leider gezwungen, die Waffen sprechen zu lassen. Die Ratsherren von Melos gaben indessen nicht nach. Sie weigerten sich, ihre seit 700 Jahren bestehende Freiheit den Athenern zu opfern, und beschlossen, im Vertrauen auf die Götter und die Spartaner zu kämpfen. Die Athener fanden ein solches Verhalten verbohrt und schritten zur Belagerung. Der Kampf zog sich hin, Athen schickte Verstärkung. Die Lage wurde hoffnungslos, eine Gruppe von Meliern übte Verrat, und die Stadt fiel. Die Athener schlugen auf Antrag des Alkibiades alle erwachsenen Männer tot und verkauften Kinder und Frauen in die Sklaverei. Das war damals üblich.

Das Naturgesetz der Macht, auf das die Athener sich beriefen, entsprang der sophistischen Philosophie, die sich als Fortsetzung der ionischen Aufklärung begriff. Sie erblickte in dem Glauben an Götter, wie ihn die Melier vertraten, die Auswirkung eines Priesterbetruges. Kritias, der Onkel Platons, erklärte, in der Urzeit hätten die Menschen wie Tiere gelebt. Später hätten sie sich Gesetze gegeben, um die Gewalt zu kontrollieren. Aber die Gesetze hätten nur die öffentlichen Verbrechen verhindert. Ein kluger Mann sei darum auf die Idee gekommen, Götter zu erfinden, die auch heimliche Sünder strafen. Er hätte zu seinen Landsleuten gesagt: «Es gibt nicht nur irdische, sondern auch himmlische Richter. Die Götter sehen alles und strafen, was Menschen nicht strafen können.» So hätte der Erfinder der Götter den Leuten Furcht vor der himmlischen Vergeltung eingeflößt, durch einen nutzbringenden Betrug die Religion eingeführt und die Sitten verbessert. Religion war für Kritias wie später für Heinrich Heine und Sigmund Freud bloß «Eiapopeia vom Himmel».

Die sophistische Naturlehre der Macht hat Polybios (XV 20, 3) auf die Formel gebracht: «Die großen Fische fressen die kleinen.» Wie sie dies am geschicktesten bewerkstelligen, lehrt Nicolo Machiavelli (1469–1527) in seinem Traktat über den Fürsten «Il Principe». Es handelt sich um eine Kunstlehre der Machtpolitik, die nach ausschließlich pragmatischen Erfolgs- und Erfahrungsregeln konzipiert ist. Dem Autor ist menschenverachtende Immoralität vorgeworfen worden, so durch Friedrich den Großen in seinem «Antimachiavell» von 1739. Das aber war insofern ungerecht, als Machiavelli bloß beschreibt, mit welchen Mitteln man welche Macht aufbaut, wobei der Glaube an eine elementare Menschlichkeit ein Faktor ist, mit dem man rechnen muß, auch wenn man selbst diesen Glauben nicht teilt.

Die Formel vom Naturgesetz «Fressen und Gefressen Werden» geht davon aus, daß der Mensch ein Raubtier ist, aber dem steht die Theorie entgegen, daß er ein Herdentier sei. 1714 publizierte Bernard de Mandeville, ein Londoner Arzt, sein Buch *The Fable of the Bees: or Private Vices made Publick Benefits* – Die Bienenfabel oder private Laster dienen dem allgemeinen Besten. Darin verglich er die menschliche Gesellschaft mit einem Bienenstaat, von dem er meinte, jede Biene sorge allein für sich selbst, und dabei gedeihe das Ganze. Er suchte zu zeigen, daß dem Gemeinwohl am meisten gedient sei, wenn jeder sich möglichst ungestört um seinen eigenen Vorteil bemühe. Das Werk richtete sich gegen den Absolutismus und seine merkantilistische, durch Staatsräson gesteuerte Wirtschaftspolitik, die der Privatinitiative Fußschellen anlegte. Mandeville sah im ökonomischen Liberalismus den wahren Weg zum Wohlstand. Was immer Gutes entstanden sei, beruhe auf Lastern und Schwächen der Menschen: auf Hunger und Not, auf Furcht und Übermut, auf Habsucht und Ehrgeiz, auf Unzufriedenheit, Aberglaube und Egoismus. Wollte wer die schlechten Eigenschaften der Menschen beseitigen, so verbiete er alles, worauf die Gesellschaft stolz ist: Gold und Silber und jeglichen Luxus, den Fernhandel und den Fremdenverkehr, den Wein und die Waffen. Er zerschlage die Druckerpressen und verbrenne die Bücher, die uns doch nur auf dumme Gedanken bringen. Mandevilles Plädoyer für den Eigennutz als die unersetzbare Quelle der Wohlfahrt huldigt dem Glauben, daß sich das Zusammenleben der Menschen von selber regele, wenn man sie nur machen lasse, so wie der Bienenstaat ohne Moral vortrefflich gedeihe. Aber kann man, ja muß man nicht andere Parallelen aus dem Tierreich heranziehen?

> Mandevilles Bienenfabel hat dem Wolf gefallen.
> Er zerriß das Schaf und sprach: «*Private vice* nützt allen.»

Analogien aus der Tierwelt für menschliches Verhalten sind von Darwin (1809–1882) und den Darwinisten angeführt worden. Darwin selbst sah das *survival of the fittest* im Kampf ums Dasein in der Natur als Faktor ihrer Stabilität, ja ihrer Höherentwicklung. Eine solche aber sei beim Menschen nicht zu erwarten, weil sich – so Darwin – einerseits die primitiven Völker rascher vermehren als die zivilisierten, und andererseits die zivilisierten Völker durch ihre christliche Nächstenliebe auch den Kranken und Schwachen Möglichkeiten zu überleben und sich zu vermehren, böten, so daß die Zahl der Kranken wüchse und die Menschheit sich primitiviere und degeneriere.

Um dem entgegenzuwirken, entstand um 1900 die eugenische Bewegung, die in England, Amerika, Frankreich und Deutschland außerordentlich populär war. Naturrechtliche Appelle waren für diesen Ansatz «Humanitätsduselei», im besten Falle Träumereien von blauäugigen Schwärmern, gewöhnlich aber erhabene Phrasen zur Bemäntelung der eigenen Interessen.

Die Skepsis gegenüber «Menschenrechten» wurde in den zwanziger Jahren genährt durch die einseitige Umsetzung der Vierzehn Punkte Wilsons. Er hatte das Selbstbestimmungsrecht der Völker verkündet und duldete nun die Beschneidung Deutschlands. Die an Polen, die Tschechoslowakei und Italien verlorenen, deutsch besiedelten Grenzgebiete blieben Zündstoff. So hat der Staatsrechtler Carl Schmitt in der Tradition der Historischen Rechtsschule die universalen Normen des Naturrechts als Propagandaphrasen des Imperialismus angeprangert. «Wer Menschheit sagt, will betrügen», meinte er. Recht war für ihn positives Recht. Aus dieser Haltung war es schwer, den Hitlerstaat anzugreifen, den Carl Schmitt ja 1934 nach dem sogenannten Röhm-Putsch auch in dem berüchtigten Artikel «Der Führer schützt das Recht» verteidigt hat.

Die Skepsis gegenüber der Überzeugungskraft von Grundwerten durch Appell an Gewissensprüfung fand unerwartet Unterstützung durch die Psychoanalyse Sigmund Freuds. Er führte das menschliche Handeln zurück auf naturhaft angelegte Triebstrukturen, in einfachster Form auf das Zusammenwirken von Lustprinzip und Todestrieb. «Ein ursprüngliches sozusagen natürliches Unterscheidungsvermögen für Gut und Böse darf man ablehnen», schrieb er 1930. Das was wir Gewissen nennen und als unser Ureigenstes empfinden, deutete er als ein Erziehungsprodukt, letztlich als ein aufgepfropftes Verhaltensmuster, eine nach Innen gewandte Aggression. Wäre dies richtig, dann handelte es sich bei unserem moralischen Empfinden um anerzogene Regungen, deren Prinzipien wir in frühester Kindheit übernommen haben. Die Prinzipien selber wären dann sozialer oder historischer Natur; Konventionen die beliebig veränderlich wären. Eine Möglichkeit, Moralsysteme und Rechtsordnungen zu vergleichen, zu kritisieren und zu verbessern entfiele dann. Alle Wertvorstellungen wären gleichberechtigt, in letzter Konsequenz einschließlich derer vom ‹Recht› zur Sklaverei und zur Witwenverbrennung.

Die Lehre, daß gut sei, was der eigenen Gruppe nützt, *right or wrong, my country,* fand ihren extremsten Vertreter in Adolf Hitler. Er war ein schlechter Schüler, wie er am 3. März 1942 bemerkte. «Dennoch, Geschichte habe ich kapiert.» Er verstand sie als Fortsetzung der Evolution im Kampf ums Dasein zwischen den Völkern und Rassen. Der Rassenkampf erscheint ihm ein Gesetz der Natur: «Man kann es schrecklich finden, wie in der Natur eines das andere verzehrt. Die Fliege wird von der Libelle, diese von einem Vogel, der wieder von einem größeren getötet. Das Größte ist, wenn es alt wird, die Beute von Bakterien ... So viel ist sicher: ändern kann man das nicht! ... Wenn ich an ein göttliches Gebot glauben will, so kann es nur das sein: die Art zu erhalten!» In diesem Geiste hat er den Letzten Weltkrieg eröffnet und die Juden vernichtet. «Wer hat die Schuld, wenn die Katze die Maus frißt?»

Hitler hat angesichts der Roten Armee vor Berlin seine Philosophie nicht aufgegeben, sondern bloß anders angewendet. Am 19. März 1945 zog er gegenüber Albert Speer die Konsequenz: Wenn der Krieg verloren gehe, habe sich das deutsche Volk als das schwächere erwiesen «und dem stärkeren Ostvolk gehört ausschließlich die Zukunft» (Speer, Erinnerungen 446). Hitler wiederholte damit nur, was er bereits in seinem «Kampf» geschrieben hatte: «Unterliegt aber ein Volk ..., dann wurde es eben auf der Schicksalswaage zu leicht befunden», die «ewig gerechte Vorsehung» macht keine Fehler (105). Auch Hitler selbst hat natürlich – folgt man dieser Ratio – keinen Fehler gemacht; er konnte nicht wissen, welchem Volk die Zukunft verheißen war, zu welchem Dienst das Schicksal ihn ausersehen hatte.

## *Fortschritte der Humanität*

Die Frage, welche Aussichten auf eine Verwirklichung der Menschenrechte bestehen, wird überwiegend unter dem Gesichtspunkt der Diskrepanz zwischen Theorie und Praxis beantwortet. Die Kette von Menschenrechtsverletzungen seit 1948 ist beängstigend. Wunsch und Wirklichkeit liegen so weit auseinander, daß eine begreifliche Skepsis darüber obwaltet, wieweit es sich bei jenen Idealen um mehr handelt als um Träume von Philanthropen oder Schönfärberei von Politikern. Genährt werden diese Zweifel allerdings durch subjektive Faktoren: einerseits durch eine verbesserte Berichterstattung, die eine objektive Zunahme an Gewalttaten vorspiegelt, und andererseits durch ein verfeinertes Rechtsempfinden, das Verletzungen der Menschenwürde beispielsweise bereits an der Garderobe ablesen will, wenn es um Schulkleidung oder Amtstrachten geht, die als unvereinbar mit der Entfaltung der Persönlichkeit hingestellt werden.

Aus dem nach wie vor bestehenden Widerspruch zwischen Norm und Realität läßt sich indes die gestellte Frage nach dessen Überwindbarkeit nicht beantworten. Denn Ideale sind im sozialen und politischen Bereich kaum je zu erreichen, das gelingt einzig auf dem Felde der Kunst, mitunter auf dem der Wissenschaft – überall da, wo Vollendung möglich ist, oder wo wir mit Grund von Klassikern sprechen.

Wer sich über die Realisierbarkeit der Menschenrechte ein Urteil bilden will, möge die Geschichte befragen. Sie verrät zwar nicht, was kommen wird, zeigt aber, was möglich war: was wir befürchten müssen, wenn wir nicht gegensteuern, und was wir erwarten dürfen, wenn wir uns vorsehen. Es gibt durchaus Anzeichen für eine Humanisierung des zwischenmenschlichen Umgangs. Das beginnt mit den frühesten Rechtskodifikationen im Alten Orient – Urukagina von Lagasch um 2400, Hammurabi von Babylon um 1700 v. Chr. –, wurde fortgesetzt im frühen Griechentum – Charondas und Zaleukos, Drakon und Solon – und in Rom – vom Zwölftafelgesetz 450 v. Chr. bis zum «Corpus Juris Civilis» Justinians von 534. Allein die Tatsache der Festschreibung erfüllt als Element der Rechtssicherheit eine Forderung der Menschenrechte. Sowohl in Griechenland als auch in Rom läßt sich eine Tendenz zur Humanisierung des Rechtswesens erkennen, wie sich an der Abschaffung der Menschenopfer, an der Stellung der Frau im Hellenismus oder im Sklavenrecht unter den römischen Imperatoren ablesen läßt. Frauen wurden geschäftsfähig, Sklaven erhielten Schutz vor Willkür durch ihre Herren.

Während der Spätantike und im frühen Mittelalter ist ein Rückfall in barbarische Umgangsformen zu beklagen. Noch die Halsgerichtsordnung Karls V, die «Carolina» von 1532 enthält brutale Strafbestimmungen und Untersuchungsverfahren. Nicht jeder Deutsche weiß, was das Wort «peinlich» einmal bedeutet hat: «unter der Folter».

Als Humanisten und Aufklärer die antike Literatur wieder entdeckten, setzte eine Tendenz zur Humanisierung ein, die zwar abermals gravierende Rückschläge erlebt, aber aufs Ganze gesehen Fortschritte erbracht hat, die hoffen lassen. Abzulesen ist dies vorab an der Milderung und Beseitigung der Körperstrafen in Europa. Die erste Amtshandlung Friedrich des Großen nach seiner Thronbesteigung 1740 war die Abschaffung der Folter als Mittel, Geständnisse zu erzwingen. Vorausgegangen war ihm Schweden 1734. Das «peinliche Verhör» hatte vom späten 15. bis zum späten 16. Jahrhundert zumal im Zusammenhang mit den Hexen- und Ketzerprozessen eine üble Brutalisierung erlebt. Dagegen protestierten zunächst ohne Erfolg Friedrich Spee 1631 und Christian Thomasius 1705. Im Verlaufe des 18. Jahrhunderts wurde die Tortur in den meisten europäischen Staaten abgeschafft, in Deutschland zuletzt 1831 in Baden.

So wie die legale Folter verschwanden auch die Leibesstrafen in den europäischen oder europäisierten Staaten. Seit dem späten 18. Jahrhundert wurden die Verstümmelung und die Brandmarkung nicht mehr angewandt. Die verschärfte Todesstrafe durch Rädern, Vierteilen und Scheiterhaufen kam zur gleichen Zeit außer Übung. Die Strafe an «Haut und Haar», das heißt die Prügelstrafe, bei der dem Sträfling die Haare abgeschnitten wurden, hielt sich im Disziplinarverfahren des Militärs bis ins 19. Jahrhundert. Napoleons Soldaten verachteten die Preußen, bei denen noch geprügelt wurde, bis dies in den Freiheitskriegen 1811 abgeschafft wurde. Friedrich der Große bedrohte Beamte, die Bauern prügeln, 1749 mit sechs Jahren Festungshaft. 1871 wurde die gerichtliche Prügelstrafe im Deutschen Reich verboten, in der Praxis hielt sie sich am längsten auf See. Noch zu Beginn unseres Jahrhunderts haben die Engländer rebellierende Zulus reihenweise ausgepeitscht, wie wir von Gandhi wissen.

Fortschritte im Sinne der Menschenrechte sind weiterhin auf dem Sektor der Toleranz zu verzeichnen. In der Antike stellte sich das Problem der Duldung von Religionen deswegen nicht, weil keine von ihnen Alleingeltung beanspruchte. Zwar gab es überall einen Staatskult, der den Segen der Götter gewährleisten sollte, doch wurde damit den Anhängern anderer Götter und auch diesen selbst das Daseinsrecht nicht abgesprochen. In der Regel glaubte man, daß die verschiedenen Götter nur unterschiedliche Bezeichnungen derselben Gottheiten seien, so daß der Kriegsgott bei den Griechen Ares, bei den Römern Mars, bei den Germanen Ziu hieß usw. Diese Ansicht wurde im polytheistischen Denken sogar auf monotheistische Religionen ausgedehnt, indem der Himmelsgott Zeus, alias Juppiter, alias Donar, gleichgesetzt wurde mit Jahwe oder Ahura Mazda. Religionsverbote richteten sich in der Antike nur gegen unsittliche Rituale, die man auch bei den Christen mutmaßte.

Intoleranz ist eine Folge des Monotheismus, systematisch zuerst bei den Juden, die in ihrem Machtbereich wiederholt die Kultstätten anderer Völker, die Tempel von Baal, Aschera und Dagon zerstört haben. Als das Christentum unter Constantin zur Herrschaft gelangte, begann die Unterdrückung fremder Religionen, die seit 380 samt und sonders verboten waren mit Ausnahme des Judentums, das sich einer ungeliebten Toleranz erfreute. Die Ketzerbekämpfung gehört dann zu den finsteren Seiten des Mittelalters und der frühen Neuzeit und steht in beschämendem Gegensatz zur Religionspolitik der islamischen Fürsten. Diese haben nur ausnahmsweise ihre Lehre mit Feuer und Schwert verbreitet; gewöhnlich wurden die «Schriftbesitzer» geschont, so wie der Koran das vorsah. Christen, Juden, Zoroastrier und Hindus mußten Kopfsteuer zahlen, daher konnte den Herrschern an ihrer Bekehrung nicht unbedingt gelegen sein.

Luthers hat zwar keine Toleranz gefordert, wohl aber das Glaubensmonopol der römischen Kirche gebrochen. 1555 wurde in Augsburg den Reichsrittern, den Bürgern der Reichsstädte und den Reichsständen die Bekenntniswahl freigestellt, nicht jedoch den Untertanen der Fürsten, sie mußten sich deren Glauben anschließen oder auswandern. Seit dem brandenburgischen Toleranzedikt von 1613 waren mehrere protestantische Konfessionen im selben Lande möglich, seit dem Westfälischen Frieden 1648 auch Protestanten und Katholiken. Toleranz ist ein Produkt der Resignation, ein Gebot der Ökonomie, für den Gläubigen eine Konzession an den Mammon, an die weltliche Sphäre.

Die Vereinigten Staaten und Frankreich vollzogen den Schritt zum säkularen Staat Ende des 18. Jahrhunderts. Seit 1848 ist religiöse Toleranz in Deutschland Recht, wenn auch völlige Gleichberechtigung noch auf sich warten ließ. Das galt namentlich für die Juden. Doch auch deren Stellung hat sich schrittweise verbessert, bis es zur Machtübernahme Hitlers kam, der mit seinem Menschen und Menschenrechte verachtenden Programm unter grauenhaften

Umständen gescheitert ist. Die Gleichberechtigung der Religionen und Rassen in Europa und Amerika ist erfreulicherweise wohl kaum noch rückgängig zu machen.

Der größte Triumph der Menschenrechtsbewegung ist die Beseitigung der Sklaverei. Schon in der römischen Kaiserzeit weitgehend gemildert und vermindert, verlor sie im christlichen Mittelalter an Bedeutung. Sie lebte auf nach der Entdeckung Amerikas in Gestalt des vornehmlich von Engländern und Franzosen betriebenen Sklavenhandels zwischen Afrika und Amerika. Schon bei der Diskussion um die amerikanische Verfassung waren die Stimmen, die sich gegen die Sklaverei wandten, unüberhörbar. Bei den Quäkern waren sie seit 1727 christlich motiviert, Benjamin Franklin, Thomas Jefferson und William Wilberforce folgten humanitären Regungen. Dies gilt ebenso für den Wiener Kongreß. Am 8. Februar 1815 erklärten die dort vertretenen «Mächte der Christenheit» mit der «Stimme der Völker in allen zivilisierten Ländern» die Sklaverei zu einer Geißel der Menschheit und forderten, ihr ein Ende zu setzen. Dieser Prozeß war schon im Gang. Am 3. März 1807 hatten die USA den Import untersagt, 1808 stiegen die Engländer aus dem schmutzigen Geschäft aus, die Franzosen folgten 1816. Spanien und Portugal verzichteten gegen beträchtliche Entschädigung. Am 1. Januar 1863 verkündete Lincoln die Aufhebung der Sklaverei in den Südstaaten und setzte dies um den Preis eines Bürgerkrieges 1865 durch. Der von den Arabern weiter betriebene Handel mit Negersklaven wurde von europäischen Seemächten und den USA bekämpft – auch der spätere Commodore Perry war am Kampf gegen den Sklavenhandel beteiligt. Berlin hat lange gezögert, die Sklaverei in den Kolonien zu verbieten, in Deutsch-Ostafrika erhielten 1905 alle von Sklavinnen geborene Kinder die Freiheit, sie selbst und ihre Männer offenbar nicht. Faktisch endete die Sklaverei im Orient erst nach dem Letzten Weltkrieg. Dann aber doch.

*

Immanuel Kant, der den gestirnten Himmel über uns und das moralische Gesetz in uns bewunderte, hat uns ethische und geschichtsphilosophische Ausführungen hinterlassen, die den Menschenrechten einerseits eine Begründung liefern, andererseits Erfolgsaussichten eröffnen. Die Begründung liegt in dem Nachweis, daß der Mensch seinesgleichen nie allein zum Mittel seiner Ziele machen darf, sondern immer zugleich als Ziel seiner Mittel verstehen muß. Der Mitmensch kann nicht nur Objekt, er muß auch Subjekt für uns bleiben. Andernfalls entfällt die Wechselseitigkeit in den Umgangsregeln, und damit verlöre die Ethik ihren allgemeinverbindlichen Anspruch, das heißt ihre Rationalität. Einem Andersgläubigen, Andersrassigen, Andersstämmigen ist mit keinem Argument klar zu machen, daß es ihn nicht geben darf, daß er zu dienen, zu gehorchen oder zu verschwinden habe. Einem Fremden als Feind zu begegnen, entspricht einer archaischen Mentalität, die sich im Doppelsinn von lateinisch *hostis* ausspricht, aber schon bei Homer überwunden war, der den Fremden unter das Gastrecht des Zeus Xenios stellte. Aus der Tatsache, daß jeder Mensch ein – wenn auch unterschiedlich begabtes Vernunftwesen ist, und diese Vernunft sich im Dialog entfalten und bewähren muß, ergibt sich, daß ein Recht darauf ein Gebot der Vernunft ist. Insofern ist die Anerkennung von Vernunftrecht vernünftig und dessen Bestreitung unvernünftig.

Die Vielzahl der Vernunftwesen und die Unmöglichkeit, die Vernunft zu monopolisieren, macht Auseinandersetzung unausweichlich. Dazu bedarf es des Friedens. 1795 legte Kant einen philosophischen Entwurf «Zum ewigen Frieden» vor. Darin forderte er einen weltumspannenden «Völkerbund» – das Wort stammt von Kant –, dessen Mitglieder sich gegenseitig achten, auf stehende Heere verzichten, einander keine Kredite geben, die ja Abhängigkeit stiften, und sich nicht in die Belange jeweils anderer Staaten gewaltsam einmischen. Alle Staaten sollen republikanisch verfaßt sein, einander Frieden versprechen und ein Weltbürgerrecht einführen, das jedem Bürger in jedem Staate Gastrecht gewährt. Diese Bestimmung ließe schlecht regierte Staaten rasch entvölkern.

Kant war von einer friedlichen Weltgesellschaft in der Zukunft überzeugt. Er forderte 1784 die Historiker auf, in «weltbürgerlicher Absicht» die Geschichte der sich langsam verbessernden Staatsverfassungen zu schreiben. In seiner «Anthropologie» von 1798 heißt es: Die Menschengattung solle und könne selbst Schöpferin ihres Glücks sein; nur daß sie es sein werde, ließe sich aus ihren Naturanlagen nicht erschließen. Das ergäbe sich nur aus der Geschichte «mit so weit gegründeter Erwartung, als nötig ist, an diesem ihrem Fortschreiten zum Besseren nicht zu verzweifeln, sondern mit aller Klugheit und moralischer Vorleuchtung die Annäherung zu diesem Ziele (ein jeder, so viel an ihm ist) zu befördern».

Die Geschichte zeigt in der Abschaffung der Leibesstrafen, der Gewährung von Religionsfreiheit und in der Aufhebung der Sklaverei Fortschritte im Sinne der Menschenrechte, die weitergehende Hoffnung rechtfertigen. Die Verkündung steht mithin in einer langen Tradition keineswegs immer erfolgloser Bemühung um humanere Umgangsformen und menschenwürdigen Lebensbedingungen.

Zum ersten Male wurden die Menschenrechte 1948 in einem umfassenden Katalog zusammengestellt und als unüberhörbarer Appell an die Menschheit als ganze gerichtet. Der Tag der Menschenrechte am 10. Dezember, wäre das kein geeigneter Weltfeiertag? War das keine Sternstunde?

## Literatur

C. Arndt, Die Menschenrechte, 1981

H. Bielefeld, Philosophie der Menschenrechte, 1998

G. Birtsch (u. a.), Grundfreiheiten – Menschenrecht 1500–1850, eine internationale Bibliographie, I–V, 1991/92

E. W. Böckenforde (u. a. Hg.), Menschenrecht und Menschenwürde, 1987

A. Demandt, Der Idealstaat. Die politischen Theorien der Antike, 2000

S. Freud, Das Unbehagen in der Kultur (1930). In: Ders., Kulturtheoretische Schriften, 1986, S. 191 ff

F. Hartung, Die Entwicklung der Menschen- und Bürgerrechte von 1776 bis zur Gegenwart, 1964

W. Heidelmeyer (Hg.), Die Menschenrechte. Erklärungen, Verfassungsartikel, Internationale Abkommen, 1997

O. Kimminich, Die Menschenrechte in der Friedensregelung nach dem Zweiten Weltkrieg, 1990

G. Ritter, Ursprung und Wesen der Menschenrechte. In: Historische Zeitschrift 169, 1949, S. 233 ff

H. Volger, Geschichte der Vereinten Nationen, 1995

*Fortunam non exspectare,*
*sed facere!*
Seneca

# 14.
# Der Fall der Berliner Mauer

*9. November 1989*

«Ein Gespenst geht um in Europa – das Gespenst des Kommunismus. Alle Mächte des alten Europa haben sich zu einer heiligen Hetzjagd gegen dieses Gespenst verbündet.» Karl Marx und Friedrich Engels bezeichneten in ihrem «Kommunistischen Manifest» von 1848 den Kommunismus als ein Zwitterwesen: in den Augen seiner Gegner als ein Phantom, aus der Sicht seiner Anhänger als eine Macht. Auf die Frage, welche Seite Recht hatte, gibt es nur eine Antwort: Beide! Die Geschichte des Kommunismus beweist es: Auch ein Phantom kann Macht ausüben, auch eine Macht kann sich als Phantom entpuppen.

## *Gleich oder Frei?*

Kommunismus ist die radikale Form des Sozialismus, und dieser ist die jüngere Alternative zum älteren Liberalismus. Sozialismus und Liberalismus haben eine gemeinsame Wurzel. Sie sind erwachsen aus dem Protest gegen die altständische Ordnung in Europa, gekennzeichnet durch ein dynastisch legitimiertes Fürstentum von Gottes Gnaden, durch eine aristokratisch-patriarchalische Gesellschaft und eine christliche Grundüberzeugung, die allerdings seit Luthers Reformation in mehrere Bekenntnisse zerfiel. Diese alteuropäische Sozialstruktur wurde im 18. Jahrhundert durch die Aufklärung theoretisch in Frage gestellt und durch die amerikanische und französische Revolution praktisch erschüttert.

An die Stelle der herkömmlichen Bindung trat nun ein Gesellschaftsideal, das Freiheit und Gleichheit anstrebte. Freiheit und Gleichheit aber gingen nur so lange Hand in Hand, als es einen gemeinsamen Gegner gab. Das war die Feudalaristokratie. Sobald diese verschwunden war, kam es zum Antagonismus zwischen Freiheit und Gleichheit. Das war unausweichlich. Wer Freiheit anstrebt, nimmt in Kauf, daß die Stärkeren die Schwächeren überflügeln und die Gleichheit beseitigen. Wer die Gleichheit favorisiert, muß den Stärkeren Zügel anlegen und damit deren Freiheit beschränken. Dieses Dilemma wurde unterschiedlich gelöst. Der Liberalismus betonte die Freiheit und damit die Rechte des Einzelnen unter Hintansetzung der Gleichheit; der Sozialismus hingegen schränkte die Freiheit zugunsten der Gleichheit ein und stellte die Pflichten gegenüber der Gemeinschaft heraus. Diese unterschiedliche Akzentuierung trennte schon in der Französischen Revolution die Gemäßigten von den Radikalen. Letztere verloren mit dem Sturz von Robespierre am 28. Juli 1794 an Einfluß.

Praktische Auswirkungen des Antagonismus zeigten sich während der Industrialisierung in der ersten Hälfte des 19. Jahrhunderts. Die auf dem freien Unternehmertum beruhende Fabrikwirtschaft steigerte aufs Ganze gesehen die Produktivität, führte im einzelnen aber zur Arbeitslosigkeit im traditionellen Handwerk und zur Proletarisierung und Pauperisierung der Fabrikarbeiter im Konkurrenzkampf der Betriebe. Der Kapitalismus, so meinte Marx, mache die wenigen Reichen immer reicher, die vielen Armen immer ärmer. Darum endete er sein Manifest mit dem Ruf: «Proletarier aller Länder vereinigt euch!»

Marxens Ziel war der Zusammenschluß der Werktätigen in genossenschaftlicher Gleichheit, die Ausschaltung privaten Profitstrebens, wie es Mandeville in seiner Bienenfabel angepriesen hatte, und die Aufhebung von Abhängigkeiten durch wirtschaftliche Zwänge. Er träumte von einer Weltrevolution des Proletariats und einer kommunistischen Gesellschaft, in der es kein Privateigentum an Produktionsmitteln, keine Klassenunterschiede, keine Arbeitsteilung, keine Staaten und keine Kriege mehr geben sollte.

Dieses Ideal hat eine ungeheure Zündkraft entfaltet. Es zeitigte weltpolitische Folgen durch seinen Einfluß auf die revolutionäre Intelligenz im Zarenreich. Mit dem Sieg der Bolschewiki unter Lenin in der Oktoberrevolution 1917 gabelte sich der Weg aus dem Feudalsystem in die Industriegesellschaft in einen liberalen westlichen und einen sozialistischen östlichen Pfad. Unter machtpolitischen Gesichtspunkten könnte man den Ost-West-Gegensatz schon mit Napoleon oder wenigstens mit dem Krimkrieg anheben lassen. Der Wettlauf zwischen Amerikanern und Russen bei der Öffnung Japans, die der Commodore Perry gewann, bestätigte die Prognose, die Alexis de Tocqueville 1835 über die künftige Rivalität zwischen diesen beiden Weltmächten gestellt hatte. Die Amerikaner würden durch ihre Wirtschaft dereinst die eine Hälfte des Globus, die Russen durch ihr Militär die andere besitzen.

Die Auseinandersetzung zwischen den beiden Supermächten wurde verzögert durch den Ersten Weltkrieg, der Rußland und die Westmächte gegen Deutschland und Österreich zusammenführte, und dann die Entstehung der Sowjetunion und des Hitlerstaates zur Folge hatte. Der Nationalsozialismus gebärdete sich abermals als dritte Kraft, gegen die sich wiederum die Flügelmächte, das liberale Amerika und das sozialistische Rußland zusammenschlossen. Dies aber war deswegen keine echte Interessengemeinschaft, weil der Nationalsozialismus vom Osten dem Westen und vom Westen dem Osten zugerechnet wurde: In den Augen der Kommunisten war der Faschismus die Speerspitze des Kapitalismus, der Sieg über Deutschland daher ein Schritt auf dem Wege der Werktätigen zum Sieg über die Ausbeuterklasse überhaupt. Umgekehrt war der Faschismus aus westlicher Sicht so wie das Sowjetsystem eine Form des Totalitarismus, die bedrohlichere Variante des Sozialismus, die zunächst einmal niedergekämpft werden mußte, ehe man hoffen durfte, daß sich die freiheitliche Demokratie auch in Rußland durchsetzen würde.

Es gehört zur traurigen Ironie der Weltpolitik, daß der westliche Liberalismus mit der Niederwerfung des deutschen Totalitarismus dem russischen Totalitarismus die Expansion bis ans Brandenburger Tor ermöglicht hat. Er hat zeitweilig ein Drittel der Menschheit beherrscht und als alternatives Universalprogramm mit der liberalkapitalistischen Demokratie um die Zukunft der Geschichte gerungen. Der moralische Kredit, den Stalin mit dem Sieg über Hitler gewonnen hat, untermauerte die Weltmacht der Sowjets, die zum Kalten Krieg, zum Gleichgewicht des Schreckens führte. In der Cuba-Krise 1962 standen wir am Rand des Dritten Weltkrieges. Von Kennedys Ultimatum am 22. bis zum Einlenken Chruschtschows am 28. Oktober mußten wir zittern, während die Planspiele der Militärs bereits ihre Atompilze über die Großstädte und Industriezentren setzten. Zu den vielgehörten Begriffen damals zählte das Wort *overkill*; es bezeichnete die Menge der Atomsprengköpfe über die Zahl derer hinaus, die man zur Beseitigung des Gegners benötigte. Beide Seiten besaßen das. Atomtod für alle war durch Knopfdruck erreichbar.

Der Gegensatz von Liberalismus und Sozialismus ist nicht symmetrisch. Während der Liberalismus durchaus Gedanken des Sozialismus aufnehmen kann, wie sich von Bismarcks Versicherungsgesetzen bis zu Erhards sozialer Marktwirtschaft gezeigt hat, war umgekehrt der Sozialismus unfähig, dem Liberalismus Konzessionen zu machen. Soziale Tendenzen haben den Liberalismus gestärkt, liberale Bestrebungen aber waren für den Sozialismus tödlich. So hat bereits Lenin die Unvereinbarkeit individueller Freiheitsrechte mit der Durchsetzung des Kommunismus erkannt und Stalin dann den Schritt zum Totalitarismus getan: Der von der Parteiführung erhobene Anspruch, im Namen des Volkes zu handeln, ließ die verbal immer hochgehaltenen Menschenrechte zur Farce erstarren. Die wiederholte Selbstverpflichtung, so auf den europäischen Sicherheitskonferenzen August 1975 in Helsinki, September 1983 in Madrid und Januar 1989 in Wien, sicherte die Grundfreiheiten im Ostblock mitnichten.

## *Der Niedergang des Kommunismus*

In dem alten Streit, ob die Geschichte eher aus dem Handeln großer Einzelpersönlichkeiten oder aus mentalen und sozialen Strukturen zu begreifen sei, findet letzteres in jüngerer Zeit die größere Zustimmung. Man denkt in Systemen. Wenn man den Glauben an die Werkmeister des Weltgeistes aufgegeben hat, dann gilt dies jedoch eher für die großen Helden als für die großen Verbrecher. Lassen wir es dahingestellt, ob Stalin, Hitler oder Mao Tse-tung die schwarze Liste anführt – jedem von ihnen werden Menschenleben in zweistelliger Millionenhöhe angelastet. Dennoch hat keiner der drei mit der Waffe in der Hand einen Mord begangen. Ihre Wirkung beruht auf sozialen und mentalen Strukturen, unter denen eines von mehreren Elementen die Bereitschaft der Menschen ist, das eigene Glück auf Kosten anderer zu erkämpfen, die zu diesem Zweck verteufelt werden.

So wurde die Nomenklatura nicht müde, das Arbeiter- und Bauernparadies zu versprechen, sobald die Kapitalisten beseitigt seien. Die Glaubwürdigkeit dieser sozialmessianischen Verheißung unterlag jedoch einer Erosion. Der Geburtsfehler des Kommunismus war die Hintansetzung der Freiheit gegenüber der Gleichheit, die dennoch mitnichten verwirklicht wurde. Der Abstand zwischen unten und oben war nur durch Anbiederung zu verringern. Gemäß dem System des demokratischen Zentralismus beanspruchte die Einheitspartei, den Volkswillen zu vertreten, lehnte jede Gewaltenteilung ab, es gab keine Kontrolle von außen, keine Kritik von unten. Mit der «Unfehlbarkeit» der marxistisch-leninistischen Staatsphilosophie erfüllte die DDR die Bedingungen eines totalitären Regimes.

Wie die politische so versagte die ökonomische Strategie. Der Europäer erwartet für individuelle Leistung individuellen Erfolg. Der Sozialismus forderte individuelle Leistung, aber versprach nur kollektiven Erfolg. Wen motiviert das? Die Privatinitiative wurde durch eine zentrale Planwirtschaft geknebelt, der die erforderliche Flexibilität abging. Die Entscheidungen lagen bei einer mächtigen Bürokratie, deren Angehörige weniger nach Kompetenz als nach Linientreue ausgesucht wurden. Das hatte eine permanente Mißwirtschaft und eine beispiellose Umweltverwüstung zur Folge. Wissen läßt sich nicht monopolisieren.

Hinzu kamen die Bedingungen des Kalten Krieges. In der manischen Furcht vor dem angeblich aggressiven Kapitalismus und dem ideologischen Anspruch, ihm militärisch gewachsen zu sein, ja ihn zu überflügeln, kam es zu jenem Wettrüsten, das im Westen die Waffenfabrikanten bereicherte, im Osten aber die Konsumgüter schmälerte und damit Unmut erzeugte. Man hört bisweilen, die USA hätten die Sowjetunion «totgerüstet». Der wachsende Mißmut führte zu Ausreisewünschen. Sie wurden durch das «Republikflucht»-Gesetz von 1957, verschärft 1968 und 1979, kriminalisiert und unter Strafe gestellt. Mitten durch Deutschland wurde eine von 45000 Mann bewachte Militärgrenze gezogen, an der Flüchtlinge erschossen wurden. Am 13. August 1961 ließ Walter Ulbricht eine Mauer um Westberlin ziehen, an der in der Folgezeit 240 Fliehende den Tod fanden, dreitausend verhaftet wurden.

Das Leben westlich des Eisernen Vorhangs bildete eine goldene Folie, vor der die eigene Misere nur noch trister erschien. Das Wirtschaftswunder des bundesdeutschen Kapitalismus, die Reisemöglichkeiten, die soziale Sicherheit und die politischen Freiheitsrechte des Westens untergruben im Osten den Glauben an das Glück einer klassenlosen Gesellschaft, wie es Marx vorgeschwebt hatte. Die Genossen reagierten auf ihren Autoritätsverlust mit Polizeimaßnahmen. Selbstdenker und Systemkritiker, auch wenn sie in der Wolle gefärbte Marxisten waren, mußten gehen oder wanderten hinter Gitter: ins «U-Boot» von Hohenschönhausen, nach Rummelsburg oder ins Gelbe Elend von Bautzen. Die Sowjets hatten ihren Gulag. Der Stacheldraht wurde zum Markenzeichen des Sozialismus. Die Unzufriedenheit führte in den Satellitenstaaten der Sowjets wiederholt zu Auflehnung: am 17. Juni 1953 in Ostberlin, drei Jahre später in Posen, im Oktober 1956 in Budapest. 1968 folgte auf den Prager Frühling kein Sommer. 1970, 1976, 1980 kam es zu Unruhen in Danzig... Als Vehikel des Widerstandes erwiesen sich die Nationalitäten innerhalb des Ostblocks. Allenthalben besann man sich auf die regionalen Traditionen und wandte sich gegen die mit der Kommunistenherrschaft verbundene Russifizierung.

Es dauerte sehr lange, bis leitende Persönlichkeiten des Sozialismus die eigenen Systemfehler erkannten und zugaben. Dies getan zu haben, wird stets das Ruhmesblatt von Michail Gorbatschow bleiben. Es waren vornehmlich ökonomische Schwierigkeiten, die ihn 1985 zum Umdenken und Einlenken bewogen. Die neuen Parolen hießen *Glasnost* – Offenheit und *Perestroika* – Umgestaltung. Gorbatschow wollte den Sozialismus durch Liberalismus retten und setzte damit, ohne es zu wissen und zu wollen, einen Prozeß in Gang, der dann von Jelzin vollendet wurde: die Auflösung des kommunistischen Machtapparats und die Implosion der Weltmacht Sowjetunion.

Während die übrigen Satellitenstaaten der Sowjets die Chance rasch erkannten und im Sinne einer nationaldemokratischen Erneuerung nutzten, blieb die alte Garde in Pankow auf dem gewohnten Kurs. Ein «Tapetenwechsel» im Kreml war für sie laut Kurt Hager am 9. April 1987 kein Grund, ebenfalls neu zu tapezieren. Zeitweilig fühlte sie sich gar als Gralshüter der reinen Lehre, die man in Rußland verraten hatte. Honecker soll ein Dossier für die Verstöße Gorbatschows gegen den Marxismus in Auftrag gegeben haben, um bei dessen dereinstigem Sturz sich als Paladin des Kommunismus erweisen zu können. Das Regime, das wie kein anderes das Wort «Volk» in allen erdenklichen Zusammensetzungen im Munde führte, hatte keine Ahnung von dem und kein Interesse für das, was im Volk vorging. In Parenthese: Gibt es ein Wort, das im 20. Jahrhundert ärger mißbraucht worden ist als das Wort «Volk»? Vielleicht «Frieden».

## *Der Countdown*

Freitag, der 7. Oktober 1989 war der 40. Jahrestag der DDR. Er sollte mit besonderem Pomp begangen werden. Am Vorabend defilierte ein Fackelzug von hunderttausend Mitgliedern der Freien Deutschen Jugend an der SED-Führung vorbei. Anwesend war auch Gorbatschow, der in seiner Grußadresse das bald geflügelte Wort sprach: «Wer zu spät kommt, den bestraft das Leben.» Die Bevölkerung jubelte «Gorbi» in der Hoffnung auf Glasnost und Perestroika; Honecker, der damals zum letzten Male öffentlich auftrat, wurde mit Verachtung gestraft. Am Vormittag demonstrierte eine Militärparade die Kampfbereitschaft des ersten sozialistischen Staates auf deutschem Boden, am Nachmittag begann das Fiasko.

Während die Grenze nach West-Berlin zum Schutz gegen Störenfriede von außen abgeriegelt war, gab es eine Gegendemonstration von mehreren tausend Dissidenten von innen auf dem Alexanderplatz. Sie rückten unter der Parole «Keine Gewalt» gegen den Palast der Republik vor, wurden aber an den Spreebrücken von der Polizei aufgehalten und mit Gummiknüppeln zur Umkehr an die Gethsemane-Kirche gezwungen. Abends, nachdem Gorbatschow und die übrigen Staatsgäste abgereist waren, riegelten die Sicherheitskräfte die Gethsemane-Kirche ab und trieben die Demonstranten mit Wasserwerfern und Schlägen auseinander. Hunderte wurden festgenommen und in provisorische Sammelgefängnisse verfrachtet. Die Ahndung der dabei begangenen Brutalitäten gehörte zu den Dauerforderungen der späteren Menschenketten, Wandzeitungen und Mahnwachen. Ähnliche Protestversammlungen gegen den Zwangsjubel gab es in achtzehn weiteren Städten, darunter Leipzig, Dresden und Magdeburg. Im Pfarrhaus von Schwante bei Potsdam konstituierte sich die Sozialdemokratische Partei (SDP).

Die Proteste wurden im Westen nicht einhellig begrüßt. In der Freien Universität Berlin* hingen Wandzeitungen: «DDR im Griff des Kapitals – Bevölkerung von Profitneurose erfaßt – Konsumwahn macht die Leute besoffen – Flüchtlinge rennen sehend in ihr Unglück.» Der Allgemeine Studentenausschuß sandte eine Grußbotschaft. Er beglückwünschte die DDR zu ihrer Feier des vierzigjährigen Bestehens. Sie habe im Gegensatz zur BRD die faschistische Kontinuität durchbrochen. «Zur Zeit ist die DDR wieder heftigen Angriffen von westlichen Medien ausgesetzt. Wir distanzieren uns von dem Versuch der BRD, sich damit als demokratischer Staat zu legitimieren und von der eigenen imperialistischen Politik ... abzulenken. Menschen die aus unterschiedlichsten Gründen die DDR verlassen, werden als politische Manövriermasse mißbraucht ... Der AStA der FU wehrt sich gegen den Versuch der herrschenden Klasse in der BRD und Westberlin, mit den Ausreisen als Argument die DDR zu Reformen im kapitalistischen Sinne zu zwingen ... Hoch die internationale Solidarität! Mit kämpferischen Grüßen, Allgemeiner Student/innen-Ausschuß der Freien Universität Westberlin.» Zur Ehrenrettung der Alma Mater reicht es nicht hin, auf die schwache Beteiligung bei den Wahlen zum Studentenparlament hinzuweisen.

Mit dem Protest gegen den Staatsjubel zum 40. Jahrestag begann jene Serie von Großdemonstrationen gegen das Regime, die bis zu

* In der «Rostlaube» der FU, wo dieser Vortrag am 17. Februar 2000 um 18.00 Uhr vor 200 Hörern stattfand.

dessen Zusammenbruch nicht mehr abriß. Vorausgegangen waren kleinere Unmutsäußerungen. Am 7. Mai 1989 waren Kommunalwahlen in der DDR. Das Ergebnis enttäuschte; es lag mit 98, 85 Prozent unter den üblichen 99 Prozent für die vorgefertigte Einheitsliste. Die Differenz nahm Rücksicht auf das wirkliche Ergebnis, die etwa 20 Prozent Gegenstimmen. Das aber wurde verschwiegen. Die DDR war auf Statistiken versessen. Vor jeder Wahl gab es eine offizielle Wahlprognose, und dementsprechend wurden Wahlbeteiligung und Stimmenverhältnis gefälscht. Das mißhagte der mutig gewordenen Opposition. «Wahlfälschung» wurde in zahlreichen Kundgebungen angeprangert. «Wer Wahlergebnisse vorfertigt oder verfälscht oder vorgefertigte oder verfälschte in Umlauf bringt, wird mit einer Ausreisequote nicht unter 50000, mit einer Botschaftsbesetzung nicht unter drei Monaten und mit einer Protestdemonstration zum Jahrestag nicht unter 10000 Teilnehmern bestraft.» So ein Flugblatt aus Mitte.

In der Hauptstadt gärte es. Samstag, den 8. Oktober blieb die Einreise aus Westberlin weiter verboten. Die staatliche Nachrichtenagentur meldete die Zusammenrottung von Randalierern unter staatsfeindlichen Parolen. Honecker telegraphierte an die Bezirksleitungen seiner Partei und befahl, die «gegen die verfassungsmäßigen Grundlagen gerichteten Krawalle» zu unterbinden. Für die Organe der Staatssicherheit wurde volle Dienstbereitschaft angeordnet, die Waffe sei stets mitzuführen. Unterdes versammelten sich in Dresden 5000 Demonstranten. Sie wurden von der Polizei auseinandergeknüppelt, aber Oberbürgermeister Berghofer ließ sich mit den Wortführern auf ein Gespräch ein. War das ein Komplott mit dem Klassenfeind? In der Berliner Gethsemane-Kirche besuchten 3000 Personen einen Fürbitt-Gottesdienst. Gegen die Gemeinde, die *Dona nobis pacem* sang, setzte die Polizei Wasserwerfer, Hundestaffeln und Gummiknüppel ein. Während der Strafaktion wurde die Straßenbeleuchtung ausgeschaltet, die Kirchenglocken läuteten Sturm.

Die sechste Montagsdemonstration am 9. Oktober in Leipzig war dann die entscheidende Kraftprobe. Die Kindergärten schlossen vorzeitig um 15 Uhr, die Läden um 17 Uhr. Schon um 14 Uhr waren die ersten Doppelposten der Staatssicherheit aufgezogen, achttausend Angehörige der Nationalen Volksarmee und der Betriebskampfgruppen standen in Bereitschaft, Kolonnen von Militärfahrzeugen umkreisten den Altstadtring, während sich im Inneren die Bürger um die Nikolaikirche versammelten. Die Bereitschaftspolizei war mit Helmen, Knüppeln und Schilden, mit Gasmasken und Hundestaffeln ausgerüstet. An der Hauptpost wurden Kalaschnikows ausgeteilt, hinter dem Bahnhof erhielten die Einsatzgruppen aus der südlichen DDR um 15.30 Uhr scharfe Munition, 18 Patronen pro Mann, und erwarteten den Schießbefehl. Für die Krankenhäuser waren Sonderschichten angeordnet, die Blutkonserven waren um 2500 Einheiten erhöht und die Kühlräume der Schlachthäuser vorsorglich geräumt worden. Man brauchte Raum für die Leichen, denn man rechnete mit einer chinesischen Lösung.

Am 18. Mai 1989 hatten sich auf dem Platz des Himmlischen Friedens in Peking eine Million Demonstranten versammelt. Am 3. Juni wiederholte sich dies, das Militär eröffnete das Feuer, die Zahl der Toten wurde regierungsamtlich erst sieben Jahre später mit 523 angegeben, zeitgenössische Schätzungen gingen auf ein Vielfaches. Das «Neue Deutschland» kommentierte am 5. Juni das Vorgehen der chinesischen Ordnungskräfte gegen den «konterrevolutionären Aufstand einer extremistischen Minderheit» beifällig. Die SED wurde jedenfalls durch die Protestbewegung keineswegs überrascht. Sie hatte sich auf den Spannungsfall am Tag X seit 25 Jahren generalstabsmäßig vorbereitet. Die «Liquidierung subversiver Kräfte» durch «tschekistische Einsatzkader» war programmiert, die Listen der im «Vorbeugekomplex» erfaßten «Diversanten», lagen vor und wurden auf dem laufenden gehalten, Isolierungslager waren im Dezember 1988 für 85 939 Systemgegner vorgesehen. In Karl-Marx-Stadt allein waren 24237 «feindlich-negative Personen» erfaßt. Es liegen detaillierte «Hausordnungen» für diese Isolierungsobjekte vor. Die Insassen erwartete Zwangsarbeit.

Als sich die Massen in Leipzig in Bewegung setzten, hielt die Welt den Atem an. Die Schätzungen schwanken zwischen 70 und 130000 Personen, darunter Prominenz wie der Dirigent des Gewandhausorchesters Kurt Masur. Die Transparente verkündeten «Wir bleiben», «Jetzt oder nie – Demokratie», «Visafrei bis Hawai», «Wir sind das Volk», «Keine Gewalt!», die Sprechchöre skandierten «Gorbi». Die Telefonleitungen zwischen der Bezirksleitung der SED und dem Innenministerium liefen heiß. Der Staat war auf jeden Angriff vorbereitet, nicht aber auf gewaltlose Massen. Schließlich kam die Weisung an die «bewaffneten Organe», sich auf Eigensicherung zu beschränken. Das aber war unnötig, niemand griff einen Polizisten an. In Halle freilich wurden gleichzeitig 2000 Demonstranten im Zuge der «operativen Kontrolle» auseinandergeknüppelt.

Nachdem die Staatsgewalt am 9. Oktober in Leipzig kapituliert hatte, war mit einem Militäreinsatz gegen die volkseigene Revolution nicht mehr zu rechnen. Das Regime in Pankow hatte nicht die

Nerven wie das Regime in Peking – oder, anders ausgedrückt, es hatte sich eine elementare Humanität bewahrt. Daher konnte die Politik Gandhis, *civil disobedience,* wie auch Gorbatschow die Taktik der Leipziger bezeichnete, mit Erfolg angewandt werden. Anders als die Engländer in Indien hatten die deutschen Kampfstaffeln es mit Landsleuten zu tun, und das erhöhte die Hemmschwelle gegenüber dem Schußwaffengebrauch – mußte doch mancher Volkspolizist damit rechnen, die eigenen Kinder auf der Gegenseite zu treffen. Hatte nicht jeder von ihnen Freunde oder Verwandte, die in den Westen entwichen waren? Mit diesem Gedanken hatte doch ziemlich jeder selbst einmal gespielt, so daß er nur mit halbem Herzen gehorchte. Wer kennt nicht den Witz von den beiden Grenzern, die über die Mauer in den goldenen Westen schauen? Fragt der erste den zweiten: «Was denkst du grade?» Sagt der zweite: «Dasselbe wie du.» Sagt der erste: «Dann muß ich dich verhaften.»

Angesichts der fehlenden Entschlossenheit, den Sozialismus zu verteidigen, ist auch die von hartgesottenen SED-Leuten verkündete Lamentation töricht, die Russen hätten ihre Bündnispflicht verletzt, den von ihnen geschaffenen und gestützten Staat im Ernstfall zu schützen, so wie sie am 17. Juni 1953 in Berlin, am 4. November 1956 in Budapest, am 21. August 1968 in Prag ihre Militärmaschine hatten auffahren lassen. Die damals formulierte Breschnew-Doktrin von der beschränkten Souveränität der «Bruderstaaten», die Moskaus Machtanspruch zementierte, wurde von den Marionetten in Pankow als Schutzversprechen gedeutet. Nicht nur, daß Gorbatschow diese Doktrin aufgegeben hatte – wie kann man auf den großen Bruder hoffen, wenn man nicht bereit ist, selbst die Ärmel hochzukrempeln? Daß Moskau nicht eingreifen werde, daran hat Gorbatschow keinen Zweifel gelassen. Für ihn hatte die marode DDR militärisch als Speerspitze gegen den Kapitalismus und ökonomisch als preisgünstige Importquelle an Interesse verloren. Also mag sie ihre Probleme selber lösen! Ob es zutrifft, daß Honecker für die nächste Montagsdemonstration am 16. Oktober Panzer einsetzen wollte und Krenz ihm dies ausgeredet hat, bleibt zweifelhaft. Jedenfalls hat sich die Zahl der Demonstranten am 16. Oktober nochmals beinahe verdoppelt. Die 7000 NVA-Männer waren bloß noch Zuschauer, als 150000 Regimegegner vorbeizogen. In Berlin demonstrierte schließlich Volkspolizei in Uniform für «Humanität». Die Zahl der Proteste, Schweigemärsche, Friedensgebete, Mahnwachen, Menschenketten, Lichterzäune und Arbeitsniederlegungen stieg und stieg. Waren es vom 16. bis 22. Oktober auf 24 Demonstrationen 140000 Teilnehmer, so waren es in der Woche danach auf 145 Protestmärschen 540000 Menschen.

Der zweite Massenprotest in Leipzig brachte den Sturz Honeckers. Da es im gesamten Ostblock keine echten Wahlen gab, war auch keine Abwahl möglich. Ein Staats-Chef konnte nur in einer durch Flüsterpropaganda eingeleiteten Palastrevolution abgelöst werden, und diese führte stets zur Kriminalisierung des Gestürzten. Am 17. Oktober forderte das Politbüro den Rücktritt, er wurde am Tage danach bekanntgegeben. Das Motiv waren «gesundheitliche Gründe». Am 3. Dezember 1989 aus der SED ausgestoßen, wurde Honecker am 15. Januar 1990 unter Anklage gestellt, rettete sich in ein sowjetisches Militärspital und starb am 29. Mai 1994 in Chile. Nachfolger wurde am 18. Oktober 1989 Egon Krenz, er kündete eine «Wende» an, stieß aber bei den Dissidenten auf frontale Opposition.

Ein epochales Ereignis war die Demonstration auf dem Berliner Alexanderplatz am 4. November. Die Künstler hatten gerufen und alle, alle kamen. Die Schätzungen schwankten zwischen 500000 und einer Million. Die Landstreitkräfte hatten gedeckten Alarmzustand, am Brandenburger Tor und in den Seitenstraßen formierten sich die Kampfgruppen, traten aber nicht in Aktion. Das Ostfernsehen übertrug, wie schon in Leipzig am 23. Oktober, ohne nach Genehmigung zu fragen. Witzige Parolen gegen das neue Staatsoberhaupt gingen über den Bildschirm: «Unbekrenzte Demokratie», «Blumen statt Krenze», «Krenztruppen unerwünscht». Christa Wolf verbesserte Lenin: «*Miß*trauen ist gut, Kontrolle ist besser.» Funktionäre, die zu sprechen versuchten, wurden ausgepfiffen. Die nächste Montags-Demonstration in Leipzig mobilisierte 450000. Am Tag danach, am 7. November trat die DDR-Regierung, am 8. November das Politbüro zurück.

Parallel zu der Zahl der Demonstranten wuchs die Zahl der Unterschriften zum Gründungsaufruf des Neuen Forums. Am 9. September hatten dreißig Dissidenten, an ihrer Spitze Bärbel Bohley, in Grünheide bei Berlin beschlossen, eine illegale Bürgerbewegung unter dem Namen «Neues Forum» zu gründen. Der Aufruf enthielt weder ein Bekenntnis zum Sozialismus noch eine Absage an die DDR, sondern forderte lediglich freien Gedankenaustausch. Unter schwierigsten Bedingungen, aber mit größtem Erfolg wurde die Gründung einer «politischen Plattform für die gesamte DDR» über Handzettel, auf Anschlägen und in den westlichen Medien bekanntgegeben. Am 14. Oktober hatten 25000 Bürger den «staatsfeindlichen» Aufruf unterzeichnet. Am 31. Oktober unter dem Druck der Straße zugelassen, entstanden allerorts Filialen. Das

Neue Forum war die erste und wichtigste Organisation der Opposition und trug maßgeblich zum Sturz der Parteiherrschaft bei.

Gravierender aber war das Anschwellen des Flüchtlingsstroms. Wie bei den Demonstrationen waren es überwiegend Jugendliche, neun Zehntel besaßen eine abgeschlossene Berufsausbildung. Hunderte suchten Asyl in der bundesdeutschen Vertretung in Ostberlin sowie in den Botschaften in Prag, Warschau und Budapest. Bundesaußenminister Genscher sorgte für die Ausreise. Auch hier vollzog sich ein Countdown, seitdem am 27. Juni der ungarische Außenminister Horn in einem symbolischen Akt den Stacheldraht an der Grenze zu Österreich durchschnitten hatte. Fortan mußten Flüchtlinge nicht mehr um ihr Leben fürchten. Am 10. September kam es in Bonn zu einem Geheimabkommen. Horn versprach, die Flüchtlinge, die in der deutschen Botschaft und in Notlagern hausten, ausreisen zu lassen, und erhielt dafür einen Kredit von 500 Millionen Mark. Die folgende Ausreisewelle war die größte seit dem Bau der Mauer 1961. In den ersten drei Tagen flohen 15 000 Staatsbürger. Am 12. Oktober wurde die Grenze zur Tschechoslowakei geschlossen; die Anlage eines Metallgitterzaunes erwies sich als undurchführbar. Am 1. November wurde der Visazwang wieder aufgehoben, bis zum 9. November verließen rund 48 000, bis Jahresende 343 854 Bürger ihre Heimat. Die Zahl der Ausreiseanträge betrug 1986 eine halbe Million und erreichte nun die Zweimillionengrenze. Der politische Witz blühte: «Kennen Sie Ungarn?» «Nur flüchtig.» Oder: «Der letzte macht das Licht aus.»

## *Der Mauerfall*

Kein Kalendertag verknüpft Stern und Unstern deutscher Geschichte so wie der 9. November: 1848 wurde Robert Blum in Wien erschossen – die demokratische Bewegung war gescheitert. 1918 brach in Berlin die Revolution aus und führte zum Thronverzicht Kaiser Wilhelms II; Friedrich Ebert wurde Reichskanzler, aus dem Deutschen Reich die Weimarer Republik. 1923 rief Hitler in München die nationale Revolution aus, marschierte auf die Feldherrenhalle und kam hinter Schloß und Riegel. 1938 proklamierte Goebbels die «Reichskristallnacht»; Juden wurden mißhandelt, ihre Läden geplündert, die Synagogen brannten. Und nun, 1989 fällt die Mauer in Berlin an einem 9. November. Der Bundestag in Bonn erfährt es in der Nachtsitzung, erhebt sich und singt das Deutschlandlied.

Welcher Tag ist den Deutschen so lebendig in Erinnerung geblieben wie dieser? Er begann mit Beratungen im Innenministerium über ein neues Reisegesetz. Am Wochenende des 4. November hatten 25 000 Flüchtlinge das Land über die wieder offene Grenze zur Tschechoslowakei verlassen. Am 8. November forderte Prag von Pankow, einen direkten Weg zu öffnen. Das Ergebnis war der Beschluß eines «unbürokratischen» Genehmigungsverfahrens, das über zahlreiche Meldestellen der Volkspolizei abzuwickeln war, in jedem Einzelfalle aber mit der Personenkartei des Innenministeriums abgeglichen werden mußte und unbestimmte Verhinderungsklauseln enthielt. Voraussetzung für einen Grenzübertritt war ein Reisepaß, den damals nur etwa vier Millionen DDR-Bürger besaßen und dessen Beantragung einige Wochen erforderte, so daß zwar mit Warteschlangen vor den Meldestellen, nicht aber mit einem Ansturm auf die Grenze zu rechnen war. Die Formalitäten füllten eine Druckseite und sollten gemäß einer Sperrklausel am 10. November morgens um 4 Uhr bekanntgegeben werden. Von einer Öffnung der Grenze war nie die Rede.

Gegen 16 Uhr verlas Egon Krenz den Entwurf im Zentralkomitee. Er wußte, daß dieses Gesetz die Lage nicht beruhigen würde, und fügte besorgt hinzu: «Wie wir's machen, machen wir's verkehrt.» Tatsächlich war ja das fundamentale Dilemma der DDR, daß sowohl eine härtere Politik als auch eine weichere den Staat untergrub. Zog man die Zügel an, verstärkte das den Widerstand; ließ man die Zügel locker, so nutzten dies die Gegner.

Krenz erhielt die Zustimmung des ZK zum Reisegesetz, wartete aber die Genehmigung durch den Ministerrat nicht ab. Er übergab den Text dem Sprecher Schabowski für die auf 18 Uhr angesetzte Pressekonferenz. Indem so die Partei an der Regierung vorbei den Schritt in die Öffentlichkeit unternahm, kam der Stein ins Rollen, den niemand mehr aufhalten konnte. Schabowski nahm das Papier zu den Akten, ohne seinen Inhalt und die Sperrfrist zu kennen. Seine verkürzte Mitteilung um 19.02 Uhr lautete: Reisen könnten künftig ohne besondere Voraussetzungen beantragt werden und würden kurzfristig genehmigt. Die Journalisten fragten, wann das Gesetz in Kraft träte. Schabowski kratzte sich vor den Kameras hilflos am Kopf, fand in der Eile auf dem Papier die Sperrklausel nicht und stammelte: «Sofort, unverzüglich.» Generalmajor Fiedler, Leiter der Hauptabteilung VI der Staatssicherheit für Paßwesen, erklärte im engen Kreise spontan: «Schabowski ist verrückt», doch damit konnte er das Wort Schabowskis nicht ungesprochen machen. Dieser hatte gegen einen Rat des alten Horaz verstoßen: «Dem Ausfrager (*percontator*) entziehe dich! Er plaudert aus, was offene Ohren findet, und einmal hinausgeflogen, ist das Wort nicht wieder einzufangen. *Et semel emissum volat irrevocabile verbum* (Episteln I 18, 71).

Schabowskis Wort führte zu einem in der Geschichte des Medienwesens singulären Ereignis: zu einer Falschmeldung, die sich selbst durch die Tatsache der Veröffentlichung korrigierte. Die Nachricht schuf den von ihr irrtümlich behaupteten Tatbestand der offenen Grenze. Um 19.05 Uhr meldete *Associated Press* der Welt: «DDR öffnet Grenzen». Die Einschaltquoten der Fernseher und Radios erreichten Rekordhöhe, die westlichen Agenturen überboten einander im Sensationsrausch: «Die DDR-Grenze ist offen». Die Berliner ließen ihre Fernseher stehen und begaben sich an die Mauer. Was jetzt passiert, das wollten sie doch aus der Nähe sehen.

Die Hauptabteilung VI der Staatssicherheit, die zuständig war für die Paßkontrolle, erhielt um 19.30 Uhr Alarm. General Fiedler beruhigte seine Leute, «Wie ich meine Berliner kenne, gehen die um halb zwölf ins Bett». Man werde die Lage in den Griff bekommen, Fiedler fühlte sich jeder Provokation militärisch gewachsen. Die Berliner aber gingen nicht ins Bett, vielmehr, wenn sie schon drin lagen, standen sie wieder auf: im Westen wie im Osten. Vor dem Übergang Bornholmer Straße staute sich die Autoschlange bis zum Sportforum. Auf der Westseite wurde die Menge unübersehbar. Unterdessen hielt das Zentralkomitee eine Klausurtagung, so daß Partei- und Staatsspitze gar nicht erfuhren, was draußen passierte. Die Situation erinnert an den Untergang der Titanic: Oben wird getanzt, unten bricht das Wasser ein. Um 23 Uhr erschien britische Militärpolizei, fand aber nichts zu tun, die Leute waren friedlich und warteten geduldig. Ein weiteres Paradoxon: Die Leute kamen als Zuschauer und wurden zu Mitspielern; das Drama, das sie sehen wollten, führten sie selber auf; der bloße, schweigend ausgedrückte Wunsch, daß die Grenze sich auftun möge, führte zu seiner Erfüllung.

Die Grenzer wurden unruhig. Die Leute erklärten, die Grenze sei offen: ab sofort, unverzüglich, das hätte die Regierung bekanntgegeben, aber die Polizisten wußten von nichts. Sie telefonierten und erwarteten Verhaltensmaßregeln. Die aber kamen nicht. Die Vorgesetzten waren unsicher oder abwesend, Stellvertreter und Stellvertreter von Stellvertretern riskierten keine Anweisung. Hier offenbarte sich eine Systemschwäche, mit der niemand gerechnet hatte: Alle Beamten waren erzogen, Befehle strikt zu befolgen, aber hilflos, wenn es keine Befehle gab, und es gab keine – Nationaler Verteidigungsrat, Generalsekretär, Innenminister, Verteidigungsminister, Chef der Grenztruppen – niemand befahl irgend etwas, geschweige, daß einer der hohen Herren vor Ort erschienen wäre, wo die Grenzer in der Tinte saßen. Recht hatte Gorbatschow: Wer zu spät kommt, den bestraft das Leben. Klar war der Auftrag, die Grenze zu sperren, unklar aber, mit welchen Mitteln, um welchen Preis. Die Richtung wies eine Warnung im Vorfeld: «Vorsicht mit der Waffe, geht ohne Pistole raus, damit sie euch kein Besoffener abnimmt und eine wüste Schießerei losgeht!»

Als der Ansturm unerträglich wurde, kam es zum Versuch einer Ventillösung. Um 23.05 Uhr befahl Fiedler, notfalls die Ausreisewilligen durch Stempel im Paß auszubürgern und durchzulassen. Das aber verminderte den Druck nicht, die Leute schrieen: «Wir auch!» Als Mielke, der Chef der Staatssicherheit, von der Lage erfuhr, war ein militärischer Großeinsatz technisch nicht mehr durchführbar. Das hätte auch nur noch ein Gemetzel gegeben, das die Verantwortlichen, so glaubten sie, ihrerseits den Kopf gekostet hätte. Die Massen drückten gegen die Grenzsicherungen und schoben sich von Minute zu Minute näher heran. Um halb zwölf gab die Kontrollstelle Bornholmer Straße auf. Mit Berliner Humor meldete der leitende Offizier: «Wir fluten jetzt.» Als die Massen sich im Scheinwerferlicht der laufenden Fernsehkameras in den Westen ergossen, da gingen auch an den anderen Kontrollstellen die Schlagbäume hoch. Dasselbe geschah an den übrigen Übergängen der innerdeutschen Grenze.

Einen ähnlichen Bericht wie über die Bornholmer Straße gibt es über die Invalidenstraße, wo die Grenze nicht von östlicher, sondern von westlicher Seite eingedrückt wurde. Der diensthabende Oberstleutnant S. W. (auf dessen Wunsch hin anonymisiert) hatte, wie er erzählte, das Interview mit Schabowski gesehen, konnte es aber nicht ernst nehmen. Als der Andrang wuchs, orderte er zu seinen 60 Soldaten, gut ausgerüstet mit Waffen westlicher Produktion, vom Grenzregiment noch 45 Mann mit «langer Waffe». Sie kamen «voll aufmunitioniert» in einem Bus kurz nach Mitternacht, als auf östlicher Seite 30, auf westlicher 3000 Leute standen, einschließlich der Kameras vom Sender Freies Berlin auf Live-Schaltung. Die Massen von Westen schoben sich Millimeter um Millimeter an den Grenzstreifen heran. S. W. wartete auf den Befehl, das Rolltor zu schließen, das für Diplomaten geöffnet zu halten war. Aber der Befehl kam nicht. So ließ er auch die Kameraden mit den «langen Waffen» im Bus. S. W. telefonierte mit Fiedler, der aber wollte immer nur Zahlen hören, ohne Anweisungen zu geben. Das «Geeiere» der Oberen zwischen Ja, Vielleicht und Nein verunsicherte die Unteren. Die Ventillösung wurde auch hier versucht, während die Massen von Westen näher und näher rückten. Die 25 Grenzer wichen auf Anweisung langsam zurück. Es gab keinerlei Gewalt, nicht einmal Steinwürfe. Die Leute, so S. W., «hupten und machten Trallala, manche waren auch schon angetrunken». Die Polizisten wurden umarmt und, wie S. W. selbst, geküßt. Er kennzeichnete die Stimmung mit «Friede, Freude, Eierkuchen» und sah sich außerstande, auf die unbewaffneten Berliner zu schießen.

Als um halb zwei der Regierende Bürgermeister Momper erschien, «war der Krieg schon vorbei». Momper stellte sich auf einen Tisch der Grenzer und sprach durch ein Megaphon. S. W. telefonierte mit Fiedler und fragte, ob er Momper verhaften und in die vorbereitete Zelle sperren dürfe. «Wir hatten eine schöne Zelle, und es wäre kein Problem gewesen, den Regierenden darin standesgemäß unterzubringen.» Fiedler habe gar nicht «freudig erregt» reagiert, und S. W. mußte sich fragen: Warum sollen wir uns hier vorn die Finger verbrennen, wenn die hinten kalte Füße bekommen? Sein Facit: die Öffnung der Grenze ist niemals befohlen, niemals erlaubt worden, der «Prozeß hat sich verselbständigt». Das hätte auch Hegel oder Marx sagen können.

Die Szenen der nächsten Tage vor der Mauer, auf der Mauer, hinter der Mauer hat jeder von uns vor Augen. Die Jugend trieb Allotria, die Mauerspechte hämmerten. Millionen von DDR-Bürgern erschienen im Westen, holten sich ihr «Begrüßungsgeld» und überschwemmten die Warenhäuser. Am 22. Dezember um 14.30 öffnete sich das Brandenburger Tor. Die Grenzer taten ihren Dienst nach eigenem Ermessen und ohne Waffen. Wer nahm diesen Staat noch ernst? Meine Studenten, mittenmang, waren drei Wochen zu ernster philologischer Arbeit nicht zu brauchen. In meinem Tagebuch finde ich das Wort «Sternstunde».

## *Wider Vereinigung*

Deutschlands Wiedervereinigung war ein Ereignis, das in den achtziger Jahren von den Stimmführern weder im Westen noch im Osten vorausgesehen oder auch nur gewünscht wurde. Das aber war nicht immer so. Die Präambel zum Grundgesetz vom 23. Mai 1949 enthält den Satz «Das gesamte Deutsche Volk bleibt aufgefordert, in freier Selbstbestimmung die Einheit und Freiheit Deutschlands zu vollenden». Der Paragraph 23 nennt als Geltungsbereich für das Grundgesetz zunächst die alten Bundesländer und fährt fort: «In anderen Teilen Deutschlands ist es nach deren Beitritt in Kraft zu setzen», so geschehen 1956 mit dem Saarland. Im Vertrag der Bundesrepublik mit den drei Westmächten vom 26. Mai 1952 beziehungsweise vom 23. Oktober 1954 blieb die Wiedervereinigung unter demokratischen Vorzeichen im Rahmen der europäischen Gemeinschaft fest im Programm.

Auch in der DDR hielt man lange an der Einheit als Ziel der Politik fest. Daran gemahnt der Name der Staatszeitung «Neues Deutschland», die Zeitschrift «Einheit» und der Vers in der Nationalhymne «Deutschland einig Vaterland», der seit dem Grundlagenvertrag 1972 nicht mehr gesungen wurde. Als dieser Vers und andere sozialistische Parolen wie «Seid bereit!» auf Transparenten der Montagsdemonstrationen in Leipzig zu lesen war, erschien ein Erlaß, sozialistisches Gedankengut dürfe von randalierenden Jugendlichen nicht zu konterrevolutionären Zwecken mißbraucht werden. Am 5. Mai 1965 hatte Walter Ulbricht verkündet, Deutschland könne nur als sozialistischer Staat wiedervereinigt werden. Den Glauben daran bezeugt die Stiftung des Blücher-Ordens am 13. Oktober 1965, der denjenigen Militärs winkte, die, wie einst Blücher am 1. Januar 1814, im kommenden Krieg gegen die BRD als erste siegreich den Rhein überqueren würden. Exemplare des Ordens, Stufe in Silber, wurden geprägt und sind im Militärhistorischen Museum zu Dresden zu besichtigen.

Nachdem durch die Stalin-Note vom 10. März 1952 die Hoffnung auf Wiedervereinigung kurzfristig aufgelebt war, sank sie im Zuge der Westbindung der Bundesrepublik und der Anerkennung der Eigenstaatlichkeit der DDR, die am 20. Februar 1967 eine eigene Staatsbürgerschaft einführte. Am 21. Dezember 1972 unterzeichnete Willy Brandt den Grundlagenvertrag, der die Integrität der DDR als Staat gleichberechtigt mit der Bundesrepublik anerkannte. Dem politischen Fingerspitzengefühl der Bundesverfassungsrichter gelang es, dies am 31. Juli 1973 mit dem Wiedervereinigungsauftrag des Grundgesetzes zu vereinbaren. Die wankende Gedankenbrücke bildete die These, die Bundesrepublik sei teilidentisch mit dem «Deutschen Reich», die DDR gehöre zu Deutschland und sei, unbeschadet ihrer Eigenstaatlichkeit, kein Ausland.

Unter den linken Intellektuellen setzte sich die Ansicht durch, daß die Hoffnung auf Wiedervereinigung im besten Falle nostalgische Blauäugigkeit, sonst aber auflebende nationale Großmannssucht sei. Deutschland habe gefälligst der Welt seinen Preis für die Hitlerei zu entrichten, und dazu gehöre neben dem Verlust der Ostgebiete auch der Verzicht auf Einheit. Ein ungeteiltes Deutschland wäre für Europa nicht zumutbar. Wenn man dies im Westen so sah, ist das nicht verwunderlich. Margaret Thatcher in London wandte sich ebenso entschieden gegen eine Wiedervereinigung Deutschlands, wie sie gegen Englands Verflechtung mit Europa war. Giulio Andreotti in Rom meinte, gelegentlich seien auch in der Innenpolitik Panzer erforderlich. François Mitterand in Paris stattete der abgehalfterten SED-Führung noch am 20. Dezember einen Besuch ab, um ihr den Rücken gegen die Lockungen aus dem Westen zu stärken. Hingegen standen die Vereinigten Staaten unter George Bush dem Einigungsplan wohlwollend gegenüber, sie konnten dabei nur gewinnen.

In der politischen Führung der Bundesrepublik war derartiges nicht politisch korrekt – war doch Honecker 1987 in Bonn mit großem Zeremoniell als Staats-Chef empfangen worden! Momper sprach im Januar 1989 von «Wiedervereinigungsgequatsche». Gegenüber DDR-Funktionären bedauerte er immerhin, daß Westdeutsche beim Besuch in der «Hauptstadt der DDR» ihren Hund oder ihre Katze nicht mitbringen dürften. Willy Brandt, der dann doch früher als andere die Unvermeidlichkeit des «Zusammenwachsens» erkannt hat, erklärte noch am 14. September 1988 die Hoffnung auf Wiedervereinigung Deutschlands zur «spezifischen Lebenslüge der zweiten deutschen Republik» und wiederholte dies in seinen 1989 erschienenen «Erinnerungen» auf Seite 157. Am entschiedensten trat Oscar Lafontaine dem Wunsch nach Einheit entgegen, warf er doch gar im Dezember 1989 einen Zuzugsstopp für Übersiedler in die Debatte. Nur mühsam haben sich die Herren oben den Willen von unten zu eigen gemacht. Der Schrei nach Einheit kam von Osten: «Wir sind *ein* Volk» stand auf den Transparenten, «Deutschland» war die Parole. Wie schwer sich Helmut Kohl zu einer gesamtdeutschen Politik in seinem Zehnpunkte-Programm vom 28. November durchgerungen hat, das dann auch über eine Konföderation nicht hinausging, haben mir Angehörige des Rings Christlich Sozialer Studenten erzählt, die mit ihm darüber gesprochen haben. Kohl präsentiert sich in seinem Buch von 1996 «Ich wollte Deutschlands Einheit» zu Unrecht als ein neuer Bismarck. SPD und FDP lehnten den «Alleingang» in liebgewonnener Unmündigkeit überhaupt ab, da die Zustimmung der Allierten nicht eingeholt sei.

Seit langem fürchteten die Politiker in Bonn eine Destabilisierung der DDR wegen unkalkulierbarer Konsequenzen und suchten demgemäß das sieche Regime durch immer neue Kredite zu retten. Das ließ sich humanitär und politisch begründen. Das Gleichgewicht des Schreckens hatte eine außenpolitische Stabilität erzeugt und unter dem atomaren Schirm das Wirtschaftswunder ermöglicht. Eine Schwächung des Ostens konnte zu Kurzschlußhandlungen führen, also zahlte Bonn und verlängerte die Agonie periodisch. Was Willy Brandt auf diplomatischer Ebene begonnen hatte, setzte Franz Joseph Strauß auf ökonomischer Seite fort. Sein Milliardenkredit von 1983 sicherte der Gerontokratie von Pankow auf weitere Jahre die Herrschaft.

Die Herren von drüben revanchierten sich durch «humanitäre Erleichterungen». 44000 Ausreiseanträge wurden genehmigt, die Selbstschußanlagen an der grünen Grenze abgebaut, die «Jungs» mußten ihre flüchtenden Landsleute wieder persönlich erschießen. Das Geschäft «Dissidenten gegen Devisen» florierte; von 1963 bis 1988 wurden über 25000 Systemgegner von Bonn freigekauft, wobei der Preis sich nach der Ausbildung bemaß und stets eine feste Quote von gemeinen Verbrechern auf die Liste kam und in den Westen abgeschoben wurde.

Die Geldnot der Sozialisten machte die Menschlichkeit zur Ware. Reiseerleichterungen für DDR-Bürger honorierte Bonn im Mai 1988 mit einer Anhebung der Transitpauschale für zehn Jahre von 525 auf 860 Millionen. Die Gesamtsumme der jährlich der DDR gezahlten Gelder wurde auf sechs Milliarden geschätzt. Motto: Der Stärkere gibt (nach). Am 16. Mai 1989 offenbarte der Leiter der Staatlichen Planungskommission, daß die Westverschuldung der DDR unaufhaltsam steige und 1991 mit dem Staatsbankrott zu rechnen sei. Am 24. Oktober schien die Verschuldungsspirale nur durch eine Absenkung des Lebensstandards um 30 Prozent aufhaltbar. Was hätte das für die Stimmung im Lande bedeutet? Eine Ostmark sank im Westen auf einen Wert von fünf Pfennigen.

Am 31. Oktober schlugen die Ökonomen dem Politbüro vor, der Bundesregierung für einen Kredit von 12 bis 13 Milliarden die Öffnung der Mauer anzubieten. Mit diesem Vorschlag erschien am 6. November Alexander Schalck in Bonn, forderte aber vorab für das von den Tschechen verlangte Reisegesetz knapp 4 Milliarden. Kanzler Kohl war gegenüber einer «völlig neuen Dimension unserer wirtschaftlichen Hilfe» nicht abgeneigt, wie er am Morgen des 8. November im Bundestag verkündete, verlangte aber zusätzlich freie Wahlen. Dann fuhr er zum Staatsbesuch nach Polen. Unterdes fiel die Mauer, und damit verschwand das letzte Tauschobjekt für die SED. Das aber war kein Schaden. Was konnte sie noch gewinnen – ein Staat ohne Volk?

Den Weg vom Fall der Mauer am 9. November 1989 zur Wiedervereinigung am 3. Oktober 1990 können wir hier nicht verfolgen. Man sprach eine zeitlang von der unblutigen «deutschen Revolution». An eine solche gemahnt die Ablösung der Führungsschichten. Nachdem die alte Garde gestürzt war, kamen die Vertreter hoch. Auch diese wurden Opfer ihrer Verflechtung in das alte System. Sodann dominierten die Vertreter eines humanen Sozialismus, die Reformen in der DDR anstrebten, das sozialistische Experiment aber eigenstaatlich fortsetzen wollten: Dies forderte der am 28. November 1989 von Intellektuellen, Künstlern und Literaten um Heiner Müller publizierte Aufruf «Für unser Land». Die Initiative wurde im Westen unterstützt durch Heinrich Albertz, Ossip Flechtheim, Max Frisch, Helmut Gollwitzer, Günter Grass und Luise Rinser. Sie wandten sich – so wie das «Bündnis 90» – öffentlich gegen eine «Vereinnahmung» der DDR durch Bonn, gegen eine «BRDigung»

Während auf den andauernden Demonstrationen die schwarz-rot-goldenen Fahnen ohne Emblem immer zahlreicher, die Rufe nach Einheit immer lauter wurden:

> «Kommt die D-Mark, bleiben wir,
> kommt sie nicht, gehen wir zu ihr»

entstanden auf Regierungsebene Entwürfe für eine Vertragsgemeinschaft (so Modrow) oder eine Konföderation (so Kohl). Willy Brandt in Leipzig und Helmut Kohl in Dresden wurden von den Massen emphatisch gefeiert, während Hunderttausende von Übersiedlern in den Westen kamen. Bei Umfragen im Osten erklärten sich 90 Prozent für die Wiedervereinigung, dagegen sprachen sich 5 Prozent aus. Die ersten freien Wahlen wurden vom 6. Mai 1990 auf den 18. März vorverlegt; man hatte es eilig, das Land blutete aus. Eine Wiedervereinigung im Westen war nicht zu wünschen.

Die SDP benannte sich am 13. Januar 1990 um in SPD und nahm damit die Wiedervereinigung innerparteilich vorweg. Aus der SED war um die Jahreswende die Hälfte der Mitglieder, etwa eine Million Mitläufer, ausgetreten, aus dem Rest rekrutierte sich, schon um das Parteivermögen zu bewahren, die Partei des demokratischen Sozialismus (PDS). Sie wollte gewählt werden, damit der echte Sozialismus auch in Bonn vertreten wäre – selbst ihr Vorsitzender Gysi hatte die DDR verabschiedet. Allenthalben wurden die Zentralen der Staatssicherheit gestürmt, am 15. Januar fiel das Amt in der Berliner Normannenstraße der Volkswut zum Opfer.

Die höchste Hürde auf dem Weg zur Einung war die Haltung Moskaus. Gorbatschow reagierte behutsam: Zunächst bestand er auf den alliierten Vorbehalten, dann wollte er sich «der Geschichte» anvertrauen und dem deutschen Volk die Entscheidung überlassen. Am 10. Februar stimmte er der Einheit vorsichtig zu, bei den Gesprächen mit Kohl im Kaukasus im Juli akzeptierte er schließlich den Rückzug der sechs russischen Armeen von deutschem Boden – fast 400000 Mann – und die Ausweitung der NATO bis an die Oder. Jedes Zugeständnis wurde mit Zuwendungen in vielfacher Milliardenhöhe erkauft. Seitdem die DDR nicht mehr auszubeuten war, mußte die BRD bluten. Während Gorbatschow in seinen «Erinnerungen» die Finanzgeschäfte schamhaft verschweigt, nennt Kohl in den seinigen immerhin das Angebot von Schinken, Käse und Milchpulver.

Die Wiedervereinigung vollzog sich mit der Macht eines Naturvorgangs. Sie aufzuhalten war, nach Kohl, ebenso unmöglich, wie den Rheinstrom umzukehren. Mit dem Wahlsieg der «Allianz für Deutschland» unter Lothar de Maizière kam es zu einer Regierungsbildung, deren Zielsetzung in der Geschichte ohne Beispiel ist: Es war ihr erklärter Zweck, sich selbst und ihren Staat so schnell wie möglich aufzulösen. Während wir im Westen noch über eine gesamtdeutsche Volksabstimmung und eine basisdemokratische Erneuerung der Verfassung nach Artikel 146 räsonnierten, beschloß die Volkskammer am 23. August den rechtlich vorgesehenen Beitritt nach Artikel 23 des Grundgesetzes. Dieser Artikel wurde danach von Bonn umgeschrieben, um zu verhindern, daß noch weitere Nachbarländer auf die Idee kämen, der Bundesrepublik beizutreten. Durch die Beibehaltung des Artikel 146 steht die Verfassung des wiedervereinigten Deutschland indes weiterhin unter Vorbehalt. Das Provisorium wurde verinnerlicht.

Seit dem 1. Juli war die Wirtschafts-, Währungs- und Sozialunion in Kraft, am 31. August wurde der Einigungsvertrag abgeschlossen. Die Zustimmung der vier Siegermächte und ihr Verzicht auf die Besatzerrechte erfolgten im Zwei-Plus-Vier-Vertrag (so die deutsche Formulierung statt der älteren der Alliierten: Vier-Plus-Zwei-Vertrag) am 12. September 1990 in Moskau. Dies war der Sache nach der Friedensvertrag, der den «Fünfzigjährigen Krieg» seit 1939 förmlich beendete und den am 8. Mai 1945 aufgelösten souveränen gesamtdeutschen Staat in gewandelter Form wiederherstellte. Am 2. Dezember 1990 gab es die ersten freien Wahlen in Gesamtdeutschland seit dem 6. November 1932.

## *Die letzte Sternstunde*

Dreizehn Sternstunden der Geschichte haben wir betrachtet. Jede von ihnen hat in irgendeiner Weise Anlaß zur Hoffnung auf ein besseres Zusammenleben der Menschen geboten. Als Alexander der Große 323 in Babylon einzog, da war der griechisch-persische Gegensatz überwunden, da standen Eintracht und Gemeinsinn auf dem Programm, und niemand mußte mehr fürchten, als Barbar und ‹Untermensch› behandelt zu werden. Als Augustus im Jahre 27 v. Chr. unter dem Zeichen der *Pax Romana* das Prinzipat schuf, war der Bürgerkrieg vorbei und ein Weltreich entstanden, dessen innere Ordnung Jahrhunderte andauerte und Vorbild blieb für alles, was Staat hieß. Als Jesus, wenn auch nicht in Bethlehem, sondern in Nazareth im Jahr vor der Zeitenwende geboren wurde, ward der Menschheit jener Lehrer geschenkt, von dem wir wie von keinem anderen Nächstenliebe und Selbstlosigkeit lernen können, dessen Botschaft, ernstgenommen, Friede auf Erden und den Menschen ein Wohlgefallen verspräche.

Die Stiftung des Islam durch Mohammed mit der Hedschra 622 hat sodann der arabischen Welt ihre kulturelle Identität geschenkt und einen Glauben begründet, der, wie die Geschichte lehrt, sehr wohl mit anderen Überzeugungen verträglich ist und eine heilsame Konkurrenz für die Christenheit darstellt. Die Kaiserkrönung Karls des Großen 800 hat die Nationen übergreifende Reichsidee erneuert und den Völkern Europas das römische Erbe erschlossen, das in vielfältigster Weise bestimmend wurde für das, was wir unter Recht und Gerechtigkeit begreifen. Die Magna Charta Libertatum von 1215 sodann schob der königlichen Macht einen Riegel vor und schuf einen Bewußtseinsstand, auf den man sich immer wieder beziehen konnte, wenn es um die Sicherung von Bürgerrechten gegenüber der Staatsgewalt ging.

Kolumbus hat mit der Entdeckung Amerikas Lebensräume und Lebensmöglichkeiten für Millionen eröffnet und den Globus der Ökumene sozusagen rund gemacht. Luther bewies mit seiner Standhaftigkeit gegenüber Kaiser Karl V in Worms 1521, daß dort, wo es um höchste Werte geht, die Gewissensentscheidung schwerer wiegt als eine durch Tradition geheiligte, von Kaiser und Papst ausgeübte Zentralverwaltung von Recht und Wahrheit.

Mit der amerikanischen Unabhängigkeitserklärung von 1776 haben wir den ersten modernen, auf der Basis der Menschenrechte verfaßten Staat vor uns, der sich zum mächtigsten und reichsten Gemeinwesen auf der Erde entwickelt hat und in seiner Grundstruktur in vielerlei Hinsicht Beispiel für eine Weltgesellschaft geben kann. Mit der durch bloße Drohgebärden erreichten Öffnung Japans 1854 durch den Amerikaner Perry wurde deutlich, daß eine Selbstabschließung gegenüber der Außenwelt ebenso töricht wie undurchführbar ist und daß, wie Japans Aufstieg zeigt, die zivilisatorische Vernunft kein Monopol der Europäer darstellt.

Der Salzmarsch Gandhis 1930 diskreditierte den Machtanspruch der Kolonialherren, indem er unter Verzicht auf Waffen und Gewalt durch Leidensbereitschaft Massen mobilisierte und durch bloße Willenskundgabe der Einsicht zum Durchbruch verhalf, daß allen Völkern Freiheit zusteht, auch wenn sie den letzten, vielleicht nicht einmal wünschenswerten Stand des Fortschritts noch nicht erreicht haben. Die allgemeine Erklärung der Menschenrechte 1948 reagierte auf die Schrecken des Nationalsozialismus und des Letzten Weltkriegs und faßte zusammen, was zu berücksichtigen ist, wenn menschenwürdige Lebensbedingungen hergestellt werden sollen. Ein solcher Wunschkatalog zeitigt Wirkung, sobald er im Bewußtsein verankert ist; und es gibt feste Anhalte dafür, daß dies gelingen kann. Die Abschaffung der Körperstrafen, die Aufhebung der Sklaverei und die staatliche Fürsorge sind nicht die einzigen Beispiele.

*

Immanuel Kant erneuerte 1798 in seiner Schrift über den «Streit der Fakultäten» die Frage, «Ob das menschliche Geschlecht im beständigen Fortschreiten zum Besseren sei?» Darin gründete er seine Hoffnung auf die Humanisierung der Umgangsformen auf eine historische Begebenheit: auf die Anteilnahme der Völker an der Französischen Revolution, deren Ideale – unangesehen aller Auswüchse – eine so breite Zustimmung gefunden hätten, daß man auf eine moralische Veranlagung schließen müsse. Kant prophezeite Wiederholungen in derselben Richtung, «denn ein solches Phänomen in der Menschengeschichte vergißt sich nicht mehr». Damit hat er wohl Recht behalten. Seine Ablehnung revolutionärer Gewalt wurde 1989 respektiert. Dürfen wir in der friedlichen Revolution nicht ein ebensolches Ereignis erblicken?

Ich denke: gewiß! Der Fall der Mauer in Berlin war eine Sternstunde, obschon es wie immer Verlierer gab. Verloren hat zunächst einmal die Bundesrepublik ihre Guthaben aus den Staatsschulden der DDR; 49 Milliarden D-Mark verschwanden im Sumpf der sozialistischen Vergangenheit. Diesen Verlust ertragen wir lächelnd. Verloren haben sodann die fundamentaldemokratischen Bürgerrechtler. Ihre Enttäuschung war kaum zu vermeiden. Verloren haben endlich Hauptnutznießer des Systems. Deren Mißmut ertragen wir nur knurrend. Haben die ein Recht auf unser Mitleid? Die Funktionärs-Clique, die borniert und zynisch von dem System profitiert hat, ist kaum zu bedauern; und selbst unter diesen werden allenfalls jene die Mauer zurückwünschen, die nun wieder hinter Mauern einsitzen. Daß sich viele Bürger der DDR allzu große Hoffnungen gemacht haben, daß es herbe Enttäuschungen gab, sei unbestritten, beruht aber auf allgemeinmenschlicher Verführbarkeit. Es hat nicht an Warnungen, auch aus dem Westen, gefehlt. Man muß es immer wieder sagen: Demokratie heißt: selber machen. *Fortunam non exspectare, sed facere!* (Das Glück nicht erhoffen, sondern verwirklichen!) Schließlich haben die Balten, Polen, Tschechen, Ungarn, Rumänen und Bulgaren den Sprung ins kalte Wasser der liberalkapitalistischen Demokratie gewagt, ohne den großen Bruder in Bonn, der einsteht, wo's Not tut. Zu beklagen sind in jedem Falle jene Gewinner aus dem Westen, die momentane Notlagen mißbraucht und mit unlauteren Tricks sich Immobilien, Betriebe und Versicherungen angeeignet haben.

Bedeutsamer als die deutsche Sicht ist die weltpolitische Perspektive, die Auflösung des sowjetischen Machtblocks. Die Gefahr eines atomaren Weltkrieges zwischen den Supermächten, der die nördliche Hemisphäre verwüstet hätte, scheint endgültig überwunden. Dieser Alp ist von uns genommen. Daß es zu empfindlichen Nachwehen gekommen ist und von einem Weltfrieden noch lange nicht gesprochen werden kann, sollte uns weder undankbar gegen das Geleistete noch hoffnungslos gegenüber dem noch zu Leistenden machen.

Das Gespenst des Kommunismus geht nicht mehr um in Europa. Millionen von Menschen, die in die Maschinerie des kommunistischen Staatsapparates eingespannt waren, gegängelt und überwacht wurden und ständig den Stacheldraht vor Augen haben mußten, können jetzt ihr Schicksal selbst in die Hand nehmen. Wenn wir den Eindruck haben, daß sie dies nicht immer tun, beweist das kaum, daß sie nicht reif zur Freiheit waren. Die Menschen sind keine Äpfel, über die *wir* entscheiden, wann sie schmecken. Was die nun Befreiten mit ihrer Freiheit anfangen, müssen wir ihnen selbst überlassen, an Hilfe und Rat sollte es nicht fehlen.

Der Fall der Berliner Mauer ist das Symbol für das Ende des Totalitarismus und insofern ein tieferer Einschnitt als das Jahr 1945, das dieses Problem nur zur Hälfte gelöst hat. Die Prinzipien der Demokratie werden nun nirgends mehr grundsätzlich bestritten; es besteht die Chance, die Menschenrechte weltweit zu verwirklichen, die letzten Ghettos fundamentalistischer Selbstisolierung aufzulösen. Dieser Zustand ist als das Ende der Geschichte beschrieben worden, gewiß vorschnell, aber vom Ende eines Kapitels wird man wohl reden dürfen.

Steht uns noch Geschichte bevor, so sind auch in Zukunft noch Sternstunden zu erwarten. Was könnte das sein? Hier versagt meine historische Phantasie. Ich sehe wohl, welche Hürden auf dem Wege zu einer friedfertigen Weltgesellschaft noch zu nehmen sind: die Überwindung des Hungers, die allgemeine Durchsetzung der Menschenrechte, die Bändigung der Technikfolgen, die Sicherung der Umwelt und die Herstellung eines freien Dialogs mit jenen, denen dies noch immer Gewalt verwehrt. Ich sehe aber nicht, wie eine dieser Aufgaben in einer Sternstunde gelöst werden könnte. Sternstunden sind nicht vorhersehbar. Wer hat schließlich den Fall der Berliner Mauer vorausgesehen? Die Zukunft, so sagen wir, steht in den Sternen. Aber ist das nicht ein Trost?

Literatur

K.-A. Aanderud, Die eingemauerte Stadt. Die Geschichte der Berliner Mauer, 1990
Th. Auerbach, Vorbereitung auf den Tag X. Die geplanten Isolierungslager des MfS., 1994
H. Bahrmann/Ch. Links (Hgg.), Chronik der Wende, I 1994, II 1995
V. Falin, Konflikte im Kreml. Zur Vorgeschichte der deutschen Einheit und der Auflösung der Sowjetunion, 1997
F. Fukuyama, Das Ende der Geschichte, 1992
M. Gorbatschow, Erinnerungen, 1995
R. Grünbaum, Deutsche Einheit, 1999
B. Guggenberger/Tine Stein, Die Verfassungsdiskussion im Jahr der deutschen Einheit. Analysen – Hintergründe – Materialien, 1991
J. Hacker, Deutsche Irrtümer. Schönfärber und Helfeshelfer der SED-Diktatur im Westen, 1994
H.-H. Hertle, Chronik des Mauerfalls. Die dramatischen Ereignisse um den 9. November 1989, 1996
Ders., Der Fall der Mauer. Die unbeabsichtigte Selbstauflösung des SED-Staates, 1996
Ders. u. G.-R. Stephan (Hgg.), Das Ende der SED. Die letzten Tage des Zentralkomitees, 1997
Ders., Der Tag an dem die Mauer fiel, in: Deutschland-Archiv 5, 1999, S. 744
Ders. u. Kathrin Elsner, Mein 9. November – Der Tag, an dem die Mauer fiel, 1999
E. Kuhn, Der Tag der Entscheidung. Leipzig 9. Oktober 1989, 1992
Ch. Kumpf, Faktoren des Zerfalls. Die Regimekrise in der ehemaligen DDR: eine sozio-politische Analyse, 1995
Charles S. Maier, Das Verschwinden der DDR und der Untergang des Kommunismus, 1999
Gerhard Maier, Die Wende in der DDR, 1991
G. Simon, Die Desintegration der Sowjetunion. In: A. Demandt (Hg.), Das Ende der Weltreiche, 1997, S. 174ff
W. Weidenfeld/K.-R. Korte (Hgg.) Handbuch zur deutschen Einheit, 1996

# Register

## Herkunftsnachweise der Karten

Muster-Schmidt Verlag, Göttingen, Zürich: *S. 28f.*
Gertrud Seidensticker, Berlin: *S. 48f., 197, 221, 245*
aus: Ulrich Haarmann, *Geschichte der arabischen Welt*, München 1991: *S. 89*
Susanne Handtmann, Erlangen: *S. 113*
aus: *Christoph Columbus, Bordbuch, Briefe, Berichte, Dokumente,* hrsg. von Ernst Gerhard Jacob, Sammlung Dietrich Band 127, Carl Schünemann Verlag, Bremen o. J.: *S. 154f.*